믿음의 로드맵

모든 인간은 하나님의 형상을 닮은 존엄한 존재입니다. 전 세계의 모든 사람들은 인종, 민족, 피부색, 문화, 언어에 관계없이 존귀합니다. 예영커뮤니케이션은 이러한 정신에 근거해 모든 인간이 존귀한 삶을 사는 데 필요한 지식과 문화를 예수 그리스도의 사랑으로 보급함으로써 우리가 속한 사회에 기여하고자 합니다.

믿음의 로드맵

초판 1쇄 찍은 날 · 2008년 7월 5일 | 초판 1쇄 펴낸 날 · 2008년 7월 20일

지은이 · 여성삼 | 펴낸이 · 김승태

등록번호 · 제2-1349호(1992. 3. 31.) | 펴낸 곳 · 예영커뮤니케이션
주소 · (136-825) 서울 성북구 성북1동 179-56 | 홈페이지 www.jeyoung.com
출판사업부 · T. (02)766-8931 F. (02)766-8934 e-mail: edit1@jeyoung.com
출판유통사업부 · T. (02)766-7912 F. (02)766-8934 e-mail: sales@jeyoung.com
제작 예영 B&P · T. (02)2249-2506~7

copyright ⓒ 2008, 여성삼

ISBN 978-89-8350-486-9 (03230)

값 13,000원

믿음의 로드맵

여성삼 지음

예영커뮤니케이션

목회자의 직분은 주님으로부터 위임받은 양떼를 먹이고, 가르치며, 다스리는 일을 수행하는 것입니다. 이 세 가지 과제는 똑같이 중요하지만 그 중에서도 순위를 매긴다면 양을 먹이는 일, 즉 영의 양식을 공급하는 것입니다.

목회자는 양들에게 생명의 양식을 공급합니다. 고로 예배에 있어서나 교회성장에 있어서 설교의 비중은 매우 큽니다. 한국교회를 포함한 세계교회의 공통점은 건강하게 성장하는 교회마다 그 뒤에는 훌륭한 설교자가 있습니다.

육성(말)을 통해서 전달되는 설교는 그 영향력이 오래 지속되지 못합니다. 그러나 글로 책을 만들어 출판하면 오래 오래 역사에 남습니다. 그래서 "문필은 무력보다 강하다"는 격언은 동서고금이 공감하는 말인 듯합니다.

여성삼 목사님의 『믿음의 로드맵』은 믿음의 조상 아브라함의 생활에서 시작하여 산상수훈에서 결실하는 신앙의 성숙함에 이르기까지 믿음의 역사적 발자취를 체계적으로 정리한 내용으로서 신앙의 정체성을 이해하는데 크게 도움이 될 것입니다.

이 시대를 살아가는 그리스도인들은 물론이고 자라나는 후세들에게도 큰 믿음의 길잡이가 될 것을 확신하면서 독자 여러분과 더불어 기쁨으로 이 책을 추천합니다.

정진경 목사(신촌교회 원로목사)

추천사 2

설교는 많은데 하나님의 말씀이 없는 시대라고 합니다. 물이 없어 목마름이 아니라 이 시대를 움직일 하나님의 말씀이 없어 목말라하고 있는 시대에 살고 있습니다. 우리의 시대는 가히 설교의 홍수 속에 살고 있습니다. 그럼에도 불구하고 깊은 영혼의 울림이 있고 시원한 샘물 같은 깊은 우물에서 길어 올린 생수 같은, 그리고 이 시대를 밝힐 등불과 같은 말씀이 없어 애타하고 있습니다. 수많은 언어의 유희는 있는데 영혼 깊은 영성의 생명력 있는 하나님의 말씀이 없는 시대입니다. 서점마다 많은 설교집들이 늘려 있지만 우리의 영혼에 오랫동안 자리하게 하는 영혼의 메아리를 만나기가 어려운 시대입니다.

설교는 이 시대와 이 세대를 향하신 하나님의 말씀이며, 그 말씀이 우리의 삶으로 융해되어 영혼의 생명력이 되고, 우리의 전인적인 삶을 변화시키는 영혼의 양식이 되고 세상의 등불과 소금이 되어 살게 하는 하나님의 축복이며 성령의 기름부음입니다. 주님의 영이신 성령님께서는 우리에게 말씀으로 풍요롭게 하십니다. 그러기에 말씀을 듣고, 읽고, 묵상하는 것은 그리스도인의 가장 본질적인 삶의 원리입니다.

시대를 밝히는 좋은 말씀은 세 가지의 필수 요소를 겸비하여야 합니다.

첫째는 우리 인간의 감성 속에 따뜻함으로 녹아 자리하는 말씀이어야 하고, 둘째는 우리의 지성을 흔들어 바른 삶의 진리 앞에 이 세상의 모든 지식을 내려놓게 하는 영적인 진리가 있어야 하며, 셋째는 그 말씀이 내게 주시는 하나님의 말씀임을 확인하고 자신을 향한 하나님의 음성으로 받아들여 새로운 삶의 결단을 통한 새사람으로 살게 하는 능력을 가져야 합니다. 이러한 설교의 필수요소를 충분요건으로 가진 설교를 만나는 것은 아마도 한없는 축복일 것입니다. 이러한 설교를 전달하기 위하여 설교자는 자신의 영혼을 기도로 맑히고 기도에 말씀을 녹이고, 기도에 깊이 젖은 삶으로 자신을 관리하며, 그렇게 깊이 뿌리내린 하나님의 말씀을 다양한 독서를 통하여 이 시대와 문화의 옷을 입히고 하나님의 말씀을 말씀답게 전달하기 위하여 성경연구로 씨름하는 자세가 필요합니다. 이러한 설교자의 섬김을 가진 자의 삶으로 녹아진 설교를 듣고 싶습니다.

여기 그러한 삶으로 녹여진 설교를 전달하는 이 시대의 설교가이신 여성삼 목사님의 『믿음의 로드맵』을 만나게 되어 감격스럽습니다. 시대를 밝히고, 영적 정체성이 혼란한 시기에 잘 준비되고, 잘 전달되어 수많은 영적인 구도자들에게 말씀의 영향력을 끼치는 메시지를 책으로 출판하게 되어, 진리를 향한 목마름을 가지고 있는 한국교회에 하나님께서 은혜를 주셨다고 생각됩니다.

여성삼 목사님의 삶이 녹아나고 가슴 붙든 한국교회를 향한 진리의 선포를 읽음으로 새로운 인생의 항해를 할 수 있을 것입니다. 그 인생의 항해에 나침반과 같은 역할을 할 여성삼 목사님의 저서를 여러분들에게 추천하게 되어 제게도 영광이며 한국교회의 축복이 될 것입니다.

인생은 믿음으로 시작될 때 그의 삶이 축복이 됨을 선포하는 메시지를 통하여 우리는 믿음의 근원지인 교회를 통하여 삶이 유통되고 우리의 삶의 현장에서 믿음이 자라나는 과정을 볼 수 있습니다. 그리고 이 책을 통하여 우리는 성경속의 믿음의 거장들을 만나게 됩니다. 믿음은 축복임을 강조하는 여성삼 목사님의 저서가 우리 모두의 영혼을 적시는 은혜의 단비가 될 것입니다.

영혼의 목마름을 가진 진리의 구도자들에게 여성삼 목사님의 메시지를 통하여 하나님께서 은혜와 복을 주셨습니다. 방황하고 어지러운 이 세상을 살아가다 지친 영혼, 참 진리의 갈구로 방황하는 영혼, 하나님의 말씀에 갈함을 갖고 있는 영혼, 참된 삶의 비밀을 알고 싶은 모든 이들에게 여성삼 목사님의 책을 권하고 싶습니다.

김성진 목사(목회전략컨설팅연구소장)

머리말

나는 '교회'를 사랑합니다. 그 이유는 예수께서 십자가에서 죽으심으로 몸된 교회를 세우셨기 때문입니다. 내 생애에 교회보다 더 사랑하는 것은 없습니다. 교회를 위해서 희생도 하고 교회를 위해서 인내하기도 합니다.

나는 교회를 사랑하기에 "내 양을 먹이라"는 주님의 명령에 순종하여 설교를 통하여 양을 먹이는 일에 최선을 다합니다. 나는 설교하는 일을 좋아합니다. 설교하는 것처럼 즐겁고 신나는 일이 없기 때문입니다. 설교는 기록된 말씀을 풀어서 이 시대의 상황에 맞게 풀어서 선포하여, 마음에 감동을 전해 주고 말씀을 듣는 자에게 결단을 촉구하여, 삶을 변화시키기 때문에 설교하는 일보다 더 신나는 일이 없습니다.

매 주일마다 교회에서 사랑하는 성도들에게 외쳤던 말씀들을 정리하여 책으로 출판하게 되었습니다. 특히 성도들에게 신앙생활의 기초를 정립해 주는 말씀을 우선 정리했습니다. 아브라함의 신앙, 에베소서의 교회론, 산상설교의 팔복, 그리고 히브리서 11장의 믿음으로 산 위대한 신앙의 영웅들의 발자취 등 '믿음의 여정(旅程)'을 다룬 메시지입니다.

이 책이 신앙인들에게는 하나님 나라를 찾아가는 신앙의 여정이 되길 바라며, 목회하는 후배들에게는 작은 목회의 디딤돌이 되기를 바라면서 이 책을 출판합니다.

2008년 7월 15일　여성삼 목사

제1부

믿음의
원형을 찾아서

1장 믿음의 첫걸음

창세기 12장 1-3절

"당시여예수 성신을써희락하여갈으되아반이턴디의쥬 내아반이를칭
찬하더니이일을즐거운쟈와통달한쟈의게는감추고적자의게낫타내엿
스니션한디라아반이이갓트면아반이의깃버하넌바니이다"

이 말이 무슨 말인지 아시겠습니까? 우리나라 최초로 번역된 쪽복음인 누가
복음 일부입니다. 이 말을 개역개정판 성경을 통해서 보면 다음과 같습니다.

"그 때에 예수께서 성령으로 기뻐하시며 이르시되 천지의 주재이신 아버지
여 이것을 지혜롭고 슬기 있는 자들에게는 숨기시고 어린 아이들에게는 나타
내심을 감사하나이다"(눅 10:21).

이 복음서를 통해서 우리는 우리가 가지고 있는 믿음의 역사적 발자취가 어
떠했는가를 알 수 있습니다. 믿음의 첫걸음, 믿음의 시작을 아는 것은 매우 중
요합니다. 이 땅은 영적으로 어두움이 가득 찬 땅이었습니다. 독일 출신의 귀츨
라프(K. Gützlaff) 목사와 영국인 토머스(R. J. Thomas) 목사가 먼저 이 땅에
발을 내딛었습니다. 그러나 귀츨라프 목사는 1832년에 잠시 왔다가 곧바로 떠
났고, 토머스 목사는 1866년 대동강을 거슬러 평양에 왔다가 순교를 당했습니
다. 이때까지만 해도 조선은 닫힌 문이었고, 어둠의 땅이었습니다.

그리고 드디어 조선 땅에서 믿음의 시작이 태동되었습니다. 1874년 로스(J. Ross) 선교사가 '고려 문'(高麗門)을 방문하였습니다. 이것이 계기가 되어 매킨타이어(J. Mclintyre)가 오게 됩니다. 로스와 매킨타이어는 매제지간으로서 조선을 향한 꿈을 가지고 있었습니다. 만주의 땅, 고려 문(지금의 심양)에서 이응찬(李應贊)을 만나게 되었고, 백홍준을 만나서 최초로 성경을 한글로 번역하기 시작하였습니다. 그리고 그것이 바로 누가복음입니다. 1882년 고려 문에서 인쇄된 쪽복음을 들고 로스와 매킨타이어, 이응찬, 김진기, 최성균, 이성하, 이익세, 서상륜, 김청송 등 의주 출신들이 조선 땅으로 건너오기 시작하였습니다. 그래서 이 땅에 믿음의 시작, 믿음의 첫걸음이 시작된 것입니다.

조선은 더 이상 닫힌 문이 아니었습니다. 선교사들의 보고서에도 나타난 것처럼, 이들이 믿음의 첫걸음을 쪽복음을 들고 이 땅에 들어왔을 때에 조선은 '열린 문'이 되었습니다. 그리고 지금은 미국 다음으로 많은 선교사를 파송하는 믿음의 조상인 나라가 되었습니다. 성경을 제일 많이 인쇄하는 나라가 되었습니다. 우리나라가 세계에서 성경을 제일 많이 인쇄합니다. 그것도 우리나라 말이 아닌 열방의 나라와 민족들의 언어로 번역하여 인쇄하고 있습니다. 이것은 곧바로 세계의 열방으로 날아가게 됩니다. 이것은 그들에게 있어서 또 다른 믿음의 시작이요, 믿음의 첫걸음이 될 것입니다.

아브라함은 하나님의 백성인 우리들에게 그렇게 믿음의 시작, 믿음의 첫걸음으로서 믿음의 조상으로 다가오고 있습니다. 믿음의 첫걸음으로 우리에게 다가온 아브라함의 생애가 중요한 이유는 무엇일까요?

첫째는 아브라함은 '믿음의 조상'이기 때문입니다. 로마서 4장 16절 말씀을 보면 "아브라함은 우리 모든 사람의 조상이라"고 하였습니다. 우리는 조상을 닮습니다. 손가락이나 발가락이나 인품이나 생김새를 보면 그 어딘가 조상을 닮았다는 것을 알게 됩니다. 우리는 신앙적으로는 믿음의 조상 아브라함을 닮아가기 때문에 아브라함의 신앙은 우리들에게 중요합니다.

둘째는 아브라함은 '복의 근원'이기 때문입니다. 하나님이 아브라함에게 "너로 큰 민족을 이루고 네게 복을 주어 네 이름을 창대하게 하리니 너는 복이 될지라"(창 12:2)라고 하셨습니다. 우리들은 아브라함을 통해서 복을 받고 있습니다.

셋째는 아브라함은 '하나님의 친구'였습니다. 역대하 20장 7절, 이사야 41장 8절, 야고보서 2장 23절 말씀을 보면 "아브라함이 하나님을 믿으니 이것을 의로 여기셨다는 말씀이 이루어졌고 그는 하나님의 벗이라 칭함을 받았다"고 하였습니다. 하나님과 친구지간으로 사이좋게 지냈으니 우리도 아브라함의 신앙만 가지면 하나님의 친구, 하나님의 벗이 될 수 있습니다.

그렇다면 아브라함이 믿음의 조상이요, 복의 근원이며, 하나님의 벗이 될 수 있었던 믿음의 첫걸음, 믿음의 시작은 무엇이었을까요? 무엇으로 하여금 아브라함이 믿음의 첫걸음을 할 수 있게 하였을까요?

부르심, 우리를 향한 은총의 손길

믿음의 첫걸음을 시작할 수 있게 되는 가장 중요한 이유는 하나님이 찾아 오셨기 때문입니다. 하나님이 먼저 아브라함을 택하셨기 때문입니다. 아브라함이 먼저 하나님을 찾고 믿음을 시작한 것이 아니었습니다. 무지의 상태, 영적인 암흑의 자리에 앉아 있을 때에 찾아오셨습니다. 우상으로 인하여 좌절과 절망을 가지면서 살아갈 운명 속에 그분은 찾아오셔서 믿음의 첫걸음을 옮기도록 하셨던 것입니다. 이것이 아브라함을 향한 하나님의 섭리의 손길이며, 우리를 향한 은총의 손길입니다.

하나님은 아브라함을 찾아오셔서 믿음의 첫걸음을 내디딜 것을 요청하고 계십니다. "너는 너의 고향과 친척과 아버지의 집을 떠나 내가 네게 보여 줄 땅으로 가라"(창 12:1)고 하셨습니다. 하나님이 아브라함을 선택하신 이유는 얼굴이 잘생겨서도 아니고 학벌이 좋아서도 아니고 가문이 좋아서도 아닙니다. 하나님이 무조건 택하셨습니다. 아브라함의 가문은 자랑할 만한 것이 하나도 없었습니다. 그의 가문을 보면 아브라함은 베두윈 족으로 양치는 목동이었고, 아버지 데라는 우상을 파는 장사치였습니다.

아버지 데라가 나무를 가지고 우상을 깎아 만들어 팔았는데 아브라함은 어렸을 때부터 아버지의 그 같은 행동이 못마땅했습니다. 그래서 아브라함은 언제나 "우상을 만들어 파는 것을 그만 두자"고 했답니다. 다음과 같은 이야기가 있습니다.

하루는 데라가 먼 곳으로 출타할 때 아브라함에게 가게를 잘 지키라고 맡기고 갔습니다. 아브라함은 우상을 파는 것이 못마땅하여 우상들을 다 부숴 버렸습니다. 그리고 우상들의 입술에 먹던 과자 부스러기를 문질러 놓았습니다. 아버지가 돌아왔을 때 시치미를 떼고 있었습니다. 그러자 데라는 "누가 우상들을 부숴 버렸느냐"고 화를 냈습니다. 아브라함이 과자를 주었더니 우상들이 자기들끼리 서로 먼저 먹으려고 싸우면서 치고받아서 부서졌다고 했습니다. 데라가 "나무로 깎아 만든 우상이 어떻게 과자를 먹느냐"고 했더니 아브라함은 대답하기를 "과자도 못 먹는 우상이 우리에게 어떻게 복을 줍니까? 이제 우상을 파는 장사를 그만 하자"고 했답니다.

아브라함은 가문이 좋아서 택하심을 받은 것이 아니고 '전적인 하나님의 은혜'로 택함을 받은 것입니다. 요한복음 15장 16절 말씀에 "너희가 나를 택한 것이 아니요 내가 너희를 택하여 세웠나니"라고 말씀하셨습니다. 하나님의 선택은 전적인 은혜입니다. 칼빈(Calvin)은 '예정함을 입었다'고 하며, 요한 웨슬리(John Wesley)는 '택하심을 받았다'고 말합니다.

하나님이 아브라함을 선택한 이유는 복을 주시기 위해서입니다. 창세기 12장

2절에 보면 "내가 너로 큰 민족을 이루고 네게 복을 주어 네 이름을 창대하게 하리니 너는 복이 될지라"고 했으며, 12장 3절에는 "너를 축복하는 자에게는 내가 복을 내리고 너를 저주하는 자에게는 내가 저주하리니 땅의 모든 족속이 너로 말미암아 복을 얻을 것이라"고 했습니다.

하나님은 아브라함을 복의 근원이 되게 하기 위해서 택하셨고 믿음의 첫걸음을 시작하게 하셨습니다. 에베소서 1장에는 믿는 자에게 주시는 신령한 7가지 복을 소개하고 있습니다. 택하신 복(4절), 아들 됨의 복(5절), 구속 곧 죄 사함의 복(7절), 지혜와 총명의 복(8절), 기업이 되는 복(11절), 성령으로 인 치심의 복(13절), 마음의 눈을 밝히신 복(18절) 등을 주셨습니다.

우리도 하나님의 택함을 받았다는데 긍지와 자부심을 가져야 합니다. 하나님께서 우리에게 다가오셔서 우리를 택하시고 믿음을 시작하게 하신 것, 믿음의 첫걸음을 옮기게 하신 것은 이미 축복을 받은 것입니다.

위대한 순종

아브라함이 믿음을 시작할 수 있었던 것은 두 번째 이유는 말씀에 순종하는 신앙을 가졌기 때문입니다. 믿음의 시작에 있어서 중요한 것은 순종하는 자세를 가지고 있느냐의 여부입니다. 순종하는 마음의 자세를 가지고 믿음의 첫걸음을 옮길 때와 불신을 가지고 믿음을 시작할 때는 그 과정과 결과에 있어서 많은 차이가 있습니다. 비록 하나님이 나를 택하셨다고 하더라도 하나님의 말씀에 순종할 것인지의 결단은 내가 해야 하는 것입니다. 그런 면에서 아브라함은 우리에게 좋은 신앙의 모델이 되고 있습니다.

아브라함은 하나님의 부르심을 받았을 때 하나님의 말씀에 순종했습니다. 우리들의 신앙은 하나님의 부르심과 인간의 응답으로 이루어집니다. 아브라함의 신앙 가운데 가장 위대한 신앙은 순종하는 신앙이었습니다. 창세기 12장 4절을 보면 "이에 아브람이 여호와의 말씀을 따라갔고 롯도 그와 함께 갔다"고 되어 있습니다. 즉 아브라함은 하나님의 말씀에 '순종하는 사람'이었습니다. 아브라함은 하나님께로부터 세 번이나 명령을 받았습니다. 그때마다 아브라함은 하나님의 말씀에 순종하였습니다.

첫 번째 순종하는 모습은 갈대아 우르(고향)를 떠나라(창 12:1)는 하나님의 명령을 받았을 때입니다. 우리 같으면 "왜 떠나야 합니까? 어디로 떠나야 합니까?"라고 질문을 할 텐데 아브라함은 말씀에 순종하는 모습을 보였습니다. 히브리서 기자의 증언을 통해서도 "믿음으로 아브라함은 부르심을 받았을 때에 순종하여 장래의 유업으로 받을 땅에 나아갈 새 갈 바를 알지 못하고 나아갔으며"(히 11:8)라는 사실을 통해서도 알 수 있습니다.

어느 금요일, 구역장 교육을 마치고 사무실에 있을 때에 어떤 분이 "목사님 점심 식사하러 가시지요. 잠깐이면 됩니다."라고 말씀하셔서 따라 나섰던 적이 있었습니다. 고속도로를 들어서서 경기도를 지나 충청도까지 가는 것이었습니다. 어디로 가는 행선지를 알지 못하여 매우 불안했습니다. 점심 먹으러 가는데도 불안한데 아브라함은 갈 바를 알지 못하였음에도 불구하고 믿음으로 나아갔습니다.

두 번째 순종하는 모습은 할례를 받으라(창 17:10-11)는 하나님의 명령을 받을 때입니다. 아브라함은 하나님의 명령에 순종하여 집안의 모든 남자를 모아서 할례를 행하였고, 자신도 할례를 행하였습니다.

세 번째 순종하는 모습은 아브라함의 아들 이삭을 번제로 드리라(창 22:2)는 명령에서 볼 수 있습니다. "여호와께서 이르시되 네 아들 네 사랑하는 독자 이삭을 데리고 모리아 땅으로 가서 내가 네게 일러 준 한 산 거기서 그를 번제로 드리라"(창 22:2)는 명령을 받았습니다. 이에 아브라함이 아침에 일찍이 일어나 나귀에 안장을 지우고 하나님이 말씀하시는 산으로 향하였습니다. 아브라함의 신앙은 순종하는 신앙입니다. 아브라함은 어떤 명령이 떨어져도 하나님의 말씀에 순종하였습니다.

신명기 28장을 축복장이라고 부릅니다. 그러나 단순한 축복이 아닙니다. 하나님의 축복은 조건부의 축복입니다. "삼가 듣고"(1절), "모든 명령을 지켜 행하면"(1절), "여호와의 말씀을 청종하면"(2절)이라는 조건이 붙어 있습니다. 그리고 이 조건에 맞게 순종하면 이 "모든 복이 네게 임한다"고 하였습니다.

신명기 28장 14절까지는 축복의 말씀으로 "들에서도 복을 받고, 성읍에서도 복을 받고, 나가도 복을 받고, 들어와도 복을 받는다"라고 했습니다.

그러나 28장 15절부터는 불순종하면 저주를 받게 된다고 말하고 있습니다. 불순종의 결과로 이 모든 저주가 미치리니 들에서도 저주받고 집에서도 저주받고 나가도 저주받고 들어와도 저주를 받는다고 했습니다. 순종하면 축복이 오지만 불순종하면 저주가 임한다는 것입니다. 고린도후서 1장 18-20절에는 우리의 신앙이 순종하는 신앙이 되라고 하였습니다. '예' 하며, '아멘' 하는 순종으로 하나님께 영광을 돌려야 합니다.

예배를 통해서 오는 축복

아브라함이 믿음의 조상이요, 하나님의 벗으로 칭송을 듣게 된 믿음의 첫걸음은 예배를 드리는 삶을 살았기 때문입니다. 아브라함의 삶에 있어서 예배는 매우 중요한 위치를 점하고 있습니다. 하나님께서 오늘날 예배자를 찾듯이 예배 중심의 삶을 살아가는 사람들에게는 축복된 삶을 허락하시고 계십니다.

아브라함은 가나안 땅에 도착하여 제일 먼저 한 것은 하나님 앞에 제단을 쌓는 것이었습니다(창 12:5). 또 "여호와께서 아브람에게 나타나 이르시되 내가 이 땅을 네 자손에게 주리라 하신지라 자기에게 나타나신 여호와께 그 곳에서 제단을 쌓고"(창 12:7)라고 기록되어 있습니다. '그 곳에서 여호와께 제단을 쌓고 여호와의 이름을"(창 12:8) 불렀다고 증언하고 있습니다. 13장 4절에도 "그가 처음으로 제단을 쌓은 곳이라 그가 거기서 여호와의 이름을 불렀더라"고 말씀했습니다. 창세기 13장 8절을 보면 장막을 옮겨 헤브론 골짜기에 도착했을 때 먼저 '제단'을 쌓았습니다. 성도의 축복은 예배를 통해서 옵니다.

우리들은 어디를 가든지 제단을 쌓는 예배 생활을 해야 합니다. 창세기 2장 3절에는 "하나님이 그 일곱째 날을 복되게 하사 거룩하게 하셨으니"라고 기록되어 있습니다. 출애굽기 16장 26절에는 만나를 거둘 때에도 "엿새 동안은 너희가 그것을 거두되 일곱째 날은 안식일인즉 그 날에는 없으리라" 하셨고, 출애굽기 16장 27절에는 "일곱째 날에 백성 중 어떤 사람들이 거두러 나갔다가 얻지 못하니라"고 소개하고 있습니다.

예배 생활은 하나님 앞에 엿새 동안 열심히 일한 결과로 축복을 받는 시간입니다. 이사야 58장 13-14절에는 예배하는 자에게 주시는 하나님의 축복 세 가지가 기록되어 있습니다. "안식일에 네 발을 금하여 내 성일에 오락을 행하지 아니하고 안식일을 일컬어 즐거운 날이라, 여호와의 성일을 존귀한 날이라 하여 이를 존귀하게 여기고 네 길로 행하지 아니하며 네 오락을 구하지 아니하며…"라고 되어 있습니다. 첫 번째 축복은 네가 여호와의 안에서 즐거움을 얻을 것이라는 것입니다. 두 번째 축복은 내가 땅의 높은 곳에 올린다는 것입니다. 세 번째 축복은 네 조상 야곱의 업으로 기르리라는 약속입니다.

주일은 온전히 성수해야 합니다. 새벽부터 낮 예배는 물론 저녁까지 온전히 지켜야 합니다. 예를 들어, 가락시장에서 생선 한 마리를 샀습니다. 비싼 돈을 주고 생선을 샀는데 삼등분을 하면 머리 부분, 몸통 부분, 꼬리 부분이 될 것입니다. 이 중에 어느 것을 먹겠습니까? 머리 부분입니까? 아니면 꼬리 부분입니까? 대부분은 몸통 부분을 좋아하고 먹을 것입니다. 그러나 생선을 먹을 때에는 몸통 부분만 먹지는 않습니다. 물론 그 부분이 제일 먹기도 좋고 맛도 있을 것입니다. 생선은 다 먹는 것입니다.

주일 성수를 잘하기 위해서는 어느 하나의 예배만 잘 드리면 그만이라는 생각을 버려야 합니다. 주일은 온전히 지킵시다. 머리 부분은 새벽 예배라면, 꼬리 부분은 저녁 예배이고, 몸통 부분은 낮 예배로 비유될 것입니다. 우리들은 새벽부터 낮 예배는 물론 저녁까지 온전히 주일을 성수해야 합니다.

4복음서 기자는 "하나님은 영이시니 예배하는 자가 영과 진리로 예배할지니라"(요 4:24)고 말하고 있습니다. 하나님은 오늘도 예배하는 자에게 축복하십니다. 아브라함이 가는 곳마다 예배 생활을 잘하여 제단을 쌓았기 때문에 '믿음의 조상', '하나님의 벗'이 될 수 있었습니다. 우리도 아브라함의 신앙을 본받아서 가정예배, 구역예배, 주일 성수 잘하는 성도가 되어야 합니다. 이것이 믿음의 첫걸음을 옮기는 삶입니다.

하나님은 우리의 믿음의 첫걸음을 끝까지 지켜 주실 것입니다. 그리고 언젠가는 우리도 아브라함의 신앙처럼 축복의 통로요 하나님의 친밀한 벗이라는 칭호를 받게 될 것입니다. 오늘 우리에게 주어진 믿음의 첫걸음으로 내일의 비전을 향하여 걸어갑시다.

2장 믿음의 성찰

창세기 13장 1-18절

믿음의 첫걸음은 매우 중요한 의미를 갖습니다. 그것은 이제 이후로 내가 어떤 삶을 살 것인가에 대한 분명한 방향제시이기 때문입니다. 아브라함은 하나님의 말씀을 따라서 자신에게 보장된 모든 성공을 뿌리치고 믿음의 첫걸음을 옮긴 사람이었습니다. 이러한 결단과 행동은 하나님과의 동행이라는 축복 속에서 살아가게 되는 결과를 가져오게 됩니다. 그러나 이러한 믿음의 여정 속에서 믿음을 돌아볼 수 있는 성찰의 시간은 다가오게 됩니다. 믿음의 성찰은 믿음의 시련과 시험이라는 단계를 통해서 볼 수 있습니다.

우리가 아브라함을 생각할 때 제일 먼저 떠오르는 것이 '복의 근원'이라는 말일 것입니다. 그러나 처음부터 아브라함이 복의 근원, 믿음의 조상이 된 것은 아니었습니다. 그도 역시 실수를 범하는 사람이었습니다. 약속을 받았지만 온전히 신뢰하지 못하고 넘어지며, 시험에 패배하는 평범한 사람이었다는 사실을 잊어서는 안 됩니다.

그럼에도 불구하고 우리가 여전히 아브라함을 사랑하며 믿음의 조상으로 추앙하는 것은 시련과 아픔을 통해서 믿음의 성찰을 하였기 때문입니다. 아브라함은 실수를 범하는 믿음의 사람이었습니다. 우리 역시 믿음의 첫걸음을 시작했지만 많은 장애물 앞에 놓여 있는 신앙인입니다. 그 가운데 우리는 승리하기도 하지만 여전히 넘어지고 실수하고 실패하는 경우도 있음을 잘 알고 있습니다. 그 때문에 하나님 앞에서 죄책감에 사로잡히기도 하고, 나의 믿음 없음을 한탄하기도 합니다. 그러나 정말 중요한 것은 그러한 실수를 통해서 우리가 아브라함에게 배울 수 있는 것이 있다면 자신의 믿음을 성찰하는 것입니다.

그렇다면 아브라함이 믿음의 첫걸음을 내디딘 후에 그가 겪었던 실수와 실패를 어떻게 극복할 수 있었을까요? 아브라함이 가졌던 믿음의 성찰은 무엇이었을까요? 그의 신앙의 여정을 통해서 우리가 함께 공유할 수 있는 하나님을 향한 열정과 사랑은 무엇이었을까요?

단점투성이였던 아브라함

아브라함이 가졌던 믿음의 시련은 너무나 일상적인 평범한 곳에서부터 시작된다는 사실을 우리에게 보여 줍니다. 마치 우리가 어쩔 수 없어서 패배하고 넘어지는 그러한 시련이 아니라 일상적인 생활 속에서 찾아오는 시련입니다. 우리는 아브라함을 천사 같은 사람이라고 생각하기가 쉽습니다. 그러나 성경을 보면 그는 우리와 완전히 다른 천사 같은 인물이 아니라, 우리와 똑같은 인물인 것을 알 수 있습니다. 아브라함에게도 우리와 같은 허물과 실수가 있었습니다.

아브라함은 거짓말을 했다

창세기 12장 13절을 보면 아브라함이 가나안 땅에 도착했을 때에 흉년과 기근이 들어 애굽에 내려가게 되었습니다. 그의 아내 사라는 미모가 매우 아름다운 여인이었습니다. 그래서 아브라함은 자신의 아내를 누이라고 속이기로 결심했습니다. 왜냐하면 사라의 미모로 인해서 애굽인들이 자신을 죽이고 아내를 빼앗을까봐서 그랬습니다.

하나님은 거짓말을 제일 싫어하십니다. 아브라함은 자기의 생명을 유지하기 위하여 아내를 '누이'라고 하여 거짓말을 정당화합니다. 이것을 '상황윤리'라고 부르기도 합니다. 상황이 그러니까 좀 거짓말을 해도 되지 않느냐고 해석하는 것입니다. 그러나 하나님은 어떠한 경우에라도 거짓말을 싫어하십니다. 출애굽기 20장 16절에 십계명 중에 9계명을 보면 "네 이웃에 대하여 거짓 증거하지 말라"고 하였습니다.

레위기 19장 11-12절에서는 "너희는 도둑질하지 말며 속이지 말며 서로 거짓말하지 말며 너희는 내 이름으로 거짓 맹세함으로 네 하나님의 이름을 욕되게 하지 말라 나는 여호와니라"고 하셨습니다. 시편 101편 7절 말씀에는 "거짓을 행하는 자는 내 집 안에 거주하지 못하며"라고 하셨고, 마태복음 7장 15절에도 "거짓 선지자들을 삼가라"고 했습니다.

부끄러운 고백입니다만 저도 목회를 하면서 많은 거짓말을 했습니다. 신자가 전화를 밤늦게 걸어오면 없다고 하라고 했습니다. 아이들이 유치원을 다닐 때에 한 번은 아이가 전화를 받았는데 제가 있는데도 "아빠 안 계시는데요."라고 거짓말을 하는 것이었습니다. 저는 이 사실을 보고 하나님 앞에 깊이 회개하고 그 후로는 아무리 피곤하고 늦은 밤이라도 전화를 바꾸라고 했습니다. 요한복음 8장 44절에는 마귀를 거짓말쟁이며 거짓의 아비라고 했습니다.

아브라함은 하나님이 원하시는 예배를 드리지 않았다

아브라함을 아브라함 되게 한 가장 중요한 근거는 예배자로 서는 것이었습니다. 하나님은 예배를 통하여 약속을 부여 받기도 하였고, 비전을 받기도 하였습니다. 그러나 때로는 하나님이 원하시는 방식대로의 예배가 아니라 자신의 생각대로의 예배를 드리는 실수를 범하기도 하였습니다.

창세기 15장 10절을 보면 아브라함은 하나님께 드리는 번제제사에 새 한 마리는 쪼개지 않았습니다. 이것은 예배에 있어서 실수를 범하는 것이었습니다. 구약의 번제는 중간을 쪼개야 합니다. 하나님은 쪼갠 고기 사이에 불로 응답하셨습니다(17절). 제물을 쪼갠다는 것은 우리가 하나님 앞에 예배를 드릴 때에 심령을 벌려 통회하며 자복하는 것을 의미합니다. 그러나 아브라함이 새 한 마리를 쪼개지 않은 것은 '작은 죄는 그대로 두어도 되겠지'라고 하는 인간적인 생각을 의미합니다.

그 실수 때문에 후손들이 400년간 이방 땅에서 객이 되는 벌을 받게 됩니다. 예배의 실수에 대해서 하나님은 무섭게 벌을 내리십니다. 혹시 우리는 예배에 대하여 소홀히 하지는 않았습니까? 소홀한 예배, 준비 없는 예배는 하나님이 기뻐하시지 않으십니다. 우리의 예배에 대한 믿음의 성찰을 가져야 합니다.

아브라함은 하나님의 약속을 믿지 않았다

아브라함은 거짓말과 잘못된 예배를 통해서 믿음의 시련을 받게 됩니다. 아울러 아브라함은 이성에 대한 실수를 통하여 후손들이 엄청난 대가를 지불하기도 합니다. 이삭의 후손과 이스마엘의 후손 사이의 다툼은 아브라함의 이성에 대한 실수를 통해서 온 것이라면 너무나 큰 대가인 것입니다. 그럼에도 불구하고 아브라함이 여전히 우리들에게 믿음의 여정의 길라잡이가 될 수 있는 것은 이러한 실수를 통해서도 믿음의 성찰을 계속하고 있기 때문입니다.

창세기 16장 2절을 보면 아브라함은 사라의 몸종이었던 하갈을 취하여 이스마엘을 낳았습니다. 이것은 육신적인 생각의 발상이었습니다. 하나님이 후손을 주시겠다고 약속하셨는데도 아브라함은 인간적인 방법을 썼던 것입니다. 사실 아브라함의 가정의 비극은 한 가정에 두 여인을 두는 데서부터 시작되었습니다. 이스마엘이 이삭을 박해하자 아이들 싸움이 어른 싸움으로 비화하게 되었습니다. 결국 아브라함은 하갈과 이스마엘을 가죽부대에 물을 담고 가정에서 내어 쫓는 것으로 일단락되었습니다. 가정의 비극적인 이야기는 이성에 대한 실패에서 온 것입니다.

아브라함은 하나님의 능력을 의심했다

아브라함의 일생을 추적하다 보면 중요한 고비마다 실수와 믿음의 시련을 맞이하게 되는 것을 볼 수 있습니다. 그리고 그 사건을 반추하여 더 성숙한 믿음으로 성장하는 것을 알 수 있습니다. 이제 아브라함이 어느 정도 믿음의 여정을 가지고 있었지만 마지막 단계에서 믿음의 불신앙을 가지게 된 것입니다. 이를 '신앙 안에서의 불신앙' 이라고 볼 수 있을 것입니다.

하나님을 믿지만 하나님의 전능하신 사건이 지금 이곳에 임하리라고는 믿지 못하는 것입니다. 하나님의 능력은 우리들의 이성을 뛰어 넘음에도 불구하고 그것을 믿지 못한 것입니다. 이것이 바로 믿음 안에서의 불신앙이 아닌가 합니다.

창세기 17장 17절에 하나님은 아브라함에게 '아들을 주시겠다' 고 했습니다. 이때 아브라함의 나이가 100세가 되었습니다. 자연스럽게 아브라함은 하나님께 묻습니다. 100세나 된 사람이 어찌 자식을 낳을 수 있습니까? 그리고 사라는 90세인데 하고 엎드려 '웃었다' 고 했습니다. 이것은 하나님의 능력을 믿지 못하는 실수를 범하는 것입니다. 천지만물을 창조하신 하나님이 주시겠다고 하시면 아들이 있을 줄로 믿어야 합니다. 그러나 아브라함은 의심하며 웃었습니다. 이것은 하나님의 능력을 믿지 못하는 죄를 범한 것입니다.

아브라함은 같은 잘못을 반복했다

반복하는 죄는 습관화되는 경향이 있습니다. 어제 하나님께 잘못을 구했는데, 오늘 저녁에도 또 구합니다. 아마도 내일 저녁에도 같은 죄에 대해서 용서를 구하게 될 것입니다. 이것이 반복적으로 나타나는 죄입니다. 아브라함은 바로 이러한 죄를 범하고 있는 것입니다.

창세기 20장 12절에 아브라함이 그랄 지방에 갔을 때 또 아내를 '누이'라고 했습니다. 같은 죄를 두 번 반복하면 '상습범'이라고 합니다. 아브라함은 같은 거짓말을 두 번이나 반복했던 것입니다. 한 번이야 어쩌다가 그럴 수 있겠지만, 그러나 두 번이나 똑같은 죄를 상습적으로 짓다니 말이나 되는 이야기입니까?

아브라함은 많은 실수와 믿음의 시련을 당한 사람이었습니다. 그러나 그는 조급해하지 않았습니다. 그리고 자신의 믿음에 대한 미성숙으로 인해 저지른 잘못에 대해서 믿음의 성찰을 하는 계기로 삼았습니다. 그렇다면 아브라함이 믿음의 첫걸음 이후에 믿음의 시련과 실패를 극복하는 믿음의 성찰들은 무엇이었을까요? 아브라함이 믿음의 성찰들, 이를 통해서 여전히 복을 받을 수 있었던 이유는 무엇 때문이었을까요?

작은 것을 양보한 자에게 주신 큰 축복

믿음의 시련을 통해서 중요한 믿음의 레슨을 하나님으로부터 받게 되었습니다. 그리고 그 첫 번째 레슨의 결과는 양보하는 믿음으로 나타났습니다. 믿음의 성찰은 양보하는 믿음을 가지게 하였습니다. 이것은 아브라함이 진정한 복의 사람으로 거듭나는 계기가 된 것입니다. 실수하고 실패를 하였다고 하더라도 좌절에 얽매이지 말아야 합니다. 믿음의 시련을 통해서 우리는 믿음의 성찰을 할 수 있고 양보하는 믿음을 배울 수 있기 때문입니다.

애굽에서 올라온 아브라함은 조카 롯과 분가하게 되었습니다. 두 가정이 분가를 할 때 아브라함은 나이도 많고 항렬도 높은지라, 먼저 선택할 수 있는 기득권이 있음에도 불구하고 조카 롯에게 선택권을 양보하였습니다. 창세기 13

장 9절에 "네가 좌하면 나는 우하고 네가 우하면 나는 좌 하리라"고 하였습니다. 양보하는 아브라함은 복을 받았습니다.

기독교는 사랑의 종교입니다. 양보는 이웃 사랑의 첫 시작입니다. 그리고 양보는 남을 생각하는 마음에서부터 시작됩니다. 남의 입장에서 생각하는 것이 양보의 시작입니다. 아브라함은 자기중심적(自己中心的)인 생각에서 탈피하여 다른 사람을 먼저 이해하는 생각을 가졌습니다. 이것은 우리가 인생을 살아가는데 매우 중요한 일입니다. 이러한 믿음의 성찰은 나의 이기주의적인 믿음에서 남을 먼저 배려할 줄 아는 이타적인 믿음으로 바꾸어 놓습니다. 그리고 이러한 믿음의 성찰로 인해서 여전히 하나님으로부터 사랑과 복을 받을 수 있게 된 것입니다.

어느 집안에 어머니와 아들과 며느리 그리고 시누이가 옷 가게에 가서 옷을 산 이야기입니다. 아들은 바지를 샀습니다. 바지가 길어서 시어머니가 며느리에게 한 치만 줄이라고 했습니다. 그런데 며느리가 아이에게 젖을 주고 잠간 누웠다가 피곤하여 잠이 들었습니다. 그때 시어머니가 방문을 열고 보니 며느리가 잠이 들었습니다. 시어머니 생각에 며느리가 '얼마나 피곤하면 잠을 잘까' 하여 몰래 가져다가 한 치를 줄였습니다. 그리고 그 자리에 살며시 갖다 놓았습니다.

잠시 뒤에 시누이가 보니 새언니가 잠이 들었는지라 '피곤한 모양이구나' 하고 살며시 가져다가 한 치를 또 잘라 줄였습니다. 잠자던 며느리가 깜짝 놀라 깨어나서 황급히 일어나 또 한 치를 줄였습니다. 이튿날 아침에 남편이 출근하려고 바지를 입어 보니 두 치나 짧은 바지가 되었습니다. 비록 짧은 바지였지만 남을 생각하는 마음이 얼마나 아름다운 마음씨들입니까? 그 가정의 행복을 엿볼 수 있는 듯합니다. 서로를 생각하는 마음이 위대한 것입니다.

골목의 주차나 공동의 생활에서 서로 남을 생각하며 살아간다면 우리 사회는 살기 좋은 사회가 될 것입니다. 기독교인이 1200만 명인데도 아직도 이 사회가 개혁되지 못하는 것은 남을 생각하지 않고 자기중심적으로 살아가기 때문입니다. 우리들도 남을 먼저 생각하는 아브라함의 위대한 신앙을 본받으시기 바랍니다. 성경은 "모든 사람과 더불어 화평함과 거룩함을 따르라 이것이 없이는 아무도 주를 보지 못하리라"(히12:14)고 하셨습니다. 이웃과 화평하며 거룩하여 아름다운 관계를 맺고 살아갑시다.

영적인 세계를 바라보라

아브라함이 믿음의 시련을 통해서 배울 수 있는 두 번째 레슨은 육적인 세계에서 영적인 세계를 바라볼 수 있는 눈을 가지게 되었다는 점입니다. 믿음의 성찰의 두 번째 결과는 영적인 세계를 볼 수 있는 비전을 갖게 되었습니다. 아브라함이 영적인 세계를 바라볼 수 있었기 때문에 육적인 것을 기꺼이 포기하고 믿음의 영웅으로 우리에게 다가오고 있습니다. 우리가 실수하고 넘어진다고 하더라도 그 가운데서 환경 너머를 볼 수 있는 영적인 안목을 가져야 합니다. 이럴 때 하나님이 주신 비전을 가질 수 있게 되고, 우리가 추구해야 할 중요한 영적 가치를 깨닫게 될 것입니다.

두 가정이 분가할 때 롯은 소돔과 고모라의 물이 넉넉하여 여호와의 동산 같고 애굽 땅과 같음을 보았습니다(창 13:10). 그러나 그는 육신적인 것만을 바라보았습니다. '어떻게 하면 가축 키우기 좋을까? 어떻게 하면 부자가 될까?' 라고 육신적인 것을 생각했습니다. 그러나 아브라함은 육신적인 재물의 이익보다는 영적인 세계를 바라보았습니다. '어떻게 하면 하나님이 기뻐하실까?' 를 생각했습니다. 또 '어떻게 하면 제단 쌓는 생활을 할까?' 하고 영적인 것을 생각했습니다.

그는 헤브론 골짜기에서 하나님 앞에 제단을 쌓으며 영적인 축복의 세계를 바라보았습니다. 13장 14절 말씀에 여호와께서 아브라함에게 이르시되 너는 눈을 들어 너 있는 곳에서 동서남북을 바라보라고 하셨습니다. 이것은 영적 세계를 바라보라는 말씀입니다. 우리들도 아브라함처럼 육적인 것보다 영적인 것을 바라보는 자가 되어야 합니다.

아브라함이 본 땅은 매우 척박하고 황폐한 땅이었습니다. 거친 광야와 같은 땅이었습니다. 그러나 바로 그곳에서 아브라함은 하나님을 만나는 만남의 장소였으며, 믿음의 레슨을 받는 장소였고, 하나님과 친밀함을 누리는 영적 교제의 장소가 되었던 것입니다. 우리가 어느 상황에 처해 있는가는 중요하지 않습니다. 믿음의 성찰은 광야와 같은 그곳은 하나님과 만나는 샘솟는 은총의 자리임을 잊지 마시기 바랍니다.

프랑스의 억만 장자 쟈케퐁이라는 사람이 살고 있었습니다. 이 사람은 재계의 변동으로 하루아침에 그 많던 재산이 날아가고 10만 달러밖에 남지 않게 되었습니다. 이 소식을 들은 그는 재산이 너무 조금남아서 쇼크를 받아 심장마비로 죽었습니다. 그에게 매우 가난한 조카가 있었습니다. 쟈케퐁에게는 자식이 없고 가까운 상속자가 없었던지라 조카에게 10만 달러 상속이 되었습니다. 이 소식이 전해지자 그 조카는 갑자기 너무 많은 재산이 자기에게 상속된 것에 놀라서 심장마비로 죽었다고 합니다.

한 사람은 돈이 너무 적게 생각되어 쇼크를 받았고, 또 다른 한 사람에게는 돈이 너무 많게 생각되어 쇼크를 받았습니다. 같은 돈인데 생각에 따라서 다르게 나타났습니다. 같은 사건인데도 우리들은 생각을 어디에다 두고 해석하느냐에 따라 달라집니다. 우리들은 육신적인 것을 바라보면 계속적으로 육신적인 것에 매이게 됩니다. 이제는 영적인 세계를 바라봅시다. 하나님이 우리에게 축복하시는 영적인 세계를 우리들의 눈으로 바라봅시다.

브라질의 한 고위관리가 미국을 방문했을 때에 다음과 같이 질문을 했습니다.

"당신들은 선진국이고 우리들은 후진국인데 그 이유가 무엇입니까?"

"우리 조상들은 신앙의 자유를 찾아 북쪽으로 왔고 당신들의 조상들은 금광을 찾아 남쪽으로 갔는데, 우리들은 하나님도 찾았고 금광도 찾았지만, 당신들은 금광을 따라 남쪽으로 갔기에 물질도 하나님도 다 놓치고 말았습니다."

우리는 과연 무엇을 바라보고 살아가고 있는지를 물어야 할 것입니다. 이러한 믿음의 성찰이야 말로 우리들의 인생을 풍요롭고 살찌우게 하는 것이 아니겠습니까?

롯이 소돔과 고모라를 선택한 이유는 물질을 따라 선택한 것입니다. 그러나 롯은 소돔 고모라가 멸망당할 때 물질도 가족도 아내까지도 다 잃고 말았습니다. 그러나 아브라함은 신앙중심으로 선택하였습니다. 창세기 15장 1절에 "나는 네 방패요 너의 지극히 큰 상급이니라"고 말씀하시면서 하나님이 아브라함의 방패가 되어 주셨고 지극히 큰 상급이 되어 주셨습니다. 창세기 24장 1절에는 "아브라함이 나이 많아 늙었고 여호와께서 그에게 범사에 복을 주셨더라"고 했습니다.

아브라함이 하나님의 부르심에 믿음으로 응답하였고, 믿음으로 첫걸음을 옮겼습니다. 그러나 그 발걸음은 시련 앞에 놓이게 되었습니다. 이는 아브라함에게 실수와 허물을 고스란히 드러나게 했습니다. 그럼에도 불구하고 아브라함은 허물과 실수, 실패에 주저앉지 않았습니다. 자신의 믿음의 뒤안길을 바라볼 수 있는 사람이었습니다. 자신의 믿음을 성찰할 줄 아는 사람이었습니다. 그래서 아브라함은 믿음의 행전을 계속해서 이어갈 수 있게 되었고, 승리하며 축복의 샘이 될 수 있었습니다. 이와 같은 아브라함의 믿음의 여정에 함께 동참합시다.

3장 축복된 믿음의 원형

창세기 14장 14-24절

어린아이가 돌을 맞이할 때 많은 사람들의 관심은 두 가지로 나타나게 됩니다. 하나는 아이가 과연 걸을 수 있을까 하는 것입니다. 또 다른 하나는 아이가 과연 무엇을 집을까에 관심이 모아지곤 합니다. 아이가 첫걸음을 걸을 때 부모로서 느끼는 흥분과 감동은 지금 생각해 보아도 가슴이 벅찰 정도입니다.

아브라함이 믿음으로 첫걸음을 옮기는 날, 우상으로 가득 찬 고향을 떠나는 날, 하나님 편에서는 흥분과 짜릿함이 있지 않았을까요? 그러나 여기에서 멈추지 않고 믿음의 행진을 하던 아브라함이 장애물을 극복하지 못하고 넘어지고 실수를 하는 것을 보았을 때에는 함께 더불어 고통을 느끼지 않으셨을까요? 그리고 그 실수를 극복하고 다시금 결단하며 믿음의 성찰을 통해서 하나님을 향한 발걸음을 옮기는 그 순간에 하나님은 아브라함을 격려하셨을 것입니다.

하나님은 아브라함이 실수와 실패를 하고 있음에도 그에게 거는 관심과 사랑은 여전히 식지 않았습니다. 그리고 하나님은 보이지 않는 섭리의 손길을 통하여 끊임없이 아브라함을 믿음의 조상으로, 복의 근원으로 만들어가고 계십니다. 때로는 우리를 둘러싼 상황이 절박하다고 해서 하나님이 우리를 떠나신 것은 아닙니다. 단지 그분의 보이지 않는 손길을 통하여 우리를 위로하시고, 격려하시며, 믿음의 통로로 만들어 나가고 계실 뿐입니다.

미국의 사회학자 폴 케네디(Paul Kenedy)는 한국을 21세기에 가장 희망이 있는 나라라고 하였습니다. 그 이유를 네 가지로 말하고 있습니다. 첫째는 지리적으로 가장 좋은 태평양 해안에 있다는 것입니다. 이제는 태평양 시대가 되었다는 것입니다. 둘째는 중·소기업이 수백 개가 무너져도 창업 젊은이들이 수없이 많이 일어나고 있는 것입니다. 세 번째는 김일성 사망 이후 통일의 좋은 기회를 가졌기 때문이다. 네 번째는 세계 민족사에서 가장 "신앙의 나라이기 때문이다"라고 하였습니다. 다시 말씀드리면 아브라함처럼 신앙을 가진 사람들이 많다는 것입니다.

아브라함은 축복된 믿음의 원형이 됩니다. 축복된 믿음의 원형은 아브라함의 삶의 흔적을 통해서 계속해서 흘러넘치고 있음을 알 수 있게 됩니다. 아브라함이 축복된 믿음의 원형이 된 배경에는 무엇이 있을까요?

연합군을 격파한 아브라함의 승리

당시 팔레스타인은 힘 있는 부족들이 시대를 지배하는 사회였습니다. 요르단 계곡의 다섯 부족은 힘이 강한 메소포타미아 지역의 부족에게 조공을 바쳤습니다. 그런데 더 이상 조공을 못 바치겠다고 거절하자 전쟁이 일어났던 것입니다.

창세기 14장 1-3절은 이 싸움의 배경이 됩니다. 그리고 전쟁에 연합으로 참여한 부족국가들의 이름과 왕들의 이름들이 열거되어 있습니다. 다음은 네 나라 연합군과 왕들입니다(창 14:1). 시날 왕 아므라벨과 엘라살 왕 아리옥과 엘람 왕 그돌라오멜, 그리고 고임 왕 디달입니다. 다음은 다섯 나라 연합군과 왕들입니다(창 14:2). 소돔 왕 베라와 고모라 왕 비르사와 아드마 왕 시납과 스보임 왕 세메벨, 그리고 소알 왕 벨라였습니다. 두 연합군의 전쟁에서 다섯 나라 연합군이 지고 네 나라 연합군이 전쟁에서 승리했습니다.

이 전쟁은 인간의 상식을 초월하였습니다. 다섯 나라가 이겨야지 왜 적은 네 나라가 이깁니까? 그 이유는 하나님이 소돔에 살고 있는 롯을 징계하시기 위함이었습니다. 창세기 14장 11절을 읽어 보면 네 나라 연합군과 왕들이 소돔과 고모라의 모든 '재물과 양식'을 빼앗아 갔습니다. 그리고 "소돔에 거주하는 아브람의 조카 롯도 사로잡고 그 재물까지 노략하여 갔더라"(창 14:12)고 하였습니다. 왜 이런 결과가 왔습니까? 육신적인 것을 따라가며 물질을 따라간 롯을 징계하기 위한 하나님의 계획이었습니다.

아브라함은 조카 롯이 사로잡혔음을 듣고 집에서 길리고 연습한 자 318명의 사병(私兵)을 거느리고 조카의 구출작전을 펼쳤습니다(창 14:14). 다섯 나라가 연합하여 전쟁했는데도 이기지 못했던 네 부족의 연합군을 아브라함은 단독으로 사병을 데리고 가서 승리하였습니다. 이것은 하나님이 함께해 주신 결과였습니다.

사무엘상 17장 47절 말씀에 "여호와의 구원하심이 칼과 창에 있지 아니함을… 전쟁은 여호와께 속한 것인즉 그가 너희를 우리 손에 넘기시리라"하셨습니다. 하나님이 아브라함과 함께 하셨으므로 아브라함이 승리를 합니다. 전쟁에 승리한 아브라함은 롯이 빼앗겼던 것도 모두 찾아오고 아울러 전쟁의 노획물까지 취하여 가지고 돌아왔습니다(창 14:16).

아브라함의 승전 소식은 팔레스타인 부족들에게 전해졌습니다. 살렘 왕 멜기세덱은 이 전쟁에서 승리한 아브라함을 축복하기 위해 떡과 포도주를 가지고 마중을 나왔습니다(창 14:18). 멜기세덱에 관하여는 히브리서 7장 1-4절에 자세히 기록되어 있습니다.

멜기세덱은 "살렘 왕이요 지극히 높으신 하나님의 제사장이라 여러 왕을 쳐서 죽이고 돌아오는 아브라함을 만나 복을 빈 자"라고 말합니다. 그 이름을 해석하면 "먼저는 의의 왕이요 그 다음은 살렘 왕이니 곧 평강의 왕이요. 아버지도 없고 어머니도 없고 족보도 없고 시작한 날도 생명의 끝도 없어 하나님의 아들과 닮아서…"라고 했습니다. 멜기세덱은 예수님의 모형입니다.

아브라함이 왜 믿음의 원형이 되었을까요? 전쟁이라는 계기를 통해서 아브라함이 행했던 모습을 통해서 알 수 있습니다. 그렇다면 무엇으로 하여금 아브라함이 우리에게 믿음의 원형, 축복의 통로로 다가오게 되었을까요?

온전한 십일조의 축복

아브라함이 믿음의 원형, 축복의 통로가 될 수 있었던 가장 중요한 요소는 십일조였습니다. 십일조 신앙을 통해서 그는 한걸음 더 믿음의 조상으로 성숙해 갔던 것입니다. 아브라함의 신앙 중에서 위대한 신앙은 십일조를 드리는 신앙이었습니다.

저는 선배 목사님에게 목회하면서 어려운 일이 무엇이냐고 물었더니 '헌금 설교' 하는 것이라고 가르쳐 주셨습니다. 아브라함은 십일조를 인류 최초로 시작한 사람이었습니다. 남들이 생각도 못했을 때, 다른 사람이 전혀 해 보지도 않았을 때에 십일조를 한다는 것은 위대한 일입니다.

그러므로 아브라함의 신앙은 위대한 신앙입니다. 십일조가 "율법이냐? 은혜냐?" 하는 논란이 많이 있습니다. 십일조 폐지론자 가운데 어떤 사람은 십일조가 말라기에 기록되어 있으니 구약의 율법으로 지금 이 시대를 살아가는 우리들은 십일조를 드리지 않아도 된다는 이상한 논리(論理)를 펴는 사람들이 있습니다. 구원의 확신파들은 십일조가 율법이니 안 드려도 된다는 것입니다. 그들은 십일조와 교회론을 부인합니다.

한번 물어 봅시다. "십일조가 율법입니까? 은혜입니까?" 그러면 율법은 성경

어디에 나옵니까? 십계명이 출애굽기 20장에 나오는데 십일조를 제일 최초로 시작한 사람은 아브라함인데 아브라함은 창세기에 나오는 인물입니다. 십계명은 하나님이 모세에게 시내 산에서 주셨는데 아브라함은 모세보다 이전의 창세기 시대의 사람입니다.

그러므로 십일조는 율법이 아니고 은혜입니다. 십일조는 내가 하나님의 은혜를 체험하고 난 뒤에 감사하여 은혜로 드리는 것입니다. 강제나 억지로 하라고 해서 하는 것이 아닙니다. 십일조는 은혜 받은 사람은 할 수 있지만 은혜가 없는 사람은 할 수가 없습니다. 아브라함은 전쟁에서 승리하게 하신 하나님의 은혜에 감사하여 은혜로 십일조를 드렸습니다.

창세기 28장 21-22절을 보면 야곱도 십일조를 했습니다. 야곱이 브엘세바를 떠나 하란으로 도망할 때 광야 한 곳에 이르렀습니다. 해가 지므로 유숙하려고 누워 잠을 자다가 꿈을 꾸게 되었습니다. 야곱이 꿈에 본즉 사닥다리가 땅 위에 섰는데 그 꼭대기가 하늘에 닿았고 또 본즉 '하나님의 사자'가 그 위에서 오르락내리락 하고 또 본즉 여호와께서 그 위에 계시는 것을 발견하게 됩니다. 이때 야곱은 하나님 앞에 이렇게 서원 기도를 하며 제단을 쌓았습니다.

야곱이 서원하여 가로되 "하나님이 나와 함께 계셔서 내가 가는 이 길에서 나를 지키시고 먹을 떡과 입을 옷을 주시어 내가 평안히 아버지 집으로 돌아가게 하시오면 여호와께서 나의 하나님이 되실 것이요 내가 기둥으로 세운 이 돌이 하나님의 집이 될 것이요 하나님께서 내게 주신 모든 것에서 십분의 일을 내가 반드시 하나님께 드리겠나이다"(창 28:20-22)라고 기도했습니다.

하나님은 십일조를 하는 아브라함에게 그리고 야곱에게 복을 주셨습니다. 아브라함에게는 믿음의 조상이라는 복을 주셨고, 야곱에게는 물질의 복을 주셨습니다. 다윗에게는 그 후손이 홀(왕권)이 떠나지 않는 축복을 주셨고, 솔로몬에게는 지혜의 복을 주셨습니다. 은혜 받은 사람이 하나님 앞에 감사하여 드리는 것이 십일조입니다.

십일조를 드리면 몇 번 놀란답니다. 첫 번째는 "내게도 이런 용기가 있었구나!" 하는 것에 놀라고 두 번째는 십일조를 드리고 나면 액수가 점점 많아져서 놀란답니다. 저는 일반 대학을 다닐 때에 아르바이트를 해서 저의 생애 처음으로 십일조 2천 원을 드린 적이 있습니다. 그 후 계속 십일조 액수가 올라갔던 체험을 했습니다. 세 번째는 드리고 나면 기쁨이 오는데 놀란답니다. 네 번째는 십일조를 드릴 때에는 아까웠는데 드리고 나면 기도가 잘되는 것에 놀란답니다. 다섯 번째는 남들은 열 개를 가지고도 모자란다고 하는데 아홉 개를 가지고 살아가는 것을 보고 놀란답니다. 여섯 번째는 십일조를 하고 나면 더 하고 싶어서 놀란답니다. 십에 일조에서 십에 이조로, 십에 삼조로 더하고 싶어진답니다.

미국에 '스탠리 템'이라는 사람이 있습니다. 그는 플라스틱 공장을 경영하면서 하나님 앞에 십일조를 철저히 드렸습니다. 공장 운영이 잘되어 하나님 앞에 서원하였습니다. 그는 하나님 앞에 십에 삼조를 바치겠다고 서원하고 공장 운영의 이익금 십에 삼조를 복음을 위해 한국의 십자군 전도대에 보내서 교회 개척 자금으로 자원하고 있습니다. 그는 공장 정문에 '이 공장의 주인은 예수님이시다'(Jesus is My Master)라고 써 놓았습니다. 그는 종업원이란 생각을 가지고 일하였습니다. 스탠리 템이 드린 십일조는 선교의 씨앗이 되었습니다. 십자군 전도대는 지금도 도시에 교회가 개척되면 500만 원을 지원해 주고 농촌에 교회를 개척하면 300만 원씩 지원해 주는 전도의 사명을 감당하고 있습니다.

헌금을 하려면 성경적 원칙을 가지고 있어야 합니다. 성경적 헌금을 드리는 데에는 세 가지 자세가 있습니다. 고린도후서 9장 5-7절에 나타나 있습니다. 첫째는 미리 준비하여야 합니다. 참 연보는 억지로 하는 것이 아닙니다(5절). 두 번째는 하나님은 즐겨내는 자를 사랑하신다고 했습니다(6절). 즐거운 마음으로, 기쁨으로 드려야 합니다. 세 번째는 기왕이면 많이 드려야 합니다. 적게 심는 자는 적게 거두고 많이 심는 자는 많이 거둔다고 했습니다.

십일조는 온전히 드려야 합니다. 100,000원 수입이 있으면 10,000원을 드려야 합니다. 그러나 99,999원이면 9,999원 하지 말고 1원을 더하면 10,000원인데 기왕이면 후하게 드리시기 바랍니다. 이것이 축복을 받는 원리 중의 하나입니다.

말라기 3장 8-12절에 십일조에 대한 축복이 기록되어 있습니다. 온전한 십일조를 드리는 사람은 다음과 같은 복을 주시겠다고 약속하셨습니다. 첫 번째 복은 땅의 소산을 황충이 먹지 못하도록 지켜 주신다고 하였습니다. 하나님이 벌레를 막아 주셔야 열매가 상품이 되어 수입을 얻게 됩니다.

두 번째 복은 밭의 열매가 기한 전에 떨어지지 않게 하신다고 하였습니다. 대학 입학을 위한 수능 시험을 치르는데 공부 잘하는 아이가 낮추어서 지원했는데도 많은 수험생들이 몰려와서 떨어진 아이가 있는가 하면 조금 부족했는데도 소신 지원했더니 모 여자대학에 미달사태가 벌어져 합격한 아이들도 있습니다.

세 번째 복은 열방이 복되다 하리니 나 만군의 여호와의 말이니라고 하셨습니다. 많은 사람이 복되다고 말할 정도로 십일조 드리는 자에게 복을 주신다고 하나님이 약속하셨으니 십일조를 드리고 약속된 복을 받는 성도가 되어야 합니다.

리빙스턴이란 사람은 어릴 때부터 주일학교에 다녔습니다. 그는 예배시간에 헌금 바구니가 자기 앞에 돌아오면 항상 고민하였습니다. 집이 가난하여 헌금 드릴 것이 없었기 때문입니다. 그래서 헌금 바구니에 자기 발을 집어 넣었습니다. 교회학교 선생님이 이 광경을 보고 리빙스턴을 불러 야단을 쳤습니다. "신성한 헌금 바구니에 냄새나는 발을 집어 넣어서는 안 된다"는 것이었습니다.

이때 리빙스턴은 이렇게 대답을 했습니다. "선생님, 저는 헌금 드릴 돈이 없어서 제 몸을 드리려고 합니다." 그래서 그는 몸을 드려 선교사가 되어 아프리카에 가서 일생을 바쳐 헌신하였습니다.

찬양을 통해 영광 받으시는 하나님

아브라함이 전쟁을 통하여 하나님의 손길을 경험하였습니다. 그리고 십일조의 형태를 만들게 되었고, 이것이 축복의 원형이 되었던 것입니다. 또한 아브라함은 하나님을 찬양하는 사람이었습니다. 지극히 높으신 하나님을 찬양하므로 인해서 믿음의 원형, 축복의 통로가 되었습니다.

아브라함은 지극히 높으신 하나님을 찬양하였습니다. 지극히 높으신 하나님이란 단어는 히브리어의 '엘 엘욘'(창 14:22)이란 단어입니다. 인간이 하나님을 찬양하는 것은 본분입니다. 아브라함이 하나님을 찬양할 때 하나님은 영광을 받으셨습니다. 찬양에는 위대한 힘이 있습니다.

사도행전 16장에 바울과 실라가 빌립보 감옥 안에 갇혀 있을 때 기도하고 찬양할 때 옥문이 열리고 착고가 풀어지는 기적이 일어났습니다. 찬송은 매인 것을 풀어지게 하는 능력이 있습니다. 인생길에 있어서 피곤하고 힘들 때 찬송을 부르면 어디서 생기는지 힘과 용기와 능력이 생겨납니다. 멀린 R. 캐로더스가 쓴 『찬송생활의 권능』이란 책을 꼭 읽어 보시기 바랍니다. 사무엘상 16장에는 사울 임금이 악귀가 들려서 고통당했을 때 '다윗이 하프를 타며 노래를 부르면' 귀신이 떠나갔다고 하였습니다. 찬송은 귀신을 쫓아내는 힘이 있습니다.

그리스의 앞바다에 일명 '노래하는 섬'이 있었습니다. 이 섬 옆을 배 타고 지나가면 여인들의 노래 소리가 들려오는데 그 소리에 매혹이 되어 섬에 들리면 여인들의 유혹에 빠져 재물을 다 탕진하게 됩니다. 이 섬에서는 못 견딜 정도로 아름다운 노래 소리가 들려왔습니다. 이곳을 지나다니며 무역을 하던 한 선장은 이 문제를 극복하려고 하프를 잘 타는 청년을 배에 선원으로 태워 여인들의 유혹의 노래가 들려올 때에 청년의 하프 소리로 연주를 하며 노래를 부르게 하여 '유혹을 물리치고 승리' 했답니다. 이처럼 찬송은 유혹을 물리치는 능력도 줍니다.

우리도 아브라함처럼 지극히 높으신 하나님을 찬송하는 생활로 하나님께 영광 돌리는 성도가 됩시다.

4장 섬기는 믿음

창세기 18장 1-8절

안산에 있는 어느 교회에서 있었던 일입니다. 과실치사로 인하여 큰 죄를 지은 정씨는 사형을 선고받게 되었습니다. 그리고 그곳에서 예수님을 영접하여 구원을 받게 되었습니다. 재판관이 "예수를 믿느냐"라는 질문에 "예"라고 대답하였기에 사형수에서 무기수로 복역하게 되었습니다. 무기수에서 장기수로 복역하였고 안산에 있는 오집사님이라는 분과 인연이 되어서 8년 동안 사귀게 되었습니다. 그리고 8년 만에 옥중 결혼식을 하기에 이르렀습니다.

복역한지 17년 만에 특별사면을 받아서 출옥하였고, 자유를 찾게 되었습니다. 그리고 오집사님이 다니는 교회에 함께 다니게 되었고, 얼마 지나지 않아 부부집사가 되었습니다. 이 부부집사는 이삭장애인 선교회를 자비량으로 섬기게 되었습니다. 여자 집사님은 초등학교 4년 중퇴에 두 다리를 제대로 쓰지 못하는 지체 장애인이었습니다. 남자 집사님은 비록 사형수였으나 유학까지 다녀오고 대학병원 치과과장까지 지낸 의사였습니다.

17년을 기다리며 사랑해 준 장애인 아내를 위해 남은 생애를 다 바치겠다고 생활비와 가정생활, 의식주 생활에 아내의 손발이 되어 섬기며 모든 성도들 보기에 가장 모범적으로 남편 역할을 하고 있습니다. 사랑은 감동입니다. 사랑은 희생입니다. 그리고 사랑은 섬김입니다.

아브라함이 믿음의 첫걸음을 시작하더니 이제는 섬김의 믿음의 상태로 변화되어 있음을 볼 수 있습니다. 아브라함의 신앙의 여정을 따라가면서 우리들은 아브라함의 믿음의 뒤안길을 통해서 섬김의 자세를 배울 수 있게 됩니다. 감동이 있는 섬김, 사랑과 은총이 넘치는 섬김은 예수 그리스도를 통하여 정점으로 이루어지게 되었고, 아브라함의 섬김을 통해서 시작되었음을 알게 됩니다. 섬김의 원형을 가지고 있는 아브라함의 믿음을 우리의 것을 받아들이는 놀라운 은혜가 임하기를 바랍니다.

어느 날 아브라함의 집에 천사가 찾아오게 되었습니다. 천사들이 아브라함을 찾아 온 이유는 소돔과 고모라가 하나님 앞에 죄악을 범하고 있었기 때문입니다. 하나님께서 아브라함에게 사자를 보내신 것은 소돔과 고모라를 불과 유황을 내려 '멸망을 예고' 하시기 위해서였습니다. 왜 하나님이 소돔과 고모라의 멸망을 아브라함에게 알리셔야만 했을까요? 그 이유는 "내가 하려는 것을 아브라함에게 숨기겠느냐?"(창 18:17)라고 하신 말씀에서 찾아볼 수 있습니다. 아브라함은 하나님의 방백이며 하나님의 벗이기 때문에 하나님은 아브라함에게는 숨기지 않고 비밀을 말씀해 주셨던 것입니다(대하 20:7; 사 41:8).

우리 자녀들이 학교에 잘 다니고 건강하니까 아무 문제가 없다고 생각할 지도 모릅니다. 그러나 아이들은 굉장한 문제가 있어도 부모에게는 비밀을 이야기하지 않습니다. 오히려 자녀들은 친구에게 비밀을 털어 놓을 수 있습니다. 하나님은 당신의 비밀을 아브라함에게는 숨기지 않았던 것은 그가 하나님의 벗이라고 칭함을 받았기 때문입니다. 하나님의 사자(천사)가 소돔과 고모라의 심판을 아브라함에게 알리기 위해서 아브라함의 집을 방문했을 때 아브라함은 성문 앞에 앉아 있었습니다. 표준 새번역 성경에는 "한창 더운 대낮에 자기 장막 앞에 앉아 있었다"고 했습니다.

바로 그 순간에 아브라함은 천사가 자기 집을 향해 오는 광경을 보고 천사를 영접했습니다. 그렇다면 아브라함이 천사를 어떻게 영접하고 섬겼을까요?

망설이지 말고 섬겨라

아브라함은 천사들을 보자 즉각적으로 달려가서 영접을 했습니다. "그가 그들을 보자 곧 장막 문에서 달려 나가 영접"(창 18:2)했다고 하였습니다. 달려 나가는 모습은 반가워서 어쩔 줄 몰라 하는 모습입니다. 장모가 사위를 버선발로 영접하는 것처럼 너무나 반가운 나머지 아브라함은 달려 나가 영접했습니다. 그러나 조카 롯은 대조적이었습니다. 창세기 19장 1절을 보면 "그들을 보고 일어나 영접"했다고 하였습니다. 문에서 보고 기다리고 있다가 영접하였다는 것입니다.

작은 비교이지만 아브라함과 롯이 천사를 영접하는 모습은 완전히 대조적입니다. 대심방이 시작되면 목회자들과 심방대원들이 심방을 가면 문 앞에서 기다리고 있다가 달려 나와 영접하는 신자들이 있습니다. 너무나 반가워하며 가방을 받아 주고 악수를 하면서 영접을 해 주시는 것을 보면 얼마나 감사한지 모르겠습니다.

이렇듯 어떤 집은 창문에서 내다보고 있다가 달려 나와 영접을 하는가 하면, 어떤 집은 주보에 예고가 되고 구역장과 강사들이 심방이 있다고 알렸는데도 초인종을 눌러도 아무 대답도 없다가 한참 후에 나오는데 늦잠을 자다가 나오는지 세수도 제대로 안 하고 머리도 헝클어지고 밥풀은 머리카락에 달라붙어 있고 방에 들어가 보면 이불도 그대로며 옛날에는 오강도 안 치워 냄새도 나고 밥 먹던 상은 그대로 있어서 김치 냄새와 된장 냄새가 심하게 나는데 축복하려고 해도 목사의 마음에도 내키지 않는 집이 있습니다.

그러나 어떤 집은 심방을 가보면 정리가 깨끗이 되어 있고 예배상 위에는 꽃도 한 송이 꽂아 놓고 성경 찬송이 준비가 되어 있습니다. 은은하게 찬송가를 틀어놓고 향수도 살짝 뿌렸는지 향긋한 냄새가 나는데 정성스럽게 준비한 심방 감사 헌금을 준비한 신자들도 있습니다. 이러한 신자의 자세는 사람의 마음이지만 있는 복을 다 빌어주고 싶은 마음을 갖게 합니다. 아브라함처럼 하나님의 사자를 영접해야 합니다.

하나님을 사랑하고 섬기는 것은 어떤 것일까요? 하나님은 보이지 않는 분이십니다. 그렇기 때문에 말로는 하나님을 사랑하고 섬긴다고 말하지만 실제적으로 아무것도 하지 않는 경우를 종종 보게 됩니다. 이웃을 사랑하는 것, 이웃의 아픔을 나의 아픔으로 여기고 그들을 위해 섬기는 자세가 곧 하나님을 향한 섬김이 될 것입니다(마 25:31-46, 양과 염소의 비유). 이제 우리는 이웃을 사랑하고 섬기며, 하나님의 사람들을 섬기는 놀라운 은혜 가운데 살아가야 합니다.

간절한 마음으로 섬겨라

아브라함의 섬기는 믿음은 어떤 모습을 가지고 있었을까요? 간절한 마음과 강권하는 마음의 자세였습니다. 천사를 영접하는 아브라함의 모습은 실로 감동적이기까지 합니다.

아브라함이 천사를 보고 "땅에 엎드려 절했다"(창 18:2)고 했습니다. 아브라함이 하나님의 사자를 존경하는 마음을 가졌다는 것입니다. 아브라함이 하나님의 사자의 방문을 받고서 기왕 우리 집에 오셨으니 "원하건대 종을 떠나 지나가지 마시옵고"라는 모습으로 존경의 마음을 가지고 대했습니다(창 18:3). 반면에 롯은 천사들의 방문에 대해서 "들어와 발을 씻고 주무시고 일찍이 일어나 갈 길을 가소서"라고 말했습니다(창 19:2). 롯은 천사들을 영접하기는 했지만 간절한 마음이 없이 형식적인 모습을 갖고 있음을 보여줍니다.

교회는 두 종류의 교회가 있습니다. 어떤 성도들은 목사님, 우리 교회 오신 것을 환영합니다. 기왕에 하나님이 보내셔서 우리 교회 오셨으니 이제 은퇴할 때까지 아브라함처럼 "떠나지 마소서"(창 18:2)라고 하는 교회가 있는가 하면 어떤 교회는 롯처럼 발 씻고 일찍 주무시고 갈 길을 가라는 무관심한 교회도 있는 것을 보게 됩니다.

어떤 교회에서 목사님 추방운동이 일어났답니다. 그래서 신자들이 이웃 교회에 나이 많으신 목사님을 찾아가 상담을 했답니다. 어떻게 하면 목사님을 다른 데로 보낼 수 있겠느냐고 했더니 다음 네 가지만 하면 목사님이 다른 교회에 가시게 된다고 가르쳐 주었답니다.

첫 번째 방법은 설교 시간에 목사님의 눈을 쳐다보면서 '아멘'을 크게 하라고 했습니다. 두 번째 방법은 설교 시간에 인용해 달라고 부탁하며 책을 사 드리라고 했습니다. 세 번째 방법은 우리 교회 목사님 "설교 잘 하신다"고 다니면서 소문을 내라고 했습니다. 그리고 마지막 방법으로 신자들이 전도를 많이 하여 교인이 많아지면 감당할 수 없어서 어쩔 수 없이 다른 데로 가시게 된다고 가르쳐 주었답니다.

신이 난 교인들은 1년 동안 나이 드신 목사님이 시키는 대로 했더니 설교가 점점 좋아지고 은혜를 끼치게 되고 교회가 부흥이 되었답니다. 이 소문을 듣고 서울의 큰 교회에서 목사님을 모시러 왔답니다. 뒤늦게 신자들이 자신들의 잘못을 깨닫고 담임목사님을 오래도록 모시기로 다시 결의를 하였답니다. 우리도 아브라함처럼 하나님의 사자를 향해 "떠나지 마소서"라고 대접하는 성도가 됩시다.

섬김은 최선을 다해야 합니다. 아브라함은 천사들을 향하여 달려 나가서 영접을 하였고, 간절함과 강권하는 마음을 가지고 하였습니다. 우리는 여기에서 아브라함이 가지고 있는 믿음의 원형, 섬김의 원형을 배워야 합니다. 그 대상이 누구인가가 중요한 것이 아니라 어떤 자세로 임하고 있느냐가 중요합니다. 간절함과 강권하는 마음을 배워서 이 땅에 참으로 살맛나는 아름다운 하나님의 나라로 만드는 우리가 되어야 합니다.

최선을 다해 섬겨라

아브라함은 자신이 할 수 있는 최선의 모습, 최고의 것으로 천사를 섬기고 있음을 알 수 있습니다. 아브라함은 사라에게 고운 가루 세 스아를 가져다가 반죽을 하여 떡을 만들라고 부탁했습니다(창 18:6). 아브라함은 여기에서 멈추지 않았습니다. 계속해서 "기름지고 살진 송아지를 잡고 우유와 버터를 가져다가 대접"을 하였습니다(창 18:7). 다른 표현을 하면 '최고의 대접'을 하였다는 것입니다. 아브라함은 하나님의 사자를 최고로 대접하였습니다.

반면에 롯은 "그들을 위하여 식탁을 베풀고 무교병을 구우니"(창 19:3)라고 하였습니다. 롯도 천사를 대접했는데 무교병으로 대접합니다. 무교병은 '누룩 없는 떡'으로 우리나라로 말하면 개떡을 가져다가 대접한 꼴이 되었습니다.

저는 심방 갈 때마다 얼마나 감사한지 모르겠습니다. 고기를 굽고 무공해 국과 나물 등 최고의 식탁으로 대접받게 됩니다. 그 준비한 정성이 감사하여 "하나님 이 가정(家庭)이 이렇게 준비 잘하였사오니 하나님이 받으시고 복을 주옵소서!"라고 기도합니다.

어떤 교회는 목사님 자동차 사 드리는데 싸움이 일어났답니다. 목사님이 무슨 고급 승용차를 타느냐? 성경에 예수님도 예루살렘 입성할 때에 나귀를 타셨다는 것입니다. 나귀가 영어로 Pony(조랑말)이니까 목사님은 포니 정도만 타면 된다는 것입니다. 이러한 마음은 아브라함의 마음보다는 롯의 마음에 가깝습니다.

목사님은 스스로 검소하게 낮추어야 합니다. 그러나 신자들 편에서는 최고의 대접을 한 아브라함 같은 신앙을 배워야 합니다. 목사가 잘 대접 받기 위한 것이 아니라 성도가 복 받는 비결이기 때문입니다. 주택도 최고로, 자동차도 최고로 대우도 최고로, 성도들이 '최고로 최고로' 하면, 목회자들은 '작은 것으로 작은 것으로', 이렇게 싸워야 합니다. 최선은 결과와 상관없이 아름다운 모습입니다. 섬김에 있어서 내가 있어서가 아니라 주님이 주시는 은총으로 말미암아 이루어질 때 가장 아름다운 공동체와 교회가 될 것입니다.

기쁜 마음으로 섬겨라

아브라함은 천사들을 섬길 때 마음을 상쾌하게 하였습니다(창 18:5). 아브라함은 하나님의 천사들을 평안히 지낼 수 있도록 영접을 하였습니다. 섬길 때 부담감이 아니라 평안한 모습으로 할 때 더욱 소중하게 다가올 것입니다.

아브라함은 하나님의 사자들을 향하여 "물을 조금 가져오게 하사 당신들의 발을 씻으시고 나무 아래에서 쉬소서"(창 18:4)라고 말했습니다. 그리고 그 다음에 보면 "내가 떡을 조금 가져오리니 '당신들의 마음을 상쾌하게' 하신 후에…"(창 18:5)라고 영접하고 있는 모습을 살펴볼 수 있습니다. 아브라함은 천사들의 마음을 상쾌하게 하였습니다. 우리들도 하나님의 사자를 영접할 때 천사들의 마음을 상쾌하게 해야 합니다.

한국 사람들이 일을 가장 잘할 때는 '신바람 날 때'라는 것입니다. '신바람 나게 일하도록 합시다. 신바람이란 한국 사람들에게만 있는 특성입니다. 신바람이란 기분이 좋아서 죽을지 모르도록 일하는 것입니다.

히브리서 13장 17절에 "너희를 인도하는 자들에게 순종하고 복종하라 그들은 너희 영혼을 위하여 경성하기를 자신들이 청산할 자인 것 같이 하느니라 그들로 하여금 즐거움으로 이것을 하게 하고 근심으로 하게 하지 말라 그렇지 않으면 너희에게 유익이 없느니라"고 하였습니다. 아브라함의 천사 대접을 히브리서에는 이렇게 기록하며 해석하고 있습니다. "형제 사랑하기를 계속하고 손님 대접하기를 잊지 말라 이로써 부지중에 천사들을 대접한 이들이 있었느니라"(히 13:1-2)고 기록하고 있습니다. 이것은 아브라함을 가리키는 말입니다.

마틴이라는 사람이 있었습니다. 그의 평생의 소원은 예수님을 한 번 자기 집에서 대접하는 것이었습니다. 그래서 기도를 드렸습니다. "주님 우리 집에 꼭 한 번만 와 주십시오. 제가 대접해 드리고 싶습니다." 한 번은 꿈 가운데 예수님이 나타나셨습니다. 예수님께서 '마틴아, 내일 12시에 내가 네 집을 방문하겠다'고 말씀하셨습니다. 예수님 대접이 일평생 소원인데 그는 예수님을 잘 대접하려고 상을 차려 놓았습니다. 12시 정각에 꿈에 약속하신 예수님은 나타나지 않았고 거지 할아버지가 나타났습니다. 마틴은 불쌍하여 그 할아버지에게 먹을 것을 주었습니다. 그날 밤 잠을 자는데 예수님이 다시 나타나셨습니다. "마틴아, 내가 내일은 꼭 12시에 네 집에 가마"하고 약속하셨습니다.

그러나 그 이튿날도 주님은 오시지 않고 신문팔이 소년이 배가 고파 먹을 것을 청하는 것이었습니다. 마틴은 거절하지 않고 그를 잘 대접해 주었습니다. 셋째 날, 주님은 또다시 "내일은 꼭 네 집에 가마"하고 약속하셨습니다. 그러나 주님은 나타나지 않고 '병든 소녀'가 찾아와 먹을 것을 달라고 하였습니다. 마틴은 차려 놓은 음식을 주었습니다. 그는 불쌍한 이들을 대접했는데 꿈에 예수님이 나타나셔서 "마틴아, 내가 너의 대접을 세 번이나 잘 받았다. 지극히 작은 소자에게 행한 것이 곧 내게 행한 것이라"고 칭찬해 주었다고 합니다.

아브라함은 천사를 잘 섬겼습니다. 그래서 아브라함은 하나님으로부터 강대한 나라가 되고, 천하 만민은 그를 인하여 복을 받게 되는 축복을 받았습니다.

우리도 아브라함처럼 언제나 좋은 것으로 남을 섬기다가 부지중에 천사를 대접하는 축복을 받아야겠습니다.

5장 중보하는 믿음

창세기 18장 22-23절

믿음의 조상으로 발걸음을 시작한 아브라함의 생애를 통해서 우리가 알 수 있습니다. 바로 '기도하는 아브라함'에 대하여 배울 수 있습니다. 아브라함은 창세기 18장에서 천사의 방문으로 도시 소돔과 고모라가 하나님의 심판으로 멸망하게 되리라는 예고를 받았습니다. 이 엄청난 소식을 듣고 아브라함은 하나님께 기도하기 시작했습니다. 왜냐하면 그곳에는 조카 롯이 살고 있었기 때문입니다. 아브라함은 "악인과 함께 의인을 멸하려 하시나이까?"라고 하면서 중보기도를 시작했습니다.

아브라함의 중보기도는 만물을 변화시키고 하나님의 마음을 감동시키게 되었습니다. 그렇다면 우리가 기도하는 아브라함의 신앙을 통해서 배울 수 있는 것이 있다면 무엇일까요?

분명한 목적을 가지고 기도하라

아브라함은 분명한 목적을 가지고 기도하기 시작했습니다. 특히 소돔과 고모라라는 도성이 하나님의 심판으로 멸망을 앞두고 있을 때 이를 위해서 중보기도를 하였습니다. 중보기도는 타인의 아픔을 나의 아픔으로 받아들이면서 안타까운 심정으로 하나님께 기도해야 하는 것입니다. 그러다 보면 기도 가운데 하나님 아버지의 마음을 알게 되어 더욱 분명한 목적을 가지고 기도할 수 있게 됩니다.

아브라함은 하나님을 향하여, '주께서 의인을 악인과 함께 멸하려 하시나이까?', '그 성 중에 의인 오십 명이 있으면 어찌 하오리까?' 라고 기도하기 시작했습니다(창 18:23). 문제를 만났을 때 아브라함은 먼저 하나님께 기도를 했다는 것이 위대한 일입니다. 어떤 사람은 어려운 일을 만나면 한숨을 쉬고 걱정하는 사람이 있는가 하면, 어떤 사람들은 문제를 만나면 나를 도와줄 사람을 찾아다니기도 합니다.

그러나 진정한 신앙인은 문제를 만나면 먼저 하나님 앞에 겸손히 무릎을 꿇고 기도해야 합니다. 아브라함의 기도는 겸손한 기도였습니다. 아브라함은 티끌 같은 나라도 감히 주께 아뢴다고 하였습니다(창 18:27).

여기에서 잠시 기도에 대한 명언들을 들어보도록 하겠습니다.

기도는 위대한 하나님의 기적(奇蹟)의 시작입니다. 존 낙스는 "기도는 하나님의 능력의 손을 움직이는 강력한 무기"라고 했습니다. 빌리 그레함은 "기도는 아침을 여는 열쇠요 저녁을 닫는 자물쇠"라고 했습니다. 어거스틴은 "기도는 승리 생활의 비결"이라고 했습니다. 기도는 만능열쇠(Master Key)라고도 합니다. 기도는 영혼의 호흡(呼吸)입니다. 기도는 신앙인이 사는 비결입니다. 기도는 하나님과의 영적 대화(靈的對話)라고도 합니다.

기도가 평신도들에게는 정말 어려운 일인 것 같습니다. 제가 시골에서 단독 목회할 때 에피소드입니다. 교회 나온 지 1년 정도 되신 분이 계셔서 새벽 기도 시간에 기도를 부탁했습니다. "찬송가 434장 부른 후에 OOO 성도님, 기도해 주시겠습니다"라고 말했습니다. 제 생각에는 기도할 수 있을 것 같아 기도를 부탁드렸더니 찬송가가 끝이 나고 기도 시간이 되었는데 "아이고 어쩌나!"하시면서 신을 신고 집으로 가 버렸습니다. 그 후 3개월을 교회에 나오지 않기에 찾아가 심방하여 겨우 다시 나오게 되었습니다.

한번은 저녁 예배 시간인데 어떤 구역장에게 기도를 시켰더니 갑자기 손을 옆으로 젓기도 하고 흔들기도 하는 '교통순경' 하나가 나타났습니다. 처음엔 무슨 뜻인지 몰랐다가 찬송가 후렴을 부를 때에 의미를 깨닫게 되었는데 "목사님, 나 말고 옆에 있는 집사님 기도시키라고"하면서 손가락을 옆으로 가리키는 것입니다.

기도는 어린아이가 부모에게 말하듯, 또 우리가 친구에게 이야기하듯 하면 됩니다. 기도는 겸손히 하나님 앞에 무릎 꿇을 때에 역사가 나타납니다. 하나님은 교만한 사람을 물리치시고 겸손한 사람의 기도를 들으십니다. 우리들도 겸손히 기도합시다.

끈질기게 기도하라

아브라함의 중보기도하는 믿음을 통해서 우리가 교훈으로 삼을 수 있는 것은 목적을 가지고 기도하는 것이었습니다. 두 번째는 끈질기게 기도하는 것을 배울 수 있습니다. 중보기도하는 믿음을 갖게 되면 인내를 배우게 됩니다. 믿음의 첫걸음부터 시작했던 아브라함의 믿음의 여정 중에서 이제는 중보할 수 있는 믿음을 가지게 되었습니다. 자신만이라는 카테고리에서 벗어나 타인을 자신화시킬 수 있는 믿음을 가지게 된 것입니다. 그리고 타인을 위해서 끈질기게 기도하는 믿음의 모습도 간직할 수 있게 되었습니다.

아브라함은 천사들이 전해 주는 '소돔과 고모라'의 멸망 소식을 듣고 하나님께 기도를 시작합니다.

"의인을 악인과 함께 멸하시려나이까?"

"의인 오십 명이 있을지라도 그 오십 명을 위하여 용서하지 아니하시리이까?"

하나님이 아브라함에게 응답하셨습니다.

"의인 오십 명을 찾으면 그들을 위하여 온 지역을 용서하리라."

아브라함은 끈질기게 계속해서 기도했습니다.

"티끌 같은 나라도 감히 주께 고하나이다. 오십 의인 중에 오 명이 부족할 것이면 그 오 명이 부족함으로 말미암아 온 성읍을 멸하시리이까?"

"오 명이 부족한 사십 오 명을 찾으면 그 성을 용서하리라."

"아브라함이 또 고하여 가로되 사십 명을 찾으면 어찌 하시리이까?"

"사십 명을 인하여 멸하지 아니하리라."

이렇게 계속해서 기도하면서 의인 10명까지 구했습니다. 주석가들의 의견을 보면 의인 10명은 그 당시 가장 작은 사회의 구성단위라고 합니다. 우리는 여기에서 아브라함의 끈질긴 기도와 하나님의 응답하심을 보게 됩니다.

아브라함은 자꾸 하나님 앞에 마치 '장사꾼이 에누리 하는 것' 같아서 티끌 같은 내가 감히 고한다고 하였습니다. 성경은 끈질긴 기도를 하라고 말씀하십니다. 아브라함은 여섯 번이나 간구하며 반복적으로 같은 기도를 했습니다.

누가복음 18장 1절에는 항상 기도하고 낙망치 말아야 할 것을 말씀하시면서 '끈질긴 기도를 드린 불쌍한 과부' 의 이야기를 소개하고 있습니다. 어떤 도시에 하나님을 두려워 아니하고 사람도 무시하는 재판관이 있었는데 그 이웃에 한 과부가 살고 있었습니다. 이 과부가 억울한 일을 당하여 재판관에게 찾아가 호소를 하였으나 무시 당했습니다. 그러나 포기하지 않고 자꾸 찾아가 부탁하니 불의한 재판관이 "이 과부가 나를 번거롭게 하니 내가 그 원한을 풀어 주리라. 그렇지 아니하면 늘 와서 나를 괴롭게 하리라 하였느니라"고 고백하면서 불쌍한 과부의 원한을 들어 주었다는 것입니다. 기도는 이렇게 낙심치 말고 항상 해야 합니다.

또 누가복음 11장 5-8절에는 소위 '강청의 기도'를 드린 이야기가 나옵니다. 친구에게 떡 세 덩어리를 빌린 사람의 이야기입니다. 밤중에 친구가 찾아왔는데 자기 집에는 먹을 것이 없어서 이웃에 사는 친구 집에 가서 떡을 빌려 달라고 문을 두드렸습니다.

그러나 친구는 세 가지 이유를 들며 거절했습니다. 첫 번째는 이미 '문을 닫았다'는 것입니다. 두 번째 이유는 '옷을 벗고 침소에 들었다'는 것입니다. 세 번째는 '귀찮으니 줄 수가 없다'는 것입니다(눅 11:7). 그런데도 문을 계속해서 두드리며 떡을 빌려달라고 하니 "벗 됨으로 인하여서는 일어나서 주지 아니할지라도 그 간청함을 인하여 일어나 그 요구대로 주리라"고 했습니다(눅 11:8). 기도는 끈질기게 해야 합니다.

야곱의 기도는 어떻습니까? 야곱은 얍복 강가에서 천사와 씨름하면서 간청 기도를 올렸습니다. 야곱은 환도 뼈가 부러지는 아픔을 겪으면서도 하나님으로부터 응답을 받았습니다. 야곱은 천사를 붙잡고 "당신이 내게 축복하지 아니하면 내가 당신을 가게 하지 아니하겠나이다"라고 천사를 붙잡고 끈질기게 기도했습니다. 야곱은 마침내 '야곱'(발꿈치를 잡았다는 뜻)에서 '이스라엘'(하나님이 통치하신다는 뜻)이라는 새 이름을 받고 하나님의 응답을 받게 되었습니다. 우리의 기도도 하나님이 응답하실 때까지 끈질기게 계속해야 할 것입니다.

아현교회 이성환 목사님이 17년간 기도하셔서 응답받은 간증이 있습니다. 이 목사님은 하나님께 한 가지 기도의 제목이 있었습니다. 그것은 미국에 유학 공부하여 학위를 받는 일이었습니다. 1년을 기도하고 2년을 기도해도 응답이 없었습니다. 10년, 15년이 지나도 낙심하지 않고 계속하여 끈질기게 기도를 하였더니 17년이 되던 해에 공군 군종감이 되셨고 나라에서 부르시더니 국비로 유학 공부하고 오라고 정부에서 유학을 보내 주시더라는 것입니다.

발명왕 에디슨은 12만 번의 기도와 1만 번의 실험으로 2천여 가지의 발명품 등을 발명했습니다. 그가 실험을 하다가 실패하면 세 시간이나 하나님 앞에 무릎을 꿇고 기도를 하였답니다. 그의 평생에 2천 가지를 발명한 것은 12만 번의 하나님 앞에 무릎 꿇고 기도하여 응답받은 결과였습니다.

헬렌(Hellen)이라는 여자 아이가 있었습니다. 이 아이는 집이 가난하여 선교사 집에서 일을 하고 살았습니다. 그녀가 일하고 있을 때 선교사가 기도하라고 가르쳐 주었습니다. 헬렌은 열심히 기도하였습니다. 아침에 일어나서 기도를 시작하고 집을 청소할 때에는 "내 마음도 주님이 청소하셔서 깨끗하게 해 주세요"라고 기도했습니다. 불을 땔 때도 "내 마음에 성령의 불이 활활 타오르게 해 주세요"라고 기도했습니다. 이렇게 하루 종일 기도하는 마음으로 살다가 저녁에 잠잘 때에는 "예수님의 이름으로 기도합니다"라고 기도하면서 살았습니다.

선교사가 하루 종일 기도하는 헬렌을 보고 그녀를 미국으로 데려다가 유학공부를 시켰습니다. 한국 여성으로 최초로 박사학위를 받고 한국에 돌아와서 이화여자대학의 총장이 되었는데 그녀가 바로 김활란 박사였습니다. 기도하므로 하나님이 그 앞길을 열어 주신 것입니다.

마태복음 21장 22절에는 "너희가 기도할 때에 무엇이든지 믿고 구하는 것은 다 받으리라"고 하였습니다. 야고보는 "의심하는 자는 마치 바람에 밀려 요동하는 바다 물결 같으니 이런 사람은 주께 얻기를 생각하지 말라"(약 1:6-7)고 하셨습니다. 마태복음 6장 33절에서는 "너희는 먼저 그의 나라와 그의 의(義)를 구하라"고 하셨고, 야고보서 4장 3절에는 "구하여도 받지 못함은 정욕으로 쓰려고 잘못 구하기 때문이라"고 하셨습니다. 마태복음 26장 39절에는 "나의 원대로 마옵시고 아버지의 원대로 되기를" 구한 예수님의 겟세마네 기도가 소개되어 있습니다.

시편 66편 18절에서는 우리가 '마음에 죄악을 품었더라면 주께서 듣지 아니하시리라'고 회개 없는 기도는 응답이 없음을 교훈해 주셨습니다. 누가복음 18장 1절의 말씀처럼 '끈질기게 응답될 때까지' 기도합시다. 요한복음 16장 24절에는 '구하지 않아서 응답이 없다'고 하였습니다. "지금까지는 너희가 내 이름으로 아무것도 구하지 아니하였으나 구하라 그리하면 받으리니 너희 기쁨이 충만하리라"고 하셨습니다. 요한일서 3장 22절에는 계명을 지키고 기도하라고 하시면서 "무엇이든지 구하는 바를 그에게서 받나니 이는 우리가 그의 계명들을 지키고 그 앞에서 기뻐하시는 것을 행함이라"고 말씀하셨습니다.

끈질기게 기도하십시오. 분명한 목적을 가지고 기도하십시오. 긍휼히 여기는 마음을 가지고 기도해야 합니다. 아브라함의 중보기도는 멈출 수 없는 기차와 같이 하나님의 마음을 향해서 계속해서 전진해 갔습니다. 우리가 하나님을 향해서 중보기도의 사역을 감당한다면 교회 공동체는 하나님의 역사의 결과로 감동과 흥분과 사랑이 넘치는 교회가 될 것입니다. 그러한 교회 공동체의 환상을 그려 보고 기도합시다.

쉬지 말고 기도하라

하나님은 좋으신 하나님의 모습으로 아브라함에게 나타났습니다. 50명을 구했을 때 하나님은 아브라함의 기도대로 응답해 주셨습니다. 또 45명, 40명, 30명, 20명, 10명을 구했을 때에도 하나님은 같은 응답을 주셨습니다. 그러나 아브라함은 여섯 번째 기도로, '내가 이번만 더 말씀하리이다'(창 18:32) 하고 기도의 결론을 아브라함 자신이 먼저 내리고 있습니다. 그러면서 이번 여섯 번째가 마지막으로 드리는 기도라는 것입니다.

아브라함의 결정적인 실수를 보게 되는데 기도하다가 왜 여섯 번으로 중단을 합니까? 여기서 한 번만 더 기도하면 7번째(성경은 완전수라고 하는데) 기도가 되는데 말입니다. "의인 한 사람만 있으면 어찌하오리까?"라고 기도하면 하나님이 안 된다고 했을까요? 내가 믿는 하나님은 째째하지 않고 넉넉한 하나님이신데 분명히 그 기도도 응답해 주셨을 줄로 믿습니다.

우리는 이 성경을 보면서 '일곱 번째 기도했더라면?' 하는 아쉬움을 가집니다. 사무엘상 12장 23절을 보면 사무엘은 '기도를 쉬는 죄'를 범하지 않겠다고 하나님 앞에 약속하고 있습니다. 기도하던 사람이 기도를 쉬는 것은 죄가 되는 것입니다. 기도하는 사람은 계속해서 기도해야 합니다. 왜 기도하다가 중단하십니까? 새벽기도 잘하다가 왜 중단합니까? 철야기도를 잘하다가 왜 중단합니까? 개인골방 기도하다가 왜 중단합니까? 기도를 쉬는 것은 죄를 짓는 일입니다.

하용조 목사가 쓴 『한 사람을 찾습니다』란 책을 읽고 많은 감명을 받았습니다. 그 책의 제1장에 '한 사람을 찾습니다'라는 소제(小題)가 있습니다. 의롭고 진실한 자 한 사람이 필요하다는 내용입니다. 그러면서 예레미야 5장 1절을 소개하고 있습니다. 한 사람을 찾는 하나님의 구인 광고입니다. "너희는 예루살렘 거리로 빨리 다니며 그 넓은 거리에서 찾아보고 알라 너희가 만일 정의를 행하며 진리를 구하는 자를 한 사람이라도 찾으면 내가 이 성읍을 용서하리라"는 말씀입니다.

아브라함이 이 말씀을 알았더라면 정의를 행하며 진리를 구하는 자 한 사람을 위해서 기도했더라면 의인 롯 한 사람만 있어도 소돔 성을 구원했을지도 모릅니다. 제 2장의 제목은 '두 사람을 찾습니다'였습니다. 그 내용은 '협동하는 사람'으로 기도하는 사람을 '도와주는 사람'을 찾는다는 내용입니다. 이 도성을 구하는 것은 많은 의인이 아니라 진리를 구하는 한 사람의 의인입니다. 그래서 역사학자 아놀드 토인비는 그리스도인을 '창조적 소수'(creative minority)

라고 했습니다. 대다수가 이 세상을 변화시키는 것이 아니고 창조적 소수가 이 세상을 변화시켜 나가는 것입니다. 우리는 이 시대의 의인이 되어야 합니다. 시대를 지키는 의인이 됩시다.

6장 믿음의 결정체 – 순종하는 믿음

창세기 22장 1-14절

선교의 새로운 지평을 열어가고 있는 이용규 선교사가 쓴 『내려놓음』이라는 책에서 순종의 아름다운 모습을 설명해 주고 있습니다. 몽골 초원을 여행하다 보면 강을 자주 만나게 되고, 초원에 흐르는 강은 많은 굴곡을 만들며 굽이굽이 흘러감을 알 수 있습니다. 이 강은 높은 곳에서 낮은 곳으로 흐르면서 대지를 풍성하게 하고 동식물들의 좋은 서식처를 만들기도 합니다.

하나님과 동행하는 삶은 초원의 강이 흐르는 길과 비슷하다는 생각이 듭니다. 목적을 이루는 것보다 과정이 중요한 것입니다. 돌아가면 돌아갈수록 주변은 더 풍성해집니다. 하나님이 주시는 길은 겉으로 볼 때는 초라하고 보잘것없어 보일 수 있습니다. 그러나 우리의 관점에서 선택한 길을 내려놓을 때 우리는 하나님의 축복을 얻게 됩니다. 그리고 그 선택을 통해 다른 사람들에게 축복이 흘러가게 됩니다. 하나님이 아브라함에게 특별한 축복을 약속하신 이유는 그 복이 다른 사람들에게 미치게 하기 위해서였습니다. 아브라함은 익숙한 땅을 떠나 하나님과 여행을 시작하였습니다. 그리고 그 여행은 인류에게 새로운 축복을 가져다 주었습니다.

좁은 길을 선택하는 자를 위해 준비해 두신 하나님의 축복은 그 길을 선택하기 전에는 볼 수가 없습니다. 하나님이 이삭 대신에 희생 제물로 준비하신 양은 아브라함이 순종하기로 결단한 이후에만 볼 수 있는 것이었습니다. 우리는 아브라함의 순종하는 믿음을 통해서 이와 같은 놀라운 은혜를 더불어 경험해야 합니다. 하나님은 우리의 미래를 내려놓는 순종의 결단을 하기까지 철저히 가려져 있음을 알 수 있습니다.

아브라함을 '믿음의 조상'이라고 부릅니다. 아브라함은 언제나 하나님의 명령이라면 순종하였습니다. 아브라함은 순종함으로 '믿음의 조상'이란 호칭을 얻게 되었습니다. 아브라함은 자신의 생애 가운데 하나님으로부터 두 번의 명령을 받았습니다. 첫 번째의 명령은 창세기 12장 1절에 "여호와께서 아브람에게 이르시되 너는 너의 고향과 친척과 아버지의 집을 떠나 내가 네게 보여 줄 땅으로 가라"는 것이었습니다. 하나님은 아브라함을 향하여 고향인 갈대아 우르를 떠나라고 명령하셨습니다. 그는 떠나라는 하나님의 명령만 듣고 "예"하고 순종하였습니다.

이렇게 시작된 믿음의 첫걸음은 믿음의 시련을 통해서 믿음의 성찰을 가져오게 되었고, 축복된 믿음의 원형인 십일조를 만들어 나가게 되었습니다. 아브라함의 믿음의 행진은 타인을 긍휼히 여기는 긍휼함을 가지고 중보기도하는 믿음을 가지게 되었으며, 끝내는 믿음의 결정체인 순종하는 믿음에까지 이르게 되었습니다.

히브리서 기자는 아브라함의 신앙을 이렇게 해석하였습니다. "믿음으로 아브라함은 부르심을 받았을 때에 순종하여 장래의 유업으로 받을 땅에 나아갈 새 갈 바를 알지 못하고 나아갔으며 믿음으로 그가 이방의 땅에 있는 것 같이 약속의 땅에 거류하여 동일한 약속을 유업으로 함께 받은 이삭과 야곱과 더불어 장막에 거하였으니 이는 그가 하나님이 계획하시고 지으실 터가 있는 성을 바랐음이라"(히11:8-10)고 하셨습니다.

로마서의 기자는 아브라함의 신앙을 이렇게 바라보고 있습니다. "아브라함이 하나님을 믿으매 그것이 그에게 의로 여겨진 바 되었느니라"(롬 4:3)고 하였습니다. 바울은 계속해서 아브라함의 신앙을 증언하고 있습니다. 아브라함이 바랄 수 없는 중에 바라고 믿었다(롬 4:19)라고 하였습니다. 약속하신 그것을 또한 능히 이루실 줄을 확신(롬 4:21)하였다고 했습니다.

하나님이 아브라함에게 주신 두 번째 명령은 "백세에 낳은 아들 이삭을 바치라"는 것이었습니다. 아브라함은 바치라고 하실 때에 순종하여 아들까지 '바치는 신앙'이 있었습니다. 아브라함은 이것까지도 순종하였던 것입니다.

아브라함의 마지막 생애를 통해서 우리가 신앙적으로 배울 수 있는 것이 있다면 무엇이 있을까요? 아브라함의 이러한 신앙을 통해서 우리의 인생의 의미를 다시금 되새기는 시간이 되었으면 좋겠습니다.

가장 사랑하는 것을 바친 순종

아브라함의 생애를 통해서 우리가 신앙적으로 배울 수 있는 첫 번째 모습은 순종하는 자세입니다. 아브라함이 사랑하는 이삭을 바칠 수 있는 순종의 모습을 우리는 생각해 봐야 합니다. 백세에 낳은 아들 '이삭을 바치는 일'은 인간적으로는 매우 힘든 일이었습니다. 그러나 아브라함은 그 힘든 일도 순종하였습니다. 본문 말씀은 하나님이 아브라함을 시험하실 때의 사건입니다. 하나님이 이삭을 바치라고 하신 것은 백세에 낳은 '아들보다 하나님을 더 사랑하는가'를 시험해 보시려고 하신 것이었습니다.

시험은 두 종류의 시험이 있습니다. 하나는 하나님이 시험하시는 테스트(Test)의 시험이 있고, 또 하나는 사단이 주는 유혹(Temptation)의 시험이 있습니다. 창세기 22장에 나타난 아브라함이 당한 시험은 테스트입니다. 그러나 마태복음 4장의 예수님이 당한 시험은 '유혹'으로서 마귀가 광야로 이끌어 넘어지게 하려는 목적이었습니다. 하나님이 주시는 시험(Test)의 목적은 합격하면 상급의 영광을 주기 위함이지만 사단의 시험(Temptation)은 우리를 넘어지게 하며 망하게 하기 위한 목적입니다.

아브라함은 이삭을 바치기 위해 아들을 데리고 모리아 산을 향해서 갔습니다. 모리아 산으로 가는 길은 3일을 걸어서 갈 수 있는 길이었습니다. "제 삼일에 아브라함이 눈을 들어 그곳을 멀리 바라본지라"(창 22:4). 모리아 산을 향해 가는 삼일 동안은 아브라함에게는 철저한 시험이었습니다.

우리가 부흥회 때에 은혜를 받고 헌금을 작정해도 하룻밤을 지난 후에는 마음이 달라질 수도 있습니다. 아브라함이 모리아 산을 향해 가는 3일 동안은 고민과 갈등, 괴로움과 번뇌의 철저한 시험을 당한 것입니다. 특히 7절 말씀을 보면 "내 아버지여 하니, 그가 이르되 내 아들아"하는 모습은 아브라함의 착잡한 심정(心情)을 한마디로 표현한 말씀입니다. 이렇게 갈등 속에 있는 아브라함에게 아들 이삭은 다음과 같이 질문을 했습니다. "불과 나무는 있거니와 번제할 어린양은 어디 있나이까?"(창 22:7). 아버지의 아픈 가슴을 찌르는 질문이었습니다.

번제할 어린양을 찾는 이삭의 모습에서 나 자신의 모습, 우리의 모습을 발견하실 수 있어야 합니다. 우리는 종종 예배를 드리면서도 불과 나무는 있지만 번제할 어린양 제물이 없는 예배를 드리고 있지는 않습니까? 아름답고 훌륭한 성전은 있고, 그 안에 좋은 의자가 있고, 아름다운 성가대의 찬양이 있고, 목사님의 좋은 설교가 있습니다. 더울 때에는 에어컨이 틀어져 있는 예배를 드렸다고 하나님께 훌륭한 예배를 드렸다고 생각해서는 안 됩니다.

성경은 "하나님은 영이시니 예배하는 자가 영과 진리로 예배할지니라"(요 4:24)고 말하고 있습니다. 영과 진리가 없는 예배는 하나님이 받지 않으십니다. 우리가 번제할 어린양과 제물이 우리 자신인 것을 깨달아야 합니다.

하나님이 기뻐하시는 거룩한 산 제물

아브라함의 믿음의 여정을 통해서 우리가 배울 수 있는 두 번째는 믿음을 고백하고 있는 모습입니다. 아브라함은 이삭의 질문에 대답을 하고 있습니다. 이것이 아브라함이 가지고 있는 믿음의 고백, 즉 신앙고백입니다. 아브라함은 이삭에게 "번제할 어린양은 하나님이 자기를 위하여 친히 준비하신다"고 대답하였습니다. 겉으로의 대답은 "하나님께서 준비하시리라"고 하였지만 속으로의 대답은 "바로 네가 번제할 어린양이다"라는 것이었습니다. 이삭의 실수는 자기 자신이 번제할 어린양인줄 몰랐다는 데 있습니다. 자기 자신이 번제할 어린 양인데, 다른 데서 번제할 양을 찾고 있는 것이 우리들의 불행입니다.

바울은 "그러므로 형제들아 내가 하나님의 모든 자비하심으로 너희를 권하노니 너희 몸을 하나님이 기뻐하시는 거룩한 산 제물로 드리라 이는 너희가 드릴 영적 예배니라"(롬 12:1)고 하였습니다. 이 한 시간 예배의 제물은 바로 나 자신입니다. 이 제단의 제물은 바로 당신입니다. 구역의 부흥을 위한 번제할 어린 양 제물은 바로 당신입니다. 이 민족의 부흥을 위해 드려질 제물은 바로 당신입니다.

도산 안창호 선생은 "인물이 없다고 한탄하지 말고 바로 당신이 인물이 되라!"고 하였습니다. 인물은 어디서 오는 것이 아닙니다. 인물은 스스로 되어져야 합니다. 교회를 위해 일할 인물, 민족을 위해 일할 인물, 나라를 위해 일할 인물이 나 자신이 되어야 합니다.

미국의 작가이며 주홍글씨로 잘 알려진 나다나엘 호오돈이 쓴 『큰 바위 얼굴』이란 단편소설이 있습니다. 이 소설의 주인공 어니스트는 시골 마을에서 정직하게 살고 있었습니다. 그 마을 앞산에는 사람 모양같이 생긴 바위가 있었습니다. 사람들은 이 바위를 '큰 바위 얼굴'이라고 불렀습니다. 이 마을에서는 예전부터 내려오는 전설이 있었는데 "바위 얼굴을 닮은 사람이 나타나면 이 마을을 잘살게 해 준다"는 것이었습니다.

이때 이 마을에서 태어난 한 부자가 고향으로 돌아온다는 소식이 전해졌습니다. 사람들은 그가 많은 돈으로 이 마을을 잘살게 해 줄 것이라고 생각했습니다. 사람들은 기대를 걸고 그가 귀향하는 날 마중을 나갔지만 그에게는 바위 얼굴과 같은 인자한 모습은 없었습니다.

어느덧 세월이 흘렀습니다. 이 마을이 고향인 장군이 귀향을 한다는 것입니다. 사람들은 그가 큰 바위 얼굴을 닮은 사람일 것이라는 기대를 걸고 마중 나갔지만 실망만 하고 돌아왔습니다. 얼마 후 이 마을에서 태어난 시인이 돌아온다는 소문이 들렸습니다. 그러나 그에게서도 실망을 했습니다. 이 마을에서 자라고 이 마을에 있는 조그마한 교회의 담임목사가 된 어니스트는 마을 사람들과 성도들을 위하여 열심히 희생하고 봉사하며 섬기고 살았습니다. 어느 날 노을 져 가는 저녁에 그는 마을 사람들을 향하여 설교하고 있었습니다. 그때 군중 가운데 한 사람이 소리쳤습니다. "저 어니스트 목사님의 얼굴을 보십시오! 큰 바위 얼굴과 꼭 같습니다." 어니스트는 자기 자신이 그 인물인 줄 몰랐습니다. 인물은 다른 데서 오는 것이 아니고 스스로 되어져야 하는 것입니다.

다른 데서 양을 찾는 이삭의 모습과 다른 데서 큰 바위 얼굴을 찾는 어니스트의 모습은 다른 데서 제물을 찾는 우리의 모습입니다. 이러한 모습들은 모두 어리석은 자세입니다. 하나님께서 가인의 제사를 받지 않으시고 아벨의 제사를 받으셨습니다(창 4:4-5). 왜 그렇습니까? 거기에는 희생이 있었기 때문입니다. 오늘의 예배도 희생이 없다면 하나님은 받지 않으십니다. 우리 자신의 몸을 드려야 합니다. 시간을 드리며, 물질을 드리고, 모든 정성을 드리는 희생의 예배가 되어야 합니다. 목숨 바칠 희생을 각오하면 두려울 것이 없을 것입니다.

독일의 수상을 지낸 비스마르크가 친구와 함께 사냥을 갔습니다. 친구가 실수를 하여 도저히 헤어날 수 없는 수렁에 빠졌습니다. 친구는 살려 달라고 아우성을 쳤습니다. 이때 비스마르크는 살려 달라는 친구를 향해 총을 겨냥했습니다. 비스마르크는 열을 셀 동안에 나오지 않으면 쏘아 죽이겠다고 합니다. 친구는 죽을 힘을 다해 수렁에서 헤쳐 나왔습니다. 비스마르크는 빙그레 웃으며 "너를 구하기 위해 수렁에 들어갔다가는 둘 다 죽을 것 같아서 너를 살리기 위해 총을 겨누었다"고 말했습니다.

목숨을 걸면 안 될 것이 없습니다. 마가복음 9장 23절에 "할 수 있거든이 무슨 말이냐 믿는 자에게는 능히 하지 못할 일이 없느니라"라고 하셨습니다. 빌립보서 4장 13절에는 "내게 능력 주시는 자 안에서 내가 모든 것을 할 수 있느니라"라고 하셨습니다.

사사기 11장 29-40절에 사사 입다의 이야기가 나옵니다. 이 사건은 입다의 딸이 희생되는 것입니다. 암몬 족속이 이스라엘로 쳐들어 오자 입다는 하나님께 서원을 했습니다. 이번 전쟁에서 승리하게 하시면 제일 먼저 영접하러 나오는 사람을 하나님께 번제로 드리겠다고 서원했습니다.

입다는 이 전쟁에서 승리하였습니다. 승전의 소식을 듣고 입다의 외동딸이 제일 먼저 아버지를 환영하러 나왔습니다. 딸이 소고 잡고 춤을 추며 아버지를 환영 나올 때 입다는 '슬프다 내 딸이여, 너는 나를 괴롭게 하는 자 중에 하나로구나'라며 한탄을 했습니다. 옷을 찢으며 슬퍼하는 아버지에게 모든 이유를 다 들은 어린 딸은 3개월의 시간을 얻었습니다. 입다의 딸은 친구들과 작별하고 "아버지가 하나님께 서원하였으니 그대로 하소서 내가 제물이 되겠나이다"하면서 자신을 드렸습니다.

자신을 드리는 희생의 신앙

아브라함의 믿음과 연관되어서 나타나는 인물이 바로 이삭입니다. 이삭은 자신을 하나님께 번제물로 드림으로 인해서 아브라함의 믿음을 완성하게 됩니다. 하나님은 자신을 드리는 것을 기뻐하십니다. 이삭은 자신을 드리려는 아버지의 계획을 뒤늦게 알게 됩니다. 그리고 자신을 하나님께 드리기로 결심했습니다. 아브라함이 이삭을 드리는 헌신과 이삭이 자신을 드리는 헌신은 '여호와 이레' 의 축복을 받게 되었습니다. 아브라함이 이삭을 묶을 때 반항했다는 성경의 기록은 어디에서도 찾아볼 수가 없습니다.

'아브라함의 바치는 순종의 신앙' 과 '이삭의 제물 되게 하소서의 희생의 신앙' 이 여호와 이레의 값진 축복을 만들어 낸 것입니다. 그러나 희생이 없으면서 축복만을 기대하는 것은 '여호와 왜이래?' 밖에 나오지 않는 것입니다.

성결교의 젊은 청년들의 모임인 성청(聖友靑年會)을 잠시 생각해 봅시다. 경북 김천시 남산동에 소재하고 있는 남산교회의 일곱 명의 청년이 주일과 수요일 저녁예배 후에 교회 기도실에서 기도하기 시작하였습니다. 그들은 1934년 1월 21일 오후 9시에 '성우기도단' 이라는 이름으로 첫 출발하였습니다. 두세 사람이 모여 기도하는 곳에 하나님이 함께 하신다고 하신 것처럼 뜨거운 성령의 역사가 일어났습니다(『성청사』, 1959년 p. 33. 성청 전국연합회 발행).

그리고 그 기도는 회개로 확산되었습니다. 기도하던 청년들이 기차 무임승차한 일, 가게에서 물건을 집어 온 일, 간음한 일, 부모에게 불효한 일 등을 회개하였습니다. 회개운동은 여기에서 그치지 않고 가게 주인을 찾아가 보상해 주었으며 기차역에 찾아가 무임승차한 운임을 배상했습니다. 이 일이 김천시 주민들에게 알려지면서 사람들은 자기 자녀들을 남산교회에 보내면 젊은이들이 훌륭하게 자라게 된다고 자녀들을 교회로 보내게 되었고 교회는 세 배로 부흥하게 되었습니다. 성청운동은 기도(祈禱)와 회개운동(悔改運動)입니다.

그 후 성령의 뜨거운 체험을 한 청년들이 직장 퇴근 후에 북과 나팔을 자전거에 싣고 가까이는 20-30리, 멀리는 70리까지 가서 복음을 전하게 됩니다. 전도로 인해서 생겨난 결신자들을 모아 사랑방을 빌려 교회를 개척했습니다. 다수교회, 광천교회, 조마교회, 태촌교회(제가 시무하였던 교회입니다), 구미교회가 세워졌습니다.

성청운동은 복음전도운동(福音傳道運動)이었습니다. 또 그들은 '성우 철공소'라는 간판을 교회 뒷마당에 걸고 청년들이 직접 철을 녹이고 자르고 두드려서 철탑을 세우고 교회 철 대문을 만들어 달았습니다. 성청운동은 봉사운동(奉仕運動)입니다. 청년들이 자기를 희생할 때에 놀라운 부흥과 새로운 성령의 바람이 일어났습니다.

기독교는 밀알의 종교입니다. 요한복음 12장 24절에 "한 알의 밀이 땅에 떨어져 죽지 아니하면 한 알 그대로 있고 죽으면 많은 열매를 맺느니라"고 하셨습니다. 기독교는 자기를 부인하는 종교입니다. 누가복음 9장 23절에는 "아무든지 나를 따라오려거든 자기를 부인하고 날마다 제 십자가를 지고 나를 따를 것이니라"고 하셨습니다.

한 알의 밀알처럼 자신을 드려 헌신하시고 자기를 부인하며 십자가를 질 때에 여호와께서 준비하시는 축복이 있을 것입니다. 우리들의 쓸 것, 입을 것, 마실 것 등 모든 필요를 준비해 주시는 값진 '여호와 이레'의 축복이 함께 하기를 기원합니다.

제2부

믿음의
베이스캠프를 찾아서

1장 신령한 복(福)

에베소서 1장 1-23절

오순절 성령 사건을 통해서 이 땅에 교회가 탄생하게 되었습니다. 그리고 복음 전도자들에 의해서 세계 곳곳에 교회가 세워지고 부흥되어 왔습니다. 이러한 역사는 지금도 계속되고 있습니다. 오늘을 살고 있는 이 시대에는 다양한 모습의 교회상이 있습니다. 그럼에도 불구하고 우리들에게 교회의 원형을 갖게 만들고 도전하게 만드는 교회의 모습이 있습니다. 바로 에베소 교회입니다. 우리는 에베소서를 통해서 교회의 원형을 발견할 수 있게 됩니다. 에베소 교회는 우리로 하여금 믿음의 행진을 계속할 수 있도록 도와주고 있습니다.

그리스도인들이 에베소서를 읽을 때에 두 가지 전이해를 가져야 합니다. 첫째는 에베소 교회입니다. 에베소 교회는 바울이 2차 전도여행 가운데 세운 교회입니다. 바울에게 있어서 에베소 교회는 나름대로 의미가 있는 교회였습니다. 바울이 3차 전도여행 가운데 다시금 에베소 교회를 방문하게 되었습니다. 바울이 복음의 씨앗을 뿌려놓았던 열매들이 눈에 보일 정도로 확연하였습니다. 에베소에 있는 두란노 서원에서 3년간이나 심혈을 기울여서 목회하였고 말씀을 가르쳤습니다.

바울의 선교 전략은 '치고 빠지는 것'이었습니다. 따라서 한 곳에 오랫동안 머물 시간적 여유가 없었습니다. 예수 그리스도의 복음을 심고, 교회를 세우고, 지도자를 세우게 됩니다. 그리고 바람처럼 성령이 인도하시는 대로 발걸음을 옮겨 갔습니다. 그러나 에베소 교회만큼은 3년이란 제법 오랜 시간을 투자하여 교회의 원형을 만들어가고자 하였습니다. 그러기에 바울은 에베소 교회에 대하여는 나름대로의 애착을 갖게 되었습니다.

바울은 에베소 교회를 향해서 "내가 삼 년이나 밤낮 쉬지 않고 눈물로 각 사람을 훈계하던 것을 기억하라"(행 20:31)고 말씀하고 있습니다. 에베소 교회는 바울에 의해서 성령을 받기도 한 교회였습니다. "아볼로가 고린도에 있을 때에 바울이 윗 지방으로 다녀 에베소에 와서 어떤 제자들을 만나 이르되 너희가 믿을 때에 성령을 받았느냐 이르되 아니라 우리는 성령이 계심도 듣지 못하였노라"(행 19:1-2)하여 그들에게 성령을 받게 하였습니다.

둘째는 에베소서는 빌립보서, 골로새서와 빌레몬서와 더불어 옥중서신으로 분류됩니다. 로마의 감옥 안에 갇혀서 밖에 있는 성도들을 생각하며 편지를 기록하고 있습니다. 특히 하나님의 구원역사와 그리스도를 중심으로 한 교회론과 그리스도인들의 지위를 교훈해 주고 있는 책입니다. 이러한 전이해를 가지고 에베소서를 읽을 때 놀라운 하나님의 경륜을 발견하게 됩니다.

에베소서에는 영적인 신령한 복이 기록되어 있습니다. "찬송하리로다 하나님 곧 우리 주 예수 그리스도의 아버지께서 그리스도 안에서 하늘에 속한 모든 신령한 복을 우리에게 주시되"(엡 1:3)라고 말씀하고 있습니다. 그리스도 안에서의 신령한 복을 말씀하고 있습니다.

교회 생활을 하면서 우리는 하늘의 신령한 복을 맛보면서 살아가야 합니다. 그렇다면 그리스도인이 누려야 할 신령한 복은 무엇입니까?

택하심을 받는 복

하나님께서 나를 택하신 것이 신령한 복 가운데 첫 번째 축복입니다. "곧 창세 전에 그리스도 안에서 우리를 택하사"(엡 1:4)라고 기록하고 있습니다. 만일 우리가 택하심을 입지 않았다고 하면 구원을 받지 못했을 것이며 아직도 여전히 죄 가운데 있을 것입니다. 그러나 택하심을 받았기에 우리의 삶이 달라졌고 위치가 달라졌고 삶의 질이 달라졌습니다. 요한복음 15장 16절을 보면 "너희가 나를 택한 것이 아니요 내가 너희를 택하여 세웠나니"라고 했습니다. 이것을 신학적인 용어로는 선행적 은총이라고 합니다. 하나님이 내게 먼저 은혜를 베풀어 주셔서 내가 하나님을 찾게 된 것입니다.

사람들은 여러 종교들, 즉 유교와 불교, 그리고 기독교 중에 내가 기독교를 선택했다고 말합니다. 그러나 하나님께서는 나를 기독교로 선택하도록 하셨던 것입니다. 또 여러 교회 중에 내가 이 교회를 선택하여 등록하게 되었다고 말합니다. 그러나 성경은 내가 택한 것이 아니라 하나님이 나를 선택하셨다고 말하고 있습니다.

칼빈신학의 다섯 가지 특징을 보면 다음과 같습니다. 전적타락(Total Depravity), 무조건 선택(Unconditional Election), 제한속죄(Limited Atonement), 불가항력적 은혜(Irresistible Grace), 그리고 성도의 견인(Perseverance of the Saints)입니다. 이것을 첫 글자만 따서 튤립(Tulip)이라고 합니다. 칼빈의 사상도 구원은 내가 무엇인가를 해서가 아니고, 어떤 것을 선택해서 얻어지는 것이 아닌 하나님의 일방적인 선택에 의해서 이루어지고 있음을 말하고 있습니다.

성결 교회의 특징은 성결론과 선행적 은총에 있다고 말할 수 있습니다. 성결 교회 역시 칼빈의 사상에 전적으로 동의하는 것은 아니지만 하나님께서 먼저 은혜를 베푸셨고, 성령을 통하여 그리스도의 제자로서 살아가도록 하셨다고 고백하고 있습니다. 내가 먼저 하나님을 택하고, 하나님을 향해서 나간 것이 아니라 그분이 나에게 다가오고, 성령께서 믿도록 역사하신 결과로 인해서 우리가 믿음을 갖게 되었다는 것입니다. 이것이 바로 하나님이 먼저 택해 주신 신령한 복인 것입니다. 이러한 하늘의 신령한 복을 받아 누리기를 기원합니다.

하나님의 자녀가 되는 복

하나님께서 나를 택하신 목적은 아들 삼기 위해서입니다. 바울은 하나님의 아들이 된다는 것, 하나님의 후사가 된다는 것은 신령한 복이라고 말하고 있습니다. "그 기쁘신 뜻대로 우리를 예정하사 예수 그리스도로 말미암아 자기의 아들들이 되게 하셨으니"(엡 1:5)라고 말씀하고 있습니다. 레위기 26장 12절에 하나님이 우리를 택하신 이유를 "나는 너희 중에 행하여 너희의 하나님이 되고 너희는 내 백성이 될 것이니라"고 말씀하고 있습니다.

갈라디아서 4장 6절에는 "너희가 아들이므로 하나님이 그 아들의 영을 우리 마음 가운데 보내사 아빠 아버지라 부르게 하셨느니라"고 했습니다. 또 로마서 8장 15-16절에는 "너희는 다시 무서워하는 종의 영을 받지 아니하고 양자의 영을 받았으므로 우리가 아빠 아버지라고 부르짖느니라 성령이 친히 우리의 영과 더불어 우리가 하나님의 자녀인 것을 증거 하시나니"라고 말씀하셨습니다.

아들이 되었다는 것, 양자가 되었다는 것에는 어떤 의미가 있을까요?

양자가 되었다는 것은 보호를 받는다는 의미가 있습니다. 하나님이 이스라엘 백성들을 광야 40년 동안 낮에는 구름기둥으로, 밤에는 불기둥으로 인도하시고 보호하셨습니다. 신명기 32장 11-12절에는 "마치 독수리가 자기의 보금자리를 어지럽게 하며 자기의 새끼 위에 너풀거리며 그의 날개를 펴서 새끼를 받으며 그의 날개 위에 그것을 업는 것 같이 여호와께서 홀로 그를 인도하셨고 그와 함께 한 다른 신이 없었도다"라고 기록하고 있습니다.

시편 121편에 "여호와께서 너를 실족하지 아니하게 하시며 너를 지키시는 이가 졸지 아니하시리로다 이스라엘을 지키시는 이는 졸지도 아니하시고 주무시지도 아니하시리로다 여호와는 너를 지키시는 이시라 여호와께서 네 오른쪽에서 네 그늘이 되시나니 낮의 해가 너를 상하게 하지 아니하며 밤의 달도 너를 해치지 아니하리로다 여호와께서 너를 지켜 모든 환난을 면하게 하시며 또 네 영혼을 지키시리로다 여호와께서 너의 출입을 지금부터 영원까지 지키시리로다"라고 말씀하고 있습니다.

양자가 되었다는 것은 아버지의 것을 함께 나누는 자가 되었다는 의미가 있습니다. 아버지 것이 모두 내 것이 됩니다. 이것은 마음의 눈이 열려져야 알 수 있는 것입니다. 재산이 많은 어떤 아버지가 병이 들어 죽을 날이 가까와 자기의 재산을 정리했습니다. 재산목록을 작성하고 아들에게 상속될 수 있도록 인감도장을 찍었습니다. 그리고 한 손에는 초콜릿을 들고 다른 한 손에는 상속증서를 들고 아들을 불렀습니다.

그러나 어린 아들은 증서에는 관심도 없었습니다, 초콜릿에만 관심을 가졌습니다. 그래서 아버지는 아들을 위하여 후견인을 두었습니다. 아들이 성장하여 대학을 졸업했을 때 후견인이 초콜릿과 함께 아버지의 재산 상속증서를 꺼내 놓았습니다. 그리고 아들은 더 이상 초콜릿을 선택하지 않고 아버지의 친필로 기록된 재산 상속증서를 택하게 되었습니다. 아들은 아버지의 배려를 생각하면서 감사하며 눈물을 흘리게 되었답니다.

마음의 눈이 열려져야 합니다. 영적인 눈이 열려져야 합니다. 바울은 "너희 마음의 눈을 밝히사 그의 부르심의 소망이 무엇이며 성도 안에서 그 기업의 영광의 풍성함이 무엇이며 그의 힘의 위력으로 역사하심을 따라 믿는 우리에게 베푸신 능력의 지극히 크심이 어떠한 것을 너희로 알게 하시기를 구하노라"(엡 1:18-19)고 말하였습니다.

아들은 아버지에게 달라고 할 권리가 있습니다. 내가 필요한 것을 아버지에게 해결해 달라고 요구해야 합니다. 아버지는 아들의 요청을 거절하지 않으십니다. 이렇게 구하는 것이 아들의 특권이기도 합니다. 하나님은 이것들을 주시기 위해서 우리를 아들로 삼으셨습니다. 하나님의 아들 됨의 축복, 양자 됨의 축복을 누리시면서 살기를 바랍니다.

죄로부터 자유하는 복

그리스도인이 누려야할 가장 행복한 것 중의 하나는 죄로부터의 자유함입니다. 예수 그리스도께서는 우리의 구원과 자유를 위하여 친히 십자가에 죽으시고 부활하신 것입니다. 바울은 이러한 은혜를 우리가 누려야 할 신령한 복이라고 말하고 있습니다.

우리가 죄를 지으면 두 가지가 따라오게 됩니다. 하나는 형벌이 따라 오며 또 다른 하나는 죄책감이 따라오게 됩니다. 바울은 "죄의 삯은 사망이요 하나님의 은사는 그리스도 예수 우리 주 안에 있는 영생이니라"(롬 6:23)라고 설명하고 있습니다.

먼저 죄를 지으면 형벌이 따라옵니다. 예를 들어 어떤 사람이 전철에서 다른 사람의 주머니에 있는 지갑을 훔쳤다고 가정해 봅시다. 그때에 주위에 있는 사람들이 합세하여 그를 붙잡았습니다. 사람들은 그를 경찰서에 넘겨 주었습니다. 그 후에 그는 법에 따라 재판을 받게 됩니다. 6개월이란 벌이 가해져서 교도소에 가게 되었다고 생각해 봅시다. 이것이 바로 형벌입니다. 그리고 6개월을 교도소에 가서 형벌을 받고 나왔습니다. 그 사람은 죄의 형벌을 받아서 없어지게 되었습니다.

그러나 아직 남아 있는 문제가 있습니다. 그것이 죄책감의 문제입니다. 형벌을 받았는데도 불구하고 사람들은 그를 가리켜 전과자라고 부릅니다. 이것이 죄책감(Guilt)입니다. 죄책감이라는 녀석은 그리스도인의 삶에 침투해서 어렵게 살도록 합니다.

그러나 예수님이 십자가에서 돌아가심으로 이 두 가지의 문제를 다 해결해 주셨습니다. 바울은 "우리는 그리스도 안에서 그의 은혜의 풍성함을 따라 그의 피로 말미암아 속량 곧 죄 사함을 받았느니라"(엡 1:7)고 했습니다. 속량을 받았다는 것은 주님이 내 대신에 형벌을 지셨다는 것입니다. 주님이 내 대신에 십자가에서 고난을 당함으로 나의 문제를 해결해 주셨습니다. 뿐만 아니라 죄가 없다는 죄사함을 선언해 주셨습니다.

이것을 잘 설명하고 있는 성경이 로마서 8장입니다. "그러므로 이제 그리스도 예수 안에 있는 자에게는 결코 정죄함이 없나니 이는 그리스도 예수 안에 있는 생명의 성령의 법이 죄와 사망의 법에서 너를 해방하였음이라"(롬 8:1-2)고 기록하고 있습니다. 죄와 사망에서 해방시켜 주신 것은 형벌의 문제에서 해결해 주신 것입니다. 또 생명의 성령의 법이 죄와 사망의 법에서 우리를 해방시켰습니다. 이것은 죄책감에서의 해방입니다.

예수 그리스도의 구속에 없었더라면 아직도 죄 아래 얽매어 있을 것이며 죄에 종노릇하고 있었을 것입니다. 예수 그리스도의 십자가 사건은 과거의 죄, 현재의 죄, 미래의 죄까지 다 해결해 주신 것입니다. 이것이 성령의 인치심입니다. 바울은 "그 안에서 너희도 진리의 말씀 곧 너희의 구원의 복음을 듣고 그 안에서 또한 믿어 약속의 성령으로 인 치심을 받았으니"(엡 1:13)라고 말하고 있습니다.

집이나 땅을 사게 되면 마지막에 하는 것이 도장을 찍는 것입니다. 바울은 이것을 "그가 또한 우리에게 인치시고 보증으로 우리 마음에 성령을 주셨느니라"
(고후 1:22)고 표현하고 있습니다. "곧 이것을 우리에게 이루게 하시고 보증으
로 성령을 우리에게 주신 이는 하나님이시니라"(고후 5:5)고 말씀하고 있습니
다.

우리 마음의 눈을 열어야 합니다. 이제는 신령한 복을 바라볼 수 있어야 합니
다. 우리를 택하시고 자녀가 되도록 인도하시고 보호하시는 하나님의 은혜를
볼 줄 알아야 합니다. 신령한 복을 바라보고 주 안에서 승리하는 삶을 살아갑시
다.

2장 그리스도 안의 새 생명

에베소서 1장 1-23절

독일 태생의 경제학자 슈마허(Ernst Friedrich Schumacher)는 그의 저서 『작은 것이 아름답다』(Small is beautiful)에서 생명의 소중함을 일깨워 주고 있습니다. 세계는 공업화와 산업화로 인해서 오염의 심각한 문제에 직면하게 되었습니다. 생활의 편리함이 이제는 부메랑이 되어서 인류를 죽임의 문화 속으로 몰아넣어 가고 있는 것입니다. 슈마허는 이러한 것을 극복하기 위해서는 작은 생명에 대한 생태학적 접근이 필요하다고 말합니다. 즉 작은 생명의 소중함을 인식하기 시작할 때 인류는 위기를 극복할 수 있다는 것입니다.

사도 바울은 죄와 타락으로 인해서 이미 죽을 수밖에 없는 인간의 존재에 관심을 갖습니다. 그리고 한 생명이 그리스도 안에서 새로운 생명으로 거듭남이 얼마나 중요한지를 말해 주고 있습니다. 슈마허는 작은 생명에 대한 소중함을 우리에게 일깨워 주었다면 사도 바울은 작은 생명이라도 영원성을 회복하고 새로운 생명과 삶으로 회복하는 것에 대해서 길을 제시해 주고 있습니다.

교회의 원형을 이루는 데에 기초가 되는 것은 하나님의 은혜입니다. 신령한 복으로 인한 은혜입니다. 이 하나님의 부르심에 대한 우리들의 반응은 믿음입니다. 믿음으로 말미암아 구원에 이르고 믿음으로 인하여서 교회의 원형을 이루어 가는 것입니다. 이 교회의 원형은 바로 예수 그리스도로 말미암아 새롭게 거듭난 작은 생명들일 것입니다. 그래서 작은 것이 더욱 아름다운지도 모르겠습니다.

바울이 소개하듯이 주님은 우리가 새로운 생명으로 회복되고 복된 모습으로 살아가기를 원하고 계십니다. 작은 생명일지라도 교회의 원형을 이루며 믿음의 전진을 통하여 이 땅에 하나님의 거룩한 나라를 이루시기를 원하고 계십니다. 그렇다면 하나님의 부르심의 선한 일을 깨닫고 기꺼이 부름에 응답하기 위해서는 우리는 어떤 과정을 경험해야 할까요? 그리스도 안에서 새로운 생명으로 나아가기까지 우리는 어떤 통로를 거쳐야 하는 것일까요? 이 과정을 통해서 지금 여기에서 하나님 앞에 서 있는 우리들의 참된 존재를 발견하시기 바랍니다.

우리는 이미 죽은 자였다

사도 바울은 에베소 교회 성도를 향해 "여러분은 죽었습니다"라고 선언합니다. 왜 에베소 성도들이 죽었습니까? 무엇이 죽었다는 말입니까? 산 자와 죽은 자의 차이가 무엇입니까? 죽은 자는 호흡이 멈추고, 말이 없으며, 모든 활동이 중단됩니다. 생각도 더 이상 할 수 없습니다. 사도 바울은 우리가 영적으로 죽은 자라고 선언합니다. 영적으로 기도가 끊어진 사람은 죽은 자입니다. 영적인 면에서 전도하지 못하는 자는 죽은 자입니다. 또 봉사가 끊어진 사람은 죽은 자입니다. 헌신이 멈춘 자는 영적으로 죽은 자입니다. 무엇 때문에 죽었습니까?

죄와 허물 때문에 죽었다고 했습니다. 바울은 에베소 성도의 과거를 향하여 "허물과 죄로 죽었던 너희"(엡 2:1)라고 했습니다. 허물 때문에 죽었고 죄 때문에 죽었다고 했습니다. 죄란 말은 '과녁에서 벗어났다'는 뜻이고 허물이란 말은 '정도(正道)에서 벗어났다'는 뜻입니다.

KTX는 아마도 우리나라에서 제일 빠른 교통수단 중의 하나일 것입니다. 그러나 아무리 빠르더라도 기차가 레일을 벗어나면 대형 사고가 날 수밖에 없습니다. 배도 아무 장소나 다니는 것이 아닙니다. 배가 다닐 수 있는 항로가 따로 있습니다. 항로를 이탈하면 암초에 부딪쳐 위험하게 됩니다. 비행기가 항로를 이탈하지 않는 동안은 안전합니다. 항로를 이탈하면 대형 사고가 생깁니다. 자동차도 고속도로를 달리는 동안에 도로를 이탈하지 않으면 안전하게 여행할 수 있지만 정도를 벗어나면 사고를 당하게 되어 인명 피해가 있게 됩니다.

이렇듯 정도를 가는 것은 중요한 일입니다. 인생도 정도가 있습니다. 하나님이 인간을 창조하시고 정도를 정해 주셨는데 이것이 말씀입니다. 말씀은 인생의 정도입니다. 말씀에서 벗어나면 우리에게 죽음입니다. 그래서 로마서 6장 23절에는 "죄의 삯은 사망"이라고 했고, 창세기 2장 17절에도 "선악을 알게 하는 나무의 실과는 먹지 말라 네가 먹는 날에는 정녕 죽으리라"라고 하셨습니다. 또 에스겔 18장 4절에도 "모든 영혼이 다 내게 속한지라 아비의 영혼이 내게 속함같이 아들의 영혼도 내게 속하였나니 범죄 하는 그 영혼이 죽으리라"라고 했습니다.

우리도 이처럼 과거에는 죽은 자들이었습니다. 우리가 가야 할 길이 있었고, 정도가 있었습니다. 그러나 우리의 의지나 노력으로 그것을 살아보려고 했지만 결과는 죽음에 이르는 존재가 되었습니다. 허물과 죄로 인하여 깊은 신음 속에 있는 우리에게 그리스도는 사랑과 은혜를 가지고 다가오셨던 것입니다.

우리는 영적으로 죽은 자였다

성경은 우리의 과거의 모습을 예수가 없는 상태, 구원이 없는 상태, 은총이 없는 상태라고 말하고 있습니다. 단순히 육신이 죽었다는 것이 아니라 영적인 죽음을 말하고 있습니다. 육신은 살아 있으나 죽은 것이나 마찬가지입니다. 바울은 우리들의 과거의 모습, 영적인 죽은 자의 모습에 대해서 말하고 있습니다. 그렇다면 우리는 어떻게 해서 죽은 자의 모습을 가질 수밖에 없었을까요?

세상 풍속을 따랐기 때문이다

바울은 "그 때에 너희는 그 가운데서 행하여 이 세상 풍조를 따르고"(엡 2:2)라고 말하고 있습니다. 이 세상 풍속은 어떤 것입니까? 요한1서 2장 15-16절을 보면 "이 세상이나 세상에 있는 것들을 사랑하지 말라 누구든지 세상을 사랑하면 아버지의 사랑이 그 안에 있지 아니하니 이는 세상에 있는 모든 것이 육신의 정욕과 안목의 정욕과 이생의 자랑이니 다 아버지께로부터 온 것이 아니요 세상으로부터 온 것이라"라고 했습니다.

모든 죄의 근본은 육체의 정욕입니다. 이것을 다스릴 줄 알아야 합니다. 세상 풍속은 안목의 정욕입니다. 보는 것의 즐거움 때문에 타락하고 있습니다. 이생의 자랑이란 소유의 자랑입니다. 집이 조금만 더 커도 자랑합니다. 자동차가 큰 것도 자랑합니다. 이러한 것들은 이생의 자랑일 뿐입니다. 인간의 욕망을 의미합니다.

공중권세 잡은 자를 따랐기 때문이다

성경은 하늘의 개념을 3차원으로 보고 있습니다. 지상이 1차원이라면 공중이 2차원이고 천국을 3차원으로 설명하고 있습니다. 바울이 고백하기를 나는 셋째 하늘을 경험했다는 것이 바로 천국을 경험했다는 것입니다. 여기에서 공중의 권세 잡은 자는 어두움의 세상 주관자들과 하늘에 있는 악의 영들입니다. 즉 영적으로 죽은 자는 악령을 따르게 됩니다. 그리스도를 알기 이전에 우리들의 신분은 공중권세 잡은 자를 따르는 자들로서 영적으로는 죽은 자들이었습니다.

사단은 지금도 많은 유혹을 통해서 비그리스도인들뿐만 아니라 신자들까지도 타락시키고, 다시금 자신의 세력 하에 두려고 합니다. 그리스도 안에서 새로운 생명을 얻는 자들은 사단의 세력을 단호히 거절할 뿐만 아니라 대적해야 합니다. 그리고 사단의 세력에 묶여 있는 자들을 그리스도의 이름으로 자유하게 해야 합니다.

육체의 욕심을 따랐기 때문이다

바울은 "전에는 우리도 다 그 가운데서 우리 육체의 욕심을 따라 지내며 육체와 마음의 원하는 것을 하여"(엡 2:3)라고 했습니다. 영적으로 죽은 자는 육체의 욕심을 따라 행동합니다. 육체의 원하는 것과 마음의 원하는 것을 행합니다. 무엇이 중요하고 본질적인지 구분할 능력을 상실한 자들입니다. 그러나 성령의 사람은 하나님의 말씀을 따라 행동합니다. 영적으로 죽은 자는 본질상 진노의 자녀입니다.

진노란 "하나님의 날이 임하기를 바라보고 간절히 사모하라 그 날에 하늘이 불에 타서 풀어지고 물질이 뜨거운 불에 녹아지려니와 우리는 그의 약속대로 의가 있는 곳인 새 하늘과 새 땅을 바라보도다"(벧후 3:12-13)라는 증언을 통해서 알 수 있습니다. 하나님의 심판 아래 놓여 영원한 유황불의 심판 아래 있는 모습이 진노의 자녀입니다.

그러나 '이제는' 우리를 살리셨다

영적으로 죽었던 우리를 하나님이 살리셨습니다. 이것이 바로 거절할 수 없는 하나님의 은혜가 아닌가 싶습니다. 하나님이 우리를 살리시려는 행동을 바울은 세 가지로 묘사하고 있습니다.

첫째는 "하나님이 우리를 사랑하신 그 큰 사랑을 인하여"(엡 2:4) 살리셨다고 말합니다. 둘째는 "그리스도와 함께 살리셨고"(5절), "그리스도 예수 안에서 함께"(6절) 살리셨고, "그리스도 예수 안에서"(7절) 살리셨습니다. 바울 서신 중에 가장 많이 나오는 단어는 '그리스도 안'(In Christ)이라는 단어입니다. 하나님은 이제는 그리스도 안에서 우리를 살리셨습니다. 셋째는 "너희는 그 은혜에 의하여 믿음으로 말미암아 구원을 받았으니 이것은 너희에게서 난 것이 아니요 하나님의 선물이라"(8절)에서 알 수 있듯이 하나님의 선물로 말미암아 하나님이 우리를 살리신 것입니다.

우리 교회에서는 매년 전도폭발 임상훈련을 실시합니다. 그 훈련 가운데에서 '구원'을 은혜로 받았다고 설명합니다. 사람의 뇌 세포는 140억 개 정도가 됩니다. 이 속에 기억장치도 있고 생각하는 기관이 있습니다. 사람이 하루에도 수십만 가지를 생각할 수 있는데 이중에 세 번만 죄를 생각하는 사람이 있다고 해도 그는 걸어 다니는 천사라고 부를 수 있을 것입니다. 사람이 하루에 세 번만 죄를 지어도 1년이면 1,095번이나 범죄하게 되고 10년이면 약 1만 번이며 칠십 평생을 사는 동안에 약 7만 번이나 같은 죄를 짓는 상습범이 됩니다. 이것은 도저히 용서 받을 수 없는 죄인입니다.

엊그제 신문에서 중학생이 휴가를 떠난 빈집에 들어가서 375원을 훔쳤다가 구속영장이 청구된 것을 보았습니다. 돈의 액수는 얼마 안 되지만 빈집에 창문을 뜯고 들어가서 범죄했다고, 동기가 흉악하다고 구속시켰다는 것입니다. 그렇다면 우리는 일생 동안 7만 번이나 같은 죄를 반복해서 짓는다면 도저히 용서받을 수 없는 죄인입니다.

그 사랑을 인하여 그리스도 안에서 그리스도와 함께 살리심을 받았으니 이것이 바로 하나님의 전적인 은혜이며 선물입니다. 선물은 감사함으로 받아들이면 내 것이 됩니다.

만일 생일을 맞아 친구가 시계를 선물했다고 가정할 것 같으면 아무런 대가도 치르지 않고 감사함으로 받으면 내 것이 되는 것입니다. 그러나 선물 값 중에 일부를 지불하려고 돈을 건네준다면 그것은 선물일 수가 없습니다. 구원은 하나님의 은혜로 값없이 주시는 선물입니다. 이것은 우리의 행위에서 난 것이 아닙니다.

이제는 하나님께서 우리를 살리셨고 구원을 은혜의 선물로 주셨습니다. 우리는 단지 감사하면서 구원을 베푸신 하나님을 찬양하면서 살아가면 됩니다. 일부 그리스도인들은 은혜 갚기 위해서 헌신하려고 합니다. 그러나 은혜는 갚는 것이 아니라 선물로 받으면 되는 것입니다. '전에'는 죽었던 내가 '이제는' 구원을 받고 보니 내가 왜 지음을 받았고, 앞으로 내가 어떻게 살아야 하는지를 알게 될 것입니다.

우리는 선한 일을 위해 지음 받았다

우리는 구원을 받음으로 새롭게 지음 받은 존재가 되었습니다. 이것을 새로운 피조물(New Being)이라 합니다. 고린도후서 5장 17절에 "그런즉 누구든지 그리스도 안에 있으면 새로운 피조물이라 이전 것은 지나갔으니 보라 새것이 되었도다"라고 기록되어 있습니다. 이사야 43장 18절에는 "너희는 이전 일을 기억하지 말며 옛적 일을 생각하지 말라"고 했습니다. 과거는 청산되고 새롭게 태어났습니다. 왜 하나님이 우리에게 구원을 주셨습니까? 그것은 선한 일을 위해서입니다. 바울은 "우리는 그가 만드신 바라 그리스도 예수 안에서 선한 일을 위하여 지으심을 받은 자"(엡 2:10)라고 했습니다. 우리는 선한 일을 위해 지음 받았습니다. 하나님이 우리를 구원하신 목적도 이것입니다. 선한 일을 위해 지음 받은 인간이 하나님을 위해 할 수 있는 일이 무엇입니까?

첫째는 전도서 12장 13절에 "일의 결국을 다 들었으니 하나님을 경외하고 그의 명령들을 지킬지어다 이것이 모든 사람의 본분이니라"고 했습니다. 하나님을 경외하는 것이 최고의 선한 일입니다. 둘째는 이사야 43장 21절에 "이 백성은 내가 나를 위하여 지었나니 나를 찬송하게 하려 함이니라"고 했습니다. 하나님께 찬송과 영광을 돌려 드리는 일보다 더 큰 선한 일은 없습니다. 셋째는 요한복음 4장 24절에 "하나님은 영이시니 예배하는 자가 영과 진리로 예배할지니라"고 하셨습니다. 아버지께서는 이렇게 자기에게 예배하는 자들을 찾으신다고 했습니다. 예배하는 일보다도 더 큰 선한 일은 없습니다.

구원받아 새로운 피조물이 되었으니 선한 일을 위해 지음 받은 목적대로 하나님을 예배하며 하나님께 찬송과 영광을 돌려 드리며 하나님을 경외하는 성도가 되어야 합니다.

3장 하나님의 권속

에베소서 2장 11-22절

주인과 손님은 생각하는 것이나 행동하는 것에서 큰 차이가 있습니다. 집안이 어지럽혀져 있으면 손님은 더럽다고 흉을 보지만 주인은 청소 도구를 가져다가 청소를 합니다. 가족들의 허물이 보이면 손님은 허물을 들추어내지만 주인은 가족들의 허물을 덮어 줍니다. 손님은 일거리를 보면 회피하지만 주인은 일거리를 보면 팔을 걷어 부치고 일을 해냅니다. 이것이 주인과 손님의 차이입니다.

신자도 손님신자가 있는가 하면 주인신자가 있습니다. 손님신자는 예배만 드리면 돌아갑니다. 하나님의 교회에 헌신이나 충성과는 거리가 먼 생활을 합니다. 왜냐하면 손님신자이기 때문입니다. 손님신자는 잘못된 것이 보이면 흉을 보거나 큰일에 책임지지 않습니다. 그러나 주인신자는 무거운 짐도 감당하며 충성스럽게 봉사하는 것은 주인의식을 가지고 있기 때문입니다. 사도 바울은 우리의 신앙을 두 가지로 구분하고 있습니다. 손님 같은 외인과 가족과 같은 하나님 나라의 권속으로 우리의 신앙을 구분하고 있습니다.

바울은 교회의 원형을 이루어가는 중요한 요소로 바로 가족과 같은 공동체 개념을 말하고 있습니다. 바울은 우리들을 하나님의 권속, 즉 가족이라고 하였습니다. 따뜻하고 포근한 말씀이 아닐 수 없습니다. 왜 우리를 하나님의 권속이라고 하였을까요? 에베소서는 두 가지 대조적인 단어로 설명하고 있습니다. '그때에'(2:12)와 '이제는'(2:13)이라는 단어입니다. 또 다른 대조는 '먼 데 있는 너희'(17절)와 '가까운 데 있는 자'(13절)라는 단어입니다. 이 대조법을 통해서 바울은 우리가 하나님의 권속으로서 어떻게 살아갈 것인가에 대해서 말하고 있는 것입니다.

그렇다면 우리는 전에는 어떠한 모습이었고, 이제는 어떤 모습일까요? 하나님의 권속으로서 우리가 하나님의 가족이 될 수 있는 그 기준점은 무엇일까요?

소망 없이 사는 나그네 인생

하나님의 권속으로 살아갈 때에 어떤 행복이 있을까요? 그것을 알기 위해서는 하나님의 권속이 아니었던 때를 추억해 보면 쉽습니다. 가족이 아닌 외인으로서의 삶, 나그네와 같이 떠돌아다닐 수밖에 없었던 방랑자의 삶은 어느 곳에서도 안식과 쉼을 누릴 수 없습니다. 이 드라마틱한 변화를 바울은 구원이라는 테마를 통해 멋지게 설명하고 있습니다.

그때에 우리는 외인이었습니다. 누가 외인이며, 누가 손(孫)입니까? 그리스도 밖에 있는 사람들입니다. 사도 바울은 너희가 전에는 외인이었고 그리스도 밖에 있었던 자들이라고 말하고 있습니다. "그러므로 생각하라 너희는 그 때에 육체로는 이방인이요 손으로 육체에 행한 할례를 받은 무리라 칭하는 자들로부터 무할례를 받지 않은 무리라 칭함을 받는 자들이라 그 때에 너희는 그리스도 밖에 있었고 이스라엘 나라 밖의 사람이라 약속의 언약들에 대하여는 외인이요 세상에서 소망이 없고 하나님도 없는 자이더니"(엡 2:11-12)라고 하였습니다.

한번 생각해 보라는 것입니다. 그리스도 밖에 있던 때를 생각해 보라는 것입니다. 그 때에 우리는 영적으로 추운 시절이었습니다. 영적인 죽음으로 말미암아 거짓 행복을 추구했었고, 욕망에 따라 살아가던 자들이었습니다. 또한 십자가 밖에 있으므로 하나님의 축복 밖에 있었던 자들이었습니다.

외인은 외부의 사람 즉 손님을 말합니다. 기준은 그리스도 밖에 있기 때문에 외인이라고 부릅니다. 이들은 이스라엘 밖의 백성들이며 언약의 약속들에 대해 외인입니다. 하나님의 축복에도 이들은 외인입니다. 우리가 과거에 그리스도 밖에 있었던 자들로 우리는 다 양 같아서 각기 제 길로만 가던 자들이었습니다. 그 때에 우리에게는 하나님도 없었고 언약의 축복도 없었으며 소망도 없었습니다. 이것이 그리스도 밖에 있는 자의 모습인 것을 알아야 합니다.

그리스도 밖에 있는 사람에게는 다섯 가지의 특징이 있습니다.

죄와 허물로 말미암아 영적으로 죽은 사람들(엡 2:1)

영적으로 죽었다는 것은 하나님과의 관계가 단절되었다는 것을 말합니다. 창세기 2장 17절에 선악을 알게 하는 나무의 열매 먹는 날엔 반드시 죽는다고 하였습니다. 이 죽음은 곧 하나님과의 단절을 의미합니다. 죽음의 원인은 죄와 허물인데 허물이란 말은 '파라프토마' 란 말로서 '곁으로 떨어지는 것' , '하나님의 뜻으로부터 분리되는 것' 을 말합니다. 이처럼 그리스도 밖에 있는 사람은 하나님으로부터 멀리 떨어져 있는 영적인 죽음의 상태에 있는 자들입니다.

악령의 지배를 받으며 살아가는 사람들(엡 2:2)

이는 사단의 지배를 받으며 살아간다는 뜻입니다. 하나님을 거스르며 살아가는 자들입니다. 하나님의 뜻을 거스르기 때문에 사단의 지배를 받고 영향력에 묶여 있게 되는 것입니다.

육체의 욕심을 따라 살아가는 사람들(엡 2:3)

육체의 소욕은 갈라디아서 5장 19-21절에 "음행과 더러운 것과 호색과 우상 숭배와 주술과 원수 맺는 것과 분쟁과 시기와 분냄과 당 짓는 것과 분열과 이단과 투기와 술 취함과 방탕함과 또 그와 같은 것들"이라고 했습니다. 예수의 생명이 없기 때문에 하나님이 주신 비전과 목적을 상실하게 되었습니다. 이런 자들은 육체의 욕심에 지배를 받게 되어 있습니다.

하나님과 원수를 맺고 살아가는 사람들(엡 2:3)

이들은 하나님 없이 살기에 진노의 자식이라고 불리게 된 것입니다. 이들은 '멸망의 아들'(살후 2:3)이라고 불리었으며 '저주의 자식'(벤후 2:14)이라고도 불립니다. 우리는 전에 하나님을 몰랐을 뿐만 아니라 우리 내면에 하나님도 없었습니다. 그래서 우리는 멸망의 길을 가야 했고, 저주의 삶으로 살 수밖에 없었습니다. 이것이 그리스도 밖에서의 삶입니다.

손님(외인:外人)으로 살아가는 사람들(엡 2:12)

우리가 하나님을 모르고 살았을 때 그리스도 밖에 있으므로 우리가 외인입니다. 하나님과는 관계도 없고 하나님의 은총도 모르고 구원도 모르며 구원 밖에 살고 있었던 것입니다. 곧 죽음의 삶을 살았습니다. 그 때에 손님 같은 존재들이었습니다. 손님은 모든 것에서 낯선 존재로 살아가는 사람들입니다. 안정도 없고 생활도 불편합니다. 그리고 집에 돌아갈 날만 기다리고 삽니다. 예배당은 나와도 여전히 '전의' 모습으로 살아간다면 우리는 여전히 하나님으로부터 외인이며, 그리스도의 밖의 사람들일 것입니다. '전에는' 이 '이제는' 으로 바뀌는 축복이 임하기를 기원합니다.

그리스도의 피로 맺어진 형제자매

'그 때의' 반대는 '이제는'이 됩니다. 이제는 하나님의 권속이 된 것입니다. 바울은 "그러므로 이제부터 너희는 외인도 아니요 나그네도 아니요 오직 성도들과 동일한 시민이요 하나님의 권속이라"(엡 2:19)고 했습니다. 손님이 가족이 되었고 식구가 되었고 주인이 되었다는 의미입니다.

식구가 되기 위해서는 세 가지 여건이 갖추어져야 합니다. 첫째는 피를 함께 나누어야 합니다. 둘째는 같은 음식을 나누어 먹어야 합니다. 셋째는 생사고락을 같이 해야 합니다. 그래야 가족이라고 말할 수 있을 것입니다.

우리는 그리스도의 십자가의 피를 나눈 자들입니다. 그리스도의 십자가의 피로 구속의 은총을 받았고 구원받은 자들이므로 우리는 한 피를 나눈 형제들입니다. 그러므로 우리는 영적으로 한 가족입니다. 또 우리는 매주일마다 하나님의 말씀을 영적인 양식으로 함께 나누고 있습니다. 마지막으로 우리는 그리스도 안에서 형제자매가 되었기 때문에 기쁨도 슬픔도 함께 나누는 자들이 되었습니다.

그러므로 우리는 하나님의 가족이 되었으며 하나님의 권속이 된 것입니다. 이제는 외인도 아니요 나그네도 아닙니다. 우리는 권속입니다. 주인은 주인이기에 집안의 모든 것이 내 것이며, 또한 관리뿐만 아니라 상속도 받게 됩니다. 바울은 이것이 권속에게 주시는 하나님의 축복이라고 말하고 있습니다. 이것은 그리스도를 통하여 우리에게 주어지는 하나님의 은총입니다. 우리가 구원을 얻은 것은 하나님의 긍휼과 사랑과 은혜와 자비 때문입니다.

그리스도의 십자가 안에 거하라

십자가는 외인과 하나님의 권속을 나누는 중요한 기준점이 됩니다. 그리스도의 십자가 안에 있으면 하나님의 권속이지만 그리스도의 십자가 밖에 있으면 외인이요 손님에 불과합니다.

바울은 "이제는 전에 멀리 있던 너희가 그리스도 예수 안에서 그리스도의 피로 가까워졌느니라 그는 우리의 화평이신지라 둘로 하나를 만드사 원수 된 것 곧 중간에 막힌 담을 자기 육체로 하시고 법조문으로 된 계명의 율법을 폐하셨으니 이는 이 둘로 자기 안에서 한 새 사람을 지어 화평하게 하시고 또 십자가로 이 둘을 한 몸으로 하나님과 화목하게 하려 하심이라 원수 된 것을 십자가로 소멸하시고 또 오셔서 먼 데 있는 너희에게 평안을 전하시고 가까운 데 있는 자들에게 평안을 전하셨으니 이는 그로 말미암아 우리 둘이 한 성령 안에서 아버지께 나아감을 얻게 하려 하심이라"(엡 2:13-18)고 말하고 있습니다. 즉 그리스도의 십자가 안에 있으면 하나님의 권속이 됩니다. 그 이유는 십자가의 피로 우리를 권속 되게 하셨기 때문입니다.

그리스도의 피 밖에 있으면 그는 언약의 약속에 대해서도 외인입니다(엡 2:12). 그리스도 밖에 있으면 소망이 없는 자입니다. 그리스도의 피 밖에 있으면 하나님도 없는 자입니다. 외인과 하나님의 권속의 판단 기준은 그리스도의 십자가입니다.

그리스 신화를 보면 키가 크고 힘이 센 괴상한 사람이 등장합니다. 그의 이름은 프로클러스테스라는 사람이었습니다. 그는 지나가는 행인을 붙잡아다가 자기 집으로 끌고 가서는 자기의 침대에 눕힙니다. 사람마다 개성이 다르고 키가 다르고 체격이 다르지 않습니까? 어떤 사람은 키가 큰 사람도 있고 어떤 사람은 키가 작은 사람도 있을 것인데 프로클러스테스는 무조건 자기 침대 위에 눕혀 놓고 침대보다 키가 크면 다리를 잘라 버리고 자기 침대보다도 키가 작으면 사람을 밧줄로 묶어 놓고 늘려서 죽였습니다.

이 이야기를 통해 프로클러스테스의 침대란 말이 생겼습니다. 이 말의 의미는 "모든 일에 자기 기준을 정해 놓고 억지로 두들겨 맞추려는 어리석은 행위"를 말합니다. 정치도 자기 기준을 정해 놓고 여기에 맞지 않으면 잘못되었다고 비판합니다. 경제도 자기 기준을 정해 놓고 여기에 맞지 않으면 틀렸다고 말합니다. 때로는 가정에서도 자녀 교육에서도 이것이 적용되기도 합니다. "우리 집안이 어떤 집안인 줄 아니? 모두 일류대학 출신들인데 너도 반드시 일류대학을 가야 한다"고 자기 기준에 자녀들을 맞출 때가 있습니다.

신앙에서까지 이런 방법이 적용되는 것이 문제입니다. 기도도 자기가 정해 놓은 기준과 다르면 신비주의로 생각해 버리거나 자유주의로 생각해 버립니다. 술이나 담배도 자기가 정해 놓은 기준으로 적당히 생각해 버립니다. 어디 성경에 술 먹지 말라 담배 피우지 말라는 기록이 있느냐는 것입니다. 그러나 신앙의 영원불변의 기준은 그리스도의 십자가입니다. 그리스도의 십자가보다 앞설 수도 없으며 십자가보다 뒤여서도 안 될 것입니다.

구원 받기 전의 상태와 구원 받은 뒤의 상태는 완전히 달라집니다. 새 신분, 새로운 관계, 새 거처를 보장 받게 됩니다. 과거 외인이었을 때는 우리들에게 구원 받지 못한 죽음의 상태였고, 우리들에게는 소망이 없었던 상태였습니다. 그러나 이제는 하나님의 권속 된 이후로 새 신분의 보장과 새 거처 즉 영원한 생명을 약속 받게 되었습니다. 이제 우리들의 모든 삶은 새로워졌습니다. 이 신분을 깨닫고 감사하는 자가 되어야겠습니다.

한전의 고압선 전기가 흘러도 우리 집에 들어오려면 전선을 통해야만 하는 것처럼 하나님의 은총 역시 감사의 전선을 통해야만 우리에게 전달될 수 있습니다. 한강 물이 아무리 많이 정화되어 공급되어도 상수도를 통하지 않으면 우리에게 공급되지 않습니다. 하나님의 축복도 감사의 연결고리를 통하여서만 계속 공급됩니다.

우리가 믿으면 하나님의 구원을 받습니다. 그러나 이 구원은 완성된 구원이 아닙니다. 이 구원의 완성은 주님이 재림하시는 날에 이루어집니다. "그의 안에서 건물마다 서로 연결하여 주 안에서 성전이 되어 가고 너희도 성령 안에서 하나님이 거하실 처소가 되기 위하여 그리스도 예수 안에서 함께 지어져 가느니라"(엡 2:21-22)고 바울은 말하고 있습니다.

우리는 하나님의 권속으로서 서로 성전이 되어서 지어져 가게 됩니다. 교회의 원형을 이루면서 살아가게 됩니다. 이 가운데 믿음으로 말미암아 승리하는 삶을 살아야겠습니다.

4장 그리스도의 비밀

에베소서 3장 1-21절

비밀은 원래 아무도 모르는 신비스러움이 있는 것입니다. 그러나 비밀은 부정적인 이미지가 강한 것도 사실입니다. 현대인들은 비밀을 간직하면서 살 때가 많습니다. 그만큼 숨기고 싶은 것이 많다는 것이겠지요. 특히 정치인이나 경제인들은 세상이 몰라야 하는 비밀을 가지고 있습니다. 이중장부는 너무나 당연한 것이 되어 버렸습니다. 그래서인지 세상은 비밀을 묵인해 주는 것처럼 보여집니다. 그러나 공개된 비밀도 있습니다. 눈은 있으나 보아도 모르고, 귀는 있으나 들어도 모르는 비밀입니다. 이것은 깨달을 때에 비로소 알 수 있는 비밀입니다. 이것이 바로 그리스도의 비밀입니다.

에베소 교회는 바울이 3년간 애정을 쏟으며 애착을 가지고 목회했던 교회입니다. 그리고 로마 감옥에서 에베소 성도들을 생각하면서 에베소서를 쓰기 시작하였던 것입니다. 이 서신을 통해서 교회가 성장해 가야 하는 것을 말하는 동시에 신자들이 구원의 감격을 잃지 않고 누리면서 살기를 바라고 있습니다. 에베소서를 읽어 내려가다 보면 비밀이란 말이 여섯 번이나 반복해서 나옵니다. 특히 3장에서는 세 번이나 비밀이란 단어가 기록되어 있습니다. '그 뜻의 비밀', '곧 계시로 내게 비밀을 알게 하신 것은', '감추었던 비밀의 경륜', '이 비밀이 크도다', '복음의 비밀' 등을 반복하여 기록하고 있습니다.

비밀은 원래 남이 알아서는 안 되는 것입니다. 그러나 바울은 에베소 성도들을 생각하면서 공개된 비밀을 그들에게 말하고 있습니다. 이를 드러난 비밀이라고 말할 수 있을 것입니다.

그렇다면 바울은 왜 공개된 비밀을 말하고 있을까요? 이 공개된 비밀은 어떻게 알 수 있을까요? 그리고 이 공개된 비밀을 알고 깨달은 자들은 어떤 삶을 살아야 하는 것일까요?

그리스도의 신비로운 비밀

하나님은 온 인류가 구원에 이르기를 원하고 있습니다. 바울 역시 에베소 성도를 생각하고, 그리워하면서 그들이 하나님의 신비스러운 비밀을 알고 풍성한 삶을 살고 교회를 이루면서 살기를 바라고 있었습니다. 그렇다면 이 그리스도의 비밀을 어떻게 알 수 있을까요?

계시를 통하여 그리스도의 비밀을 알 수 있다

'계시'란 말의 의미가 감추었던 것을 드러낸다, 커튼 속에 감추었던 것이 드러난다는 의미입니다. 바울은 "곧 계시로 내게 비밀을 알게 하신 것은 내가 먼저 간단히 기록함과 같으니"(엡 3:3)라고 말하고 있는 것처럼 그리스도의 비밀을 하나님은 계시로 알 수 있게 하셨습니다. 계시 가운데 가장 큰 계시는 성경 말씀입니다. 성경을 읽으면 그리스도의 비밀을 알게 됩니다. "그것을 읽으면 내가 그리스도의 비밀을 깨달은 것을 너희가 알 수 있으리라"(엡 3:4)라고 했습니다. 성도가 성경을 읽고 묵상해야 하는 이유가 바로 여기에 있습니다.

성령을 통하여 그리스도의 비밀을 알 수 있다

하나님은 당신의 비밀을 성령을 통하여 말씀하십니다. "이제 그의 거룩한 사도들과 선지자들에게 성령으로 나타내신 것 같이"(엡 3:5)라고 말씀하고 있습니다. 성령을 받으면 하나님의 비밀을 알게 됩니다. 성령은 지혜의 말씀의 은사, 지식의 말씀의 은사, 영분별의 은사를 통하여 하나님의 비밀을 깨닫게 하십니다.

그러나 하나님은 성령의 사람이 아닌 자들에게는 그리스도의 비밀을 알 수 없게 하셨습니다. "다른 세대에서는 사람의 아들들에게 알리지 아니하셨으니"(엡 3:5)라고 했습니다. 비록 이방인들이지만 예수 안에 있는 자들에게는 "복음으로 말미암아 그리스도 예수 안에서 함께 상속자가 되고 함께 지체가 되고 함께 약속에 참여하는 자"(엡 3:6)가 되게 하십니다. 성령을 받으면 하나님의 비밀을 알 수 있습니다. 성령은 하나님의 비밀을 우리에게 가르쳐 주십니다.

교회를 통하여 그리스도의 비밀을 알 수 있다

교회는 그리스도의 비밀을 증거하는 기관입니다. 하나님은 감추었던 비밀을 드러내어 교회를 통해 알게 하십니다. 바울은 이것에 대해서 다음과 같이 말하고 있습니다. "영원부터 만물을 창조하신 하나님 속에 감추어졌던 비밀의 경륜이 어떠한 것을 드러내게 하려 하심이라 이는 이제 교회로 말미암아 하늘에 있는 통치자들과 권세들에게 하나님의 각종 지혜를 알게 하려 하심이니 곧 영원부터 우리 주 그리스도 예수 안에서 예정하신 뜻대로 하신 것이라 우리가 그 안에서 그를 믿음으로 말미암아 담대함과 확신을 가지고 하나님께 나아감을 얻느니라"(엡 3:9-12)고 했습니다. 우리가 교회 생활을 잘해야 하는 이유가 바로 여기에 있습니다.

그리스도의 비밀은 십자가이다

그리스도의 비밀은 십자가 사건입니다. 예수께서 십자가에 영원한 속죄의 양이 되시므로 죽음에서 우리들을 건져 주셨습니다. 죽을 사람들에게 살 길이 열려졌습니다. 이 구속 사건이 바로 그리스도의 비밀입니다.

구약이 그림자라면 신약은 실체에 해당이 됩니다. 구약이 예언이라면 신약은 성취입니다. 그리스도의 십자가 구속 사건은 구약에 여러 가지 모형으로 나타나 있습니다. 여호수아 2장의 '붉은 줄의 비밀' 이 그 중에 하나입니다. 이스라엘은 두 명의 정탐꾼을 여리고성으로 보냈습니다. 두 정탐꾼은 여리고 사람들에게 쫓기게 되었습니다. 그들은 기생 라합의 집으로 들어가서 도움을 요청하게 되었습니다. 그리고 라합은 그들을 숨겨 주었습니다. 라합의 도움으로 생명을 건진 정탐꾼들은 라합의 집을 떠나면서 약속했습니다.

"우리가 이 땅에 들어올 때에 우리를 달아 내린 창문에 이 붉은 줄을 매고 네 부모와 형제와 네 아버지의 가족을 다 네 집에 모으라 누구든지 네 집 문을 나가서 거리로 가면 그의 피가 그의 머리로 돌아갈 것이요 우리는 허물이 없으리라 그러나 누구든지 너와 함께 집에 있는 자에게 손을 대면 그의 피는 우리의 머리로 돌아오려니와 네가 우리의 이 일을 누설하면 네가 우리에게 서약하게 한 맹세에 대하여 우리에게 허물이 없으리라 하니 라합이 이르되 너희의 말대로 할 것이라 하고 그들을 보내어 가게 하고 붉은 줄을 창문에 매니라"(수 2:18-21)고 기록되어 있습니다. 여리고가 함락되어 모두 죽음을 당할 때 라합의 식구들은 한 사람도 죽지 않고 구원 받았습니다. 이 사건이 바로 십자가 구속 사건의 예표입니다.

유월절 사건도 그리스도의 구속을 나타냅니다. 출애굽기 12장 5-13절을 보면 "너희 어린 양은 흠 없고 일 년 된 수컷으로 하되 양이나 염소 중에서 취하고 이 달 열 나흘날까지 간직하였다가 해 질 때에 이스라엘 회중이 그 양을 잡고 그 피를 양을 먹을 집 문 좌우 문설주와 인방에 바르고 그 밤에 그 고기를 불에 구워 무교병과 쓴 나물과 아울러 먹되 날것으로나 물에 삶아서 먹지 말고 그 머리와 다리와 내장을 다 불에 구워 먹고 아침까지 남겨 두지 말며 아침까지 남은 것은 곧 불사르라 너희는 그것을 이렇게 먹을지니 허리에 띠를 띠고 발에 신을 신고 손에 지팡이를 잡고 급히 먹으라 이것이 여호와의 유월절이니라 내가 그 밤에 애굽 땅에 두루 다니며 사람이나 짐승을 막론하고 애굽 땅에 있는 모든 처음 난 것을 다 치고 애굽의 모든 신을 내가 심판하리라 나는 여호와로라 내가 애굽 땅을 칠 때에 그 피가 너희가 사는 집에 있어서 너희를 위하여 표적이 될지라 내가 피를 볼 때에 너희를 넘어가리니 재앙이 너희에게 내려 멸하지 아니하리라"고 말씀하고 있습니다.

애굽 사람들은 임금의 장자로부터 맷돌 가는 여인의 장자까지 죽임을 당했지만 이스라엘 백성들은 양을 잡아 먹고 그 피를 문설주와 인방에 발라서 구원 받았습니다. 이것이 비밀이었습니다. 십자가는 우리의 생명을 살립니다.

그리스도의 비밀을 전하라

바울은 "모든 성도 중에 지극히 작은 자보다 더 작은 나에게 이 은혜를 주신 것은 측량할 수 없는 그리스도의 풍성함을 이방인에게 전하게 하시고"(엡 3:8)라고 말씀하고 있습니다. 우리의 사명은 그리스도의 비밀인 복음을 전하는 것입니다.

이 세상에 비밀은 없습니다. 가장 친한 친구에게 "당신만 알고 있어"라고 비밀을 말하면 그 친구는 또 다른 사람에게 "당신만 …"하고 비밀을 전합니다. 저는 인생을 살아가면서 두 가지 원칙을 정해 놓고 삽니다. 첫째는 인생에 비밀은 없다는 것입니다. 둘째는 인생은 메아리와 같다는 것입니다. 크게 소리치면 크게 돌아오고 작게 소리치면 작게 돌아오듯 내가 행한 대로 내게로 돌아옵니다.

그리스도의 비밀은 전하고 말해야 하지만 다른 사람의 비밀은 덮어 주고 가려 주어야 합니다. 그러나 우리들은 인생을 반대로 살아가고 있습니다. 남의 비밀은 '속삭이며' 말하면서 그리스도의 비밀은 말하지 않습니다. 디모데후서 4장 2절에 "너는 말씀을 전파하라 때를 얻든지 못 얻든지 항상 힘쓰라"고 했습니다. 마가복음 16장 15절에 "너희는 온 천하에 다니며 만민에게 복음을 전파하라"고 했습니다.

그리스도의 비밀을 증거하는 일에는 환난이 따른다

비밀을 나타내는 일에는 어려움과 환난이 따르게 됩니다. 바울은 "그러므로 너희에게 구하노니 너희를 위한 나의 여러 환난에 대하여 낙심하지 말라 이는 너희의 영광이니라"(엡 3:13)라고 했습니다. 복음 증거에는 많은 환난이 있습니다. 환난을 이기기 위해서는 속사람이 강건해야 합니다.

바울은 "이러하므로 내가 하늘과 땅에 있는 각 족속에게 이름을 주신 아버지 앞에 무릎을 꿇고 비노니 그의 영광의 풍성함을 따라 그의 성령으로 말미암아 너희 속사람을 능력으로 강건하게 하시오며"(엡 3:14-16)라고 말하고 있습니다. 속사람이 강건해야 환난에도 승리하게 됩니다. 속사람이 강건하려면 그리스도의 사랑 가운데서 뿌리가 박혀야 합니다. 그리스도께서 우리 마음에 계셔야 합니다. 소위 '중심 되신 그리스도'를 고백해야 합니다.

깊은 산 속에 연못이 하나 있었습니다. 물이 맑고 깨끗하여 연못 속에는 물고기들이 헤엄을 치고 들짐승들이 찾아와 물을 마셨습니다. 그러던 어느 날 연못 주위에 독초가 하나 돋아났습니다. 독초는 점점 퍼져 연못까지 영향을 주었습니다. 물고기는 죽기 시작하였고 짐승들은 찾아오지 않았습니다. 사람들이 이 사실을 알고 의논한 끝에 연못 주위에 돌아가며 버드나무를 심었습니다. 버드 나무의 뿌리는 촘촘히 뻗어 연못 주위를 둘러쌓기 시작했습니다. 이제 더 이상 독초가 연못을 향해 뻗어 오지 못했습니다. 물고기가 다시 생겨났고, 짐승들도 다시 오기 시작했습니다. 이것이 우리의 마음입니다.

우리의 마음은 본래 하나님의 형상을 따라 지음 받은 아름다운 마음이었습니다. 그러나 독초와 같은 의심과 죄가 들어온 날부터 하나님의 형상은 사라지고 맙니다. 죄가 들어오지 못하도록 우리의 마음에 계셔야 합니다. "믿음으로 말미암아 그리스도께서 너희 마음에 계시게 하시옵고 너희가 사랑 가운데서 뿌리가 박히고 터가 굳어져서 능히 모든 성도와 함께 지식에 넘치는 그리스도의 사랑을 알고 그 너비와 길이와 높이와 깊이가 어떠함을 깨달아 하나님의 모든 충만하신 것으로 너희에게 충만하게 하시기를 구하노라"(엡 3:17-19)고 했습니다.

그리스도의 비밀을 증거하는 일에 환난이 있어도 역경이 있어도 승리하고 이겨 나갑시다. 그리스도께서 우리 마음에 계시는 동안에 우리가 승리하도록 도와주실 것입니다. 그 사랑 안에 뿌리박고 넓게, 깊게, 높게 우리의 믿음이 성장해 나아가시기를 바랍니다.

5장 그리스도의 몸을 세우라

에베소서 4장 1-16절

바울 서신의 특징 중의 하나는 교리적인 부분과 실천적인 부분이 있다는 것입니다. 교리적인 부분에서는 우리가 어떻게 해서 구원을 받았고, 믿음을 갖게 되었는지에 대해서 말하고 있습니다. 하나님의 부르심과 목적을 설명해 주고 있습니다. 그리고 실천적인 부분에서는 교리적인 토대 위에 실제적인 삶의 모습을 강조합니다.

로마서 1-11장이 교리적인 측면이 강조되었다면 12-16장은 실천적인 부분을 강조하고 있음을 알 수 있습니다. 에베소서 역시 교리적인 측면과 실천적인 측면으로 나눌 수 있을 것입니다. 1장부터 3장까지는 교리부분이 기록되어 있고 4장부터 6장까지는 성도의 실제 생활적인 면을 말씀하고 있습니다. 성도들이 어떻게 생활해야 할 것인가를 교훈해 주고 있습니다.

많은 사람들은 왜 많은 교단과 교파가 있는지를 묻곤 합니다. 이 대답을 하기 위해서는 왜 종교개혁이 일어나게 되었으며, 그들이 성경에서 어떤 사상에 초점을 맞추었는지를 설명해야 합니다. 또한 19세기부터 활발하게 일어났던 대부흥의 역사적 사건을 추적해야 할 것입니다. 그러면 성도들은 이해할 수 없는 문제들로 인해서 머리 아파하곤 합니다. 그러나 중요한 것은 그럼에도 불구하고 교회는 하나라는 사실입니다. 신학적인 배경은 달라도, 교단이 파생된 시기적인 배경은 달라도 성경을 중심으로 한 교회는 포괄적으로 하나일 수밖에 없음을 말하고 있습니다. 교회는 신자들의 어머니로서 그리스도의 몸을 말합니다.

그렇다면 성도들이 그리스도의 몸을 세워 나가기 위해서는 무엇을 알아야 할까요? 성도는 어떤 신앙의 삶과 결단과 목적을 가져야 할까요? 이러한 부분들이 그리스도의 몸을 세워 나가는 교회의 원형을 만들어가는 과정일 것입니다.

믿음은 하나이다

그리스도의 몸을 세워 나가기 위해서는 믿음이 하나라는 사실을 알아야 합니다. "몸이 하나요 성령도 한 분이시니 이와 같이 너희가 부르심의 한 소망 안에서 부르심을 받았느니라 주도 한 분이시요 믿음도 하나요 세례도 하나요 하나님도 한 분이시니 곧 만유의 아버지시라 만유 위에 계시고 만유를 통일하시고 만유 가운데 계시도다"(엡 4:4-5)라고 말씀하고 있습니다.

주도 한 분이시며 믿음도 하나이고 세례도 하나입니다. 하나님도 한 분이시지 나뉘어져 두 분이 아니라고 말씀하고 있습니다. 교파로 인해서 하나님이 나뉘어진 적이 없습니다. 인간들이 교회를 나누었습니다. 부산의 어느 교회나 서울의 어느 교회나 미국 교회나 일본 교회가 다 하나입니다.

우리나라가 민주화를 위해서 다같이 노력하던 때가 있었습니다. 데모를 주도하던 부류들은 대부분 대학생들이었습니다. 그러나 데모를 진압하던 사람들 역시 학업을 휴학하고 군에 입대한 대학생들이었습니다. 데모자들은 주로 돌을 던지는 것으로 시대에 대해서 항변하였고, 데모 진압자들은 체류탄으로 맞섰습니다. 어느 날 대학생들이 데모를 하다가 비극적인 사건이 생겼습니다. 데모를 진압하던 전경이 학생들이 던진 돌에 맞아서 죽고 말았습니다. 대학을 다니다가 잠시 학업을 멈추고 군에 들어가 전경이 되었는데 데모를 막다가 사고를 당한 것입니다. 정말 비극적인 이야기입니다. 우리의 원수가 누구인줄 알고 원수를 향해 싸워야 할 젊은이들이 같은 친구끼리 싸우다가 슬픔을 당한 것입니다.

신앙생활에도 우리의 원수가 누구인줄 알아야겠습니다. 바울은 "우리의 씨름은 혈과 육을 상대하는 것이 아니요 통치자들과 권세들과 이 어둠의 세상 주관자들과 하늘에 있는 악의 영들을 상대함이라"(엡 6:12)라고 했습니다. 우리의 신앙의 원수는 우리를 넘어뜨리려는 마귀입니다. 교파가 다르다고 싸워야 할 원수가 아닙니다. 이 영적 싸움에서 이기기 위해서는 신앙의 장성한 사람들이 되어야겠습니다. 믿음이 하나라는 사실을 통해서 우리는 서로 협력해야 합니다. 배타적이고, 우리 교회밖에 모르는 이기주의의 벽을 넘어서서 다함께 연합하고 하나됨을 통하여 진정한 교회의 모습을 회복해야 할 것입니다.

어린아이와 같은 신앙에서 벗어나라

우리가 그리스도의 몸으로 성장하기 위해서는 어린아이와 같은 신앙에서 벗어나야 합니다. 어린아이와 같다는 것은 어린이가 가지고 있는 순진성을 의미하지 않습니다. 건강한 사람은 자라야 하는데, 많은 시간이 지났음에도 불구하고 여전히 남의 도움으로만 신앙생활을 유지하는 것이 어린아이와 같은 신앙이라고 말합니다. 자라지 못한 신앙, 스스로 개척할 수 없는 신앙에서 벗어나야 합니다.

어린아이의 신앙을 가지고 있으면 사람의 궤술과 인간의 풍조에 휩싸여 마귀의 유혹에 빠지게 됩니다. 온 세상의 교회는 하나이기에 성도들끼리는 서로 겸손과 사랑으로 용납해야 합니다. 그리고 마귀는 대적해야 합니다. 그러나 교회가 커지다 보면 교인들끼리 다투게 되는 경우가 생기게 됩니다. 이것은 마귀의 유혹에 빠지기 때문입니다. 같은 교회에서는 부서끼리 싸우게 되는 경우도 있습니다. 이것도 잘못된 것입니다. 성도들끼리는 서로 용납하고 사랑해야 합니다. 부서 이기주의에 빠져서 서로 싸워서는 안 됩니다. 이렇게 다투는 이유는 어린아이의 신앙에서 벗어나지 못한 까닭입니다.

어린아이는 먹여 주어야 합니다. 어린아이는 입혀 주어야 합니다. 어린아이는 모든 삶을 돌보아 주어야 합니다. 아직까지 모든 판단이 어리기 때문입니다. 따라서 자라야 합니다. 신앙도 자라고 성장해야 합니다. 믿음도 자라야 유혹에 빠지지 않게 됩니다. 우리의 신앙도 어린아이 신앙에서 장성한 신앙으로 자라야겠습니다. 바울은 "우리가 다 하나님의 아들을 믿는 것과 아는 일에 하나가 되어 온전한 사람을 이루어 그리스도의 장성한 분량이 충만한 데까지"(엡 4:13) 이르러야 한다고 했습니다. 신앙이 자라도록 하나님께 자신을 맡기고 의지하며 기도해야 되겠습니다.

그리스도의 몸을 세워라

믿음이 하나라는 사실을 발견하게 될 때 성도들은 서로 협력할 수 있고, 배려할 수 있고, 헌신할 수 있습니다. 가족이라는 공동체성을 가질 수 있게 됩니다. 또한 어린아이와 같은 신앙에서 벗어나기 시작할 때, 우리는 좀더 높은 비전과 이상을 향해서 달려갈 수 있을 것입니다. 그것이 바로 그리스도의 몸을 세워 가는 것입니다. 믿음이 하나이며, 어린아이와 같은 신앙에서 벗어났다면 이제는 그리스도의 몸을 세워 가야 합니다.

하나님은 그리스도의 몸을 세워 갈 수 있도록 하기 위해서 여러 가지 직분을 우리에게 주셨습니다. 바울은 이를 위해서 "그가 어떤 사람은 사도로, 어떤 사람은 선지자로, 어떤 사람은 복음 전하는 자로, 어떤 사람은 목사와 교사로 삼으셨으니"(엡 4:11)라고 했습니다. 이것이 직분입니다. 직분을 주시는 이유는 "성도를 온전하게 하며 봉사의 일을 하게 하며 그리스도의 몸을 세우려 하심이라"라고 했습니다.

직분을 주시는 첫 번째 이유는 성도를 온전하게 하기 위함입니다. 두 번째 이유는 봉사의 일을 하게 하기 위함입니다. 세 번째 이유는 그리스도의 몸을 세우기 위해서 입니다. 직분은 봉사하며 섬기라고 주신 것입니다. 이것은 계급이 아닙니다. 어떤 사람은 이것을 계급이나 자리라고 생각하기도 합니다. 그래서 이렇게 말하기도 합니다. "3년 교회 다녀서 집사 따고, 7년 교회 다녀서 권사 따고, 15년 교회 다녀서 장로 땄다"고 말합니다. 이것은 큰 잘못입니다. 교회의 모든 직분은 하나님이 봉사하라고 주신 것입니다. 그리스도의 몸을 세우라고 주신 것이 직분입니다.

독일의 경건주의를 일으킨 진젠돌프라는 사람이 있었습니다. 그는 1700-1760년도에 살았던 사람입니다. 귀족의 가문에서 태어났으며 많은 재산도 가지고 있었습니다. 어느 날 그린랜드에서 온 에스키모 인을 만나게 되었습니다. 그곳은 얼음과 만년설로 덮여 있는 땅입니다. 진젠돌프는 가난한 에스키모 인을 보는 순간 그의 모습에서 예수님의 십자가의 고난상을 보게 되었습니다. 그리고 "나 너를 위하여 몸 바쳐 피를 흘렸건만 너는 나를 위해 무엇을 주었느냐?"는 주님의 음성이 들렸습니다. 그 후에 인도에서 온 가난하고 불쌍한 사람들을 만나게 되었는데 그들을 위해 일생을 바쳐 선교하며 헌신하기로 하나님께 약속하고 자신을 드렸습니다. 이 이야기가 해버칼이 만든 찬송가 311장의 가사입니다.

우리는 하나님이 주신 이 직분을 가지고 얼마나 봉사하고 있습니까? 이 직분에 얼마나 충성하고 있습니까? 봉사하는 일에 우리의 믿음과 젊음과 재산과 힘을 다 드려 하나님께 영광을 돌려야 합니다.

그리스도의 장성한 분량에까지 이르러야 한다

그리스도의 몸으로 성장하기 위해서는 하나의 믿음을 가져야 하며 어린아이의 신앙을 벗어나야 합니다. 그리고 그리스도의 몸이라는 분명한 교회관과 목적의식을 가지고 있어야 합니다. 건강한 신앙인으로서 그리스도의 몸을 세워나가다 보면 그리스도의 장성한 분량에까지 이르고자 하는 열망에 사로잡히게 될 것입니다. 에베소서는 하나 됨의 열망이 있습니다. 교회의 참된 모습으로 회복하고자 하는 공동체성도 있습니다. 이를 위해서 그리스도의 장성한 분량이라는 분명한 비전을 가지고 자라나아가야 할 것입니다.

신앙이 자라게 되면 흔들리지 않게 됩니다. 장성한 신앙인은 사람의 궤술에 빠지지 않습니다. 간사한 유혹에 빠지지도 않습니다. 세상의 풍조에 밀리지 않습니다. 바울은 "이는 우리가 이제부터 어린 아이가 되지 아니하여 사람의 속임수와 간사한 유혹에 빠져 온갖 교훈의 풍조에 밀려 요동하지 않게 하려 함이라 오직 사랑 안에서 참된 것을 하여 범사에 그에게까지 자랄지라 그는 머리니 곧 그리스도라"(엡 4:14-16)고 말하고 있습니다.

어린아이의 신앙은 흔들리지만 장성한 성도는 어떤 유혹이나 풍조에도 흔들리지 않습니다. 오직 하나님의 영광만을 생각하고 온전히 헌신하게 됩니다. 이러한 신앙성장을 위해서는 기도해야 합니다. 기도하면 신앙이 자라고 마귀의 유혹을 알게 되어 마귀를 대적하고 영적으로 승리하는 삶을 살게 됩니다.

교회의 원형인 그리스도의 몸을 세워나가는 데는 많은 어려움들이 있을 것입니다. 어린아이가 자라기 위해서는 많은 어려운 시기를 거치면서 장성한 사람으로 자라듯이 교회 역시 유기체이므로 대가를 지불할 때가 있습니다. 그럴 때마다 공동체성을 회복하고 서로 협력한다면 그리스도의 몸으로서의 교회는 부흥하게 될 것입니다. 진정한 교회의 모습을 찾아서 방황하고, 안식하지 못하는 사람들에게 구원과 쉼을 줄 수 있을 것입니다. 궁극적으로 하나님 나라를 이루며 발전시켜 나갈 수 있을 것입니다. 이것은 바로 '나'로부터, 작은 '믿음'으로부터 시작이 될 것입니다. 하나 됨을 통하여 함께 그리스도의 장성한 분량에까지 이르는 성도가 되어야겠습니다.

6장 옛 사람과 새 사람

에베소서 4장 17-24절

결혼식 광경은 어디에서 보든 참으로 멋진 모습이 아닐 수 없습니다. 지금은 풍속도가 많이 달라지긴 했어도 여전히 가슴 떨리게 하는 것만은 사실입니다. 젊은 청춘남녀들의 싱그러움을 보면 이들의 인생이 얼마나 멋지게 전개될 것인가를 생각하기도 하고, 이들이 앞으로 전진해 나갈 새로운 세상을 축복해 주기도 합니다.

결혼예식장에 가면 그날의 주인공은 신랑과 신부입니다. 그래서 사람들의 관심은 언제나 신랑 신부에게 쏠립니다. 신랑 신부가 입장하면 새 신랑 새 신부가 들어온다고 합니다. 특별히 신랑 신부 앞에 '새' 자(字)를 붙이게 됩니다. 가만히 들여다보면 옛날 제가 알고 있던 그 사람인데 사람들은 새 신랑 새 신부라고 부릅니다. 그러면 신부는 신부 화장을 해서 새 신부가 되는 것입니까? 멋진 드레스를 입었다고 새 신부가 되는 것일까요? 신랑은 예복을 입었다고 새 신랑이 되는 것입니까? 여전히 옛 사람일 뿐입니다. 아마도 새로운 출발을 하기 때문이 아닌가 하는 생각이 들기도 합니다.

그렇다면 어떻게 하면 옛 사람이 변하여 새 사람이 되는 것일까요? 새 사람이 된다는 것에는 어떤 과정과 어떤 의미가 담겨져 있을까요? 바울은 에베소 성도들을 향하여 옛 사람을 벗어 버리고 새 사람을 입으라고 말하고 있습니다.

이 시간에는 옛 사람의 특징과 새 사람의 특징을 살펴보도록 하겠습니다. 그래서 우리가 어떻게 하면 새로운 사람으로 거듭나고 나갈 것인가에 대해서 살펴보겠습니다.

육에 속한 옛 사람

바울은 우리에게 옛 사람의 모습을 적나라하게 설명해 주고 있습니다. 그리고 아직도 옛 사람의 모습과 구습을 벗어나지 못한다면 하나님의 교회에 합당한 사람이 될 수 없다고 말합니다. 옛 사람, 옛 자아의 모습을 보여 줌으로써 그것에서 벗어나기를 원하고 있습니다. 바울은 우리를 향하여 "구습을 따르는 옛 사람을 벗어 버리고…새 사람을 입으라"(엡 4:22-24)고 권면하고 있습니다.

실제 생활 속에서 옛 구습을 완전히 버릴 수 있어야 진정한 그리스도인이 될 수 있습니다. 이런 사람을 고린도전서 2장 14절에는 '육에 속한 사람' 이라고 부릅니다. 육에 속한 사람은 그 생활이 여전히 세속에 얽매어 있습니다. 세상 것을 생각하고 말하고 행하고 있는 자입니다. 참된 신앙생활을 하려면 옛 사람을 벗어 버려야 합니다.

옛 사람의 특징

거짓을 버리지 못한다

바울은 "그런즉 거짓을 버리고 각각 그 이웃과 더불어 참된 것을 말하라 이는 우리가 서로 지체가 됨이라"(엡 4:25)고 말하고 있습니다. 참된 그리스도인은 거짓을 버리고 진실을 말해야 합니다. 성경에서 거짓을 말하여 잘되거나 복 받은 자는 아무도 없음을 강조하고 있습니다. 물론 포악하고 거짓을 일삼는 사람들이 일시적인 명예와 부를 얻을 수는 있습니다. 그러나 이것이 그 사람을 구원시켜 주거나 참된 진리의 모습으로 이끌지는 못합니다.

거짓을 버리지 못하는 대표적인 인물이 아나니아와 삽비라 부부입니다. 그들은 하나님 앞에 바치기 위해서 밭을 팔았습니다. 그리고 그 돈의 절반만 가지고 성전에 가지고 갔습니다. 그것이 전부인 것처럼 거짓을 말했습니다. 성령을 속인 죄로 아나니아가 죽었습니다. 그리고 세 시간 후에 삽비라도 하나님을 속인 죄로 인하여 벌을 받아 죽었습니다. 거짓말은 죽음을 가져올 뿐입니다.

재산을 팔아서 절반을 바치는 것만 해도 대단하다고 생각이 듭니다. 그러나 중요한 것은 누가 얼마를 바쳤느냐가 중요한 것이 아닌 것 같습니다. 그 마음에 이미 아까운 생각이 들고 욕심이 발동하게 되었고, 그 결과로 인하여 하나님을 속이는 모습으로 나타난 것입니다. 이것이 바로 하나님 앞에서 정직하지 못한 것입니다.

구약성경에서는 아간이 대표적인 예입니다. 이스라엘 백성들이 가나안 땅을 점령할 때 첫 번째 성인 여리고를 함락하게 되었습니다. 하나님은 전쟁에서 승리하면 모든 전리품들을 하나님의 전에 바치라고 했습니다. 아간은 외투와 금과 은을 감추고 여호수아와 백성을 속였습니다. 거짓말은 무서운 죄입니다.

거짓을 행한 아간은 그 죄가 드러나게 되어 "내가 노략한 물건 중에 시날 산의 아름다운 외투 한 벌과 은 이백 세겔과 그 무게가 오십 세겔 되는 금덩이 하나를 보고 탐내어 가졌나이다 보소서 이제 그 물건들을 내 장막 가운데 땅 속에 감추었는데 은은 그 밑에 있나이다"(수 7:21)라고 고백하게 되었습니다.

하나님은 아간도 자신의 잘못을 알았지만 새로운 땅에서 새로운 출발을 앞두고 있던 시점에서 아간과 같은 이기주의는 공동체를 파괴할 수밖에 없음을 백성들에게 보여 주고 싶었던 것입니다.

거짓은 새로운 공동체를 파괴하는 무서운 질병과도 같은 것입니다. 그래서 바울은 이 '거짓'을 버리고 '참된 것'을 찾으라고 하였습니다. 오늘 교회의 공동체를 파괴하고자 하는 사단의 세력을 잘 분별해야 합니다. 사단은 속이는 자입니다. 우리가 하나님 앞에서 정직하다면 우리는 승리할 수 있을 것입니다.

바울은 "무릇 더러운 말은 너희 입 밖에도 내지 말고 오직 덕을 세우는 데 소용되는 대로 선한 말을 하여 듣는 자들에게 은혜를 끼치게 하라"(엡 4: 29)고 당부하고 있습니다. 입을 벌리면 은혜스러운 말만 하고 덕을 끼치는 말을 해야 합니다.

분노에 젖어 산다

바울은 "분을 내어도 죄를 짓지 말며 해가 지도록 분을 품지 말라"(엡 4:26)고 했습니다. 생활 속에 살아가면서 아직도 혈기를 부리거나 분을 내는 사람은 옛 사람입니다. 예수님도 혈기를 부리지 말고 언제나 참아야 할 것을 말씀하셨습니다. 성경에 혈기 부리다가 책망 받은 사람이 있습니다. 구약에서는 모세가 그렇고 신약에서는 베드로가 그렇습니다.

모세는 온유한 사람이었습니다. 민수기 12장 3절을 보면 "이 사람 모세는 온유함이 지면의 모든 사람보다 더하더라"라고 했습니다. 이렇게 온유한 모세였지만 광야의 므리바에서 물이 떨어져 백성들이 모세와 아론을 원망하고 지도자를 원망할 때 하나님께 기도했더니 하나님은 지팡이로 반석에게 명령하여 물을 내라고 하셨습니다. 모세는 화가 나서 혈기를 부리며 분을 냈습니다.

"모세가 그의 손을 들어 그의 지팡이로 반석을 두 번 치니 물이 많이 솟아 나오므로 회중과 그들의 짐승이 마시니라"(민 20:11)라고 기록하고 있습니다. 반석을 두 번 내리친 것은 분을 낸 것입니다. 하나님은 분을 내는 모세를 벌하셨습니다. "여호와께서 모세와 아론에게 이르시되 너희가 나를 믿지 아니하고 이스라엘 자손의 목전에서 내 거룩함을 나타내지 아니한 고로 너희는 이 회중을 내가 그들에게 준 땅으로 인도하여 들이지 못하리라 하시니라"(민 20:12)고 하셨습니다. 모세의 분 냄은 가나안을 허락하지 않는 것을 나타내게 되었습니다.

신약의 베드로도 대표적인 인물입니다. 베드로는 모든 제자들이 다 주를 버릴지라도 자신은 주님을 버리지 않겠다고 약속했습니다. 그것도 죽음을 불사하면서 주님을 버리지 않겠다고 다짐합니다. 로마병정들이 창과 검과 몽치를 가지고 예수님을 잡으러 왔을 때에 베드로는 화가 나서 검을 빼어 대 제사장의 종 말고의 귀를 잘랐습니다. 예수님은 혈기 부리는 베드로를 책망하십니다. "예수와 함께 있던 자 중의 하나가 손을 펴 칼을 빼어 대제사장의 종을 쳐 그 귀를 떨어뜨리니 이에 예수께서 이르시되 네 칼을 도로 칼집에 꽂으라 칼을 가지는 자는 다 칼로 망하느니라"(마 26:51-52)고 교훈해 주셨습니다.

분을 내는 것은 결정적인 실수를 범하게 합니다. 혈기는 하나님의 의(義)를 이루지 못하도록 합니다. 야고보서 1장 19-20절을 보면 "내 사랑하는 형제들아 너희가 알지니 사람마다 듣기는 속히 하고 말하기는 더디 하며 성내기도 더디 하라 사람의 성내는 것이 하나님의 의를 이루지 못함이라"고 하셨습니다. 혈기를 부리면서 하나님의 나라를 이룰 수 있다면 얼마든지 혈기를 부려도 될 것입니다. 그러나 하나님 나라는 결코 혈기로 이룰 수 없습니다.

마귀는 우리가 분을 낼 때에 틈을 탑니다. 바울은 "분을 내어도 죄를 짓지 말며 해가 지도록 분을 품지 말고 마귀에게 틈을 주지 말라"(엡 4:26-27)고 했습니다. 마귀가 틈을 탈 때가 분 내는 시간입니다. 그러므로 혈기 부리지 말고 분 내지 말아야 합니다. 왜 성도들끼리 다투고 분을 내야 합니까? 남전도회나 여전도회 월례회를 하다가 분을 내지 말아야 합니다. 직원회 하다가 화를 내거나 소리를 질러서는 하나님의 의(義)를 이룰 수가 없습니다. 당회 하다가 화내지 말아야 합니다. 화내는 것은 하나님 나라를 이루지 못하기 때문입니다.

도둑질을 한다

사도 바울은 "도둑질하는 자는 다시 도둑질하지 말고 돌이켜 가난한 자에게 구제할 수 있도록 자기 손으로 수고하여 선한 일을 하라"(엡 4:28)고 했습니다. 신앙생활을 하면서 아직도 도둑질하거나 남의 물건을 집어 오는 자는 옛 사람입니다. 도둑이 아닌데도 하찮은 물건을 주인에게 말없이 집어 가는 사람이 있습니다. 십계명 중에도 8계명에 도둑질하지 말라고 말씀하고 있습니다.

일본에서 있었던 실화입니다. 일본의 한 신학교 기숙사에 도둑이 들어왔습니다. 도둑놈이 도둑질하려고 큰 집을 찾아들어간 곳이 신학교 여자 기숙사였습니다. 들어갔으나 학생들이 공부하는 곳인지라 훔쳐 갈만한 물건이 없었습니다. 책상 위를 보니 크고 까만 두꺼운 책이 하나 있었습니다. 그래서 그 책을 훔쳐서 달아났습니다. 도둑은 집에 가서 책을 열어 보니 다음과 같은 곳이 눈에 띄었습니다.

"도둑질하는 자는 다시 도둑질하지 말고 돌이켜 가난한 자에게 구제할 수 있도록 자기 손으로 수고하여 선한 일을 하라"라는 말이었습니다. 그는 깜짝 놀랐습니다. 자기가 어떻게 도둑질한 것을 알고 그렇게 기록되어 있나 싶어 책을 덮어 버렸습니다. 그리고 재수 없다고 욕을 했습니다.

한참 후에 그 다음엔 무엇이 기록되어 있나 궁금했습니다. 살며시 책을 열어 보니 에베소서 4장 29절이 눈에 들어왔습니다. "무릇 더러운 말은 너희 입 밖에도 내지 말고 오직 덕을 세우는 데 소용되는 대로 선한 말을 하여"라는 말이 눈에 들어왔습니다. 그는 이것을 보는 순간 눈물이 쏟아지고 회개하여 새 사람이 되었습니다. 예수님을 자신의 구세주와 주님으로 영접하고 구원을 받게 되었습니다. 뿐만 아니라 신학을 공부하고 목사님이 되었고 그후 부흥회를 인도하는 부흥사가 되었습니다. 전국을 다니며 이 간증을 하고 부흥회를 인도했습니다.

하루는 시골 교회에 가서 부흥회를 인도하고 그 이야기를 했습니다. 예배 후에 그 교회 여전도사님이 "목사님 제가 그때 성경책을 잃어버린 장본인입니다"라고 말하는 것이었습니다. 이것은 매우 드물게 일어나는 사건입니다.

남의 물건을 훔치는 것도 도둑질이지만 하나님의 것을 도둑질하는 것도 큰 죄입니다. 십일조는 하나님의 것이므로 가로채지 말아야 합니다. 또 하나님께 시간의 십일조를 기도로 바쳐야 합니다. 하루 24시간이므로 삼분의 일에 해당하고 2.4시간은 내 시간이 아니며 기도로 하나님께 드려야 할 것입니다.

세 가지의 특징을 가지고 있는 옛 사람은 어떻게 되었을까요?

옛 사람은 마음이 굳어지게 됩니다. 에베소서 4장 18절에 "그들의 총명이 어두워지고 그들 가운데 있는 무지함과 그들의 마음이 굳어짐으로 말미암아 하나님의 생명에서 떠나 있도다"라고 하십니다. 마음이 굳어지니 감각이 없어져 버립니다(엡 4:19). 그 결과 그에게는 하나님의 생명이 없어지게 됩니다. 영생이 있지 않습니다. 잘못을 저질러도 부끄러운 줄을 모릅니다. 옛 사람의 모습으로 살아가게 되면 평안과 행복을 누릴 수 없게 됩니다. 옛 사람에서 이제는 예수 그리스도로 말미암아 새 사람으로 거듭나야 합니다.

의와 진리의 새 사람

옛 사람은 육에 속한 자입니다. 그 안에서는 새로운 이상이나 구원의 역사를 경험하지 못하게 됩니다. 무엇인가 열심히 일하고 있지만 궁극적으로는 행복을 누리지 못하며 쫓겨 다니는 모습으로 살아가게 됩니다. 그러나 새 사람은 하나님의 목적에 의해서 이끌려 사는 사람입니다. 새 사람은 자신이 무엇을 위해서 살아야 하는지를 분명히 알고 있는 사람입니다. 새 사람은 살아가는 것 자체가 하나님의 은혜의 시간이요, 하나님의 나라를 이루는 모습입니다. 새 사람은 교회의 꿈입니다.

새 사람이라는 말은 무슨 의미가 있을까요? 새 사람이란 심령이 새로워져야 한다는 의미가 담겨져 있습니다. 마음이 변해야 새 사람이 될 수 있습니다. 사도 바울은 새 사람을 '신령한 자'라고 불렀습니다. "오직 너희의 심령이 새롭게 되어 하나님을 따라 의와 진리의 거룩함으로 지으심을 받은 새 사람을 입으라"(엡 4:23-24)라고 권면하고 있습니다. 마음이 변하지 않으면 여전히 옛 사람입니다. 에스겔 예언자는 '내 신을 너희 속에 두겠다'라는 말로 새 사람 됨을 말하고 있습니다.

새 사람은 옛 마음을 벗어 버리고 의와 진리로 옷을 입어야 합니다. 의(義)는 누구입니까? 진리(眞理)는 누구입니까? 예수님이십니다. 예수님 외에는 의로운 자가 없습니다. 예수님이 진리이십니다. 요한복음 14장 6절에 "내가 곧 길이요 진리요 생명이니"라고 말씀하셨습니다. 예수 그리스도로 새롭게 지으심을 받아야 옛 사람이 변하여 새 사람이 될 수 있습니다.

새 사람의 결과는 서로 사랑하는 것입니다. 사도 바울은 "서로 친절하게 하며 불쌍히 여기며 서로 용서하기를 하나님이 그리스도 안에서 너희를 용서하심과 같이 하라"(엡 4:32)라고 했습니다. 서로 인자하게 여겨야 합니다. 서로 불쌍히 여겨야 합니다. 그리고 서로 용서해야 합니다. 주님이 우리를 용서하신 것 같이 우리도 그렇게 살아가야 합니다.

7장 빛의 자녀와 어두움의 자녀

에베소서 5장 1-14절

신앙에서 이원론적인 모습은 자주 등장하고 있습니다. 빛과 어둠, 삶과 죽음 등의 대조를 통해서 구원의 길을 제시해 주고 있습니다. 이것이 극단적으로 나가게 되면 인간의 육신은 아무런 가치가 없고 영혼만이 유일하게 중요한 모습으로 자리 잡게 됩니다. 성경은 극단적인 이원론을 배제하고 있습니다. 인간은 육체와 영혼으로 구성되었다고 할지라도 둘 다 중요함을 말해 주고 있습니다.

그러나 육신적인 삶을 따라서 살아가기를 바라지는 않습니다. 빛이 있으면 어둠이 있습니다. 에베소서에서 바울의 신학적인 특징은 빛의 자녀들과 어두움의 자녀들을 대조시켜 놓았다는 것입니다. 이것은 분명히 이원론적인 모습을 가지고 있다고 하더라도 극단적인 모습을 말하고 있지는 않습니다.

사도 바울은 에베소서를 통해서 교리적인 부분과 실천적인 부분을 말하고 있습니다. 4장에서는 구습을 따르는 옛 사람을 벗어 버리고 새 사람을 입으라고 말하고 있습니다. 그러나 바울은 여기에서 멈추지 않고 더 적극적인 삶의 모습을 우리에게 소개해 주고 있습니다. 즉 성도들은 단순히 악습과 구습에서 벗어나는 모습만이 아닌 빛의 자녀로서 살아가도록 요청하고 있습니다.

"너희가 전에는 어둠이더니 이제는 주 안에서 빛이라 빛의 자녀들처럼 행하라"(엡 5:8)라고 말씀하고 있습니다. 나인홀드 니버라는 신학자는 『빛의 자녀와 어두움의 자녀』라는 책을 통하여 바울의 신학을 소개해 주고 있습니다.

그렇다면 빛의 자녀와 어둠의 자녀들의 삶의 모습은 어떻게 나타나고 있을까요? 바울은 빛의 자녀와 어둠의 자녀의 삶을 비교하면서 오늘을 사는 그리스도인들에게 어떻게 살 것인가를 생각하게 만들고 있습니다. 어둠의 자녀와 빛의 자녀들의 삶의 모습을 살펴보겠습니다.

어둠의 자녀

어둠의 자녀들은 어떤 삶의 특징을 가지고 있을까요? 이것을 통해서 그리스도인들의 삶의 방식을 점검하고 하나님이 원하시는 삶의 모습으로 회복되기를 바랍니다.

마음을 가득 채운 탐욕

바울은 어둠의 자녀들이 가지게 되는 첫 번째 특징은 '욕심'이라고 모습으로 나타나고 있습니다. "음행과 온갖 더러운 것과 탐욕은 너희 중에서 그 이름조차도 부르지 말라 이는 성도에게 마땅한 바니라"(엡 5:3)라고 했습니다. 욕심이 많으면 빛의 자녀처럼 살 수 없고 어둠의 자식처럼 살게 됩니다. 욕심은 우리를 어둠의 자녀로 만듭니다.

사람을 또 다른 말로 '인간'이라고도 부릅니다. 인간(人間)이란 말의 한문의 뜻은 '사람과 사람 사이'라는 뜻입니다. 이 말은 사람은 혼자 살 수 없다는 말입니다. 사람은 서로가 도우면서 살아야 하며 또 관계를 맺으면서 살아야 하는 존재입니다. 아리스토텔레스는 '인간은 사회적 동물'이라고 했습니다. 혼자 살아간다면 이웃과의 문제가 없겠지만 우리는 더불어 살아야 하므로 이웃과의 아름다운 인간관계를 맺으며 살아야 합니다. 인간관계에서 모든 것을 깨뜨리는 것은 욕심입니다. 욕심은 사람을 자기중심적으로 만들어 버립니다. 욕심은 나만을 위해서 살아가게 합니다. 자기밖에 모르게 이기주의로 만들어 버립니다. 욕심은 남을 생각하지 못하게 만듭니다. 그리스도인은 나만을 위하는 욕심을 버리고 남을 생각하는 삶의 모습으로 살아야 합니다.

민주주의의 출발은 공리주의(公利主義)에서부터 시작했습니다. 공리주의란 최대의 다수가 최대의 행복을 누리는 것입니다. 모든 사람이 다 행복을 추구하기 위해서 민주주의 헌법이 만들어지기 시작했습니다. 중세기 영국 사회에서는 몇 사람의 귀족들이 행복을 위해서 많은 다수가 노예 생활을 하면서 고통을 당했습니다.

일찍이 사도 바울은 그리스도인의 모습을 다음과 같이 말하고 있습니다. "형제를 사랑하여 서로 우애하고 존경하기를 서로 먼저 하며 즐거워하는 자들과 함께 즐거워하고 우는 자들과 함께 울라"(롬 12:10, 15)고 말합니다. 또한 "할 수 있거든 너희로서는 모든 사람과 더불어 화목하라"(롬 12:18)고 했습니다. 바울은 계속해서 "우리 각 사람이 이웃을 기쁘게 하되 선을 이루고 덕을 세우도록 할지니라"(롬 15:2)고 권면하고 있습니다. 그리스도인의 사회생활은 이웃을 기쁘게 하는 삶입니다. 이것이 욕심에 사로잡히지 않는 삶의 모습인 것입니다.

사랑 관계를 허무는 말

바울은 어둠의 자녀들이 가지고 있는 두 번째 특징으로서 언어생활을 말하고 있습니다. 하나님이 말을 주신 목적은 이웃을 이해시키며 이웃을 기쁘게 하라고 주신 것입니다. 그러나 누추한 말, 어리석은 말, 희롱하는 말은 이웃을 기쁘게 하지 못하고 마음을 상하게 만들어 버립니다. 바울은 "누추함과 어리석은 말이나 희롱의 말이 마땅치 아니하니 오히려 감사하는 말을 하라"(엡 5:4)고 당부하고 있습니다.

언어생활에 있어서 교만은 많은 문제를 야기시키고 있습니다. 교만은 상대를 부정하거나 상대를 무시하는 태도에서 생겨납니다. 교만은 자기 우월감에서 시작합니다. 따라서 어리석고 조롱하는 말을 하게 됩니다. 어떤 심리학자는 '우월감은 속이 텅 빈 감' 이라고 했습니다. 교만도 문제지만 열등감도 문제입니다. 열등감은 자기비하에서 생겨납니다. 이 심리학자는 '열등감은 속이 푹썩은 감' 이라고 했습니다. 교만하여 우월감을 가져서도 안 되지만 자기를 비하하여 열등감을 가져서도 안 됩니다.

그리스도인의 언어생활은 감사(感謝)하는 말이나 다른 사람에게 용기를 주는 말을 해야 합니다. 우리는 비판과 비난을 구분 못하는 경우가 있습니다. 비판은 이성적으로 시비를 가리는 것이지만 비난은 감정으로 공격하는 것입니다. 다른 사람을 비난하기보다는 오히려 용기를 주고 격려하는 말을 해야겠습니다.

빛의 자녀

그렇다면 빛의 자녀들은 어떤 삶의 특징들이 있을까요? 빛의 자녀로서 살아가야 할 그리스도인들의 이정표는 무엇이 있을까요? 빛의 자녀로서의 삶은 교회의 본질을 회복시키며, 교회의 원형을 이루어가는 실천적이며 적극적인 삶의 형태가 될 것입니다.

사랑 위에 쌓는 인간관계

인간관계에 있어서 가장 중요하며 실천적인 것이 있다면 사랑일 것입니다. 바울은 천국에 갈 때 마지막까지 남을 수 있는 것은 믿음과 소망이 아닌 사랑이라고 말하고 있습니다. 참된 그리스도인은 사랑하면서 살아야 합니다. 성경은 사랑하라고 권면하고 있습니다. 바울은 "그러므로 사랑을 받는 자녀 같이 너희는 하나님을 본받는 자가 되고 그리스도께서 너희를 사랑하신 것 같이 너희도 사랑 가운데서 행하라 그는 우리를 위하여 자신을 버리사 향기로운 제물과 희생제물로 하나님께 드리셨느니라"(엡 5:1-2)고 말하고 있습니다. 사랑은 예수님의 마음을 갖는 것입니다.

사랑은 '가까이 하기' 입니다. 그리고 '자기의 마음을 알리기' 입니다. 그러기 위해서 마음의 장애물을 제거해야 합니다. 상대의 마음을 이해하고 용서하므로 더욱 사랑할 수 있게 됩니다.

상대를 사랑하기 위해서 상대편의 입장에 서서 내 마음을 비워야 합니다. '텅 빈'이란 말을 영어로 'Empty' 라고 하는데 'Em' 은 '들어간다'는 말이고 'pty' 란 '감정' 이란 말에서 나온 것입니다. 이것은 '상대의 감정에 들어가는 것'을 의미합니다.

짐승 중에 가장 사이가 나쁜 짐승을 개와 고양이라고 말합니다. 개와 고양이는 만나기만 하면 싸웁니다. 이것은 서로의 감정을 이해하지 못하기 때문입니다. 개는 기분이 좋으면 꼬리가 올라갑니다. 그러나 고양이는 기분이 나쁠 때에 꼬리가 올라갑니다. 반대로 개는 기분이 나쁠 때 꼬리가 내려가지만 고양이는 기분이 나쁠 때 꼬리가 올라갑니다. 그래서 서로의 감정이 다르기 때문에 만나기만 하면 싸울 수밖에 없습니다. 개가 고양이를 만나면 개는 좋아서 꼬리를 올리면 고양이는 상대방을 오해합니다.

이것을 이해하기 위해서는 상대방의 감정 속에 들어가야 합니다. 상대방의 감정 속에 들어가 보면 모든 것을 이해할 수 있습니다. 개와 고양이는 상대방의 감정 속에 들어갈 수 없지만 사람은 상대의 감정 속에 들어갈 수 있습니다. 서로 이해하고 용서할 때에 사랑할 수 있게 됩니다.

바울은 "너희가 전에는 어둠이더니 이제는 주 안에서 빛이라 빛의 자녀들처럼 행하라"(엡 5:8)고 권면하고 있습니다. 서로의 불신을 버리고 사랑할 수 있어야 합니다. 예수님의 성육신(Incarnation)은 자기의 위치를 버리고 인간의 육체를 입고 이 땅에 오신 것입니다. 우리를 이해하고 구원하시기 위하여 인간의 입장에 들어오셔서 인간을 이해하신 사건입니다.

예수님도 황금률에서 말씀하시기를 "그러므로 무엇이든지 남에게 대접을 받고자 하는 대로 너희도 남을 대접하라 이것이 율법이요 선지자니라"(마 7:12)고 말했습니다. 먼저 사랑하고 먼저 대접해야 합니다.

상대를 믿고 인정함

빛의 자녀들은 상대를 신뢰할 뿐만 아니라 인정해야 합니다. 그럴 때 사랑의 관계가 형성이 됩니다. 사랑은 교회 공동체에서 가장 중요한 요소이기도 합니다. 상대를 신뢰하고 인정하는 데서 사랑의 관계가 이루어집니다. 신뢰 (Confidence)라는 말은 '피데스'로서 믿음이라는 말에서 나왔습니다. 서로 믿고 신뢰하지 못하면 사랑할 수 없기 때문입니다. 그리스도인은 실제 생활 속에서 서로 신뢰하고 믿고 살아가야 합니다. 사람에게 '자성예고'라는 것이 있습니다. 인정해 주고 신뢰해 주면 무엇이든 할 수 있게 되고 인정받지 못하면 이루지 못하게 된다는 것입니다.

불신은 인간관계를 파괴합니다. 불신은 서로 사랑하는 관계를 파괴합니다. 이것은 사단이 좋아하는 일입니다. 성도는 서로 믿고 신뢰하고 살아가야 합니다. 서로 이해합시다. 서로 용서합시다. 서로 감싸 주면서 살아갑시다. 이것이 상대를 인정해 주며 사랑할 때 나타나는 모습들입니다.

아름다운 삶의 열매

바울은 빛의 자녀로 살아가게 될 때 삶의 열매를 맺을 수 있다고 말합니다. "빛의 열매는 모든 착함과 의로움과 진실함에 있느니라"(엡 5:9)고 기록하고 있습니다. 진실에는 진실의 열매가 달려야 합니다. 빛의 자녀는 진실의 열매가 나타나야 한다는 것입니다. 그러기 위해서는 예수님의 마음을 가져야 합니다.

그리스도인들은 교회의 본질로서 마음의 여유를 가져야 합니다. 싸울듯한 자세에서 한 걸음 물러서서 미소 짓는 자세를 가져야 합니다. 내 생각이나 내 마음은 양보할 수 없지만 예수님의 마음은 양보할 수 있게 만듭니다. 다른 사람의 행동에 그럴 수도 있지 하고 양보하고 이해하는 마음을 가집시다. 예수님의 생활 방식을 '뻗은 팔 원칙'이라고 부르기도 합니다. 이것이 섬김의 삶입니다.

어떤 사람이 꿈에 천국과 지옥을 가 보았답니다. 천국에 사는 사람들은 모두 살이 보기 좋게 쪘지만 지옥은 모두 야위었더랍니다. 그 이유를 알아보았더니 천국과 지옥은 다 먹을 양식이 풍족한데 사람들이 모두 팔이 뻗어있어서 구부러지지 않더랍니다. 지옥에 있는 사람들은 음식을 퍼서 자기 입에 넣으려고 애쓰다가 쏟고 말지만 천국에 있는 사람들은 음식을 퍼서 서로서로 먹여 주어서 모두 살이 쪘습니다. 남을 먼저 대접하고 섬기는 자세가 천국생활입니다. 천국은 사랑이 있는 곳이며 지옥은 사랑이 없는 것이 지옥입니다.

마르틴 루터는 "상대를 대할 때에 예수님처럼 대하라"고 말했습니다. 찰스 쉘돈(Sheldon)은 『예수님이라면 어떻게 할 것인가』라는 책에서 모든 일에 대해서 "예수님이라면 어떻게 생각하고 어떻게 결정했을까?"하고 생각하라는 것입니다. 예수님의 입장에서 생각하고 결정하면 아무런 문제가 없을 것입니다.

어둠의 자녀의 일을 벗고 빛의 자녀처럼 살아갑시다. 바울은 "주를 기쁘시게 할 것이 무엇인가 시험하여 보라 너희는 열매 없는 어둠의 일에 참여하지 말고 도리어 책망하라 그들이 은밀히 행하는 것들은 말하기도 부끄러운 것들이라 그러나 책망을 받는 모든 것은 빛으로 말미암아 드러나나니 드러나는 것마다 빛이니라 그러므로 이르시기를 잠자는 자여 깨어서 죽은 자들 가운데서 일어나라 그리스도께서 너에게 비추이시리라 하셨느니라"(엡 5:10-14)라고 말하고 있습니다. 주님이 기뻐할 것이 무엇인가를 생각하고 빛의 자녀가 됩시다.

8장 행복한 가정의 비결

에베소서 5장 22-33절

하나님이 직접 만드신 두 가지 제도가 있는데 하나는 가정이고 또 하나는 교회입니다. 세상의 나머지 모든 제도는 인간이 만든 것입니다. 국가나 사회의 모든 제도도 인간이 만든 것입니다. 하나님이 직접 아담과 하와를 창조하시고 그들을 짝지어서 가정을 만들어 주신 것은 가정이 중요한 기관이기 때문입니다. 가정은 사회의 가장 작은 단위로서 가정이 튼튼하면 사회가 튼튼하고 가정이 건강하면 나라가 건강해집니다.

반대로 가정이 약하면 사회가 무너지고 국가가 무너지는 것을 보게 됩니다. 특히 믿는 사람들은 가정과 교회가 평안하고 든든하면 모든 것이 행복하지만 교회생활과 가정이 흔들리면 모든 것이 안 되는 경험을 하게 됩니다. 따라서 가정이 화평한 사람은 행복한 사람입니다.

세계적으로 모든 나라 사람들이 공통적으로 좋아하는 단어는 '어머니'라는 단어와 '가정'이라는 단어입니다. 옛 사람들도 '가화만사성(家和萬事成)'이라고 하여 가정의 중요성을 깨닫고 가정이 잘되면 만사가 잘된다고 했습니다. 가정은 창조하는 곳입니다. 생명도 창조해 내고 행복도 창조해 내고 인간성도 창조해 내는 곳입니다. 사람의 모든 성격도 가정에서 만들어집니다.

누구에게나 행복한 가정을 원하고 있습니다. 그렇다면 하나님이 만드신 가정의 특징은 어떤 것이 있을까요? 행복한 그리스도인의 가정으로 만들어 나가기 위해서 우리가 결단하고 선택해야 할 삶은 어떤 것이 있을까요?

하나님이 만드신 가정

여론 조사에 의하면 강남지역의 20-30대 주부들을 대상으로 설문 조사를 했습니다. "다시 태어난다면 지금 살고 있는 배우자와 결혼을 하겠는가?"라는 질문이었습니다. 이 질문에 75%가 "아니요"라고 대답을 했고 나머지 20%는 "좀 더 생각을 해 봐야겠다"고 대답을 했으며 5%만 "다시 결혼을 하겠다"는 대답을 했습니다. 물론 나이와 지역에 특수성이 있기는 하지만 예전과는 완전히 다른 의식구조를 가지고 있다는 것을 알 수 있게 되었습니다. 이것은 가정의 심각한 문제의 표면을 알 수 있는 계기가 되었습니다. 바야흐로 가정의 위기 시대가 다가왔습니다.

가정은 하나님이 직접 창조하셨습니다. 가정생활에 있어서 행복의 첫째 조건은 한 남편에 한 아내가 있는 것입니다. 오직 두 사람이 함께 행복을 만들어 가는 것입니다. 로만 라이트(Roman Right)는 "결혼이란 두 사람만이 경기를 해서 두 사람이 다 반드시 이겨야 하는 독특한 경기이다"라고 했습니다. 축구 경기는 22명이 경기를 해서 11명은 승자가 되어 기뻐하지만 11명은 패자의 슬픔을 안아야 합니다. 농구 경기는 10명이 경기를 해서 5명은 이겨 기뻐하지만 5명은 패배하여 슬퍼하는 것입니다. 그러나 결혼은 두 사람이 다 반드시 승리해야 하는 독특한 경기입니다.

결혼은 하나님께서 아름답게 창조하셨습니다. 하나님의 창조세계를 누리기 위해서는 서로 도와야 합니다. 내가 힘이 있고 지혜가 있다고 해서 행복해지는 것은 아닙니다. 내가 먼저 머리를 숙일 수 있는 용기가 필요하며, 배려할 줄 아는 마음이 필요합니다. 그렇게 할 때 비로소 하나의 몸이 될 수 있습니다.

다음은 인디언들이 결혼을 앞두고 읽는 시입니다.

> 두 사람
>
> 이제 두 사람은 비를 맞지 않으리라.
> 서로가 서로에게 지붕이 되어 줄 테니까.
> 이제 두 사람은 춥지 않으리라.
> 서로가 서로에게 따뜻함이 될 테니까.
> 이제 두 사람은 더 이상 외롭지 않으리라.
> 서로가 서로에게 동행이 될 테니까.
> 이제 두 사람은 두 개의 몸이지만
> 두 사람의 앞에는 오직
> 하나의 인생만이 있으리라.
> 이제 그대들의 집으로 들어가라.
> 함께 있는 날들 속으로 들어가라.
> 이 대지 위에서 그대들은
> 오랫동안 행복하리라.

아내는 남편에게 복종하라

하나님이 창조하신 남자와 여자는 분명한 차이점이 있습니다. 만약에 똑같은 모습으로 똑같은 생각을 갖게 만드셨다면 그것은 인간이 아닐 것입니다. 그것은 자신의 자유의지가 없는 한낱 로봇에 불과할 것입니다. 그러나 하나님은 아담과 하와를 창조하실 때 각각의 인격을 갖게 만드셨으며, 자유의지를 갖게 만드셨습니다. 이것은 내가 선택하는 존재로 지음을 받았음을 알게 됩니다.

그러나 보다 더 중요한 사실은 내가 어떤 것을 선택하도록 지음을 받았다고 하더라도 그것을 기꺼이 포기할 줄 아는 존재로도 창조하셨다는 것입니다. 하나님이 원하시는 목적대로 지음을 받았을 뿐만 아니라 상대방을 배려할 줄 아는 모습으로 지음을 받았습니다. 하나님이 나를 창조하신 목적을 알게 될 때 우리는 무엇을 해야 하는 가를 알게 될 것입니다.

가정을 이루는 남편과 아내의 관계를 살펴보고자 합니다. 먼저 아내의 모습을 살펴보겠습니다. 하나님은 아내를 창조하실 때 남편에게 복종하는 모습을 갖게 만드셨습니다. 내가 부족하고 남편이 완전해서가 아닙니다. 남편이 힘이 있고 나는 연약해서가 아닙니다. 남성의 속성과 여성의 속성의 차이가 있음에도 불구하고 아름다운 가정을 이루기 위해서는 아내는 남편에게 복종하는 모습을 통해서 이루기를 원하시고 계실 뿐입니다.

사도 바울은 "아내들이여 자기 남편에게 복종하기를 주께 하듯 하라 이는 남편이 아내의 머리 됨이 그리스도께서 교회의 머리 됨과 같음이니 그가 바로 몸의 구주시니라"(엡 5:22-23)고 하였습니다. 남자는 우쭐대는 것을 좋아합니다. 남자는 어디 가서든지 인정받는 것을 좋아합니다. 성경은 이런 남편의 심리를 아시고 아내가 남편에게 복종하라고 했습니다.

순종과 복종은 완전히 다른 의미를 가집니다. 순종(順從)은 남편이 명령을 할 때 내 마음이 동의가 되어서 따라 주는 것입니다. 그러나 복종(服從)은 남편이 명령할 때 내 마음이 움직여지지도 않고 동의가 되지 않아도 억지로라도 따라 주는 것이 복종입니다. 성경은 아내가 남편에게 복종하라고 가르치고 있습니다. 따라서 행복한 가정의 비결은 아내가 남편을 인정해 주고 남편을 믿어 주고 따라 주는 것입니다.

남편은 아내를 사랑하라

행복한 가정을 만드는 일은 아내에게만 떠 넘겨서는 곤란할 것입니다. 특히 유교적인 색체가 강하게 남아 있는 우리나라에서는 더욱 그러합니다. 이 땅에서 여자로 살아간다는 것은 참으로 슬프고도 질긴 아픔을 만들어 냈습니다. 우리나라에 전래되어져 오는 아리랑이나 민요를 보면 대부분 아낙네들이 부르는 것이었습니다. 그들은 이중 삼중으로 고난을 당하면서 자신의 삶을 달래야 했습니다.

그러나 기독교가 전파되어지고 교회를 통해서 성경적인 가정관이 널리 알려지게 되었습니다. 아버지학교나 어머니학교를 통해서 진정한 기독교적인 가정을 이루려는 운동이 일어나고 있습니다.

하나님은 아내가 사랑받도록 창조되었음을 말해 주고 있습니다. 따라서 남편들은 아내들을 매우 사랑해야 합니다. 사도 바울은 "남편들아 아내 사랑하기를 그리스도께서 교회를 사랑하시고 그 교회를 위하여 자신을 주심 같이 하라"(엡 5:25)고 말합니다. 성경은 그리스도께서 교회를 사랑하심같이 남편이 아내를 사랑해야 한다고 합니다. 여자는 사랑한다는 고백을 받으면 언제나 행복해집니다. 사실 여자가 남자에게서 죽도록 사랑한다고 고백을 받고서 대개 결혼을 하게 됩니다.

그런데 막상 결혼을 하고 나면 사랑한다는 고백이 왜 그토록 인색한지 모릅니다. 특히 한국 남자들은 아내에게 사랑한다고 고백하는 일을 매우 쑥스러워하고 잘 표현하지 못하고 살아갑니다. 아내가 행복을 느끼는 것은 큰 것을 해줄 때가 아니라 작은 것들에 감동하는 경우가 훨씬 더 많습니다. 남편은 아내에게 늘 사랑한다고 수시로 고백할 수 있어야 합니다.

하나님이 인간을 창조하실 때에 남자와 여자가 서로 다르게 창조하셨습니다. 남녀가 서로 완전히 다른 일곱 가지의 차이가 있는데 그것은 다음과 같습니다.

남녀는 관심사의 차이가 있다

남편은 일과 성공에 관심이 있는 반면에 아내는 가정과 관계에 관심이 있습니다. 남편은 어떻게 하면 성공하여 돈을 벌어서 가족들이 행복하게 할 수 있을까를 생각합니다. 그래서 집에 돌아와서도 일만 생각합니다. 그러나 아내는 가정에 관심이 있습니다. 아이들과 남편과의 관계를 생각합니다. 관심이 다르기 때문에 생각이 다를 수가 있습니다.

남녀는 성향의 차이가 있다

남편은 시각적이며 후각적이라면 아내는 청각적이며 촉각적입니다. 남편은 시각적이기 때문에 예쁜 여자가 지나가면 아내와 같이 길을 가다가도 쳐다보다가 아내에게 옆구리를 꼬집히기도 합니다. 이것은 하나님이 남자를 시각적으로 만드셨기 때문입니다. 또 후각적이기에 좋아하는 음식 냄새가 나면 정신을 못 차리고 흐물흐물해집니다. 그러나 여자는 청각적이기에 사랑한다고 귓가에다 고백을 하면 좋아합니다. 하루에 세 번씩만 사랑한다고 고백해 보십시오. 아침에 출근할 때 한 번 고백하고, 점심에 전화하여 한 번 고백하고, 저녁에 퇴근한 후에 또 한 번 고백하면 아내는 너무나 행복해 할 것입니다. 돈 안 들이고 말로만 하는 것도 잘 못하니 한심하기 짝이 없습니다.

남녀는 불만의 차이가 있다

남편은 아내가 너무 말을 많이 한다고 불만을 가집니다. 그러나 아내는 남편이 너무 말이 없다고 불만입니다. 하루 종일 말하고 싶어서 남편을 기다리다가 남편이 집에 돌아오면 대화를 나누고 싶은데 남편은 신문이나 TV만을 쳐다봅니다. 이것이 남편의 휴식의 일종이지만 어쨌든 이것으로 인해서 불만으로 쌓이게 됩니다. 이 차이를 알게 되면 서로 조화를 이루어나가도록 노력할 수 있습니다.

남녀는 친밀감의 차이가 있다

남편은 같이 운동을 하면 친밀감을 느끼고 가깝다는 생각을 합니다. 따라서 부부가 함께 운동을 할 수 있는 것이 있으면 가정생활에 더 없이 좋습니다. 함께 배드민턴을 한다든지 함께 조깅을 하면 부부 생활에 매우 유익하게 될 것입니다. 그러나 아내는 감정을 나누는 대화를 통해 친밀감을 느낍니다. 아픔과 기쁨을 함께 나누는 깊은 대화가 아내를 감동시킵니다.

남녀는 대화의 차이가 있다

남편은 결론을 얻기 위해서 대화를 나눕니다. 그러나 여자는 과정을 나누고 싶어서 대화를 합니다. 예를 들어, 오늘 장인어른이 다녀가셨다면 남자는 "장인어른이 다녀가셨다"는 결론을 얻으면 더 이상 대화를 나누지 않습니다. 그러나 여자는 "오늘 집에서 정리하고 있는데 친정아버지한테서 오신다고 전화가 와서 대청소를 하고 맛있는 음식을 차려 놓고 기다렸다가 오셔서 점심 대접을 하고 한참 대화를 나눈 뒤 가신다고 하시기에 버스 정거장까지 따라가 배웅을 하고 인사를 드렸더니 다음 추석 명절에 만나자고 하셔서 약속을 하고 헤어졌다"는 과정을 이야기하고 싶어 대화를 나누는 것입니다.

남녀는 감각의 차이가 있다

남자는 사물 감각의 특징을 가졌다고 하면 여자는 인격 감각의 특징을 가지고 있습니다. 예를 들어, 보름달을 보면 여자는 "아! 달이 밝지요?"라고 그 분위기가 아름다워 말을 건네면 남자는 "보름이니까 밝지"하고 사물 그대로를 말하는 것입니다. 감각이 다르기에 서로의 차이를 인정하면서 이해하려고 노력하는 자세를 갖지 않으면 안 됩니다.

남녀는 욕구의 차이가 있다

남편은 언제나 아내가 목욕탕에서 나온 듯한 신선한 모습으로 자기 앞에 서주길 기대합니다. 그러나 아이 키우고 집안 정리하다 보면 자신을 가꾸지 못하여 자기의 흐트러진 모습을 보일 때가 있습니다. 아내는 남편이 일어나기 전에 먼저 일어나야 합니다. 그리고 화장을 한 모습으로 남편을 출근시키고 저녁에는 화장을 잘하고 남편의 퇴근을 영접해야 합니다.

그러나 아내의 욕구는 완전히 다릅니다. 아내는 정서적 친밀감을 원합니다. 하루 종일 말 상대가 없어서 기다리고 있다가 남편이 돌아오면 대화의 상대자를 만나 대화를 원하지만 대화의 길이 막히니 욕구 불만이 생기는 것입니다.

이러한 남녀의 차이를 알게 되면 서로가 상대방을 인정하려고 할 것입니다. 그리고 그 특징들을 받아들이고 수용하여 보다 창조적이고 화목한 친밀함을 누리는 가정으로 만들어 갈 수 있을 것입니다. 하나님은 성도들이 이러한 가정으로 회복시켜 나가기를 원하십니다. 그래서 이 땅에 가정이 하나님의 축복의 통로임을 알게 하기를 원하십니다.

부부 사이에는 많은 이해가 필요하다

사도 바울은 부부 사이에 많은 장애요소가 있음을 말하고 있습니다. 그리고 그 차이를 줄이기 위해서는 많은 이해가 필요하다고 이야기를 합니다. "그러나 너희도 각각 자기의 아내 사랑하기를 자기 같이 하고 아내도 자기 남편을 존경하라"(엡 5:33)고 했습니다. 부부는 서로 이해와 노력이 필요합니다. 부부가 서로 화목하고 사랑하며 지내기 위해서는 끊임 없는 노력이 필요합니다.

그리스도인의 행복한 가정을 만들기 위해서는 무엇보다 기도가 필요합니다. 기도는 인간이 할 수 없는 그것을 할 수 있도록 만들어 주기 때문입니다. 기도해야 합니다. 기도만이 부부의 갈등을 해결할 수 있습니다. 부부가 함께 신앙을 가지고 기도한다면 아무리 많은 차이가 있을지라도 서로의 간격을 좁힐 수 있기 때문입니다. 하나님 앞에 서로 무릎 꿇는 부부는 행복한 가정생활을 할 수 있습니다.

서로 대화해야 합니다. 대화는 서로의 차이를 좁히는 유일한 무기입니다. 하나님은 우리에게 대화의 선물을 주셨습니다. 대화로 서로의 갈등이나 서로의 차이를 좁혀 가야 합니다. 상대방의 고민과 갈등을 경청해야 합니다. 들어 주는 곳에 마음의 상처는 치유가 됩니다.

부부 생활의 십계명

제1계명	두 사람이 동시에 화를 내지 마십시오. 두 사람이 동시에 던지면 받을 사람이 없습니다. 부득이 화를 낼 경우에는 교대로 내십시오.
제2계명	집에 불이 난 경우 외에는 큰 소리를 지르지 마십시오.
제3계명	눈이 있어도 흠을 보지 말고 입이 있어도 실수를 말하지 마십시오. 상대방의 장점을 바라보고 사랑의 안경으로 보면 흠은 매력으로 보입니다.
제4계명	아내나 남편을 다른 사람과 비교하지 마십시오. 아내와 어머니를 비교한다든지 남편과 아버지를 비교하지 말아야 합니다.

제5계명	아픈 곳을 긁지 마십시오. 기왕 긁으려면 가려운 곳을 긁어야지 아픈 곳을 긁으면 더 아프므로 상처는 싸매어 주십시오.
제6계명	분을 품고 잠자리에 들지 마십시오.
제7계명	처음 사랑을 잊지 마십시오. 결혼 초기의 로맨틱하고 연애시절의 달콤한 사랑을 생각하십시오.
제8계명	결단코 단념하지 마십시오. 부부 싸움은 칼로 물 베기라고 기억하시고 결코 단념은 마십시오.
제9계명	부부 사이에는 숨기지 마십시오. 비밀이 없어야 합니다. 특히 돈이나 이성 문제에 비밀이 있어서는 안 됩니다.
제10계명	하나님이 중매자라고 생각하십시오. 가정에 부부 이외에 하나님 한 분이 더 있다고 생각하고 일평생을 사십시오.

세계 인구 65억 중에 남녀가 절반 가량이라면 32억 중에 고르고, 뽑고, 추리고, 택하여 내가 뽑아도 나에게 가장 적합한 사람을 고를 수가 없을 것을 하나님이 잘 알아서 내게 알맞은 사람을 선택해 주셨음을 감사해야 합니다. 아내는 남편에게 복종합시다. 남편은 아내를 사랑합시다. 서로의 간격을 좁히기 위해서 하나님께 맡기고 기도하면서 대화하며 서로 이해할 때에 우리의 가정은 행복한 가정이 될 것입니다.

9장 그리스도 안에서의 인간관계

에베소서 6장 1-9절

이 세상에서 가장 하기 힘든 것이 두 가지가 있습니다. 하나는 '죄'를 짓지 않는 것입니다. 우리는 육신을 입고 살고 있는 한 죄를 안 지을 수가 없겠지요. 또 하나는 '상처'를 안 주는 것입니다. 우리는 상처를 안 줄 수가 없습니다. 상처는 줄 수밖에 없고, 받을 수밖에 없습니다. 이것은 인간관계 속에서 파생되어지는 문제입니다.

바울은 그리스도 안에서 어떻게 인간관계를 가져야 하는가를 말해 주고 있습니다. 특히 교리적인 부분을 다루면서 우리가 그리스도인이 된 것과 교회의 원형으로서의 공동체를 말하고 있습니다. 그리고 나서 실천적인 문제에서는 인간관계를 그리스도 안에서 이룰 것을 말하고 있습니다. "상처는 친밀함을 먹고 자란다"는 말이 있습니다. 나와 상관이 없는 사람에게 상처를 받지 않습니다. 나와 가장 가까운 관계에 놓여 있는 사람과의 관계 속에서 상처는 발생하게 됩니다.

바울은 부모와 자녀와의 관계, 종과 주인의 관계가 가장 가까운 관계를 형성해 주고 있는 모델로 보고 있습니다. 사실 이 관계 속에서는 많은 아픔과 상처가 고스란히 놓여져 있는 것을 발견하게 됩니다.

그렇다면 그리스도인들은 어떤 인간관계를 맺어야 할까요? 그리스도 안에서 우리는 실제적인 관계를 어떻게 형성해 가야 할까요? 이 문제는 사회를 새롭게 이룰 수 있게 만드는 중요한 요소입니다. 바울이 설정한 두 가지의 상황 속에서 이 문제를 살펴보겠습니다.

그리스도 안에서 부모와 자녀와의 관계

그리스도 안에서 부모와 자녀는 어떤 관계를 맺어야 할까요? 관계성이라는 말 때문에 딱딱한 느낌을 가지게 되지만 그래도 이 부분을 정확히 짚고 넘어갈 필요가 있습니다. 자녀들이 누구에게서 가장 많은 상처를 받을까요? 바로 아버지, 즉 부모에게 가장 많은 상처를 받는다는 사실을 알아야 합니다. 그러기에 바울은 부모와 자녀가 그리스도 안에서 어떤 관계성을 가져야 할 것인가에 대해서 진지하게 권면해 주고 있습니다.

부모에게 순종하고 공경하라

사람은 관계성이라는 만남을 통해서 성장해 가는 존재입니다. 태어나서 제일 먼저 만나는 사람들이 바로 부모님입니다. 그리고 주변의 사람들입니다. 부모와의 관계는 이웃과의 관계, 사회와의 관계성을 형성해 나가는데 중요한 역할을 하게 됩니다. 더 중요한 사실은 '나'는 홀로 살 수 없을 뿐만 아니라 홀로 태어날 수 없다는 사실입니다. 이는 싫든 좋든 관계성이라는 만남을 가져야 하는 존재라는 것입니다. 사도 바울은 먼저 관계를 맺게 되는 부모를 향한 자녀들의 태도를 말해 주고 있습니다.

자녀는 주 안에서 부모에게 순종하고 공경해야 합니다. 바울은 "자녀들아 주 안에서 너희 부모에게 순종하라 이것이 옳으니라 네 아버지와 어머니를 공경하라 이것은 약속이 있는 첫 계명이니 이로써 네가 잘 되고 땅에서 장수하리라"(엡 6:1-3)고 말하고 있습니다. 부모를 잘 섬기지 못하는 사람은 이 세상 모든 인간관계에 실패자가 되어 버립니다.

성경은 철저히 부모를 공경하고 효도하라고 가르치고 있습니다. 출애굽기 20장 12절에는 "네 부모를 공경하라 그리하면 네 하나님 여호와가 네게 준 땅에서 네 생명이 길리라"고 하였습니다. 레위기 19장 32절에는 "너는 센 머리 앞에서 일어서고 노인의 얼굴을 공경하며 네 하나님을 경외하라 나는 여호와이니라"고 기록하고 있습니다. 신명기 5장 16절에는 "너는 네 하나님 여호와께서 명령한 대로 네 부모를 공경하라 그리하면 네 하나님 여호와가 네게 준 땅에서 네 생명이 길고 복을 누리리라"고 약속하고 있습니다.

우리가 성경대로 살아간다면 하나님이 예비하신 축복을 받을 수 있을 것입니다. 물론 축복을 위해서 부모를 공경하는 것입니다. 그것은 자녀의 도리이며, 마땅한 행위인 것입니다. 그러나 하나님은 부수적으로 복을 주고 있습니다.

마태복음 15장 4절 "하나님이 이르셨으되 네 부모를 공경하라 하시고 또 아버지나 어머니를 비방하는 자는 반드시 죽임을 당하리라 하셨거늘"이라고 하셨습니다. 육체의 부모가 우리를 징계하여도 우리는 부모이기 때문에 공경해야 합니다. 히브리서 12장 9절에 "또 우리 육신의 아버지가 우리를 징계하여도 공경하였거든 하물며 모든 영의 아버지께 더욱 복종하며 살려 하지 않겠느냐"고 했습니다. 이 땅의 부모를 향해서 공경하고 순종한다면 하늘 아버지인 하나님에게 어떻겠습니까? 인간의 부모를 사랑하는 것이 곧 하나님을 사랑하는 것입니다.

핵가족 시대에 들어서면서 효 사상이 더 빈약해지는 것은 안타까운 일입니다. 아버지를 모시고 아들을 하나 키우는 부부가 있었습니다. 네 식구는 행복하게 살았습니다. 아버지가 건강할 때에는 모두 다 즐거웠습니다. 그러던 중 아버지가 병들게 되었습니다. 눈은 어두워 잘 보이지 않게 되었고 힘이 약해져서 손이 떨리게 되었습니다. 네 식구가 함께 식탁에 둘러앉아서 밥을 먹으면 병든 아버지의 손이 떨려 음식을 흘리는 것이 많아졌습니다.

보다 못한 며느리가 "지저분하여 도저히 함께 음식을 먹을 수 없다"고 화를 냈습니다. 이튿날부터 부엌에 음식을 따로 차려 드렸습니다. 큰 뚝배기에 음식을 담아 드려 흘려도 괜찮도록 했습니다. 아버지의 건강은 점점 더 악화가 되어 계속 음식을 많이 흘렸습니다. 의논 끝에 이번에는 외양간의 구유(말이나 짐승이 음식을 담아 먹는 통)에다 상을 차려 드렸습니다.

어느 날 어린 아들이 밖에서 돌아오는데 큰 통나무를 하나 주워 오는 것이었습니다. 어머니가 왜 통나무를 주어 오느냐고 물었더니 "아빠, 엄마가 나이가 많아지고 손이 떨려 음식을 흘릴 때가 되면 그릇을 만들어 드리려고 주워 왔다"는 것입니다. 이때 젊은 부부는 충격을 받았습니다. 부부가 손을 잡고 뉘우치며 회개하고 아버지의 상을 안방에 잘 차려 드렸답니다.

친정 부모의 얼굴에 주름은 불쌍한 마음이 드는데 시부모님의 얼굴의 주름은 왜 추해 보입니까? 친정 부모의 허리가 꼬부라지면 측은해 보이는데 시부모의 허리가 꼬부라지면 왜 징그럽게 느껴집니까? 친정 부모의 손발이 떨리면 불쌍해 보이는데 시부모의 손발이 떨리면 왜 징그럽게 느껴집니까? 효도의 마음이 없기 때문입니다.

이 시대를 살아가는 그리스도인들이 가장 중요하게 회복해야 할 가치가 있다면 바로 부모를 공경하고 효도하는 것입니다. 어쩌면 가장 진부한 말이 될런지 모르겠지만 그럼에도 불구하고 진리는 변하지 않는 것입니다. 부모를 사랑하십시오. 지금 안 계시다면 마음속으로라도 '사랑합니다'라고 고백해야 합니다.

주의 교양과 훈계로 양육하라

자녀들은 그리스도 안에서 부모를 공경하고 사랑해야 합니다. 반대로 부모는 자녀들을 노엽게 하지 말고 오직 주의 교양과 훈계로 양육해야 합니다. "또 아비들아 너희 자녀를 노엽게 하지 말고 오직 주의 교양과 훈계로 양육하라"(엡 6:4)고 했습니다.

하나님과 우리의 관계는 부모와 자녀의 관계와 같습니다. 사무엘하 7장 14절에 "나는 그에게 아버지가 되고 그는 내게 아들이 되리니 그가 만일 죄를 범하면 내가 사람의 매와 인생의 채찍으로 징계"하신다고 했습니다. 잠언 23장 13-14절에서는 "아이를 훈계하지 아니치 말라 채찍으로 그를 때릴지라도 죽지 아니하리라 그를 채찍으로 때리면 그 영혼을 음부에서 구원하리라"고 했습니다. 잠언 29장 15절에는 "채찍과 꾸지람이 지혜를 주거늘 임의로 행하게 버려둔 그 자식은 어미를 욕되게 하느니라"고 했습니다.

그러나 하나님은 채찍보다는 사랑의 하나님이십니다. 사랑으로 감싸고 보호하듯 부모도 자식을 사랑으로 감싸고 돌보며 양육해야 합니다. 부모가 자식을 양육하는 것은 오직 사랑뿐입니다. 부모의 사랑은 첫째는 모르고 속는 것입니다. 둘째는 알고 속는 것입니다. 셋째는 속을 줄 알면서도 또 속아 주는 사랑입니다. 사랑으로 감싸 주고 기도로 양육해 주는 길 외엔 자식을 잘 키울 수 있는 방법이 없기 때문입니다.

부모는 자녀들의 꿈과 비전을 개발시켜 주어야 합니다. 그들이 가지고 있는 은사를 개발시켜 주어야 합니다. 자녀들이 하나님이 주신 목적과 비전대로 살아가도록 도와주어야 합니다. 이것이 그리스도 안에서 자녀를 향한 부모의 사랑인 것입니다.

그리스도 안에서 주인과 종과의 관계

그리스도 안에서 부모와 자녀와의 관계가 사회적인 관계, 이웃과의 관계, 더 나아가서는 하나님과의 관계를 설정하는데 중요한 역할을 감당하게 됩니다. 그래서 바울은 부모와 자녀와의 관계를 먼저 다루게 된 것입니다. 그리고 주인과 종과의 관계를 다루고 있습니다. 많은 사회학자들은 이 메시지 때문에 바울을 노예제도를 옹호하는 자로 오해하기도 합니다.

그러나 바울은 노예제도를 옹호하지는 않습니다. 바울은 오네시모를 통해서 노예 역시 사람이며 하나님의 존귀한 사역자임을 말하고 있습니다. 단지 당시의 제도나 관습을 정면으로 부정하지 않습니다. 그것을 그리스도 안에서 새로운 사회를 향해 나아가는 길로 보고 있습니다.

그리스도께 하듯 순종하라

예나 지금이나 주종관계는 매우 껄끄럽고 미묘한 관계인 것만은 분명한 것 같습니다. 사도 바울은 로마의 법 안에서가 아니라 그리스도 안에서 종들이 주인을 향한 태도가 어떠해야 하는가를 보여 주고 있습니다. 종은 주인을 두려워하는 자세나 무서워하는 자세가 아니라 존경하는 자세로 성실히 주인을 섬겨야 합니다. 사도 바울은 "종들아 두려워하고 떨며 성실한 마음으로 육체의 상전에게 순종하기를 그리스도께 하듯 하라"(엡 6:5)고 권면하고 있습니다. 그렇다면 성경적인 원리로서 종들의 태도는 무엇입니까?

성실한 태도로 주인을 섬겨라

성실한 태도로 인생을 살아가면 언제나 진실과 성실이 승리하기 때문입니다. 시편 15편 2절에 여호와의 성산에 오를 자는 "정직하게 행하며 공의를 실천하며 그의 마음에 진실을 말하는" 자라고 하였습니다. 시편 140편 13절에는 "정직한 자들이 주의 앞에서 살리이다"라고 했습니다. 시편 145편 18절에는 "여호와께서는 자기에게 간구하는 모든 자 곧 진실하게 간구하는 모든 자에게 가까이 하시는도다'라고 했습니다.

신명기 6장 19절에 "여호와께서 보시기에 정직하고 선량한 일을 행하라 그리하면 네가 복을 받는다"고 하였고, 열왕기상 15장 5절에서는 "다윗이 헷 사람 우리아의 일 외에는 평생에 여호와 보시기에 정직하게 행하고 자기에게 명령하신 모든 일을 어기지 않았다"고 칭찬했습니다.

성실하고 정직한 자세는 보이는 주인을 향한 것이기는 하지만 하늘의 주인이신 하나님을 향해서 하는 것이기도 합니다. 단순히 육체적인 관계에서의 주인과 종의 관계로 보면 실망하게 되고 미래가 없기 때문에 희망을 상실한 삶으로 살 수밖에 없을 것입니다. 그러나 그리스도 안에서의 새로운 삶은 비록 몸은 종이라는 한계를 가졌지만 그 영혼만큼은 하나님 나라를 위해서 축복의 통로와 구원의 통로로 쓰임받기에 부족함이 없습니다. 바울은 자신을 소개할 때 '그리스도의 종'이라고 표현하고 있습니다.

섬기는 마음으로 순종하라

종들은 육체의 상전에게 순종하기를 그리스도께 하듯 해야 합니다. 특별히 그리스도인들은 직장에서 상사에게 순종하는 자세를 잃지 말아야 합니다. 그리스도의 원리는 위에서 군림하는 것이 아니었습니다. 예수님이 오신 목적은 섬김을 받으려고 하신 것이 아니라 섬기기 위해서 오셨습니다. 그래서 가장 낮은 자리로 내려가셔서 낮은 자리의 삶을 위로하고 핥아 주셨습니다.

보는 이가 없을 때 더욱 순종하라

바울은 "눈가림만 하여 사람을 기쁘게 하는 자처럼 하지 말고 그리스도의 종들처럼 마음으로 하나님의 뜻을 행하라"(엡 6:6)고 말해 주고 있습니다. 옛날

부잣집에 머슴 두 사람이 있었습니다. 한 사람은 충실히 일했고 또 한 사람은 눈가림만 하였습니다. 충실히 일하는 사람은 주인이 보든지 안 보든지 열심히 일했습니다. 그러나 눈가림만 하는 하인은 사람들이 볼 때에는 열심히 마당도 쓸고 장작도 패고 밭도 갈았지만 아무도 보지 않으면 낮잠만 자고 놀았습니다.

두 사람 다 일 년을 지내고 내일이면 집으로 돌아가게 되었습니다. 섣달 그믐날 저녁에 주인은 두 머슴을 불러 마지막으로 일을 부탁했습니다. 내일이면 일 년 동안 일한 대가를 받아서 집에 돌아가게 될 터인데 오늘 밤 마지막으로 새끼를 꼬아 달라고 부탁했습니다. 언제나 충실한 사람은 밤새도록 새끼를 가늘고 길게 꼬았습니다. 그러나 눈가림만 하는 사람은 그날도 하는 척하다가 잠을 잤습니다. 이튿날 아침에 주인이 두 사람을 창고로 데리고 가더니 일 년 동안 일한 품삯을 주는 것입니다. 창고에는 엽전(옛날 돈)이 가득히 쌓여 있었습니다. 주인은 "일 년 동안 일한 대가를 어제 저녁에 꼰 새끼에다 마음껏 꿰어 가지고 가라"고 했습니다. 한 사람은 성실한 대로 보응을 받았고 또 한 사람은 눈가림한 그대로 보응을 받았습니다.

시카고 윌로크릭교회의 빌 하이빌스 목사는 "아무도 보는 이 없을 때 당신은 누구인가?"라고 질문했습니다. 그리스도인은 아무도 보는 이가 없을 때 더욱 열심히 일을 해야 합니다. 하나님이 함께 하시기 때문입니다.

기쁨으로 섬겨라

사도 바울은 "기쁜 마음으로 섬기기를 주께 하듯 하고 사람들에게 하듯 하지 말라"(엡 6:7)고 권면합니다. 같은 일을 해도 기쁨으로 하는 것과 억지로 하는 것은 능률면에서도 다릅니다. 언제나 기쁜 마음으로 일합시다. 전도서 9장 7절에 "너는 가서 기쁨으로 네 음식물을 먹고 즐거운 마음으로 네 포도주를 마실지어다 이는 하나님이 네가 하는 일들을 벌써 기쁘게 받으셨음이니라"고 했습니다. 기쁨으로 일하면 하나님이 벌써 받으셨다는 것입니다.

사도행전 8장 8절 말씀에 핍박과 박해 중에서도 "그 성에 큰 기쁨이 있더라"고 했습니다. 사도행전 13장 52절에는 "제자들은 기쁨과 성령이 충만하니라"고 했습니다. 신앙생활은 기쁨으로 해야 합니다. 인생의 모든 일도 기쁨으로 해야 합니다.

하나님은 행한 대로 갚아 주시는 분이십니다. "이는 각 사람이 무슨 선을 행하든지 종이나 자유인이나 주에게 그대로 받을 줄을 앎이라"(엡 6:8)고 했습니다. 요한계시록 2장 23절에도 "…내가 너희 각 사람의 행위대로 갚아 주리라"고 했습니다. 하나님은 성실한 자세로 눈가림 하지 않고 기쁨으로 일하는 자에게 행한 대로 갚아 주시겠다고 약속했습니다.

따뜻함과 사랑으로 대하라

종들은 상전들에 비해서 약자입니다. 성경을 관통하는 사상 중의 하나는 하나님께서 약자를 편드시는 하나님이라는 사실입니다. 군림하고 지배하는 상전들에 비해서 종들은 약자일 수밖에 없고, 하소연할 때도 없었습니다.

그래서 바울은 상전들에게 종들을 향하여 공갈을 그치라고 했습니다. "상전들아 너희도 그들에게 이와 같이 하고 공갈을 그치라 이는 그들과 너희의 상전이 하늘에 계시고 그에게는 사람을 외모로 취하는 일이 없는 줄 너희가 앎이라"(엡 6:9)고 했습니다. 우리의 상전은 하늘에 계신 하나님이시기 때문입니다. 직장에서도 사회생활에서 아랫사람을 따뜻함과 사랑으로 거느리고, 윗 상사를 주님 모시듯 합시다.

우리가 성경대로 그리스도 안에서 인간관계를 맺어 나간다면 반드시 승리할 것입니다. 때로는 희생도 필요합니다. 자존심도 내려놓아야 할 때가 있습니다.

그럼에도 불구하고 이 세상에서의 인간관계를 통해서 하나님을 경험하게 되고, 보이지 않는 손길로 역사하시는 전능자의 그늘 아래서 살아가게 됨을 알게 될 것입니다.

더 나아가서 우리는 그리스도 안에서 하나 됨에 대한 열망을 간직하게 될 것이며, 그리스도의 나라와 교회를 위해서 헌신하게 되는 놀라운 결단을 하게 될 것입니다. 이처럼 승리하는 그리스도의 충실한 종이 되어야겠습니다.

10장 하나님의 전신갑주를 입으라

에베소서 6장 10-20절

그리스도인들은 세 가지를 해야 합니다. 첫 번째는 예배자로 서야 합니다. 하나님이 우리를 구원하시고, 삶의 희망을 주신 이유가 바로 이것입니다. 그리고 지금도 하나님은 예배자를 찾고 계십니다. 두 번째는 중보기도를 해야 합니다. 하나님과 사람들의 결렬된 틈에 서서 하나님을 향해 기도해야 합니다. 역시 하나님은 중보기도자를 찾고 계십니다. 그리고 세 번째는 영적 전쟁을 해야 합니다. 사람은 영적인 존재입니다. 하나님의 세력과 사단의 세력이 있음을 알아야 합니다.

사도 바울은 에베소서를 통해서 영적 전쟁을 할 것을 권면해 주고 있습니다. 우리가 살아가는 모든 삶의 배경에는 영적인 근원지가 있습니다. 우리에게 주어진 삶의 목적을 향해서도 마찬가지입니다. 그렇기 때문에 우리는 영적전쟁을 피할 수 없습니다. 피할 수 없는 길이라면 승리의 길이 되게 만들어야 합니다.

그렇다면 우리가 영적 전쟁에서 승리자가 되기 위해서는 어떻게 해야 할까요? 영적 전쟁에서 승리하기 위해서 우리가 가져야 할 생각과 결단은 무엇일까요?

우리의 삶 자체가 영적 전쟁이다

사도 바울은 우리가 살아가는 일상적인 삶 자체가 영적인 전쟁터이며, 영적 전쟁이라고 말하고 있습니다. 우리가 영적 전쟁에서 승리하기 위해서는 영적 전쟁이 우리의 삶의 모든 부분에서 일어나고 있음을 인식하는 데서부터 출발하게 됩니다. 우리가 일상생활을 해 나가는 삶 자체가 영적전쟁이라는 것입니다. 사도 바울은 "우리의 씨름은 혈과 육을 상대하는 것이 아니요 통치자들과 권세들과 이 어둠의 세상 주관자들과 하늘에 있는 악의 영들을 상대함이라"(엡 6:12)라고 하였습니다. 우리의 삶은 '영적 싸움'이라는 것입니다.

디모데후서 4장 6-8절에 바울은 자기의 일생을 회고하면서 "전제와 같이 내가 벌써 부어지고 나의 떠날 시각이 가까웠도다 나는 선한싸움을 싸우고 나의 달려갈 길을 마치고 믿음을 지켰으니 이제 후로는 나를 위하여 의의 면류관이 예비되었으므로 주 곧 의로우신 재판장이 그 날에 내게 주실 것이며 내게만 아니라 주의 나타나심을 사모하는 모든 자에게도니라"라고 말하면서 인생의 삶 자체가 '선한 싸움'이라고 했습니다.

빅토르 위고도 이 세상은 전쟁터라고 했습니다. 우리는 때로는 자연과 싸워야 합니다. 홍수나 폭풍우나 지진과 같은 자연과의 전쟁은 인간의 무능력함을 느끼게 합니다. 때로는 사람끼리 전쟁을 하게 됩니다. 민족끼리의 전쟁이나 나라끼리의 전쟁은 모든 것을 파괴해 버리고 맙니다. 마지막 전쟁은 자기 자신과의 전쟁입니다. 그래서 잠언 16장 32절에는 "노하기를 더디하는 자는 용사보다 낫고 자기의 마음을 다스리는 자는 성을 빼앗는 자보다 나으니라"라고 기록하고 있습니다.

성경은 우리의 싸움의 대상이 누구인지 알아야 한다고 했습니다. 「손자병법」에도 적을 알고 나를 알 때에 백전백승할 수 있다고 했습니다. 성경은 영적인 선한 싸움에서 우리의 싸움 대상은 악한 마귀임을 가르쳐 줍니다. 하늘에 있는 악한 영들과의 싸움입니다.

세례 요한 때부터 천국은 침노를 당한다고 했습니다. 힘쓰는 자가 빼앗을 수 있다고 했습니다. 신앙생활이 영적인 전쟁입니다. 성경은 신앙생활에 전투적인 용어를 많이 사용합니다. 경건의 훈련(딤전 4:7)이라든지, 침노(마 11:12)라든지, 이기기를 다투는 자(고전 9:25)라는 말은 전투적인 용어들입니다. 운동에는 1등이 있고 2, 3등도 있지만 전쟁에는 2등이 없습니다. 오직 승리하지 않으면 안 됩니다. 살든지 죽든지 둘 중에 하나입니다.

우리의 싸움은 혈과 육에 있지 않습니다. 우리들의 감정에도 있지 않습니다. 우리의 싸움은 보이지 않는 영적인 싸움입니다. 우리의 대상은 사단의 세력입니다. 예수님의 이름으로 승리하는 삶을 살아야 합니다.

하나님의 전신갑주를 입어라

영적 전쟁에서 승리하기 위해서 우리는 우리의 삶 자체가 영적인 싸움이라는 사실을 인식해야 합니다. 영적 전쟁에서 승리하기 위한 두 번째 결단은 하나님의 전신갑주를 입어야 하는 것입니다. 영적 싸움, 영적 전쟁은 우리의 힘으로 되지 않습니다. 하나님으로부터 오는 힘을 의지해야 합니다. 그리고 우리가 전쟁에서 승리하기 위해서는 우리도 무장을 해야 합니다. 그것이 바로 하나님의 전신갑주입니다.

사도 바울은 우리가 승리의 삶을 살기 위해서는 전신갑주의 무장이 필요하다고 했습니다. "끝으로 너희가 주 안에서와 그 힘의 능력으로 강건하여지고 마귀의 간계를 능히 대적하기 위하여 하나님의 전신갑주를 입으라"(엡 6:110-11)고 했습니다.

전투에서 싸워 승리하기 위해서는 반드시 무장이 필요합니다. 군에 입대를 하면 제일 먼저 하는 일은 입고 간 사복을 벗고 군복으로 갈아입어 무장을 하는 것입니다. 사복 대신에 전투복으로 갈아입어야 합니다. 운동화 대신에 군화를 신어야 합니다. 머리에는 무거운 철모도 써야 합니다. 허리에는 탄띠도 둘러야 탄약도 걸 수 있고 수류탄도 지닐 수 있게 됩니다. 어깨에는 배낭을 메야 합니다. 배낭 속에는 모포도 갖추어야 합니다. 또 비가 올 때를 대비하여 판초이라는 것을 준비해야 합니다. 비가 오면 비옷이 되지만 저녁에 잠을 잘 때는 두 사람이 서로 합하면 야전 텐트를 만들 수도 있습니다.

이렇게 완전군장을 해야 어떠한 상황의 전투에서도 승리할 수 있습니다. 영적 싸움에서도 승리하기 위해서는 하나님의 전신갑주로 무장해야 합니다.

하나님의 전신갑주는 여섯 가지입니다.

첫 번째는 허리의 진리의 띠를 띠어야 합니다. 진실하게 사는 자는 언제나 승리합니다.

두 번째는 가슴에 의의 흉배를 붙여야 합니다. 의(義)를 따라 살아야 합니다. 의로운 자가 승리합니다.

세 번째는 발에 평안의 복음의 신을 신어야 합니다. 예수님도 제자들에게 부탁하기를, 전도하러 가면 먼저 그 집에 평안을 빌라고 했습니다. 성도는 어디를 가든지 평안을 만드는 자가 되어야 합니다. 화평하게 하는 자가 복이 있습니다. 평안은 성도의 위력 있는 무기입니다.

네 번째는 믿음의 방패를 들어야 합니다. 예수님은 지식 있는 자를 칭찬하지 않았습니다. 권력 있는 자를 칭찬하지 않았습니다. 믿음이 큰 자를 칭찬했습니다. 마태복음 15장 28절에서 "이에 예수께서 대답하여 이르시되 여자여 네 믿음이 크도다 네 소원대로 되리라 하시니 그 때로부터 그의 딸이 나으니라"고 믿음이 큰 가나안 여인을 칭찬했습니다. 또 마태복음 8장 13절에서는 "예수께서 백부장에게 이르시되 가라 네 믿은 대로 될지어다 하시니 그 즉시 하인이 나으니라"고 했습니다. 믿음의 방패는 위대한 신앙의 무기입니다

다섯 번째는 머리에 구원의 투구를 써야 합니다. 사단은 구원의 확신이 없는 자를 찾아와 유혹합니다. 사단은 "네가 예수 믿는 사람이냐? 네 행위를 보아라"고 구원의 확신이 약한 사람을 공격해 옵니다. 그러나 구원의 확신이 있는 사람은 언제 어디서나 흔들리지 않습니다. 성경말씀에 구원받았다고 약속하시기에 우리는 구원받았음을 확신해야 합니다. 특별히 요한복음은 우리에게 구원의 확신을 심어 주고 있습니다. 요한복음 1장 12절에 "영접하는 자 곧 그 이름을 믿는 자들에게는 하나님의 자녀가 되는 권세를 주셨다"고 했습니다. 요한복음 3장 36절에는 "아들을 믿는 자에게는 영생이 있고 아들에게 순종하지 아니하는 자는 영생을 보지 못하고 도리어 하나님의 진노가 그 위에 머물러 있느니라"고 믿는 자가 가진 영생을 말씀하고 있습니다. 또 요한복음 5장 24절에는 "내가 진실로 진실로 너희에게 이르노니 내 말을 듣고 또 나 보내신 이를 믿는 자는 영생을 얻었고 심판에 이르지 아니하나니 사망에서 생명으로 옮겼느니라"고 약속하셨습니다. 우리는 구원받았습니다. 확신을 가집시다. 이것이 구원의 투구입니다.

여섯 번째는 성령의 검을 가져야 합니다. 지금까지의 모든 것은 방어 무기입니다. 그러나 성령의 검은 오직 공격할 수 있는 무기입니다. 마귀를 공격할 수 있는 무기는 하나님의 말씀밖에 없습니다. 예수님도 마귀에 이끌리어 시험을 받았습니다. 돌로 떡을 만들어 먹으라. 성전 꼭대기에서 뛰어 내려라. 내게 한 번만 절하면 천하만국을 주겠다는 마귀의 시험을 받았습니다. 이 모든 시험을 물리치고 승리한 것은 오직 하나님의 말씀이었습니다.

마태복음 4장 4절에 "예수께서 대답하여 이르시되 기록되었으되 사람이 떡

으로만 살 것이 아니요 하나님의 입으로부터 나오는 모든 말씀으로 살 것이라 하였느니라"라고 하셨고, 마태복음 4장 7절에는 "예수께서 이르시되 또 기록 되었으되 주 너의 하나님을 시험하지 말라"라고 하셨습니다. 마태복음 4장 10 절에 "이에 예수께서 말씀하시되 사탄아 물러가라 기록되었으되 주 너의 하나 님께 경배하고 다만 그를 섬기라 하였느니라"라고 말씀으로 마귀를 물리쳤습 니다.

지금은 신앙생활하기 좋은 시대입니다. 노인들은 눈이 어두워지면 성경을 성 우들이 녹음한 테이프를 들을 수도 있게 되었습니다. 최근에는 성경 속독기가 나왔습니다. 하루에 성경 한 권을 읽을 수 있게 되었습니다. 속도가 얼마나 빠 른지 1일 1독을 하게 됩니다. 성경을 읽읍시다. 이것이 하나님의 전신갑주 무기 입니다.

모든 것 위에 성령으로 무장하라

영적 전쟁에서 승리하기 위해서는 우리의 삶이 영적 전쟁인 것을 알아야 하 며, 하나님의 전신갑주를 입어야 합니다. 그리고 우리가 승리하기 위한 세 번째 결단은 모든 것 위에 성령으로 무장해야 합니다. 아무리 무기가 많이 있어도 무 기를 사용할 줄 모르면 전쟁에서 승리할 수 없습니다. 무기를 잘 쓸 수 있는 능 력이 있어야 합니다.

성도의 능력은 오직 성령이 충만한 데에 있습니다. 사도 바울은 "모든 기도 와 간구를 하되 항상 성령 안에서 기도하고 이를 위하여 깨어 구하기를 항상 힘 쓰며 여러 성도를 위하여 구하라 또 나를 위하여 구할 것은 내게 말씀을 주사 나로 입을 열어 복음의 비밀을 담대히 알리게 하옵소서 할 것이니"(엡 6:18)라 고 말씀하고 있습니다.

성도의 영적인 힘은 성령으로 충만할 때입니다. 성령 충만은 오직 기도로 나의 삶이 변화 받을 때입니다. 트리나 파울로스(Trina Poulos)가 쓴 『꽃들에게 희망을』이란 책에는 두 마리의 애벌레가 주인공으로 등장합니다. 저자는 애벌레의 생애를 3단계로 소개합니다. 첫째 단계는 누에고치가 먹고 잠자는 단계입니다. 잠을 자는 동안 먹고 자는 것 외에는 아무것도 없습니다. 이것이 먹고 자는 단계입니다. 그러다가 어느 날 먹고 자는 것 이상의 것이 없을까 하고 고민하게 됩니다.

그래서 잠에서 깨어나 높은 곳으로 올라가기 시작합니다. 이것이 두 번째 단계로서 남들을 짓밟고서라도 올라가는 단계입니다. 이것은 출세를 위해 노력하는 단계입니다. 그래서 제일 높은 꼭대기에 올라가 보니 아무것도 없는 것을 보고 허무해 합니다.

애벌레는 높은 전기 줄에 고치를 틀고 거꾸로 매달려 변화되기까지 인내하고 기다립니다. 이것이 세 번째 단계입니다. 그리하여 나비로 아름답게 변화합니다. 이것이 변화의 단계입니다.

우리의 신앙도 변화 받아야 합니다. 이것은 무시로 기도하는 길 외엔 없습니다. 오직 완전한 변화를 받기까지 기도하여 성령으로 충만해집시다. 이제는 하나님의 전신갑주로 무장하여 마귀와의 영적 싸움에서 언제나 승리하며 살아갑시다. 승리의 비결은 오직 성령에 있습니다.

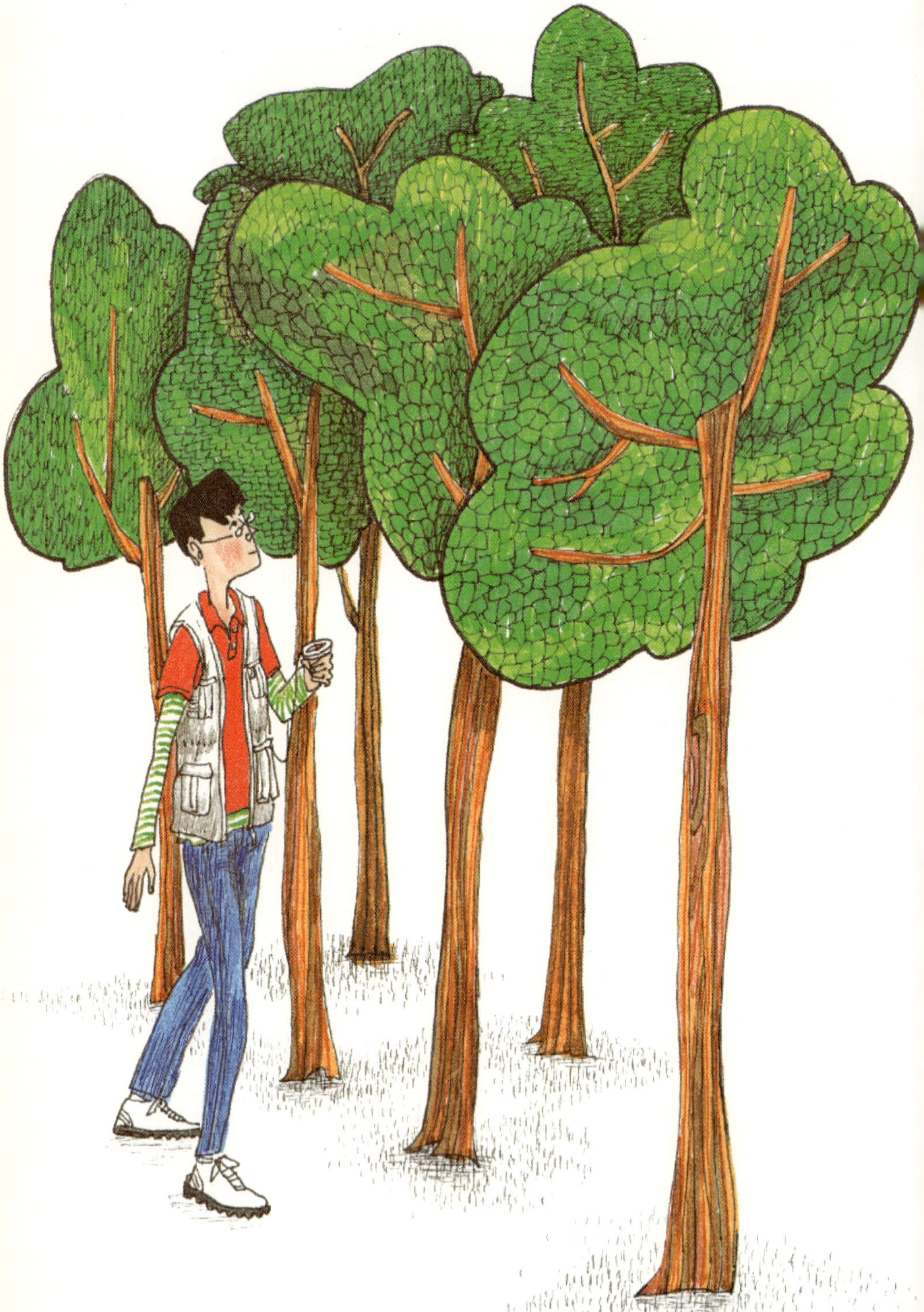

제3부

믿음의
숲 속을 거닐다

...

1장 믿음의 출발점 - 아벨

히브리서 11장 1-4절

사람은 태양을 향해 날고 싶은 꿈이 있습니다. 『그리스 신화』에 보면 이카루스가 등장합니다. 이카루스의 꿈은 태양으로 가는 것이었습니다. 그래서 이카루스는 어깨에 촛농을 떨어뜨려 날개를 붙였습니다. 그리고 눈부신 지중해의 파란 바다를 뒤로한 채 하늘로 높이 날아오르기 시작하였습니다. 그리고 태양을 향해 점점 더 가까이 날아올랐습니다. 그러나 바로 그 순간에 태양의 강렬한 햇볕과 열은 이카루스의 어깨에 붙어 있는 날개를 떨어져 나가게 하기에 충분하였습니다. 어깨에서 날개가 떨어져 나간 이카루스는 그만 지중해로 추락하여 죽고 말았습니다.

지금도 이카루스의 꿈을 가지고 있는 사람들이 많습니다. 가장 높은 빌딩을 세우고자 하는 꿈들이 바로 그것입니다. 안의정 기자가 쓴 『셰이크 모하메드의 두바이 프로젝트』라는 책을 보면 인간의 꿈과 상상력이 어떻게 현실화되어가고 있는지를 보여 주고 있습니다. 2009년에 완공 될 부르즈 두바이 빌딩은 세계에서 가장 높은 건물이 될 것입니다.

삼성건설이 주도적으로 건설하고 있는 이 건물의 높이는 800미터나 된다고 합니다. 셰이크 모하메드 가문은 아랍 에미리트의 6개 부족 가운데 한 왕족입니다. 이들은 황량한 사막의 나라에서 열악한 환경 속에서 살아가고 있었습니다. 그러나 1830년대부터 두바이 프로젝트가 구성이 되고 지금은 전 세계적으로 허브 구실을 할 정도의 도시가 되었습니다. 그들은 아무도 꿈꾸지 못했던 이카루스와 같은 꿈을 꾼 사람들이었습니다. 그리고 모래뿐인 사막의 나라를 오아시스의 나라로 변모시키고 있었습니다.

한 가문이 열악하고 서로 분열하면서 보잘것 없었던 작은 나라를 가장 위대한 나라로 탈바꿈시키는 위대한 꿈을 꾸기 시작했습니다. 그리고 지금은 그것이 '두바이 프로젝트'라고 하여 세계가 주목하는 나라가 되었습니다. 중동의 매우 작은 나라가 세계를 움직이는 중요한 허브 구실을 하는 도시와 나라가 되었습니다. 이것이 그들이 가지고 있던 믿음의 또 다른 모습이었습니다. 그때는 아무것도 보이지 않았고 사막의 모래만이 그들의 전부였지만 지금은 그곳을 세상에서 가장 살기 좋고 아름다운 지상 낙원으로 바꾸어 놓았습니다.

우리는 히브리서 11장을 통해서 믿음의 영웅들을 만나게 될 것입니다. 믿음의 영웅들이 살았던 그 숲 속을 더불어 거닐게 될 것입니다. 한 그루, 한 그루 하늘을 향해 곧게 뻗어 있는 그들의 믿음을 더듬어 볼 것입니다. 그리고 척박한 영적인 현실 속에서, 광야와 같은 메마른 삶들 속에서 두바이 프로젝트처럼 영적인 두바이 프로젝트를 설계하시기를 바랍니다. 그래서 지금은 손에 잡히지 않을 것 같은 그 상상력들이 믿음의 원동력을 통하여 현실이 되는 축복을 경험해야 합니다.

고린도전서 13장을 '사랑장'이라고 부르는 것처럼 히브리서 11장을 '믿음장'이라고 부릅니다. 그 이유는 11장의 서두를 "믿음은 바라는 것들의 실상이요 보이지 않는 것들의 증거"라고 시작하고 있기 때문입니다. 또한 11장 6절에 "믿음이 없이는 하나님을 기쁘시게 하지 못하나니 하나님께 나아가는 자는 반드시 그가 계신 것과 또한 그가 자기를 찾는 자들에게 상 주시는 이심을 믿어야 할지니라"고 하였기 때문입니다. 아울러 믿음으로 살았던 신앙의 영웅들의 이름을

16명이나 기록하고 있기 때문입니다.

히브리서 11장 4-6절에 아벨, 에녹, 노아, 아브라함, 사라 등 다섯 명을 소개하고, 20-31절에는 이삭, 야곱, 요셉, 모세, 기생 라합 등 다섯 명을 소개하고 있습니다. 32절에는 기드온, 바락, 삼손, 입다, 다윗, 사무엘 등 도합 16명의 믿음의 영웅들을 소개하고 있습니다.

이 위대한 신앙의 영웅들은 "믿음으로 나라들을 이기기도 하며 의를 행하기도 하며 약속을 받기도 하며 사자들의 입을 막기도 하며 불의 세력을 멸하기도 하며 칼날을 피하기도 하며 연약한 가운데서 강하게 되기도 하며 전쟁에 용감하게 되어 이방 사람들의 진을 물리치기도 하였다"(히 11:33-34)고 하였습니다. 히브리서 기자는 "이런 사람은 세상이 감당하지 못한다"(히 11:38)고 했습니다.

왜냐하면 시련을 당해도 믿음으로 승리하며 환난을 당해도 믿음으로 두려워하지 않았기 때문입니다. 사도 바울은 사십에 하나 감하는 매를 다섯 번이나 맞고, 세 번 태장으로 맞고, 한 번 돌로 맞아도 두려워하지 않았습니다. 그러므로 이런 사람은 세상이 감당하지 못하는 사람입니다. 히브리서 11장에서 말하는 믿음이란 어떤 믿음입니까? 그리고 그 믿음은 어떻게 나타났습니까? 믿음의 영웅들을 조명하면서 믿음을 배워 나갈 수 있기를 소망해 봅니다.

그렇다면 히브리서 11장에 나오는 믿음의 선진들, 믿음의 영웅들을 통하여 우리가 배울 수 있는 믿음은 과연 무엇일까요? 그리고 믿음의 첫 출발점인 아벨의 믿음을 통해서 우리가 우리의 삶 속에 교훈으로 삼을 수 있는 것이 있다면 무엇일까요?

믿음은 자신을 하나님께 맡기는 것

믿음이란 무엇일까요? 감정을 기반으로 하는 믿음이라면 환경에 의해서 너무나 쉽게 흔들릴 것이며, 시련 앞에서 무너지고 말 것입니다. 반대로 믿음이 이성에 기반할 것 같으면 메마른 믿음의 상태가 되고 말 것입니다. 믿음이란 하나님을 향한 신뢰입니다. 우리들의 감정과 이성을 함께 아우르는 것, 우리가 어떤 상황에 놓여 있다고 할지라도 하나님께서 우리를 구원하실 것에 대한 신뢰가 바로 믿음입니다.

좀더 히브리서를 통하여 믿음의 정의가 무엇인지 살펴보도록 하겠습니다. 히브리서 11장 1-3절을 보면 "믿음은 바라는 것들의 실상이요 보이지 않는 것들의 증거니 선진들이 이로써 증거를 얻었느니라 믿음으로 모든 세계가 하나님의 말씀으로 지어진 줄을 우리가 아나니 보이는 것은 나타난 것으로 말미암아 된 것이 아니니라"라고 하였습니다.

믿음은 확신(確信)입니다. 바라는 것이 실제로 나타날 줄로 믿고 확신하며, 보지 못한 것을 보는 것처럼 증거하는 것입니다. 신자가 바라는 것은 하나님 나라의 도래입니다. 하나님 나라를 보지 못했지만 나타날 줄 믿고 바라며 그것을 보는 것처럼 증거하는 것입니다.

또한 믿음은 확신한 것을 신뢰하고 자신을 맡기는 것입니다. 남자들은 한 달에 한 번 정도는 이발을 하는데 누군지도 모르는 이발사가 들고 있는 날카로운 면도날 앞에서도 쿨쿨 잠자는 것은 일종의 믿음입니다. 신뢰하고 자신을 맡겼기에 잠을 잘 수 있습니다. 아침에 출근할 때 버스나 전철을 탈 때에도 운전하는 분을 믿고 자신을 맡기므로 의자에 앉아 졸기도 합니다.

전도폭발 임상훈련에서 믿음을 설명할 때 의자 예화를 사용합니다. 우리 앞에 의자가 있습니다. 그리고 의자가 있다는 사실을 인정합니다. 또한 이 의자에 앉으면 편안하다는 사실도 압니다. 그러나 단 한 가지 의자에 내 몸을 맡기지 않으면 편안해질 수가 없습니다. 믿음이란 이렇게 자신을 하나님께 맡기는 것입니다. 시편 37편 5절에 "네 길을 여호와께 맡기라 그를 의지하면 저가 이루신다"라고 약속하셨습니다. 잠언 16장 3절에는 "너의 행사를 여호와께 맡기라 그리하면 네가 경영하는 것이 이루어지리라"라고 하셨습니다. 그리고 이 믿음은 행동으로 나타나야 합니다.

활을 매우 잘 쏘는 사람이 있었습니다. 활을 잘 쏘기에 멀리 있는 과녁을 정확하게 맞추곤 하였습니다. 어느 날 많은 사람에게 100m 전방 책상 위에 사과를 올려놓고 그것을 맞힌다고 약속하였습니다. 그리고 약속대로 멋지게 맞췄습니다. 사람들은 그의 활 쏘는 솜씨에 감탄을 하며 박수를 보냈습니다. 그러자 이번에는 사람의 손위에 사과를 올려놓고 쏘아 맞히겠다는 것입니다. 사람의 손위에 있는 사과도 100m 전방에서 명중시켰습니다. 사람들은 뜨겁게 박수갈채를 보냈습니다.

이제는 윌리엄 텔의 이야기처럼 사람의 머리 위에 사과를 올려놓고 쏘아서 맞히겠다고 합니다. 그리고 이렇게 소리를 칩니다. "여러분! 여러분 중에 한 분만 앞으로 나오십시오. 그 머리에 사과를 올려놓고 쏘아 맞히겠습니다." 그러자 앞으로 나오는 사람이 한 사람도 없었습니다. 왜냐하면 자신을 온전히 맡길수 없었기 때문입니다.

야고보서 2장 25절에는 "영혼 없는 몸이 죽은 것 같이 행함이 없는 믿음은 죽은 것이니라"라고 하였습니다. 믿음이란 확신 것에 대하여 신뢰하고 자신을 맡기는 것입니다. 나 자신을 하나님께 맡기고 믿음을 행동으로 나타내야 합니다.

하나님이 기뻐하시는 제사를 드린 아벨의 믿음

믿음의 선진들 가운데 첫 번째로 소개되는 인물이 아벨입니다. 인류의 조상은 아담입니다. 그런데 믿음의 출발점을 아담으로 시작하지 않고 왜 아벨로부터 시작하였을까요? 여기에서 우리는 히브리서 기자의 예리한 통찰력을 살펴볼 수 있습니다. 16명의 위대한 신앙인 중에 아벨이 가장 먼저 소개되는 것은 그가 하나님께서 원하는 제사를 드렸기 때문입니다.

히브리서 기자는 아벨의 믿음에 대해서 다음과 같이 말합니다. "믿음으로 아벨은 가인보다 더 나은 제사를 하나님께 드림으로 의로운 자라 하시는 증거를 얻었으니 하나님이 그 예물에 대하여 증언하심이라 그가 죽었으나 그 믿음으로써 지금도 말하느니라"(히 11:4)라고 하였습니다. 아벨은 하나님 앞에 더 나은 제사를 드린 자로 인정을 받았습니다. 하나님은 믿음으로 제사를 드린 아벨을 믿음의 선진들 중에 첫 번째로 인정해 주셨습니다. 구약시대의 제사는 신약의 예배입니다.

지금도 하나님께서 예배자를 찾고 계십니다. 성경에 보면 "아버지께 참되게 예배하는 자들은 영과 진리로 예배할 때가 오나니 곧 이때라 아버지께서는 자기에게 이렇게 예배한 자들을 찾으시느니라"(요 4:23)라고 하였습니다. 하나님이 가장 기뻐하시는 것이 예배인데 왜 주일예배만 잘 참석하고 나머지 예배는 등한시 하는지 모르겠습니다.

교회의 4대 사역을 예배, 선교, 교육, 봉사라고 말합니다. 예배는 창조주 되신 하나님의 창조를 찬양하고 감사하는 것입니다. 우리를 구원하신 하나님의 은혜에 대한 감사와 찬양이 예배의 시작임을 말해 주고 있습니다. 인간은 예배(Worship)를 통하여 하나님께 최고의 경배와 존귀를 돌려드릴 수 있습니다. 예배는 하나님이 가장 기뻐하시는 행위입니다.

선교는 하나님을 아는 자들이 하나님을 알지 못하는 사람들에게 하나님을 알게 하여 그분이 창조주이심을 깨닫게 하여 하나님께 예배하도록 하는 것입니다. 그러므로 엄밀한 의미에서 선교도 예배입니다.

교육은 하나님을 어떻게 예배할 것인가를 가르치는 것입니다. 교육을 통해서 하나님을 섬기는 방법과 하나님께 예배하는 법을 가르치게 됩니다. 그러므로 교육도 예배가 없이는 불가능합니다. 교육도 예배에 포함이 됩니다.

봉사는 이웃을 섬기는 것입니다. 섬김 가운데 최고의 섬김은 하나님을 섬기는 것입니다. 그러므로 예배를 '서비스'(Service)라고 부릅니다. 예배는 인간이 하나님을 섬기는 행위이고 이것이 훈련된 자만이 이웃을 내 몸같이 섬길 수 있게 되기 때문입니다. 그러므로 봉사도 엄밀히 말하자면 예배입니다. 하나님은 우리가 성전에서 영과 진리로 예배하는 것을 가장 기뻐하십니다.

그렇다면 아벨의 제사는 이떤 제시였습니까? 아벨의 예배는 어떤 예배였을까요?

희생이 있는 제사, 희생이 담겨져 있는 예배

아벨의 예배를 잘 이해하려면 창세기 4장을 읽어 보아야 합니다. 창세기 4장 3-5절을 보면 "세월이 지난 후에 가인은 땅의 소산으로 제물을 삼아 여호와께 드렸고 아벨은 자기도 양의 첫 새끼와 그 기름으로 드렸더니 여호와께서 아벨과 그의 제물은 받으셨으나 가인과 그의 제물은 받지 아니하신지라 가인이 몹시 분하여 안색이 변하니"라고 하였습니다.

아벨의 제사가 하나님께 상달된 이유는 양의 희생이 있었기 때문입니다. 아벨은 양의 첫 새끼로 제물을 하나님께 제사 드렸다라고 하였습니다. 첫 새끼는 사랑스러운 것입니다. 아이를 키울 때에도 첫 아이는 옷을 사주고 기르지만 둘째는 큰 아이 옷을 물려가며 입히게 됩니다.

구약의 제사는 제물을 잡아야 합니다. 가죽을 벗기고 뼈를 추리고 기름을 불태워 드리는 제사가 구약시대의 예배 형태였습니다. 아벨이 양을 잡아 희생했다는 것은 하나님을 사랑했다는 증거입니다. 그리고 그 사랑을 희생으로 표현하였던 것입니다.

우리도 예배를 드리기 위해서는 희생이 필요합니다. 시간을 희생해야 합니다. 몸을 희생해야 합니다. 물질을 희생해야 합니다. 예배에는 반드시 희생이 뒤따라야 합니다.

사랑이 담겨져 있는 예배

하나님을 사랑하면서 제사를 드렸습니다. 사랑에는 희생이 자연히 따릅니다. 진정한 사랑이 없이는 희생이 뒤따를 수 없습니다. 아벨은 하나님을 사랑했기에 양을 드렸고 이것이 제사의 행위로 표현되었습니다.

제가 청년 때에 미스 김을 사랑했습니다. 그때 그녀가 성악을 공부하고 있었는데 레슨비가 없었습니다. 제게는 금반지가 하나 있었는데 이것을 아낌없이 팔았습니다. 그리고 그 돈으로 레슨을 받게 했습니다. 그 후에 신학을 공부한 후 결혼을 하였는데 그 사람이 바로 제 아내입니다.

사랑하면 희생은 자연히 뒤따르는 것입니다. 그 후 아내는 결혼하여 28년 동안 월급 한 푼도 받지 않고 밥도 지어 주고 빨래도 해 주고 살림도 해 주며 저에게 희생해 주었습니다. 문제는 사랑만 있으면 됩니다. 예배에는 무엇보다도 우선적으로 하나님을 사랑하는 마음이 있어야 합니다. 사랑이 없는 예배는 거짓 예배가 됩니다.

믿음이 있는 예배

아벨은 예배를 드리면서 하나님이 축복하실 것을 믿었습니다. 이 믿음을 히브리서 기자는 아벨은 죽었으나 그 믿음으로 오히려 말한다(히 11:4)고 하였습니다. 지금도 하나님은 믿음을 가진 자를 찾고 계십니다. 말세에 믿음을 가진 자를 찾으십니다. 성경은 "내가 너희에게 이르노니 속히 그 원한을 풀어 주시리라 그러나 인자가 올 때에 세상에서 믿음을 보겠느냐 하시니라"(눅 18:8)라고 하였습니다.

하박국 선지자는 "보라 그의 마음은 교만하며 그 속에서 정직하지 못하나 의인은 그의 믿음으로 말미암아 살리라"(합 2:4)라고 하였고, 풍랑을 보고 두려워하는 제자들에게는 예수님께서 "이에 제자들에게 이르시되 어찌하여 이렇게 무서워하느냐 너희가 어찌 믿음이 없느냐"(막 4:40)라고 한탄하셨습니다. 믿음이 없는 모습은 주님을 슬프게 하는 것입니다.

예수님은 의심 많은 도마에게 말씀하시기를 "도마에게 이르시되 네 손가락을 이리 내밀어 내 손을 보고 네 손을 내밀어 내 옆구리에 넣어 보라 그리하여 믿음 없는 자가 되지 말고 믿는 자가 되라"(요 20:27)라고 하였습니다. 히브리서 기자도 "믿음이 없이는 하나님을 기쁘시게 하지 못하나니 하나님께 나아가는 자는 반드시 그가 계신 것과 또한 그가 자기를 찾는 자들에게 상 주시는 이심을 믿어야 할지니라"(히 11:6)라고 하였습니다. 우리는 믿음을 가지므로 언제나 승리할 수 있는 성도들이 되어야 합니다.

우리에게 처음으로 소개된 인물이 아벨입니다. 아벨은 믿음의 출발점입니다. 이 믿음은 바로 하나님을 향한 예배로 나타난 것입니다. 믿음이 있노라고 하면서 예배를 드리지 않는다면 그것은 하나님을 만홀히 여기는 것이 될 것입니다. 아벨의 예배는 믿음의 출발점인 동시에 우리가 추구해야 할 진정한 영적인 모습입니다. 아벨의 예배에는 희생이 담겨져 있고, 사랑이 있으며, 믿음의 요소가 있기에 더욱 중요한 것이 되었습니다.

지금도 가만히 눈을 감고 있노라면 히브리서 11장의 믿음의 영웅들의 목소리가 들리는 듯합니다. 하나님을 향한 그들의 믿음의 고백을 듣고 있노라면 마치 거대한 숲 속에서 하나님을 향한 찬양의 소리를 듣는 것 같습니다. 어떤 고난과 역경 속에서도 믿음의 노래, 사랑이 담긴 믿음의 고백은 온 우주에 퍼져 나갑니다.

이제 희생과 사랑과 믿음으로 예배하는 예배자가 되어 이 믿음의 숲에 한 그루 믿음의 나무를 심어야 할 것입니다.

2장 믿음의 징검다리 - 에녹과 노아

히브리서 11장 5-7절

모든 일은 시작을 잘해야 합니다. 어떤 일을 시작할 때에 더욱 그런 것 같습니다. 따라서 그리스도인들은 신앙적으로 시작을 잘해야 합니다. 한번은 새벽 기도회를 인도하기 위해 일어났을 때의 일입니다. 시간보다 조금 늦게 일어나서 허겁지겁 옷을 입는데 아무리 넥타이를 매도 잘 매어지지가 않았습니다.

목사님들은 늘 넥타이를 매고 생활하기 때문에 넥타이를 매는데 익숙합니다. 심지어 낮잠을 잘 때도 넥타이를 매고 자야 하니까 말입니다. 왜냐하면 갑자기 손님이 찾아와도 언제나 영접할 수 있어야 하기 때문입니다.

어떤 목사님이 수필집 『목사가 넥타이를 매고 자는 이유』를 써서 많은 사람들로부터 호평을 받았습니다. 넥타이에 얽힌 사연도 많습니다. 넥타이의 긴 쪽은 목회이며, 짧은 쪽은 가정이라고 하여 두 가지가 조화를 잘 이루어야 합니다. 한쪽이 길어지면 다른 한쪽마저도 균형을 잃게 됩니다. 그날은 왜 넥타이가 잘 매어지지 않든지 혼이 났습니다. 나중에 거울을 자세히 들여다 보니 와이셔츠의 첫째 단추를 둘째 구멍에 끼웠던 것입니다. 첫 단추가 잘못 끼워지니 모두가 다 잘못되었던 것입니다. 우리의 신앙도 시작을 잘해야겠습니다.

솔로몬은 시작을 잘한 사람입니다. 그는 이스라엘 왕 위에 등극하여 가장 먼저 하나님 앞에 일천 희생 번제를 드렸습니다. 하나님은 기브온에서 밤에 솔로몬의 꿈에 나타나셔서 말씀하셨습니다. "내가 네게 무엇을 줄고 너는 구하라"고 하실 때에 솔로몬은 "나의 하나님 여호와여 주께서 종으로 종의 아버지 다윗을 대신하여 왕이 되게 하셨사오나 종은 작은 아이라 출입할 줄을 알지 못하고 주께서 택하신 백성 가운데 있나이다 그들은 큰 백성이라 수효가 많아서 셀수도 없고 기록할 수도 없사오니 누가 주의 이 많은 백성을 재판할 수 있사오리이까 듣는 마음을 종에게 주사 주의 백성을 재판하여 선악을 분별하게 하옵소서"(왕상 3:7-9)라고 구했습니다. 솔로몬은 시작을 잘했기에 그가 구한 '지혜와 지식'도 얻었고 그가 구하지 않은 '부와 수와 존귀와 영광'도 얻었습니다.

어떻게 하면 신앙적으로 시작을 잘 할 수 있을까요? 그것은 믿음으로 사는 것입니다. "믿음이 없이는 하나님을 기쁘시게 하지 못하나니 하나님께 나아가는 자는 반드시 그가 계신 것과 또한 그가 자기를 찾는 자들에게 상 주시는 이심을 믿어야 할지니라"(히 11:6)라고 하였습니다. 히브리서 11장은 믿음으로 산사람들의 이야기입니다. '믿음의 선진'으로 살아간 사람 에녹과 노아를 생각하고 은혜를 함께 나누고자 합니다.

성결한 에녹의 믿음

죽음이라는 것은 모든 인류가 반드시 경험해야 하는 것입니다. 그러나 에녹의 믿음은 이러한 과정을 경험하지 않고 하나님의 나라에 들어간 사람이었습니다. 히브리서 기자는 에녹의 믿음을 소개하면서 '믿음으로 에녹은'이라고 말합니다. '믿음으로'라는 단어를 통해서 에녹의 영적인 상태를 우리에게 보여주고 있습니다.

사람에게 가장 큰 문제는 죽음의 문제입니다. 죽음을 거쳐야 천국에 가게 됩니다. 히브리서 9장 27절에 "한 번 죽는 것은 사람에게 정해진 것이요"라고 하였습니다. 사람은 누구나 한 번은 죽음을 맞이하게 됩니다. 그러나 에녹은 죽음을 보지 않고 천국에 올라갔습니다. 에녹은 어떻게 죽음을 맛보지 않고 천국에 갈 수 있었을까요? 에녹은 "옮겨지기 전에 하나님을 기쁘시게 하는 자라 하는 증거를 받았다"(히 11:5)라고 했기 때문이었습니다.

에녹은 어떻게 하나님을 기쁘시게 하는 자가 되었습니까? 에녹은 하나님의 존재를 믿었기 때문이었습니다. 그리고 하나님과 동행하였습니다. 그러므로 하나님을 기쁘시게 해 드릴 수 있었던 것입니다. 어떻게 에녹은 죽음을 맛보지 않고 천국에 갈 수가 있었습니까? 그것은 믿음으로 살았기 때문입니다.

창세기 5장 22절에 에녹은 므두셀라를 낳은 후 300년을 하나님과 동행하며 라고 하였고, 창세기 5장 24절에도 "에녹이 하나님과 동행하더니"라고 기록되어 있습니다. 믿음으로 살았기에 하나님과 동행하는 삶을 살 수 있었고 죽음을 보지 않고 천국에 갈 수 있었습니다.

한국의 가장 훌륭한 부흥사이며 우리 교단의 자랑인 '한국의 무디'로 불리우는 이성봉 목사님이 계셨습니다. 목사님은 평소에 걸을 때에 한 손에는 성경을 들고 다른 한 손은 늘 주먹을 쥐고 다니셨습니다. 이상하게 생각한 성도들이 그 이유를 목사님께 물어 보았습니다. 목사님은 주님의 손을 붙잡고 다니는 마음으로 그렇게 한다고 대답하였습니다. 하나님과 동행하였기에 그의 삶이 깨끗하고 진실할 수 있었습니다. 하나님과 동행하는 삶이 가장 행복한 삶입니다.

잠언 13장 20절에 지혜로운 자와 동행하면 지혜를 얻고 미련한 자와 사귀면 해를 받는다고 하였고 잠언 22장 24절에는 노를 품는 자와 사귀지 말며 울분한 자와 동행하지 말라고 하였습니다.

죽지 않고 천국에 간 사람은 에녹과 엘리야입니다. 에녹은 하나님이 그를 데려 가셨고, 엘리야는 회오리바람을 타고 승천했습니다. 신약에서 예수님은 죽으셨지만 죽음의 권세를 깨뜨리고 부활하셔서 구름을 타고 승천하셨습니다.

죽음이 왜 찾아옵니까? 죽음은 죄의 결과이기 때문입니다(롬 6:23). 시인은 "누가 살아서 죽음을 보지 아니하고 자기의 영혼을 스올의 권세에서 건지리이까"(시 89:48)라고 말하고 있습니다. 죽음을 맛보지 않고 천국 가는 것은 죄 없이 사는 사람의 결과입니다.

무디는 "죄 없는 삶이 가장 행복하다"고 했고, 테레사 수녀는 일생을 거룩하게 살았기에 사람들로부터 존경을 받았습니다. 하나님과 동행하는 삶이란 죄 없는 삶입니다. 경건하게 살아가는 삶입니다. 노아를 의인이요 당대에 완전한 자(창 6:9)라고 했던 이유는 그가 하나님과 동행했기 때문입니다. 우리들도 하나님과 동행하면서 죄 없이 살아가야 합니다.

의로운 노아의 믿음

노아는 보이지 않는 못하는 일에 경고하심을(히 11:7)를 받은 사람이었습니다. 이 세상의 일들을 본다고 다 축복은 아닙니다. 때로는 못 보는 것이 축복일 경우가 있습니다. 노아는 장차 큰 홍수가 나서 사람들이 멸망하리라는 경고를 받아 방주를 짓게 됩니다. 보지 못하는 장래 일인 홍수 심판에 대비하여 믿음으로 방주를 지어 준비하였습니다. 때로는 보지 못하므로 복이 되는 경우가 있습니다. 믿음은 바라는 것들의 실상이요 보지 못하는 것의 증거입니다.

파리에서 한 선교대회가 열렸습니다. 세계 각국의 대표들이 모여 선교보고를 드리고 선교를 위해 헌금도 하였습니다. 이때 앞을 보지 못하는 한 시각 장애인이 프랑스 돈으로 127프랑의 헌금을 드렸습니다. 헌금 위원들은 깜짝 놀랐습니다. 위원들은 그에게 "어떻게 많은 돈을 헌금 할 수 있었는지"를 질문했습니다. 자기 친구에게 "1년 동안에 불을 켜는 등화비가 얼마나 되느냐"고 질문했더니 127프랑 든다고 해서 그 돈을 헌금했다는 것입니다. 자기는 시각 장애인이기에 등화비가 필요 없으므로 헌금을 했다는 것입니다. 나는 보지 못하므로 일생 동안 이 비용이 필요 없으니 그 돈을 헌금했다는 것입니다. 우리도 이 세상을 바라보기보다는 영원한 세계를 바라보는 성도가 되어야 합니다.

노아는 보지 못하는 일에 경고를 받았을 때에 '미래의 사건'이었지만 눈앞에 보이는 '현실'로 생각하고 방주를 지었습니다. 노아는 잣나무로 방주를 지었습니다. 그리고 역청으로 안팎을 칠했습니다(창 6:14). 노아의 방주는 3층으로 지어졌습니다(창 6:16). 막대한 노동과 재정을 드려서 방주를 지었습니다. 미국의 돈 많은 어느 신앙인이 창세기에 나오는 노아 방주의 크기대로 방주를 지었더니 500만 달러가 들었답니다. 막대한 재정입니다.

그러나 노아가 가장 힘이 들었던 것은 재정이나 노동이 아니었습니다. 사람들의 비방과 조롱거리였습니다. 사람들은 노아를 비방하고 조롱하기를 '미친 사람'이라고 그의 행동을 조롱했습니다. 왜냐하면 산에 방주를 지었기 때문입니다. 그리고 비가 오지도 않는데 큰 홍수가 난다고 하면서 대비했기 때문입니다. 또한 보지 못한 일(장래에 일어날 홍수)을 현실에서 준비(방주)하였기 때문입니다. 신앙생활의 가장 무서운 적은 주위 사람들의 조롱입니다.

노아에 대한 이러한 조롱은 단순한 사건으로 넘어가서는 안 됩니다. 만약에 오늘날 저와 여러분에게 한라산에 배를 지으라면 지을 수 있겠습니까? 그것은 1~2년이 아닌 100년이 넘도록 짓고 있다면 우리가 정상입니까? 우리를 조롱하는 사람이 정상입니까? 때로는 노아처럼 믿음의 사람들은 오해와 왜곡을 받기도 합니다.

그러나 노아의 나이 600세에 비가 드디어 오기 시작했습니다. 이때서야 노아의 믿음은 확실한 현실로 나타나기 시작했습니다. 믿음은 아직 보지 못한 일을 보는 것처럼 대비하는 것입니다. 우리에게도 장래 일이 예고되어 있습니다. 베드로후서 3장 10절을 보면 "그날에는 하늘이 큰 소리로 떠나가고 물질이 불에 풀어지고 땅과 그 중에 있는 모든 일이 드러나리로다"라고 불의 심판이 예고되어 있습니다.

그렇다면 우리는 어떻게 구원의 방주를 준비하고 있습니까? 노아와 같이 구원의 방주를 예비하고 있습니까? 주위의 비방과 조롱에도 잘 견디고 있습니까? 주위 사람들의 비방 속에서도 구원의 방주를 예비합시다. 우리들의 믿음을 지켜야 합니다. 우리가 포기한다면 하나님도 인류를 향한 소망을 거두어 가실 것입니다.

그러면 누가 이 땅을 변화시켜 구원할 수 있겠습니까? 하나님은 우리를 통하여 구원의 사건을 열어 가기를 원하십니다. 믿음의 오해와 불신 속에서도 나의 맡겨진 자리에서 구원의 방주를 지어가시는 성도가 되어야 합니다.

노아는 가정을 구원하였다

히브리서 기자는 노아의 신앙을 증거하면서 '집을 구원한 자' (히 11:7)라고 소개하고 있습니다. 우리가 구원을 받으면 혼자만 구원을 받는 것이 아니라 온 집이 구원을 받을 수 있습니다. 바울은 "주 예수를 믿으라 그리하면 너와 네 집이 구원을 받으리라"(행 16:31)라고 하였습니다. 가정 구원은 매우 중요한 일입니다.

현대의 강력 범죄 뒤에는 파괴된 가정이 있었습니다. 지존파들은 하나같이 결손 가정들의 자녀들입니다. 아버지가 돌아가시고 어머니만 있는 가정도 있었고, 부모가 이혼하여 홀어머니 밑에서 자란 사람들도 있었습니다. 가정 사역은 중요합니다. 우리는 가정을 신앙으로 가꾸어야 합니다.

저의 사역 가운데 중요한 사역 중의 하나가 가정 사역입니다. 이것은 부부가 함께 성경 공부하는 프로그램입니다. 부부가 성경을 함께 공부하면 가정을 만드신 하나님의 뜻을 분명히 깨닫게 된다는 것입니다. 그 가운데 한 가지 프로그램이 서로 부부가 눈을 바라보는 순서가 있습니다. 서로 3분을 바라봅니다. 1분 정도 지나면 부인이 눈물을 흘립니다. 2분이 지나면 남편의 눈에서도 눈물이 흐르게 됩니다. 특히 고생을 많이 한 부부일수록 눈물을 많이 흘리게 됩니다.

현대 가정의 문제는 대화가 끊어진 데 있습니다. 대화의 원칙은 얼굴을 서로 마주 보면서 해야 합니다. 이것을 'Face to face'(얼굴 마주보기)라고 하는데 현대의 가정은 'Wall to wall'(벽 바라보기)이 되었습니다. TV(벽)를 바라보면서 서로 대화를 나누기에 벽을 보고 나누는 대화가 되었습니다. 깨어진 가정을 사랑의 대화로 묶는 것이 중요한 일입니다.

구타하는 남편, 낭비하는 아내, 도박하는 주부, 외도하는 남편, TV 보기로 단절된 가정의 대화 등에서 문제 자녀들이 만들어지고 있습니다. 부모 노릇을 배워야 합니다. 아버지의 역할을 배웁시다. 어머니의 역할을 배웁시다. 이상적 부부 생활을 유지합시다. 자녀들의 진로와 교육을 위해 기도하며 대화하는 부모가 됩시다. 신앙으로 자녀를 양육하는 것이 가장 이상적인 자녀 교육임을 명심합시다. 그리고 가족 구원을 위해 기도합시다.

노아는 의를 전한 사람이었다

노아에 대한 성경들의 증거들은 다양하게 나타나고 있습니다. 성경은 노아를 은혜를 입은 자(창 6:8)라고 설명합니다. 의인(창 6:9)이요, 당대에 완전한 자(창 6:9)였습니다. 또한 집을 구원한 자(히 11:9) 그리고 의를 전한 자(벧후 2:5)라고 소개되어 있습니다.

노아가 전한 것은 장차 오게 될 하나님의 심판이었습니다. 하나님의 심판은 홍수였습니다. 그러나 성경은 이것에 대하여 의(義)를 전한 노아라고 소개하고 있습니다. 전도는 하나님의 심판 계획을 전하는 것입니다. 하나님은 이것을 우리에게 맡기셨습니다. 하나님은 능력을 일으켜 사람을 구원시킬 수도 있지만 그 방법을 사용하시지 않으십니다. 하나님의 능력이나 기적의 방법이라면 얼마나 전도가 잘 되겠습니까?

그러나 하나님은 누구보다도 사람을 통하여 인류를 구원하기를 원하십니다. 전도는 귀한 일입니다. 하나님은 미련한 것처럼 보이지만 전도를 통해서 사람을 구원하시길 기뻐하십니다. 바울은 "하나님의 지혜에 있어서는 이 세상이 자기 지혜로 하나님을 알지 못하므로 하나님께서 전도의 미련한 것으로 믿는 자들을 구원하시기를 기뻐하셨도다"(고전 1:21)라고 말하였습니다.

또한 "주께서 내 곁에 서서 나에게 힘을 주심은 나로 말미암아 선포된 말씀이 온전히 전파되어 모든 이방인이 듣게 하려 하심이니 내가 사자의 입에서 건짐을 받았느니라"(딤후 4:17)라고 고백하고 있습니다. 다니엘은 "많은 사람을 옳은 데로 돌아오게 한 자는 별과 같이 영혼토록 빛나리라"(단 12:3)라고 했습니다. 나 하나로 두 영혼을 건져 냅시다.

에녹은 하나님을 사랑하고 믿음으로 말미암아 300년이나 하나님과 동행하였습니다. 그리고 끝내는 죽음을 맛보지 않고 하늘나라로 옮겨졌습니다. 에녹의 믿음과 삶을 통하여 우리는 이 땅에서 어떻게 하나님과 동행할 수 있을 것인가에 대해서 고민하게 되고 뒤돌아보게 됩니다.

노아는 패역한 시대 속에서도 아름답게 피어난 한 송이의 꽃과 같습니다. 마치 성결교단이 일제에 의해서 박해를 받고 교단이 폐쇄되는 아픔의 과정 속에서도 그 믿음을 잃지 않고 백합화와 같이 피어났습니다. 노아는 하나님의 심판을 겸허하게 수용하고 사람들에게 구원의 방주를 말했습니다. 조롱과 오해, 비난과 질시 속에서도 하나님만 바라보고 믿음으로 가족을 구원하였습니다.

우리는 우리의 푯대이신 예수님을 바라보아야 합니다. 믿음의 길이 가시밭길이고, 좁은 길이라 할지라도 오해와 비난이 있다고 할지라도 주님의 십자가를 바라봄으로써 승리하기를 바랍니다. 우리가 믿음으로 승리하면 더 많은 사람들이 구원의 방주로 들어올 수 있을 것입니다.

3장 믿음의 숲을 만들다 - 아브라함

히브리서 11장 8-10절

맥스 루케이도가 쓴 『목마름』이라는 책에 존 낙스의 죽음 이야기가 나옵니다. 그러나 이 죽음은 결코 슬프거나 고통스러운 것이 아닌 승리의 감회를 얻을 수 있는 죽음이었습니다. 하나님이 부르시는 그 마지막 순간을 우리에게 소개해 주고 있습니다.

1505년, 스코틀랜드에서 태어난 존 낙스는 탁월한 설교로 민중의 잠자는 심령을 깨웠던 인물입니다. 일반 대중에게 영감을 불어넣는 한편 왕권 남용에 맞서 용감하게 싸웠습니다. 그렇게 뜨거운 사랑과 극단적인 미움을 동시에 받는 삶을 살면서 조국 스코틀랜드에 큰 영향을 끼쳤습니다. 지금도 에든버러에 가면 낙스가 삶을 마감했다고 알려진 방에 들어가 볼 수 있습니다.

평생의 동지였던 리처드 배너틴이 삶의 마지막 순간을 맞은 낙스의 곁을 지키고 있었습니다. 낙스의 숨은 거칠고 느려졌습니다. 배너틴은 죽어 가는 친구의 침상 쪽으로 몸을 숙이고 속삭였습니다. "싸움을 끝낼 시간이 다가오고 있다네. 혹시 바라는 게 있나?" 늙은 개혁가는 대답대신 힘겹게 팔을 들어 올려 하늘을 가리키고는 곧바로 숨을 거뒀습니다.

어느 시인은 낙스의 죽음을 통해서 이렇게 노래했습니다.

"죽음의 천사가 떠나갔다.
세상과의 질긴 끈이 끊어지는 순간,
차갑게 굳은 맨손은 여전히 하늘을 가리키고 있었다."

세상을 떠나는 순간, 여러분도 똑같은 방향을 가리키길 빕니다. 하나님께 죽음을 의탁하십시오. 마지막 숨을 내쉬는 순간을 머릿속에 그리십시오. 최후의 1분을 상상해 보십시오. 그리고 그것을 주님의 손에 맡기는 기도를 드리십시오. 신중하고 진지하게 고백하십시오. 정기적으로 기도하는 게 좋습니다. "하나님 아버지께서 죽음을 통해 역사하신다는 사실을 받아들입니다. 세상을 떠나는 과정 전체를 주께 맡깁니다." 그리스도를 친구로, 천국을 영원한 집으로 여긴다면, 세상을 떠나는 날은 태어나는 날보다 훨씬 달콤할 것입니다.

하나님께서 부르시는 그 마지막 순간을 생각할 때, 믿음의 여정을 마치고 하나님을 바라보고 있는 아브라함의 모습이 떠오르는 것은 무엇 때문일까요? "나의 달려갈 길을 마치고 믿음을 지켰다"는 바울의 고백 속에서 우리는 숨 막히는 믿음의 고백을 듣게 됩니다. 하나님과의 이 뜨거운 사랑 앞으로 하나님은 우리를 초청하고 계십니다.

히브리서는 믿음은 바라는 것들의 실상이요 보이지 않는 것들의 증거로 설명합니다. 그리고 믿음으로 살아간 선진들이 믿음을 증거하고 있음을 말해 주고 있습니다(히 11:1-2). 히브리서는 믿음으로 살아간 사람들을 소개하고 있습니다. 그리고 '믿음의 조상'이라고 불리는 아브라함에 대해서 우리에게 이야기해 주고 있습니다.

바울은 로마서를 통해서 아브라함을 증거하고 있습니다. "아브라함은 우리 모든 사람의 조상이라"(롬 4:16)고 했습니다. 믿음의 조상은 아벨도 아니고 에녹도 아니고 노아도 아니고 오직 아브라함이었습니다.

그렇다면 아브라함이 어떤 신앙을 가졌기에 '믿음의 조상'이라는 칭호를 받게 되었을까요? 아브라함의 믿음을 통하여 우리가 결단을 내릴 수 있는 것이 있다면 무엇이 있을까요?

죄의 자리인 우르를 떠났기 때문이다

아브라함이 믿음의 조상, 하나님의 벗, 축복의 통로로 불릴 수 있는 첫 번째 이유는 죄의 자리인 우르를 떠날 수 있는 믿음이 있었기 때문입니다. 우리를 둘러싸고 있는 죄의 자리에 머물러 있다면 우리는 믿음의 자리에 들 수 없을 것입니다. 죄의 자리를 떠나기 위해서는 무엇보다 결단이 필요합니다.

아브라함은 하나님의 부르심을 받았을 때 그를 둘러싸고 있던 모든 환경을 뒤로 한 채 길을 떠났습니다. 그것은 모험이었고 두려운 행보였습니다. 여기에서 아브라함의 믿음의 진가가 드러나기 시작하는 것입니다.

히브리서 기자는 "믿음으로 아브라함은 부르심을 받았을 때에 순종하여 장래의 유업으로 받을 땅에 나아갈새 갈 바를 알지 못하고 나아갔으며"(히 11:8)라고 설명하고 있습니다. 이것은 창세기 12장 1절을 해석하고 있는 것입니다. "여호와께서 아브람에게 이르시되 너는 너의 고향과 친척과 아버지의 집을 떠나 내가 네게 보여 줄 땅으로 가라"(창 12:1)라고 하셨습니다.

이것이 바로 '떠나는 신앙'입니다. 하나님은 그에게 "고향을 떠나라"고 명령했습니다. 아브라함의 고향은 갈대아 우르였습니다. '우르'는 아브라함의 일가 친척이 있는 곳입니다. 그리고 사업의 기반이 있는 곳입니다. 사람이 자기의 삶의 기반 전부를 한꺼번에 버리고 떠난다는 것은 매우 힘든 일입니다. 그러나 아브라함은 이 모든 것을 버리고 떠났습니다. 그는 하나님의 명령만 의지하고 떠났던 것입니다.

하나님은 왜 아브라함을 '우르'에서 떠나라고 하셨을까요? 이것은 "죄의 자리에서 떠나라"는 하나님의 명령입니다. 우리가 이 세상을 살 때에 죄의 자리를 떠나지 않고는 진정한 하나님의 축복을 받을 수가 없기 때문입니다. 하나님은 아브라함을 축복하시기 위해서 우르에서 떠나라고 하셨습니다.

신앙인은 죄의 자리를 떠나야 합니다. 신앙생활을 하면서도 과거의 구습을 버리지 못하면 진정한 하나님의 축복의 자리에 들어갈 수가 없습니다.

에베소서 4장 22-24절을 보면 "너희는 유혹의 욕심을 따라 썩어져 가는 구습을 따르는 옛 사람을 벗어 버리고 오직 너희의 심령이 새롭게 되어 하나님을 따라 의와 진리의 거룩함으로 지으심을 받은 새 사람을 입으라"라고 하였습니다. 구습을 버려야 합니다. 그리고 에베소서 5장 8절을 보면 "너희가 전에는 어둠이더니 이제는 주 안에서 빛이라 빛의 자녀들처럼 행하라"라고 하였습니다.

세계 각국의 사람들이 물건을 살 때에는 다양한 모습을 보여 줍니다. 프랑스 사람들은 "이 물건은 유행합니까?"라고 질문하고 유행한다면 물건을 삽니다. 독일 사람들은 "이 물건은 튼튼합니까?"라고 질문하고 튼튼하면 물건을 삽니다. 미국 사람들은 "이 물건은 실용적입니까?"라고 물어보고 실용적이면 산다고 합니다. 그런데 우리나라 사람들은 "이 물건 진짜입니까?"하고 묻습니다. 너무도 가짜가 많기 때문입니다.

"당신은 진짜 성도입니까?" 신자로서 구습을 버리고 참된 행실을 가지시기를 바랍니다. 아직도 술을 끊지 못하셨습니까? 구습을 청산하시길 바랍니다. 신자를 A급 신자(Alcohol), B급 신자(Beer), C급 신자(cola, cider)로 구별한다고 합니다. 술을 끊지 못했으면 반드시 알코올 중독에서 벗어나기를 바랍니다. 아직도 떠나지 못하도록 우리들의 발목을 잡고 있는 것은 무엇입니까? 내가 진짜 성도이고 하나님을 믿는다고 고백한다면 과감하게 유혹의 자리, 죄악의 자리에서 벗어나시기를 바랍니다.

애굽의 궁중에서 교육받은 모세가 사람을 쳐 죽였을 때 하나님은 모세를 애굽에서 떠나 호렙 산으로 가도록 하셨습니다. 갈릴리 바다의 고기 잡는 베드로를 바다에서 떠나게 하시므로 위대한 제자가 되게 하셨습니다. 이스라엘 백성들을 애굽에서 떠나게 하셔서 가나안 땅을 약속으로 주셨습니다.

죄악의 장소를 떠나지 않으면 하나님의 축복을 받을 수가 없습니다. 하나님은 아브라함을 죄악의 자리를 떠나게 하셔서 그에게 축복의 자리로 인도해 주셨습니다. 그러므로 '갈대아 우르'를 떠나게 하신 것은 '죄의 자리'를 떠나게 하신 것입니다. 죄악의 자리를 떠납시다. 하나님의 은혜의 자리로 들어갑시다. 이것이 믿음의 결단이요, 용기 있는 믿음인 것입니다.

찬송 중에 '예수의 이름으로 나는 일어서리라'는 노래가 있습니다.

> 예수의 이름으로 나는 일어서리라
> 주가 주신 능력으로 나는 일어서리라
> 원수가 날 향해 와도 쓰러지지 않으리
> 주가 주신 능력으로 주가 주신 능력으로
> 주가 주신 능력으로 일어서리

우리는 결코 쓰러질 수 없습니다. 환경에 패배할 수도 없습니다. 죄의 노예로 우리의 생을 마감할 수도 없습니다. 우리에게는 빼앗길 수 없는 이름이 있습니다. 포기하고 싶어도 포기할 수 없게 만드는 이름이 있습니다. 바로 예수의 이름입니다.

예수님의 이름으로 일어나시기를 바랍니다. 원수가 날 향해 달려와도, 죄악의 쓴 뿌리가 나에게 달려와도, 설령 죽음이 나를 덮친다 하더라고 나는 쓰러질 수 없습니다. 예수님의 이름으로 일어날 것입니다. 주님이 주시는 능력으로 승리할 것입니다. 이 찬양의 고백이 우리의 고백이 되어야 합니다.

나그네의 삶을 살았기 때문이다

아브라함이 믿음의 조상이라고 불릴 수 있었던 두 번째 이유는 나그네와 같은 삶을 살기로 결단하였기 때문입니다. 사람은 누구나 안정된 곳에서 안정된 삶을 살고 싶어 합니다. 그러나 그곳이 아무리 좋아도 우리가 머물 수 있는 영원한 본향은 아니기에 나그네와 같은 삶을 살기로 작정하는 것입니다.

아브라함은 부르심을 받았을 때에 믿음으로 순종하여 장래 기업으로 받을 땅에 나갈 새 갈 바를 알지 못하고 나갔습니다. 어디를 가야 할지 몰랐지만 순종하면서 갔습니다. 이것은 오직 하나님만 의지하고 갔다는 사실을 보여 주고 있습니다. 그가 가나안 땅을 알고 간 것이 아니라 방향도 모르고 떠났습니다. 무작정 가라고 하시니 갈 바를 알지 못하고 떠났던 것입니다.

아브라함이 하나님만 의지하지 않고는 그렇게 하기 힘든 일이었습니다. 오직 믿음으로만 하나님을 의지하고 갔기 때문에 성경은 아브라함을 '믿음의 조상'이라고 부르는 것입니다. 우리도 하나님만 의지하며 살아갑시다.

그러나 아브라함의 삶은 그가 어디를 가든지 "외방(外邦)에 있는 것" 같은 생활이었습니다. 히브리서 11장 9절을 보면 "믿음으로 그가 이방의 땅에 있는 것 같이 약속의 땅에 거류하여 동일한 약속을 유업으로 함께 받은 이삭 및 야곱과 더불어 장막에 거하였으니"라고 기록하고 있습니다. 아브라함은 나그네와 같은 외방생활, 장막생활을 하였습니다. 그는 한곳에 오랫동안 정착하지 않았습니다. 언제나 하나님의 말씀만 따라서 이동하는 삶을 살았습니다.

이것이 바로 나그네로서의 생활입니다. 나그네 생활은 이 땅에 정착하지 않는 생활입니다. 믿음의 삶은 오직 더 나은 본향만을 생각하면서 그 본향을 향해 나아가는 삶을 사는 것입니다.

이솝우화를 보면 어느 날 하루살이가 메뚜기를 만나 재미있게 놀았습니다. 노래도 부르고 함께 춤도 추며 놀았습니다. 어느덧 서산에 해가 기울었습니다. 메뚜기는 "내일 다시 만나서 놀자"고 작별 인사를 했습니다. 하루살이는 눈이 휘둥그레졌습니다. "내일이 뭐야?" 하루살이는 내일을 알리가 없었습니다. 화가 난 메뚜기는 들판으로 나가 개구리를 만나 놀았습니다. 오늘도 내일도 그 다음날도 재미있게 만나서 놀았습니다. 그리고 가을이 지나 추운 겨울이 오게 되었습니다.

개구리는 메뚜기에게 "내년에 만나자"고 작별 인사를 했습니다. 메뚜기는 내년을 이해할 수가 없었습니다. 그래서 개구리는 내년에 대해 열심히 설명을 했습니다. 추운 겨울이 지나고 동면(冬眠)에서 깨어나면 먼 산에서 아지랑이가 필 때에 금년 같은 새해가 또 다시 찾아온다고 하였지만 메뚜기는 이해하지 못했습니다.

화가 난 개구리는 들판으로 갔습니다. 어린아이를 만났습니다. 둘이는 재미있게 놀았습니다. 어린아이는 이 다음에 영원한 나라에서 다시 만나자고 작별을 고했습니다. 그러나 영원한 나라라는 말을 모르는 개구리는 묻습니다. "영원한 나라가 무엇이야?" 영원한 나라를 모르는 자들은 이 세상에 영원히 정착하며 살려고 합니다. 그러나 우리들은 영원한 나라를 알기에 나그네로서의 삶을 살면서 천국의 소망을 바라보아야 겠습니다.

천국 가면 세 번 놀란다고 합니다. 첫 번째 놀라는 것은 꼭 올 줄 알았던 사람이 보이지 않아서 놀란답니다. 두 번째 놀라는 것은 못 올 줄 알았던 사람이 온 것을 보고 놀란답니다. 마지막 놀란 것은 나 같은 죄인이 아름다운 천국에 있는 것을 보고 놀란답니다.

히브리서 11장 15절을 보면 "그들이 나온바 본향을 생각하였더라면 돌아갈 기회가 있었으려니와"라고 하였습니다. 그러나 아브라함이 나온 고향을 사모하지 않았던 것은 더 나은 본향을 바라보았기 때문이었습니다. 16절에는 "그들이 이제는 더 나은 본향을 사모하니 곧 하늘에 있는 것이라"라고 말합니다. 이스라엘 백성들에게는 땅(터)에 대한 생각이 우리와는 다릅니다.

유목민들에게 터는 축복의 상징입니다. 터 없이 유랑하던 베두원족이었던 아브라함에게 약속의 터와 약속의 땅은 대단한 축복이었습니다. 그러나 그 터에 정착할 생각은 갖고 있지 않았습니다. 오히려 더 나은 본향을 바라보았을 뿐입니다.

저는 여행을 좋아해서 우리나라 곳곳을 방문하곤 합니다. 여행의 맛 중의 하나는 좋은 곳에서 약간의 쉼을 통해서 다음 여행지로 갈 수 있는 데 있습니다. 요즘은 고속도로 휴게소들이 얼마나 좋은지 모릅니다. 내륙 고속도로를 타고 가다 보면 단양휴게소가 있습니다. 산 중턱에 지은 휴게소라 밑으로는 호수가 보이고, 산 정상 쪽으로는 옛 고성 줄기가 보입니다. 그리고 화장실도 좋습니다. 은은한 음악에다 방향제까지 나오도록 되어 있어서 일반 가정집보다 더 좋을 때가 있습니다. 그렇다고 우리는 그곳에 오랫동안 머물러 있지 않습니다. 그곳은 잠시 쉬어 가는 곳일 뿐입니다.

우리들의 인생도 마찬가지입니다. 우리는 잠시 여기서 쉼을 얻고 본향을 향해서 가는 여행자와 같습니다. 성경은 이러한 우리의 인생을 나그네 생활이라고 합니다. 베드로전서 2장 11절에도 "사랑하는 자들아 거류인과 나그네 같은 너희를 권하노니 영혼을 거슬러 싸우는 육체의 정욕을 제어하라"고 말씀했습니다. 우리는 나그네로서 본향을 향해 하나님이 주시는 비전과 삶의 목적을 바라보면서 승리하며 살아가야 합니다.

하나님의 전능하심을 믿었기 때문이다

아브라함이 믿음의 조상으로, 축복의 통로라는 칭호를 받을 수 있었던 세 번째 이유는 하나님의 전능하심을 믿는 결단이 있었기 때문입니다. 입술로 하나님의 전지전능하심을 고백하는 것은 어렵지 않습니다. 그러나 우리들의 삶 속에서 그분의 전능하심을 경험하고 고백하는 것은 생각했던 것 이상으로 어려운 것이 사실입니다. 그렇기 때문에 우리는 믿음의 결단을 요청받고 있는 것입니다.

아브라함의 신앙 가운데 가장 위대한 신앙은 아들인 이삭을 드리는 것이었습니다. 아브라함이 어떻게 이삭을 번제로 드릴 수가 있었습니까? 저 같았으면 도저히 아들을 드릴 수가 없었을 것입니다.

히브리서 11장 17-19절을 보면 "아브라함은 시험을 받을 때에 믿음으로 이삭을 드렸으니 그는 약속들을 받은 자로되 그 외아들을 드렸느니라 그에게 이미 말씀하시기를 네 자손이라 칭할 자는 이삭으로 말미암으리라 하셨으니 그가 하나님이 능히 이삭을 죽은 자 가운데서 다시 살리실 줄로 생각한지라 비유컨대 그를 죽은 자 가운데서 도로 받은 것이니라"라고 하였습니다. 이삭을 번제로 드리면 없었던 아들을 주신 하나님께서 죽은 아들도 다시 살리실 줄로 믿었던 것입니다.

이것이 전능하신 하나님을 신뢰하는 믿음입니다. 우리는 하나님의 전지전능(全知全能)하심을 아브라함처럼 믿어야 합니다. 욥은 하나님을 향해서 이렇게 고백하고 있습니다. "주께서는 못하실 일이 없사오며 무슨 계획이든지 못 이루실 것이 없는 줄 아오니"(욥 42:2)라고 고백하고 있습니다. 시인은 "오직 우리 하나님은 하늘에 계셔서 원하시는 모든 것을 행하셨나이다"(시 115:3)라고 노래하였습니다.

마태복음서 기자는 "예수께서 그들을 보시며 이르시되 사람으로는 할 수 없으나 하나님으로서는 다 하실 수 있느니라"(마 19:26)라고 하였습니다. 시인은 전능하신 하나님을 우리에게 소개합니다. "여호와여 주께서 나를 살펴 보셨으므로 나를 아시나이다 주께서 내가 앉고 일어섬을 아시고 멀리서도 나의 생각을 밝히 아시오며 나의 모든 길과 내가 눕는 것을 살펴 보셨으므로 나의 모든 행위를 익히 아시오니 여호와여 내 혀의 말을 알지 못하시는 것이 하나도 없으시니이다"(시 139:1-4)라고 하였습니다.

하나님은 전능하십니다. 우리는 하나님의 전능하심을 믿고 살아가야 합니다. 아브라함에게 모든 것을 다 이루신 하나님을 의지하며 믿고 따라 가야 합니다. 그래서 우리의 인생의 마지막 한 점을 찍는 그 순간에 '오직 너 하나님의 사람' 이라는 평가를 받아야 합니다. 하나님은 철저히 신뢰하는 자를 축복하십니다.

4장 믿음의 열매 - 사라와 이삭

히브리서 11장 11, 20-21절

마하트마 간디와 함께 인도 독립운동을 하던 네루는 1921년부터 1945년까지 무려 아홉 차례나 투옥되었습니다. 그는 옥중에 있을 때 아버지가 돌아가셨고, 아내마저 투옥되는 아픔을 겪어야 했습니다. "딸아, 나는 네가 한두 나라에 국한되는 편협한 역사를 배우지 말고 전 세계의 역사를 연구하라고 권하고 싶다." 이것은 그가 옥중에서 외동딸에게 보낸 첫 번째 편지입니다. 그는 형무소에서 3년 동안 세계사에 관한 편지를 썼고, 이를 집대성한 것이 『세계사 편력』이라는 책입니다. 그는 거기에서 서구 중심의 역사관을 극복하고 동서양 역사를 균형 있게 바라볼 것을 강조했습니다.

네루는 1947년 독립된 인도의 초대 총리가 되어 17년간 인도를 이끌었습니다. 외동딸은 아버지의 정성 어린 편지를 읽고 자라 훗날 인도의 여자 총리가 되었습니다. 그들이 만든 역사는 어떻게 살아갈 것인가를 고민하는 현대인들에게 거울이 됩니다.

역사를 읽는 것은 즐거운 일입니다. 그러나 역사를 만드는데 참여하는 일은 더욱 보람이 있는 일일 것입니다. 믿음의 여인 사라는 아브라함과 더불어 믿음의 세계를 완성해 나갔습니다. 네루의 외동딸은 아버지 네루의 사상과 삶을 통하여 그의 인생을 조각해 나갔습니다. 그리고 거대한 인도를 이끌어 나갔던 것입니다. 사라는 믿음의 조상이라고 불리는 아브라함과의 삶을 통하여 믿음의 영웅으로 그의 삶을 조각해 나가고 있음을 살펴볼 수 있습니다. 이 땅에 여성의 몸으로 태어난 것은 또 다른 하나님의 축복의 통로이며, 믿음의 역사를 만들어 나아가도록 부름을 받은 것입니다.

믿음의 영웅들을 보고 있노라면 하나님의 손길이 느껴지게 됩니다. 연약하고 보잘것없는 자들을 믿음의 영웅의 자리로 이끄신 하나님의 인내와 섭리를 배울 수 있게 됩니다. 16명의 믿음의 선진들 중에서 여인으로서 믿음의 반열에 오른 사람이 눈에 띄게 됩니다.

여기의 16명의 믿음의 위인들은 대부분 남자들인데 그 가운데 유난히 여인의 몸으로 두드러지게 포함되어 있는 사람이 '사라' 입니다. 또한 믿음의 여인으로부터 약속을 받고 태어난 이삭 역시 믿음의 위인으로 우리에게 다가옵니다. 믿음의 여인은 믿음의 아들을 낳게 됩니다. 이제 두 명의 믿음의 선진들을 살펴보겠습니다.

그렇다면 사라는 어떠한 신앙을 가졌기에 신앙의 위인으로 손꼽히게 되었을까요? 사라의 믿음을 생각해 보려고 합니다.

사라는 남편을 잘 섬긴 믿음의 영웅

성경에는 여성들의 위대한 믿음의 사건들을 소개하고 있습니다. 사도 바울은 "나의 약함이 곧 하나님의 강함"이라고 고백합니다. 여성들은 신체적으로나 사회적으로 매우 약자에 속한 사람들이었습니다. 그러나 오히려 그 연약함 때문에 믿음의 영웅으로 우리에게 다가올 수 있습니다.

대부분의 사람들은 하나님의 부르심 앞에 하나님의 능력을 구하기보다는 자신이 가지고 있는 재능이나, 능력, 환경 등을 먼저 바라보게 됩니다. 그러나 하나님의 사명은 우리가 무엇을 가지고 있느냐가 중요한 것이 아닙니다. 나는 능력도 없고 환경도 열악하다고 할지라도 주님의 부르심에 "예"라고 응답을 하면 됩니다. 나머지는 하나님께서 원하시는 방향대로 인도하시며 필요에 따라서 힘을 공급하시기 때문입니다. 이런 의미에서 여성들이 하나님께 더욱 의존적이라는 사실은 우리에게 매우 중요한 진리를 가르쳐 주고 있는 것입니다. 그것이 바로 사라가 가지고 있던 믿음이었습니다.

당시의 정황으로 볼 때 여인이 믿음의 자리에 오를 수 있었다는 것은 대단한 사건이었습니다. 사라가 신앙의 선진으로 자리 잡을 수 있었던 것은 아주 작은 것에서부터 시작되었음을 알게 됩니다. 바로 '남편'인 아브라함을 잘 섬기는 일이었습니다. 사라의 믿음의 여정을 살펴보겠습니다.

히브리서 기자는 "믿음으로 사라 자신도 나이가 많아 단산하였으나 잉태할 수 있는 힘을 얻었으니 이는 약속하신 이를 미쁘신 줄 알았음이라 이러므로 죽은 자와 같은 한 사람으로 말미암아 하늘의 허다한 별과 또 해변의 무수한 모래와 같이 많은 후손이 생육하였느니라"(히 11:11-12)라고 기록하고 있습니다. 즉, 믿음으로 잉태하는 힘을 얻었다고 하였습니다. 단산한 사라가 어떻게 믿음으로 잉태하는 힘을 얻게 되었습니까?

본래 사라는 믿음이 없었던 여인이었습니다. 하나님이 아브라함에게 자녀를 주겠다고 약속하실 때에 그녀는 믿음이 없었기에 하나님의 약속을 믿지 못하고 웃었습니다. 창세기의 증언을 들어보겠습니다. "그가 이르시되 내년 이맘때 내가 반드시 네게로 돌아오리니 네 아내 사라에게 아들이 있으리라 하시니 사라가 그 뒤 장막 문에서 들었더라 아브라함과 사라는 나이가 많아 늙었고 사라에게는 여성의 생리가 끊어졌는지라 사라가 속으로 웃고 이르되 내가 노쇠하였고 내 주인도 늙었으니 내게 무슨 즐거움이 있으리요"(창 18:10-12)라고 기록하고 있습니다. 사라는 하나님이 아들을 주시겠다고 하는데도 믿음이 없어서 웃었습니다.

처음에 사라에게는 믿음이 없었습니다. 하나님이 아들을 주시겠다고 하셨을 때에 먼저 나이를 생각했습니다. 자신이 처한 상황을 보았습니다. 이것이 사라의 믿음을 가로막고 있었던 장애물이었습니다. 우리가 살아갈 때에도 사라와 같은 불신앙적인 요소가 없는지를 살펴보아야겠습니다.

아브라함의 나이는 99세였고 자신의 나이는 89세로 도저히 아들을 낳을 수 있는 나이가 아니었기에 믿지 못하고 웃었던 것입니다. 후에 아들을 낳아 이름을 '이삭'이라고 하였는데 그 이름의 뜻은 '웃었다'는 뜻입니다. 하나님은 믿지 못하는 사라에게 이렇게 말씀하셨습니다. "여호와께 능하지 못한 일이 있겠느냐 기한이 이를 때에 내가 네게로 돌아오리니 사라에게 아들이 있으리라"(창 18:14)라고 하시며 아들을 약속해 주셨습니다.

믿음이 없었던 사라가 어떻게 해서 믿음을 갖게 되었습니까? 사라는 남편을 잘 섬기다가 아브라함의 신앙을 본받게 되었습니다. 여기의 성경적인 근거를 보면 베드로전서에 이렇게 말씀하고 있습니다. "전에 하나님께 소망을 두었던 거룩한 부녀들도 이와 같이 자기 남편에게 순종함으로 자기를 단장하였나니 사라가 아브라함을 주라 칭하여 순종한 것같이 너희는 선을 행하고 아무 두려운 일에도 놀라지 아니하면 그의 딸이 된 것이라"(벧전 3:5-6)라고 하였습니다.

사라는 남편인 아브라함을 주(主)라고 불렀습니다. 주(主)라는 말은 노예가 주인을 부를 때에 쓰이는 말입니다. 사라는 언제나 남편을 주라고 호칭했습니다. 현대 주부들은 남편을 호칭할 때 '자기' 또는 '응'이라고 부르거나 심지어 경시하여 이름을 부르는 경우가 있습니다. 남편을 존경하고 높여 불러야 합니다. 사라에게서 남편을 섬기는 아름다운 미덕을 배웁시다.

사라는 주(主)로 여겼던 남편에 의해 그의 믿음은 점점 강해지면서 하나님이 주 되심을 의심하지 않게 됩니다. 사라는 순종하고 복종하므로 하나님을 섬기는 법을 배우게 되었습니다. 훌륭한 내조자와 아내의 모습을 찾아볼 수 있게 됩니다. 오늘 집에 돌아가시면 남편의 손을 붙잡고 '주님!' 하고 불러 봅시다. 처음에는 어색하고 잘 안 될 것입니다. 그래도 한 번 두 번 '주님!' 하고 연습하면 자연스러워지실 것입니다. 그리고 남편에 대한 새로운 이해와 사랑이 생겨나게 될 것입니다.

성경은 남편에게 해야 할 아내의 도리를 말할 때마다 순종하라고 하십니다. 에베소서 5장 22-24절을 보면 "아내들이여 자기 남편에게 복종하기를 주께 하듯 하라 이는 남편이 아내의 머리 됨이 그리스도께서 교회의 머리 됨과 같음이니 그가 바로 몸의 구주시니라 그러므로 교회가 그리스도에게 하듯 아내들도 범사에 자기 남편에게 복종할지니라"고 말씀하고 있습니다.

또 골로새서 3장 18절에도 "아내들아 남편에게 복종하라 이는 주 안에서 마땅하니라"고 말씀하고 계십니다. 순종과 복종은 완전히 의미가 다릅니다. 순종은 내 마음에 동의(同意)가 될 때에 따르는 것이지만 복종은 마음의 동의가 되지 않아도 따라 주는 것이 복종입니다. 그러나 성경은 언제나 복종하라고 말씀하고 있습니다.

친구 중에 어떤 분이 수필집을 냈습니다. 그 책의 첫 부분을 보니 신혼여행의 첫날밤 이야기가 기록되어 있었습니다. 흥미가 끌려 읽어 보았습니다. 내용인즉 첫날밤 잠자리에 들기 전에 커다란 흰 종이를 펴놓고 먹을 한 시간이나 간 뒤에 붓을 가져다가 큰 대(大)를 써놓고 물었답니다.

"부인! 이 글자가 무슨 글자요?"

"큰 '대' 자이지요."

"그렇소. 사나이는 대장부요 내가 장부답게 살도록 도와주시오."

그리고 큰 대자 위에 한일자의 획을 그었답니다.

"이것은 무슨 글자요."

"하늘 천(天)자 이지요."

"그렇소. 남편은 하늘같은 존재이니 잘 섬기시오."

남편은 아내에게 이렇게 당부한 후 그 위에 획을 하나 그어 놓고 물었습니다.

"이것은 무슨 글자요."

"지아비 부(夫)자 이지요."

"그렇소. 남편은 하늘보다 더 높은 존재요."

그리고 나서 남편은 큰기침을 "어흠"했다고 합니다.

사랑하는 아내들이여, 남편을 잘 섬긴 사라의 믿음을 본받아 남편에게 순종하고 복종하여 가정을 신앙으로 이끌어 가시길 바랍니다. 사라는 남편을 잘 섬기다가 아브라함의 큰 믿음을 함께 나누어 가지게 되었습니다.

하나님이 아담과 하와를 창조하실 때에 서로 다르게 창조하셨습니다. 이것은 너무나도 아름다운 조화입니다. 만일 꼭 같다면 서로 조화를 이루며 살 수가 없을 것입니다. 하나님은 남자를 직장에 갔다 돌아오면 쉬고 싶게 만드셨습니다. 그러나 여자는 대화를 하고 싶게 만드셨습니다. 이것이 남녀의 차이입니다. 그래서 여자들은 이야기하고 싶어 합니다.

이러한 차이는 대화에서도 나타납니다. 대화를 하는 목적이 여자는 과정을 나누고 싶어서 대화를 하고 남자는 결론을 얻으려고 대화합니다. 또한 하나님은 남자를 미각(味覺)과 후각(嗅覺)을 발달시켜 주셨지만 여자는 청각(聽覺)과 촉각(觸覺)을 발달시켜 주셨습니다. 그래서 남자들은 먹고 배가 부르면 비로소 대화가 시작되고 여자들은 "사랑합니다"하고 귀에 속삭여 주면 행복해 합니다. 우리는 이렇게 다르게 만드신 것에 감사해야 겠습니다. 서로가 다른 것을 이해하고 서로 사랑하며 서로 존경하여 아름다운 가정을 만들어 갑시다.

남편을 잘 섬기면서 믿음을 배워 나가기 시작했고, 끝내는 믿음의 영웅의 자리에 들게 된 사라를 살펴보았습니다. 이러한 여인에게 약속의 아들인 이삭이 우리에게 다가옵니다.

그렇다면 이삭은 어떻게 해서 믿음의 대열에 들어갈 수가 있었을까요?

자녀를 믿음으로 축복한 이삭

믿음의 자녀, 약속의 자녀로 태어난 이삭은 다음 세대인 야곱을 믿음으로 축복하였습니다. 아주 평범해 보이지만 이 속에 진리가 담겨져 있습니다. 우리는 믿음하면 뭔가 번쩍하고 색다르다고 생각하겠지만 진리는 매우 평범함 속에 담겨져 있습니다. 평범하게 살아갈 수밖에 없는 우리들도 믿음의 영웅으로, 믿음의 선진으로 살아갈 수 있음을 이삭의 생애를 통해서 배울 수 있게 되는 것입니다.

히브리서 기자는 이삭의 믿음을 다음과 같이 증언하고 있습니다. "믿음으로 이삭은 장차 오는 일에 대하여 야곱과 에서에게 축복하였으며"(히 11:11-12)라고 하였습니다. 이삭의 믿음은 믿음으로 자녀를 축복한 것입니다. 부모가 자녀를 믿음으로 축복하면 그대로 축복을 받게 되고 자녀를 저주하면 그대로 저주가 이루어지는 것이 성경의 원리입니다.

이삭의 믿음을 보려면 창세기로 여행을 떠나야 합니다. 창세기 27장은 이삭과 야곱, 그리고 에서에 관한 증언을 우리에게 들려주고 있습니다. 어느 날 이삭이 자녀를 축복하기 위한 과정을 보여 줍니다. 아들 야곱이 별미를 만들어 가지고 이삭에게 찾아왔습니다. "야곱이 아버지에게 대답하되 나는 아버지의 맏아들 에서로소이다 아버지께서 내게 명하신대로 내가 하였사오니 원하건대 일어나 앉아서 내 사냥한 고기를 잡수시고 아버지 마음껏 내게 축복하소서"(창 27:19)라고 했을 때 아버지 이삭은 아들을 축복했습니다.

그리고 이삭은 아들을 향해서 진심에서 우러나오는 믿음으로 축복해 주고 있습니다. "그가 가까이 가서 그에게 입맞추니 아버지가 그의 옷의 향취를 맡고 그에게 축복하여 이르되 내 아들의 향취는 여호와께서 복 주신 밭의 향취로다 하나님은 하늘의 이슬과 땅의 기름짐이며 풍성한 곡식과 포도주를 네게 주시기를 원하노라 만민이 너를 섬기고 열국이 네게 굴복하리니 네가 형제들의 주가 되고 네 어머니의 아들들이 네게 굴복하며 너를 저주하는 자는 저주를 받고 너를 축복하는 자는 복을 받기를 원하노라"(창 27:27-29)라고 축복했습니다. 아버지의 믿음의 축복은 그대로 이루어지게 되어 있습니다. 우리들 역시 믿음을 가지고 자녀들을 축복해야 합니다.

부모가 축복한대로 야곱은 복을 받게 되었습니다. 그래서 야곱은 물질의 풍성한 복을 누린 상징적인 인물이 되었습니다. 그러나 잠시 뒤에 찾아온 에서는 축복이 아니라 저주의 기도가 되었습니다. "그 아버지 이삭이 그에게 대답하여 이르되 네 주소는 땅의 기름짐에서 멀고 내리는 하늘 이슬에서 멀 것이며 너는 칼을 믿고 생활하겠고 네 아우를 섬길 것이며 네가 매임을 벗을 때에는 그 멍에를 네 목에서 떨쳐버리리라 하였더라"(창 27:39-40)라고 하였습니다. 에서는 그대로 저주를 받아 오늘날에도 그 후손이 저주를 받아서 가난하고 굶주리고 병들고 헐벗고 살아가는 모습을 보게 됩니다.

부모가 믿음으로 자녀를 축복하면 그대로 이루어지고, 저주를 하게 되면 그대로 이루어집니다. 못 살고 못 먹던 시절에 부모들은 자녀들을 향해서 증오와 저주의 말들을 했습니다. "염병할 놈", "나가 죽어", "빌어먹을 놈" 등과 같은 말들이 난무했습니다. 그래서 자녀들은 마음속에 깊은 신음과 상처를 가지고 살게 되고, 부모가 되면 그대로 그 자녀들에게 저주를 하게 되는 악순환을 살게 되었던 것입니다.

그러나 어느 날 복음이 이 땅에 들어오면서 믿음으로 자녀들을 축복하기 시

작했고, 자녀들이 믿음 속에서 잘 살게 되고, 축복된 삶을 살게 되었습니다. 이
삭의 자녀를 향한 축복은 그래서 우리에게 매우 중요한 진리로 다가오게 되는
것입니다.

부모의 축복과 저주가 얼마나 중요한지를 보여 주는 곳이 있습니다. 바로 창
세기에 나오는 노아의 이야기입니다. 노아가 홍수 사건 이후의 일입니다. 노아
가 한낮에 포도주를 먹고 취한 후에 벌거벗고 낮잠을 자고 있었습니다. 그 광경
을 보고 한 아들은 아버지의 허물을 들추었지만 두 아들은 아비의 허물을 감추
었습니다. 노아가 잠에서 깨어난 후 세 아들을 불러다가 축복과 저주를 합니다.

"노아가 술이 깨어 그 작은 아들이 자기에게 행한 일을 알고 이에 이르되 가
나안은 저주를 받아 그의 형제의 종들의 종이 되기를 원하노라 또 이르되 셈의
하나님 여호와를 찬송하리로다 가나안은 셈의 종이 되고 하나님이 야벳을 창
대하게 하사 셈의 장막에 거하게 하시고 가나안은 그의 종이 되게 하시기를 원
하노라 하였더라"(창 9:24-27)라고 하였습니다. 노아의 축복대로 두 아들의 후
손은 복을 받았지만 함의 후손은 노예살이를 하였고 지금도 가난하게 사는 백
성들이 되었습니다.

우리들의 자녀들을 신앙적으로 축복합시다. 우리는 자녀들을 위해서 기도해
야 합니다. 자녀들은 우리의 기도대로 될 것입니다. 자녀들은 부모들의 믿음을
닮아가게 되어 있습니다. 믿음으로 자녀들을 축복한다면 그들에게는 미래가
있습니다. 지금의 모습을 보지 않기를 원합니다. 먼 훗날 나의 축복을 통해서
하나님의 축복을 받게 될 자녀들의 모습을 그려 나갑시다. 그리고 그 위에 하나
님의 손길의 축복이 머물기를 위해서 기도합시다.

5장 믿음과 비전의 길라잡이 - 모세

히브리서 11장 24-31절

이원설 박사는 『비전, 그 신비로운 빛과 북소리』라는 책을 통해서 하나님의 부르심에 대해서 말하고 있습니다. 우리가 개인적으로 특별히 부르심을 받았는지, 받지 못했는지를 정확하게 확인할 수 있는 물리적인 방법은 없습니다. 부르심에 대한 유일한 확증은 하나님을 믿는 믿음을 통해서 얻어지는 것입니다. 오직 나의 마음속에 거하는 성령만이 부르심을 확증해 주십니다.

성경은 하나님이 어리석은 사람, 약한 사람, 멸시받는 사람 등, '부정적 자질의 사람들'을 부르셨다는 사실을 알려 주고 있습니다. 모세가 부르심을 받았을 때는 80세의 늙은 목자였습니다. 다윗이 부르심을 받았을 때는 양치는 어린 소년이었고, 요셉은 노예였으며, 다니엘은 포로였습니다. 우리는 하나님께서 중요한 인물들을 부르실 때는 부정적인 측면까지도 사용하신다는 사실을 보여 주는 많은 예들을 발견하게 됩니다.

또한 하나님의 부르심에 대한 믿음은 소명을 낳습니다. 역사상 많은 신앙의 위인들은 하나님께서 자기를 특별한 소명을 위해 부르셨다는 믿음으로 사명의 동기를 부여받았습니다. 요한 웨슬리는 1738년 5월 24일, 갑자기 자신의 어린 시절에 화재의 불길로부터 구조되었던 경험을 회상하면서 가슴이 뜨거워지는 것을 느꼈습니다. 그 순간 그는 급격히 세속화되어 가는 영국 교회에 '개혁'이라는 소명을 위해 주께서 자기를 살리신 것이라고 믿게 되었습니다.

모세는 하나님의 부르심 앞에 자신을 온전히 내어 놓은 사람이었습니다. 그 것은 순전한 믿음의 동기로부터 시작되었다는 사실을 우리에게 말해 주고 있 습니다. 또한 모세는 위대한 지도자입니다. 현재 유대인들에게도 모세는 신화 적인 지도자로 인정받고 있습니다. 모세가 위대한 지도자로 추앙받을 수 있었 던 것은 그가 믿음의 사람이었기 때문입니다. 모세가 태어났을 때 이스라엘은 애굽의 지배를 받았습니다.

요셉을 알지 못하는 새 왕이 나타나 이스라엘 백성들을 노예로 삼았습니다. 바로는 이스라엘 백성들이 자기 백성들보다 더 많게 되면 전쟁이 일어날 때에 대적과 합하여 애굽과 싸우고 애굽 땅에서 떠나갈까 하여 그들을 박해했던 것 이었습니다.

애굽의 바로는 이스라엘 백성들이 종족을 번식하지 못하도록 세 가지 방법을 썼습니다.

첫째는 그들에게 무거운 고역을 주는 것이었습니다. 출애굽기 1장 11절을 보 면 "감독들을 그들 위에 세우고 그들에게 무거운 짐을 지워 괴롭게 하여 그들 로 바로를 위하여 국고성 비돔과 라암셋을 건축하게" 했습니다. 그러나 이스라 엘 백성은 학대를 받을수록 더욱 번식하고 창성했습니다.

두 번째 방법으로는 남자 아이를 낳으면 모두 죽이라고 산파들에게 명령을 내렸습니다. 그러나 히브리 산파들은 왕의 명령을 듣지 않고 살려 주었습니다.

세 번째 방법은 "남자를 낳으면 나일 강에 던지라"는 것이었습니다.

이러한 상황에서 모세가 출생하게 되었습니다. 모세는 태어나서 석 달 동안 숨겨져서 자랐습니다. 석 달이 지나자 아이의 울음소리가 커지고 도저히 숨겨 키울 수 없으므로 갈대로 상자를 만들고 역청을 바르고 강보에 싸서 나일 강에 띄었습니다. 때마침 나일 강에 목욕하러 나왔던 바로의 딸 공주가 아이를 건져 데려다가 아들로 삼았습니다. 그리고 아이의 이름을 '모세'라고 하였는데 모세라는 이름의 뜻은 '물'(Mo)에서 '건졌다'(Uses)는 뜻입니다. 모세가 물에서 건짐을 받은 것처럼 우리는 죄악에서 건짐을 받았습니다. 이렇듯 노예의 아이로 태어나서 죽을 고비를 넘기면서 자랐던 모세가 후에 노예살이를 하고 있던 이스라엘 백성들을 이끄는 민족의 지도자가 됩니다.

이러한 과정에서 반드시 깨달아야 할 것은 모세가 하나님을 향한 믿음의 소유자라는 것입니다. 모세는 민족의 지도자이기 이전에 하나님의 사람이었습니다. 우리 역시 모세의 신앙을 통해서 위대한 하나님의 도구로 쓰임 받을 수 있으리라는 확신을 가질 수 있게 됩니다.

그렇다면 모세의 신앙을 통하여 우리가 영적으로 배울 수 있는 믿음은 어떤 것이 있을까요? 모세는 하나님의 부르심이라는 뚜렷한 사명 앞에 어떤 삶을 살기로 작정하고 있을까요?

사람보다 하나님을 더 두려워할 줄 알았던 믿음

모세는 하나님의 분명한 부르심 앞에서 어떤 믿음의 형태를 우리에게 보여주고 있습니까? 모세는 사람보다 하나님을 더 두려워할 줄 알았던 믿음을 가지고 있었습니다. 자신이 무엇을 위해서 살아야 할지를 분명하게 알게 될 때 이러한 믿음의 결단이 나오게 됩니다.

모세의 출생을 도운 산파들도 바로의 명령보다도 하나님을 더 두려워했습니다. "그러나 산파들이 하나님을 두려워하여 애굽 왕의 명령을 어기고 남자 아기들을 살린지라"(출 1:17)라고 기록하고 있습니다. 또 모세의 부모도 바로의 명령보다 하나님을 더 두려워했습니다. "믿음으로 모세가 났을 때에 그 부모가 아름다운 아이임을 보고 석 달 동안 숨겨 왕의 명령을 무서워하지 아니하였으며"(히 11:23)라고 말씀하고 있습니다.

우리의 신앙은 사람을 두려워하지 말고 하나님을 두려워하는 신앙을 가져야 합니다. 하나님을 두려워한다는 것은 공포 상태의 두려움이 아닙니다. 경외적인 차원에서의 두려움입니다. 그러나 바로에 대한 두려움은 죽음을 볼모로 하는 공포스러운 두려움입니다. 그럼에도 불구하고 하나님을 경외하는 두려움은 세상적인 두려움을 극복할 수 있다는 것을 보여 줍니다.

마태복음 10장 28절에는 "몸은 죽여도 영혼은 능히 죽이지 못하는 자들을 두려워하지 말고 오직 몸과 영혼을 능히 지옥에 멸하실 수 있는 이를 두려워하라"고 했습니다. 역대하 19장 7절 말씀에는 "그런즉 너희는 여호와를 두려워하는 마음으로 삼가 행하라 우리의 하나님 여호와께서는 불의함도 없으시고 치우침도 없으시고 뇌물을 받는 일도 없으시니라"라고 했습니다.

시편 22편 23절에는 "여호와를 두려워하는 너희여 그를 찬송할지어다 야곱의 모든 자손이여 그에게 영광을 돌릴지어다 너희 이스라엘 모든 자손이여 그를 경외할지어다"라고 말씀하셨습니다. 시편 33편 8절에는 "온 땅은 여호와를 두려워하며 세상의 모든 거민들은 그를 경외할지어다"라고 말씀하셨습니다. 베드로전서 2장 17절에도 "형제를 사랑하며 하나님을 두려워하며 왕을 존대하라"라고 했습니다.

하나님을 믿지 않는 이방종교도 그들의 신을 철저히 섬기는데 우리들은 하나님을 두려워하며 살아야겠습니다. 사도들이 예루살렘에서 앉은뱅이를 예수의 이름으로 일으켰을 때에 관원들과 유대인들이 다시는 예수의 이름을 증거하지 못하도록 위협하였습니다.

"이 사람들을 어떻게 할까 그들로 말미암아 유명한 표적 나타난 것이 예루살렘에 사는 모든 사람에게 알려졌으니 우리도 부인할 수 없는지라 이것이 민간에 더 퍼지지 못하게 그들을 위협하여 이 후에는 이 이름으로 아무에게도 말하지 말게 하자 하고 그들을 불러 경고하여 도무지 예수의 이름으로 말하지도 말고 가르치지도 말라 하니 베드로와 요한이 대답하여 이르되 하나님 앞에서 너희의 말을 듣는 것이 하나님의 말씀을 듣는 것보다 옳은가 판단하라"(행 4:16-19)라고 했습니다.

모세는 얼마든지 자신이 화려함 속에 머물러 있을 수도 있었습니다. 그러나 그가 믿음의 삶을 살기로 작정하였습니다. 모세는 어려움과 고난 속에서도 세상의 권세나 환경을 두려워하지 않고 하나님을 더 두려워함으로써 주님과 동행하는 믿음의 삶을 살 수 있었습니다. 사도들도 목숨의 위협에도 불구하고 예수님을 더 사랑하고 하나님을 두려워할 줄 알았기에 주님을 바라보는 것을 멈추지 않았습니다.

우리는 이 세상 그 어느 것보다도 하나님을 두려워하여 믿음의 선진으로 살아가야 할 것입니다.

잠시 죄악의 낙보다 하나님과 함께 하는 고난을 택한 믿음

모세는 하나님이 주신 분명한 사명 앞에서 어떤 믿음을 가지고 있습니까? 모세는 잠시 잠깐의 죄악의 낙보다 하나님과 함께 고난을 받는 믿음을 더 좋아하고 사랑하였습니다. 이것이 믿음의 위대성입니다. 믿음의 사람들은 비전에 사로잡힌 사람들입니다. 비전은 나를 둘러싸고 있는 환경 너머를 바라볼 수 있는 것입니다. 모세는 그러한 하나님의 비전에 사로잡힌 하나님의 사람이었습니다.

하나님을 향한 믿음을 가진 사람들은 현재적인 안락한 삶보다는 비전이 있는 모험의 삶을 살기로 작정한 사람들입니다. 우리가 모세를 통해서 배울 수 있는 믿음의 모습은 화려한 애굽의 궁전보다도 광야와 같은 곳이라도 하나님과 동행하는 삶을 선택하는 모습입니다. 히브리서 기자는 이러한 모세의 모습을 증언하고 있습니다. "믿음으로 모세는 장성하여 바로의 공주의 아들이라 칭함 받기를 거절하고 도리어 하나님의 백성과 함께 고난 받기를 잠시 죄악의 낙을 누리는 것보다 더 좋아하고 그리스도를 위하여 받는 수모를 애굽의 모든 보화보다 더 큰 재물로 여겼으니 이는 상 주심을 바라봄이라"(히 11:24-26)라고 했습니다.

우리는 흔히 모세의 생애를 세 주기로 봅니다. 그는 120년을 살았는데 또렷이 구별되는 인생을 살았습니다. 애굽 궁궐에서 안락하고 화려했던 40년의 생애와 미디안 광야의 호렙 산 기슭에서 훈련받는 모습으로서의 40년 생애, 그리고 이스라엘 백성을 가나안까지 인도하는 영도자로서의 40년의 생애가 그것입니다.

어느 날 바로의 딸이 물에서 떠내려 오는 모세를 건져다가 궁궐에서 키웠습니다. 모세는 공주의 아들이 되어서 40년 동안 애굽의 학문과 문화를 배우면서 자랐습니다. 성서학자들에 의하면 바로에게는 아들이 없었답니다. 어쩌면 모세는 바로의 후계자의 가능성도 있었습니다.

그러나 모세는 공주의 아들이라 칭함을 거절하였습니다. 이것은 왕좌의 거부입니다. 세상 부귀영화의 거절입니다. 물질의 풍족한 삶과 안락한 생활의 행복을 한 순간에 포기했던 것입니다. 오직 하나님의 백성과 함께 고난을 받아도 그것을 기쁨으로 여길 줄 아는 사람이었습니다. 이것이 믿음의 멋진 삶이 아닐까 생각이 듭니다.

우리의 신앙은 어떻습니까? 죄악의 낙보다 신앙의 즐거움을 더 사랑하고 있습니까? 권력 때문에 믿음의 의를 저 버리고 있지는 않습니까? 모세처럼 죄악의 낙을 누리는 것보다도 하나님과 함께 하는 고난을 택할 수 있어야 합니다.

고사성어 중에서 '동가식(東家食) 서가숙(西家宿)'이란 말이 있습니다. 이 말이 생겨나게 된 유래는 다음과 같습니다. 옛날 중국의 어느 마을에 장성한 딸을

둔 부모가 있었습니다. 과년한 딸을 출가를 시켜야 할 때에 두 집안에서 청혼이 오게 되었습니다. 동쪽 집 신랑 후보는 가문이 훌륭하고 부잣집인데 건강하지 못해서 걱정이었고 서쪽 집 신랑 후보는 건강하고 미남인데 찢어지게 가난하여 먹을 것이 없을 정도였습니다.

부모가 딸에게 어느 집을 택하겠느냐고 물었더니 "낮에는 동쪽 집에 가서 밥을 먹고 살고, 밤에는 서쪽 집에 가서 건강한 미남 신랑과 잠을 자면 안 되겠느냐"라고 대답하더랍니다. 마치 하나님과 재물을 겸하여 섬기려는 우리의 모습과 같습니다.

성경은 "한 사람이 두 주인을 섬기지 못할 것이니 혹 이를 미워하고 저를 사랑하거나 혹 이를 중히 여기고 저를 경히 여김이라 너희가 하나님과 재물을 겸하여 섬기지 못하느니라"(마 6:24)라고 했습니다. 하나님을 두려워하며 삽시다. 히브리서 11장 26절에 "그리스도를 위하여 받는 수모를 애굽의 모든 보화보다 더 큰 재물로 여겼으니 이는 상 주심을 바라봄이라"라고 했습니다. 우리 그리스도인들은 기꺼이 그리스도를 위하여 고난받는 것을 가장 큰 보화로 알고 살아가시기를 바랍니다.

장애물과 환경을 뛰어넘는 믿음

모세의 믿음을 통해서 우리가 배울 수 있는 것은 믿음으로 앞에 가로 막혀 있던 홍해를 건넌 것입니다. 홍해는 믿음의 삶을 살려고 하는 그리스도인들에게 장애물이요 어려운 환경입니다. 그러나 우리는 환경에 지배를 당하지 않고 환경을 지배하시며 다스리시는 하나님을 바라보아야 합니다. 그럴 때 모세처럼 우리도 홍해를 건널 수 있게 될 것입니다.

우리가 성경을 묵상할 때 여러 사건을 접하게 됩니다. 그리고 그 사건 속에서 주인공들의 믿음의 사건들과 실수들, 그리고 주님과의 만남을 바라보게 됩니다. 그러나 여기에서 한 번 더 생각을 해야 합니다. 이 사건을 지휘하고 계시는 하나님을 인식해야 합니다. 성경의 사건 속에 임재하셔서 역사하시는 하나님의 보이지 않는 손길을 의식해야 합니다. 그럴 때 영적인 장애물, 믿음의 장애물들을 극복할 수 있습니다.

히브리서 기자는 "믿음으로 그들은 홍해를 육지 같이 건넜으나 애굽 사람들은 이것을 시험하다가 빠져 죽었으며"(히 11:29)라고 기록하고 있습니다. 모세와 백성들은 믿음으로 건넜다는 사실을 보여 줍니다.

출애굽기 14장 21-22절을 보면 "모세가 바다 위로 손을 내밀매 여호와께서 큰 동풍이 밤새도록 바닷물을 물러가게 하시니 물이 갈라져 바다가 마른 땅이 된지라 이스라엘 자손이 바다 가운데를 육지로 걸어가고 물은 그들의 좌우에 벽이 되니라"라고 했습니다. 홍해를 건넌 기적은 애굽의 피라미드, 노아의 방주와 더불어 세계의 3대 불가사의 중에 하나입니다.

모세와 이스라엘 백성들은 어떻게 홍해를 건넜을까요? 다리도 없고 배도 없는데 홍해 바다를 건넌 것은 하나님의 기적입니다. 영화 '십계'를 보시면 실감이 날 것입니다. 모세가 홍해를 향하여 손을 내밀 때 바다가 마른 땅이 되었습니다. 그리고 그 가운데 길이 생겼습니다. 믿음의 결단은 사명자가 가는 길 위에 놓여 있는 장애물을 뛰어넘게 합니다. 극복하게 합니다.

이스라엘 백성들은 믿음으로 홍해를 건넜으나 애굽의 마병들은 "들어가도 괜찮을까?"라고 의심했습니다. 그들이 물에 들어서는 순간 물은 다시 원래의 상태로 돌아왔습니다. 이 사건을 히브리서 기자는 이렇게 해석하고 있습니다. 이스라엘 백성들은 믿음으로 건넜으나 애굽 사람들은 시험하다가 빠져 죽었다(히 11:29)고 말씀하고 있습니다.

홍해는 지금도 우리에게 있습니다. 홍해는 이스라엘 백성들의 가나안으로 가는 여행 길 중 최고의 난관이었습니다. 오늘도 이 세상을 살아가는 우리에게 만나는 시련이나 역경의 홍해가 있습니다. 역경과 시련을 어떻게 건너야 합니까?

돈으로 건너야 합니까? 다른 사람의 도움으로 건너야 합니까? 아닙니다. 오직 믿음으로 건너야 합니다. 하나님께서는 우리에게 모세 같은 믿음을 요구하고 계십니다. 믿음으로 살아가기를 원하시고 계십니다.

민수기 21장 5-6절을 보면 광야에서 이스라엘 백성들이 양식이 없다고 불평하였을 때 하나님은 '불 뱀'을 보내셔서 이스라엘 백성들을 물게 하였습니다. 불 뱀에 물리면 퉁퉁 붓고 독소가 퍼져서 죽어갔습니다. 모세가 하나님께 기도할 때에 하나님께서는 '구리 뱀'을 만들어 장대 끝에 높이 달고 쳐다보면 살게 하셨습니다. 이때에 두 종류의 사람이 생겨났습니다. 어떤 사람들은 "장대에 달린 '놋 뱀'을 쳐다보면 낫겠다고 생각"하면서 불신하는 사람들과 "죽어도 한 번 쳐다보고 죽어야지"라고 생각하고 바라본 사람입니다. 민수기 21장 9절에 "놋 뱀을 쳐다본즉 살더라"라고 기록하고 있습니다.

오늘도 그 하나님은 십자가에 예수 그리스도가 못 박혀 죽게 하시고 피 흘리게 하셔서 누구든지 그 피를 의지하여 십자가만 바라보면 구원을 얻게 하셨습니다. 하나님을 두려워하며 잠시 죄악의 낙을 거절하고 하나님과 함께 하는 고난을 택할 줄 아는 그리스도인이 되어야 합니다. 주님과 함께 하는 삶을 택한 결과로 우리가 살면서 홍해 바다 같은 어려운 시험과 난관이 온다고 하더라도 믿음으로 건너는 신앙의 사람이 되어야 합니다. 이것이 하나님의 부르심에 사로잡혀 사는 사람들의 믿음의 고백인 것입니다.

하나님은 우리를 이러한 믿음의 고백의 숲으로 초청하고 계십니다. 이제 어떤 선택, 어떤 결단을 하시겠습니까?

6장 믿음의 숲에 꽃을 피우다 - 라합과 기드온

히브리서 11장 30-40절

알리스터 맥그래스는 우리의 내적이며 영적인 갈망에 대해서 말하고 있습니다. 맥그래스는 그의 책 『목마른 내 영혼』이라는 책을 통해서 영적 목마름을 말하고 있습니다. 맥그래스는 내게 필요한 일은 나 자신을 이해하는 것이라고 말합니다. 하나님이 내게 정말 원하시는 일이 무엇인지 깨닫는 것입니다. 내게 절실한 일은 진리를 발견하는 일입니다.

내가 그것을 위해 살 수 있고, 그것을 위해 죽을 수 있는 이상 말입니다. 만일 그렇지 않다면, 소위 객관적 진리를 발견해 내고, 모든 철학 체계를 다 꿰뚫어 그것을 다 논할 수 있고, 또 그 하나하나에서 오류를 집어낼 수 있다 한들 무슨 소용이 있겠습니까? 국가에 대한 이론을 전개해 치밀하고도 통일성 있는 사상을 하나 만들어 냈다 한들, 나는 그 안에 살지 않으면서 다만 남들에게 제시하기 위한 사상 세계에 불과하다면, 그것이 무슨 소용이 있겠습니까?

만일 내가 사람들에게 기독교의 의미를 설명할 수 있다 한들 기독교가 나와 내 삶에 깊은 의미를 갖지 못한다면, 그것이 무슨 소용이 있습니까? 또한 지금 내 앞에 서 있는 진리가, 내게 신뢰와 헌신이 아니라 공포의 전율만 일으키는 싸늘하고 적나라한 진리라면, 그것이 내게 무슨 유익이 되겠습니까?

물론 나는 여전히 지적인 이해의 필요성을 부인하지는 않습니다. 그러나 그것은 내 삶으로 들어 올려져야 합니다. 지금 내게 가장 중요한 것은 바로 이것이고, 내 영혼이 간절히—마치 아프리카 사막이 물을 갈망하듯—찾고 있는 것도 바로 이것입니다. 그런데 이것이 아직 내게 없기에, 지금 나는 집도 얻고 가구와 세간도 다 갖추었으나 아직 그 안에서 함께 삶의 희로애락을 나눌 연인을 찾지 못한 어떤 남자처럼 이렇게 우두커니 서 있는 것입니다.

맥그래스는 영적 목마름을 채울 수 있는 분은 오직 하나님뿐이라고 말하고 있습니다. 라합은 여리고 성이라는 닫혀진 세계 속에서 영적 목마름을 느꼈습니다. 그 속에서 라합은 하나님의 절대적인 필요성을 갖게 되었습니다. 라합은 그 어느 곳에서도 쉼과 영적 만족을 누릴 수 없었습니다.

오늘을 살아가는 그리스도인들 중에서 믿음에 대한 오해를 가지고 있는 모습을 발견하게 됩니다. 특히 성경에 나타난 믿음의 영웅들을 피상적으로 알게 될 때 이것은 더 심각하게 나타날 수 있습니다. 나와는 별개의 모습으로 생각하고, 딴 세상 사람들의 이야기로 치부할 경우도 있습니다. 그러나 히브리서 11장을 자세히 들여다보면 믿음의 선진들도 우리와 성정이 같은 사람들임을 발견하게 됩니다. 연약한 자들을 믿음의 영웅으로 만드시는 분은 하나님이십니다.

부조리하며 포기된 인생들 중에서도 하나님을 믿음으로 말미암아 믿음의 증인된 삶을 사는 사람도 발견하게 됩니다. 바로 라합입니다. 성경은 라합을 어떻게 설명하고 있습니까? "믿음으로 기생 라합은 정탐꾼을 평안히 영접(히 11:31)하였다"고 했습니다.

기생은 헬라어로 '폴네'(πορνη)라고 합니다. 폴네라는 말은 '매춘부', '창녀', '돈 때문에 절개를 파는 자'를 의미합니다. 라합은 기생으로서 술을 팔고 웃음을 팔고 몸을 파는 여인이었습니다. 그녀가 믿음의 선진들 가운데 들어 있다는 사실은 도저히 납득이 가지 않는 일입니다.

그럼에도 불구하고 성경은 기생 라합을 믿음의 영웅으로 소개하고 있습니다.

또 한 사람은 기드온입니다. 기드온은 미디안의 손에서 민족을 구원해낸 위대한 사사입니다. 믿음으로 생명을 구한 기생 '라합'과 믿음으로 십만 명의 미디안 군사를 물리친 '기드온'을 소개하고 히브리서 11장의 결론을 맺고자 합니다.

믿음의 영웅이 된 기생 라합

믿음의 숲에 꽃을 피우는 라합을 부를 때 우리는 여전히 '기생'이라는 단어를 그 앞에도 붙이고 있는 모습을 발견하게 됩니다. 기생이라는 것은 라합의 인생에 하나의 오점이고 생각하기도 싫은 과거의 삶이었을 것입니다.

그럼에도 불구하고 기생이라는 단어를 붙임으로써 하나님께서 그 인생을 어떻게 믿음의 영웅의 자리로, 믿음의 숲에서 꽃을 피우게 하셨는가를 보여 주고 있습니다. 이것은 우리에게 새로운 도전이며 희망입니다. 언젠가 하나님께서 우리를 그렇게 역사하실 것이기 때문입니다.

그렇다면 기생 라합은 어떠한 믿음을 소유하였습니까? 그녀의 신앙을 말해 주고 있는 말씀이 히브리서 11장 30-31절에 나옵니다. "믿음으로 칠 일 동안 여리고를 도니 성이 무너졌으며 믿음으로 기생 라합은 정탐꾼을 평안히 영접하였으므로 순종하지 아니한 자와 함께 멸망하지 아니하였도다"라고 했습니다.

이스라엘 백성들이 광야를 사십년 동안 지나서 요단 강 건너편 느보산에 오게 되었습니다. 요단 강을 사이에 두고 이편은 느보 산이었고, 저편은 가나안 땅의 첫 성인 여리고였습니다. 여리고성은 종려의 성읍 여리고(신 34:3)라는 별명도 가지고 있었습니다. 이러한 여리고성은 견고하고 중요한 요충지로 지금도 사람들이 많이 거주하는 곳입니다. 여호수아가 이 성을 정복하기 위하여 정탐꾼을 두 사람 보냈는데 어려움에 빠진 정탐꾼들을 기생 라합이 숨겨 주었습니다. 라합이 왜 이스라엘의 정탐꾼을 숨겨 주었습니까? 당시의 말씀을 잘 설명해 주고 있는 성경이 여호수아 2장입니다.

라합은 세 가지 이유 때문에 정탐꾼을 숨겨 주었습니다.

첫째는 여호와께서 이 땅을 이스라엘 백성에게 주신 줄을 알았기 때문입니다(수 2:9).

둘째는 이스라엘 백성이 애굽에서 나올 때에 하나님께서 이스라엘 백성 앞에서 홍해 물을 마르게 하신 일과 이스라엘 백성이 요단 저편에 아모리 사람의 두 왕 시혼과 옥에게 행한 일, 즉 곧 그들을 전멸시킨 일을 들었기 때문입니다(수 2:10).

셋째는 이스라엘의 하나님이 상천하지의 유일하신 분이라는 것을 알았기 때문입니다(수 2:11). 나의 신앙은 어떻습니까? 하나님을 상천하지의 하나님으로 믿고 있습니까? 홍해를 마르게 하신 능력으로 나를 인도하심을 믿으십니까? 우리 그리스도인들은 라합의 신앙을 본받아야겠습니다.

라합은 정탐꾼을 살려준 대가로 창가에 붉은 줄을 매달면 그녀와 그 집이 죽음을 면하고 구원받을 수 있는 약속을 얻었습니다. 여호수아 2장 18-21절에 "우리가 이 땅에 들어올 때에 우리를 달아 내린 창문에 이 붉은 줄을 매고 네 부모와 형제와 네 아버지의 가족을 다 네 집에 모으라 누구든지 네 집 문을 나가서 거리로 가면 그의 피가 그의 머리로 돌아갈 것이요 우리는 허물이 없으리라 그러나 누구든지 너와 함께 집에 있는 자에게 손을 대면 그의 피는 우리의 머리로 돌아오려니와 네가 우리의 이 일을 누설하면 네가 우리에게 서약하게 한 맹세에 대하여 우리에게 허물이 없으리라 하니 라합이 이르되 너희의 말대로 할 것이라 하고 그들을 보내어 가게 하고 붉은 줄을 창문에 매니라"라고 하였습니다. 라합의 가족은 붉은 줄 때문에 구원을 받았습니다.

이스라엘 백성들이 출애굽 할 때 바로는 이스라엘 백성을 놓아 주지 않았습니다. 하나님은 애굽 백성들에게 열 가지 재앙을 통해서 이스라엘 백성을 해방 시켰습니다. 첫째는 물이 피로 변하는 재앙, 둘째는 개구리 재앙, 셋째는 이 재 앙, 넷째는 파리 재앙, 다섯째는 악질 재앙, 여섯째는 독종 재앙, 일곱째는 우박 재앙, 여덟째는 메뚜기 재앙, 아홉째는 흑암 재앙, 마지막 재앙은 장자의 재앙 이었습니다.

애굽 사람의 집은 바로의 장자로부터 맷돌 가는 여인의 장자까지 모두 죽임 을 당했지만 이스라엘 백성들의 집은 양을 잡아먹고 그 피를 문설주와 인방에 발라 재앙이 넘어갔습니다. 이 날을 유월절이라고 하는데 그 뜻은 'Pass Over' 로 '넘어갔다', 혹은 '지나갔다' 는 뜻입니다. 이스라엘 백성들에게는 재앙이 지나가고 넘어간 것처럼 믿음의 가정에 재앙이나 질병이나 우환이 지나가고 넘어가길 원합니다.

구약의 사건들은 우리의 신앙의 예표입니다. 이것은 누구든지 예수 그리스도 의 보혈을 믿으면 영원한 구원을 얻는 것을 의미합니다. 히브리서 13장 12절에 "그러므로 예수도 자기 피로써 백성을 거룩하게 하려고 성문 밖에서 고난을 받 으셨느니라"고 말씀하셨습니다. 누구든지 예수의 보혈을 의지하여 믿고 마음 의 창가에 그 피를 바르면 구원을 받게 됩니다. 주님의 피를 의지합시다.

라합은 기생으로서, 몸을 팔고 웃음을 팔아서 생계를 유지했던 눈물 많던 여 인이었습니다. 라합에게는 미래가 없었습니다. 사람들의 멸시와 손가락질, 따 가운 시선은 라합이 고개를 들고 살 수 없게 만드는 것이었습니다. 그러나 그에 게 놀라운 복음과 같은 소식을 접하게 되었습니다. 여리고성이 아무리 견고하 다고 할지라도 라합은 그곳에 구원의 역사를 맛 볼 수 없었습니다. 그는 믿음을 향해서 목숨을 건 모험을 하게 된 것입니다.

생명을 걸고 정탐꾼들을 숨겨준 그 믿음이야말로 이 세상에서 구원과 성공을 바라보던 우리들의 모습을 부끄럽게 합니다.

우리도 라합처럼 생명을 건 믿음의 삶을 통하여 민족을 치유하고 세상을 변화시키는 믿음의 선진이 되어야 할 것입니다.

소심한 기드온의 믿음

기드온은 철저하게 상황에 지배를 받는 소심한 사람이었습니다. 그러나 그가 민족을 구원한 지도자가 될 수 있었던 것은 믿음의 삶을 살았기에 가능했던 것입니다. 기드온은 처음에는 소심하고 작은 용사였지만 믿음을 가지기 시작했을 때는 누구도 막을 수 없고 감당할 수 없는 큰 용사가 되었습니다. 기드온과 같은 큰 용사, 하나님의 용사가 되시기를 바랍니다.

기드온의 이야기는 사사기 6장 11절-7장 25절에 자세히 기록되어 있습니다. 당시 역사적 상황을 보면 이스라엘이 미디안의 지배를 받을 때 기드온이 출생하게 되었습니다. 한 나라가 다른 나라의 지배를 받는다는 것은 비극적인 일입니다. 인도는 영국의 지배를 400년간 받았습니다. 영국은 동인도회사, 서인도회사를 세워 보석과 자원을 착취했습니다.

그러나 영국이 물러가면서 세 가지를 남겨 주었습니다. 첫째는 통일국가를 물려주고 떠났습니다. 인도는 한 번도 지금의 영토만큼 자기들의 힘으로 통일을 이루지 못했는데 영국이 통일을 해 놓고 물러가자 지금의 통일 인도를 이루게 되었습니다. 둘째는 영어를 남겨 주고 갔습니다. 인도는 거지도 영어를 잘합니다. 셋째는 철도를 남겨 주고 갔습니다. 그러나 일본은 우리를 지배하며 분단국가와 역사왜곡만 남겨 주고 갔는데 지금까지도 독도가 자기네 땅이라고 주장하니 한심하기 짝이 없습니다.

이스라엘이 조용히 양을 치며 농사짓고 살 때에 미디안 군사들이 이스라엘을 쳐들어왔습니다. 10만 대군을 앞세워 쳐들어왔기에 이스라엘은 나라를 빼앗기고 농사를 지으면 양식마저도 빼앗겼습니다. 하나님은 미디안의 군사를 물리 치시기 위하여 기드온을 선택하셨습니다.

하나님은 왜 기드온을 선택하셨을까요? 기드온이 충성스러웠기 때문입니다. 사사기 6장 11-12절을 보면 "여호와의 사자가 아비에셀 사람 요아스에게 속한 오브라에 이르러 상수리나무 아래에 앉으니라 마침 요아스의 아들 기드온이 미디안 사람에게 알리지 아니하려 하여 밀을 포도주 틀에서 타작하더니 여호 와의 사자가 기드온에게 나타나 이르되 큰 용사여 여호와께서 너와 함께 계시 도다"라고 하였습니다. 그리고는 기드온을 이스라엘을 구원해 내는 민족의 지 도자가 되게 하셨습니다.

상수리나무 아래에서 '밀 타작하던 기드온'을 택하셨습니다. 이것은 그가 자 기 직분에 충성했고 성실했기 때문이었습니다. 또 겸손했기 때문입니다. 사사 기 6장 15절에 보면 "기드온이 그에게 대답하되 오 주여 내가 무엇으로 이스라 엘을 구원하리이까 보소서 나의 집은 므낫세 중에 극히 약하고 나는 내 아버지 집에서 가장 작은 자니이다"라고 하였습니다. 이렇게 겸손한 기드온을 하나님 은 선택하셔서 "내가 반드시 너와 함께 하리니 네가 미디안 사람 치기를 한 사 람을 치듯 하리라"(삿 6:16)라고 약속하셨고 그를 사용하셨습니다.

또 하나님은 기드온의 믿음을 보셨습니다(삿 7:16). 기드온은 미디안을 물리 치기 위해 군사를 모집하였는데 삼만 이천 명이나 모였습니다. 그러나 하나님 은 너무 많다고 하셨습니다. 기드온은 "누구든지 두려워서 떠는 자여든 길르앗 산에서 떠나 돌아가라"고 하였습니다. 돌아간 백성이 이만 이천 명이나 되었고 남은 자가 일만 명이었습니다. 일만 명과 십삼만 오천 명은 비교가 안 되는 전 쟁입니다. 그럼에도 하나님은 다 물리치시고 최후에 300명만 택하셨습니다. 기드온은 용사 300명을 이끌고 미디안의 십만 대군과 싸우러 나갔습니다.

기드온은 300명의 용사에게 세 가지를 무장시켰습니다. 그들의 가진 무기는 나팔과 빈항아리, 그리고 횃불이었습니다. 이것은 '믿음의 무기'였습니다. 야밤을 이용하여 기드온은 백 명씩 세 무리로 나누었습니다. 첫 번째로 항아리를 깨뜨렸습니다. 항아리가 깨지는 소리는 수백만 명의 기병대의 말발굽 소리로 들렸습니다. 두 번째로는 횃불을 높이 들었습니다. 잠자던 미디안 군사들은 혼비백산하여 정신을 잃었습니다. 세 번째로는 나팔을 불었습니다. 사사기 7장 2절을 보면 "삼백 명이 나팔을 불 때에 여호와께서 그 온 진영에서 친구끼리 칼로 치게" 하셨습니다. 이스라엘의 승리는 힘의 승리가 아닌 '믿음의 승리'였습니다.

기드온 삼백 명의 용사의 무기인 항아리는 우리의 육체를 의미합니다. 육체의 정욕과 욕심을 깨뜨려야 영적인 전쟁에서 승리합니다. 항아리가 깨질 때 횃불이 드러났습니다. 이것은 진리의 빛입니다. 진리의 말씀의 빛을 높이 들어야 합니다. 마지막으로 나팔을 불었습니다. 이것은 복음의 나팔입니다(고전 14:8).

기드온과 300명의 용사가 승리한 비결은 육체의 욕심과 정욕을 깨뜨리고 진리의 말씀을 의지하고 믿음으로 나아갔기 때문입니다. 세상을 이기려면 오직 '믿음의 무기'로만 무장해야 합니다. 하나님이 승리를 주셔야 합니다. 하나님이 함께 하셔야 승리합니다.

믿음의 증거와 함께 약속 받은 자

위대한 믿음의 선진들은 증거는 받았으나 약속은 받지 못했습니다. 히브리서 11장 39절을 보면 "이 사람들이 다 믿음으로 말미암아 증거를 받았으나 약속된 것을 받지 못하였으니"라고 말씀하고 있습니다. 그러나 우리들은 증거도 받고 약속도 받은 자들입니다. 그러므로 40절에 "이는 하나님이 우리를 위하여 더 좋은 것을 예비하셨은즉 우리가 아니면 그들로 온전함을 이루지 못하게 하려

하심이라"라고 하였습니다.

믿음의 선진들은 "믿음으로 나라들을 이기기도 하며 의를 행하기도 하며 약속을 받기도 하며 사자들의 입을 막기도 하며 불의 세력을 멸하기도 하며 칼날을 피하기도 하며 연약한 가운데서 강하게 되기도 하며 전쟁에 용감하게 되어 이방 사람들의 진을 물리치기도 하며 여자들은 자기의 죽은 자들을 부활로 받아들이기도 하며 또 어떤 이들은 더 좋은 부활을 얻고자 하여 심한 고문을 받되 구차히 풀려나기를 원하지 아니하였으며 또 어떤 이들은 조롱과 채찍질뿐 아니라 결박과 옥에 갇히는 시련도 받았으며 돌로 치는 것과 톱으로 켜는 것과 시험과 칼로 죽임을 당하고 양과 염소의 가죽을 입고 유리하여 궁핍과 환난과 학대를 받았으니 (이런 사람은 세상이 감당하지 못하느니라) 그들이 광야와 산과 동굴과 토굴에 유리하였느니라"(히 11:33-38)라고 하였지만 이들은 메시아가 오신다는 증거밖에 못 받았습니다.

그러나 우리들은 약속하신 메시아인 예수 그리스도를 통해 온전한 구원까지 얻게 되었으므로 우리가 아니면 이들의 구원이 온전해질 수 없습니다.

그러므로 우리는 이 사람들보다 더 복된 자들입니다. 이들이 가졌던 위대한 신앙을 우리도 가집시다. 그래서 믿음의 증거와 함께 약속을 받은 자가 되어서 복되게 살아갑시다.

7장 믿음의 대상 - 예수

히브리서 12장 1-3절

성경에서는 신앙생활을 여러 가지로 비유하고 있습니다. 성경은 성도의 다양한 모습을 설명해 주고 있습니다. 요한복음 15장 1절에서는 성도를 포도나무의 '가지'에 비유했고, 디모데후서 2장 3절에서는 "너는 그리스도 예수의 좋은 병사로 나와 함께 고난을 받으라"라고 '군사'로 표현했습니다.

또 베드로전서 2장 11절에는 "사랑하는 자들아 거류민과 나그네 같은 너희를 권하노니 영혼을 거슬러 싸우는 육체의 정욕을 제어하라"고 말씀하면서 성도를 '나그네와 행인'에 비유하고 있습니다. 히브리서 기자는 성도를 신앙생활을 경주하는 '경주자'에 비유하고 있습니다.

히브리서 12장 1절을 보면 "이러므로 우리에게 구름같이 둘러싼 허다한 증인들이 있으니 모든 무거운 것과 얽매이기 쉬운 죄를 벗어 버리고 인내로써 우리 앞에 당한 경주를 경주하며"라고 했습니다. 구름같이 둘러싼 허다한 믿음의 선진들이 우리의 달음질을 잘 하도록 응원하고 있다는 것입니다.

그렇다면 성도들이 신앙의 달음질에서 승리하기 위해서는 어떻게 해야 합니까?

무거운 것과 얽매이기 쉬운 것을 벗어 버려라

우리가 신앙의 달음질에서 승리하기 위해서는 첫째로 무거운 것과 얽매이기 쉬운 것을 벗어 버려야 합니다. 성경에는 여러 곳에서 신앙생활을 경주에 비유하고 있습니다. 고린도전서 9장 24절에도 "운동장에서 달음질하는 자들이 다 달릴지라도 오직 상을 받는 사람은 한사람인 줄을 너희가 알지 못하느냐 너희도 상을 받도록 이와 같이 달음질하라"라고 했습니다.

사도 바울도 "나는 선한 싸움을 싸우고 나의 달려갈 길을 마치고 믿음을 지켰으니 이제 후로는 나를 위하여 의의 면류관이 예비되었으므로 주 곧 의로우신 재판장이 그 날에 내게 주실 것이며 내게만 아니라 주의 나타나심을 사모하는 모든 자에게도니라"(딤후 4:7-8)라고 말씀하시면서 신앙을 달음질에 비유하였습니다.

사도 바울은 "너희가 달음질을 잘 하더니 누가 너희를 막아 진리를 순종하지 못하게 하더냐"(갈 5:7)라고 말하고 있습니다. 바울은 갈라디아 성도들이 이단의 유혹을 받아 달음질을 중단한 것에 대해서 책망하고 있습니다. 바울은 서신서들을 통해서 그리스도인의 사명을 위해서 달려가는 것이 얼마나 중요한지를 말하고 있습니다.

"계시를 따라 올라가 내가 이방 가운데서 전파하는 복음을 그들에게 제시하되 유력한 자들에게 사사로이 한 것은 내가 달음질하는 것이나 달음질한 것이 헛되지 않게 하려 함이라"(갈 2:2)라고 말씀하였습니다. "생명의 말씀을 밝혀 나의 달음질이 헛되지 아니하고 수고도 헛되지 아니함으로 그리스도의 날에 내가 자랑할 것이 있게 하려 함이라"(빌 2:16)라고 말씀합니다. 또한 "끝으로 형제들아 너희는 우리를 위하여 기도하기를 주의 말씀이 너희 가운데서와 같이 퍼져 나가 영광스럽게 되고"(살후 3:1)라고 말씀하시면서 복음증거가 헛되지 않기를 원했습니다.

달음질에서 승리하기 위해서는 우선적으로 무거운 것과 얽매이기 쉬운 것들을 벗어 버려야 합니다. 히브리서 기자는 "이러므로 우리에게 구름같이 둘러싼 허다한 증인들이 있으니 모든 무거운 것과 얽매이기 쉬운 죄를 벗어 버리고"(히 11:1)라고 했습니다. 경주하는 사람은 달음질에 불필요한 모든 것들을 벗어 버려야 합니다.

시골에서 목회하던 시절의 일입니다. 시골에 있는 초등학교에서는 추석 연휴 때에 운동회를 하는 경우가 종종 있습니다. 이 운동회는 마을의 축제가 되기도 합니다. 오전에는 학생들의 운동회이지만 오후에는 동네 어른들의 잔치가 됩니다. 오랜만에 고향을 찾은 사람들, 학교 선후배 마을 사람들이 어울려 한바탕 뛰고 달리고 즐거운 잔치가 벌어집니다.

학부모들이 달리기하는 시간이었습니다. 달리기 출발선에 모두들 나와 섰는데 어떤 사람들은 간편한 운동복에 운동화를 신은 사람들도 있었고 어떤 사람들은 넥타이 차림에 구두를 신고 양복을 입은 채로 나왔습니다. 총소리와 함께 달리기가 시작되었습니다. 간편한 복장을 한 사람은 잘 달려 1등을 하였지만 거추장스러운 양복을 입고 구두를 신은 사람은 구두가 벗겨집니다. 넥타이가 어깨 뒤로 넘어갑니다. 도저히 1등을 할 수가 없었습니다.

운동경기의 승리의 비결은 무거운 것과 얽매이기 쉬운 것들을 벗어 버려야 합니다. 성경은 이것을 죄라고 했습니다. '무거운 것'의 헬라어의 뜻은 '부어 오른 것', '튀어 나온 것', '군더더기'란 뜻입니다. '얽매이기 쉬운'이란 말은 '둘러싸다'는 말입니다. 죄는 우리들의 믿음의 달음질을 못 하도록 얽어맵니다. 죄는 무거운 짐같이 내리 누릅니다. 요한복음 8장 34절에는 "죄를 범하는 자마다 죄의 종이라"고 했습니다. 고린도전서 15장 56절에는 "사망이 쏘는 것은 죄요 죄의 권능은 율법이라"고 했고, 로마서 7장 11절에는 "죄가 기회를 타서 계명으로 말미암아 나를 속이고 그것으로 나를 죽였는지라"라고 했습니다.

죄는 영혼을 거스르게 합니다. 죄는 낙심하게 만듭니다. 죄는 믿음의 달음질에서 달리지 못하도록 방해합니다. 예수님이 오신 것은 죄에 매여 있는 우리를 구하시기 위해서였습니다. 마태복음 1장 21절에 "아들을 낳으리니 이름을 예수라 하라 이는 그가 자기 백성을 그들의 죄에서 구원할 자이심이라 하니라"고 하였고, 마태복음 9장 13절에는 "나는 의인을 부르러 온 것이 아니요 죄인을 부르러 왔노라"라고 하셨습니다.

무거운 것과 얽매이기 쉬운 죄를 벗지 않고는 신앙의 달음질에서 승리할 수 없습니다. 우리 자신을 얽매이게 하는 죄의 짐을 벗어 버려야 합니다. 그리고 하나님이 원하시는 거룩을 향해 달려나가야 합니다.

성경은 우리에게 거룩을 요구하고 있습니다. 고린도후서 7장 1절에 "그런즉 사랑하는 자들아 이 약속을 가진 우리는 하나님을 두려워하는 가운데서 거룩함을 온전히 이루어 육과 영의 온갖 더러운 것에서 자신을 깨끗하게 하자"라고 했습니다. 또 베드로전서 2장 11절에 "사랑하는 자들아 거류민과 나그네 같은 너희를 권하노니 영혼을 거슬러 싸우는 육체의 정욕을 제어하라"라고 하였습니다.

인내하라

믿음의 경주, 믿음의 레이스에서 우리가 승리하기 위해서는 둘째로 인내해야 합니다. 히브리서 12장 1절 마지막 부분을 보면 "인내로써 우리 앞에 당한 경주를 경주하며"라고 했습니다. 경주에는 인내가 필요합니다.

이솝의 우화(寓話)중에 '토끼와 거북이'의 경주 이야기가 나옵니다. 이 경기에서 거북이는 인내로서 토끼와의 경주에서 승리합니다. 토끼가 거북이에게

산꼭대기까지 달리기 시합을 하자고 제안을 했습니다. 토끼는 달리기에 자신이 있었기 때문입니다. 그러나 결과는 거북이가 이겼습니다. 왜냐하면 토끼는 낮잠 자고 쉬다가 갔지만, 거북이는 쉬지 않고 인내했기 때문입니다. 달음질을 하면 숨이 찹니다. 땀이 흐릅니다. 그리고 힘이 듭니다. 그러나 참고 인내해야 승리를 할 수 있습니다. 인생의 달음질에도 인내하는 자가 승리합니다.

삼국지에 나오는 이야기입니다. 초나라의 '장왕'에게 절세미인인 왕후가 있었습니다. 신하들은 마음속으로 그녀의 미모를 흠모했습니다. 하루는 전쟁에 공을 세운 장군들을 초청하여 잔치를 벌이게 되었는데 술을 마시고 여흥하는 자리에서 갑자기 회오리바람에 촛불이 꺼졌습니다. 사방이 캄캄한 틈을 이용하여 신하 한 사람이 왕후의 허리를 슬그머니 껴안았습니다.

왕후는 얼른 갓끈을 잡아 당겨 끊어놓고 왕에게 말했습니다. "누가 나를 껴안았는데 갓끈이 없는 사람을 찾아 내달라"라고 말하자 장왕은 화가 났지만 참고 인내하며 "모두 갓끈을 끊으라"라고 한 후에 불을 켰습니다. 신하는 목숨을 건지게 되었습니다.

몇 해 후 진나라와 전쟁하게 되었을 때 왕은 적군에게 포위를 당했습니다. 이때 한 장수가 용감히 혼자의 몸으로 적진에 뛰어들어 왕을 구하였는데 너무 화살을 많이 맞아 쓰러져 죽었습니다. 신하는 "임금님 그때 죽을 목숨을 살려 주신 은혜를 이제야 갚게 되었습니다"하는 말을 남기고 숨을 거두었습니다. 인내하고 참는 자가 인생에도 승리하게 됩니다.

예수님은 씨 뿌리는 비유에서 좋은 땅은 인내로 결실하는 자라고 하셨습니다. 누가복음 8장 15절에 "좋은 땅에 있다는 것은 착하고 좋은 마음으로 말씀을 듣고 지키어 인내로 결실하는 자"라고 했습니다. 우리가 힘들어도 인내해야 하는 이유는 로마서 5장 3-4절에 "다만 이뿐 아니라 우리가 환난 중에도 즐거워하나니 이는 환난은 인내를, 인내는 연단을, 연단은 소망을 이루기" 때문이라고 했습니다.

황영조 선수가 올림픽 경기의 마라톤에서 금메달을 땄습니다. 마라톤에서 승리의 비결은 속도(Speed)와 지구력(인내)입니다. 기자들이 "어떻게 우승할 수 있었는가?"라고 물었더니 "숨이 차고 힘들었지만 인내하고 참았기 때문이다"라고 했습니다.

히브리서 10장 36절에는 "너희에게 인내가 필요함은 너희가 하나님의 뜻을 행한 후에 약속하신 것을 받기 위함이라"라고 하였고, 야고보서 1장 3절에는 "이는 너희 믿음의 시련이 인내를 만들어 내는 줄 너희가 앎이라"고 하였습니다. 야고보 1장 4절에는 "인내를 온전히 이루라 이는 너희로 온전하고 구비하여 조금도 부족함이 없게 하려 함이라"라고 말씀하고 있습니다.

욥은 네 가지 시험을 당했습니다. 물질의 손해와 열 자녀의 죽음과 몸에 악창이 생기는 질병, 그리고 친구들과 아내의 조롱이었습니다. 그러나 욥은 하나님을 향하여 원망하지 않고 인내하므로 갑절의 축복을 다시 받았습니다. 야고보서 5장 11절에는 "보라 인내하는 자를 우리가 복되다 하나니 너희가 욥의 인내를 들었고 주께서 주신 결말을 보았거니와 주는 가장 자비하시고 긍휼히 여기시는 이"라고 하였습니다.

베드로후서 1장 5-7절에 8가지 신(神)의 성품을 말씀하면서 그 중에 인내를 말하고 있습니다. "믿음에 덕을, 덕에 지식을, 지식에 절제를, 절제에 인내를, 인내에 경건을, 경건에 형제우애를, 형제우애에 사랑을 더하라"고 하는 것이 하나님의 성품에 참여하는 것이라고 했습니다.

우리가 믿음의 달음질을 할 때에는 많은 시련과 어려움이 오게 될 것입니다. 그러나 우리가 인내하면 승리할 것입니다.

믿음의 주요 온전하게 하시는 예수를 바라보라

신앙의 경주에서 승리하기 위해서는 셋째로 믿음의 주요 우리들을 온전하게 하시는 예수님을 바라보아야 합니다. 훌륭한 달음질은 목표를 바라보는 것입니다. 푯대가 없는 달음질은 승리할 수 없습니다. 목표가 없고 어디로 가야 할지 방향이 없는 달음질은 결코 승리할 수 없습니다. 히브리서 12장 2절에는 "믿음의 주요 또 온전하게 하시는 이인 예수를 바라보자 그는 그 앞에 있는 기쁨을 위하여 십자가를 참으사 부끄러움을 개의치 아니하시더니 하나님 보좌 우편에 앉으셨느니라"고 말씀했습니다.

사도 바울도 고린도전서 9장 26절에서 "그러므로 내가 달음질하기를 향방 없는 것 같이 아니하고 싸우기를 허공을 치는 것 같이 아니하며"하고 했습니다. 달음질에는 목표가 분명해야 합니다.

빌립보서 3장 12-14절에 "내가 이미 얻었다 함도 아니요 온전히 이루었다 함도 아니라 오직 내가 그리스도 예수께 잡힌바 된 그것을 잡으려고 달려가노라 형제들아 나는 아직 내가 잡은 줄로 여기지 아니하고 오직 한 일 즉 뒤에 있는 것은 잊어버리고 앞에 있는 것을 잡으려고 푯대를 향하여 그리스도 예수 안에서 하나님이 위에서 부르신 부름의 상을 위하여 달려가노라"고 말씀하고 있습니다.

우리 신앙의 푯대는 예수님이십니다. 예수님만 바라본다는 것은 예수님만을 의지한다는 것입니다. 예수님만 바라본다는 것은 예수님과 교제하는 것입니다. 예수를 바라본다는 것은 순종하는 삶을 살게 된다는 의미입니다. 예수님을 바라보면 주위 환경을 이길 수 있기 때문입니다.

베드로가 풍랑 속에서 주님을 바라보면서 말합니다. "주여 나를 명하여 물 위를 걸으라 하소서." 그러자 예수님께서 "오라 하시니 베드로가 배에서 내려물 위로 걸어서 예수께로" 갈 수 있었습니다. 그러나 잠시 후에 "바람을 보고 무서워 빠져 가는지라 소리 질러 이르되 주여 나를 구원 하소서"(마 14:30)라고 말하였습니다.

베드로는 바람을 보았습니다. 물결을 보았습니다. 무서운 파도를 보았습니다. 그리고 두려운 마음이 생겼습니다. 그러나 예수님을 바라보면 환경을 이기게 됩니다. 예수님만을 바라보면 주위 여건을 이기게 됩니다. 무엇을 바라보느냐는 우리들의 믿음과 신앙을 결정하는 중요한 요소가 됩니다.

예수를 바라보아야 하는 이유는 그분이 "구원의 주"(히 2:10)이시고, "생명의 주"(벧전 3:15)이시기 때문입니다. 요한복음 8장 29절에 "나를 보내신 이가 나와 함께 하시도다 나는 항상 그가 기뻐하시는 일을 행하므로 나를 혼자 두지 아니하셨느니라"고 하셨습니다.

믿음의 주요 온전하게 하시는 예수를 바라보면 그 분이 함께 하십니다. 믿음의 달음질을 잘 하도록 힘을 주십니다. 승리하게 하십니다. 예수님은 그 앞에 있는 즐거움을 위하여 십자가를 참으사 부끄러움을 개의치 아니하시더니 하나님 보좌 우편에 앉으셨습니다. 십자가까지 참고 인내하셨기에 그분을 바라보면 인내할 수 있고, 참을 수 있고, 끝까지 잘 달려 갈 수 있습니다. 승리의 면류관을 쓰는 날까지 믿음의 달음질을 잘 하시기를 바랍니다.

8장 믿음의 성장 - 고난
히브리서 12장 4-13절

　우리는 우리의 의지와 상관없이 황무지와 같은 인생의 여정을 만나게 됩니다. 이 고난의 현장은 우리들에게 믿음의 성장을 가져다주기도 합니다.

　세계 역사상 교회 음악 작곡가들 가운데 가장 뛰어나다고 할 수 있는 사람은 아마 요한 세바스찬 바흐일 것입니다. 그는 황무지 같은 가정환경 속에서 장미꽃 같은 아름다운 음악작품들을 남겼습니다. 그의 음악은 황무지에서 핀 꽃과 같습니다. 그야말로 그의 인생은 고난의 연속이었습니다.

　그의 부모는 어릴 때 돌아가셨습니다. 그를 키워 준 사람은 형이 있었지만 형은 자기가 먹여 살려야만 되는 동생을 몹시 미워하였답니다. 마리아와 결혼하였지만 일곱 자녀를 낳고 바흐가 레오폴드 후작과 연주 여행을 떠난 사이 병으로 세상을 떠나고 말았습니다. 바흐가 집에 돌아 왔을 때는 이미 아내의 장례식까지 끝난 뒤였습니다.

　바흐가 다시 결혼하여 11명의 아들과 9명의 딸을 두었지만 그 중 10명의 자녀가 어려서 죽었습니다. 자식이 자신보다 먼저 죽는 모습을 본 아버지의 마음은 얼마나 황무지 같겠습니까? 한 사람도 아니고 열 자녀가 말입니다. 그의 자녀 가운데는 정신박약아도 있었다고 합니다.

　바흐는 노년에 자신도 앞을 보지 못하는 장님이 되고 말았고 뇌일혈로 쓰러져 반신불수까지 되었습니다. 그렇다고 경제적으로 풍요로운 것도 아니었습니다. 둘째 부인 안나 마크달레나가 1760년 2월 27일에 죽었을 때 장례 치를 형편이 못되어 장례식은 빈민구제를 위한 조치로 치루어졌다고 합니다. 참으로 황무지 같은 환경입니다. 그러나 그는 처절한 상황 속에서도 계속 작곡을 하였습니다.

요한 세바스찬 바흐는 수많은 사람의 영혼을 완전히 사로잡을 만큼 웅장하고 장엄한 찬양과 경배와 감사의 노래들, 그야말로 불후의 명작들을 만들어 냈습니다. 그는 독실한 루터교 신자였습니다. 그는 늘 말하기를 "모든 음악의 유일한 목적은 하나님께 영광을 돌려드리고 사람에게 즐거운 감정을 솟아나게 하는 것이라"고 하였습니다.

그는 음악의 근원은 하나님께 있다고 믿었고 음악을 그의 영광을 위해 쓰지 않으면 안 된다고 믿었습니다. 그는 그리스도는 하나님의 아들로서 세상 만민의 죄를 홀로 감당하시고 누구든지 못 박혀 돌아가신 구주만 믿으면 구원을 얻게 된다는 것을 굳게 믿으며 그 황무지 같은 인생 속에서도 장엄하고 경건한 음악의 꽃을 피웠습니다.

그는 자신이 작곡한 칸타타나 오라토리오의 마지막 부분에 항상 S.D.G(Soli Deo Gloria)라는 글자를 적어 놓았다고 합니다. 이것은 '오직 하나님의 영광만을 위하여' 라는 뜻을 지닌 라틴어의 첫 번째 글자들입니다. 그리고 오르간 연주만을 위한 작품들의 첫 부분에는 I.N.J 즉, '예수 이름으로' 라고 적어 놓았다고 합니다. 신앙의 힘이 황무지에서도 장미꽃을 피게 하였습니다. '현대 음악의 아버지' 라고 일컫는 바흐의 가문에서는 약 200년 동안에 걸쳐 저명한 음악가 50여 명이 나왔다고 합니다. 황무지에도 꽃은 핍니다. 그리스도와 함께 있으면 황무지도 좋은 거름이 됩니다.

인생에 풀 수 없는 수수께끼와 같은 고난을 맞이하게 될 때 우리는 무엇을 믿고, 선택하느냐에 따라서 그의 인생이 달라지게 됩니다. 고난의 현장에서 다가오시는 주님을 만나서 인생의 행복을 누리시는 성도가 되어야 합니다.

사람은 누구나 행복하기를 원합니다. 좋은 일을 만나기를 원합니다. 즐거운 일만이 생겨나기를 원합니다. 복된 일만 보기를 원합니다. 그러나 우리들의 인생은 때때로 뜻하지 않은 역경과 고난을 만나는 경우가 많이 있습니다.

우리들의 인생 속에 고난이 왜 찾아오는 것일까요? 그 고난이 오는 이유는 무엇입니까? 많은 현자들과 믿음의 선배들도 이러한 고난의 문제에 직면했습니다. 그리고 우리에게 다가오는 고난은 여러 가지 모양으로 찾아옵니다. 때로는 질병으로 찾아올 때도 있습니다. 때로는 사업의 실패로 다가올 때도 있습니다. 그런가 하면 때로는 심적인 괴로움, 즉 마음의 고통으로 찾아오는 경우도 있습니다. 이러한 고난은 세 가지 경우의 이유 때문에 찾아옵니다.

첫째는 죄 때문에 오는 고난입니다. 내 실수, 혹은 내가 저지른 죄의 결과로 오는 고난입니다. 자업자득이란 말처럼 내가 저지른 죄 때문에 오는 고난은 내가 책임을 져야 합니다.

둘째는 사단이 주는 고난입니다. 예를 들어 욥이 당한 고난의 경우입니다. 사단은 하나님의 백성이 복을 받으며 사는 것을 시기하여 고난을 가져다주기도 합니다. 욥은 하나님의 축복 속에 살았습니다. 그러던 욥에게도 아무런 이유 없이 고난이 찾아오기 시작했습니다. 물질의 손해, 몸에 악창이란 질병, 한 자녀가 죽어도 슬픈 일인데 열 자녀가 몽땅 죽음을 당하는 고난이 임했습니다. 그리고 아내의 원망과 친구들의 조롱까지 받았습니다.

얼마나 고통스러운 일입니까? 그것도 의롭고 경건하고 하나님을 경외하고 악에서 떠난 욥이 당한 일입니다. 복은 사라지고 고난만 왔습니다. 이것은 사단이 준 시험이었습니다.

욥기 1장 8-12절을 보면 "여호와께서 사탄에게 이르시되 네가 내 종 욥을 주의하여 보았느냐 그와 같이 온전하고 정직하여 하나님을 경외하며 악에서 떠난 자는 세상에 없느니라 사탄이 여호와께 대답하여 이르되 욥이 어찌 까닭 없이 하나님을 경외하리이까 주께서 그와 그의 집과 그의 모든 소유물을 울타리로 두르심 때문에 아니니이까 주께서 그의 손으로 하는 바를 복되게 하사 그의 소유물이 땅에 넘치게 하셨음이니이다 이제 주의 손을 펴서 그의 모든 소유물을 치소서 그리하시면 틀림없이 주를 향하여 욕하지 않겠나이까 여호와께서 사탄에게 이르시되 내가 그의 소유물을 다 네 손에 맡기노라 다만 그의 몸에는 네 손을 대지 말지니라 사탄이 곧 여호와 앞에서 물러가니라"라고 기록하고 있습니다.

셋째는 하나님이 주시는 고난입니다. 이것은 연단과 훈련을 통하여 우리의 인생을 더욱 풍성하게 만들고 더 살찌게 하는 고난입니다.

본문은 우리가 고난을 당할 때 어떤 자세를 가지며 어떻게 대처할 것인가를 교훈해 주고 있습니다. 히브리서 기자는 "내 아들아 주의 징계하심을 경하게 여기지 말며 그에게 꾸지람을 받을 때에 낙심하지 말라"고 하였습니다. 징계나 고난을 당할 때에 두 가지 태도를 가지라는 것입니다. 첫째는 경하게 여기지 말고 둘째는 낙심하지도 말라고 했습니다.

그렇다면 우리는 고난이 다가올 때 어떤 자세로 대처해야 합니까? 고난을 통해서 우리의 믿음이 성장하고 승리하기 위해서 우리는 어떤 모습으로 임해야 합니까?

고난을 부끄러워하지 말라

우리는 우리에게 다가오는 고난을 부끄러워해서는 안 됩니다. 고난은 우리를 힘들게 하는 것은 분명합니다. 그러나 그 고난을 통하여 우리의 믿음이 성장을 이루고 승리하는 삶의 비결을 발견할 수 있습니다. 때로 고난은 보석과도 같은 것입니다.

히브리서 11장은 믿음으로 살았던 '신앙의 영웅들'을 우리에게 소개하고 있습니다. 그리고 이들은 진실하게 살았는데도 "돌로 치는 것과 톱으로 켜는 것과 시험과 칼에 죽임을 당하고 양과 염소의 가죽을 입고 유리하여 궁핍과 환난과 학대를 받았으니"(히 11:37)라고 하였습니다. 이들이 당한 시험이나 고난에 비하면 우리들의 당하는 고난은 아무것도 아닌 것을 알아야 합니다. 그래서 "너희가 죄와 싸우되 아직 피 흘리기까지는 대항하지 아니하고"(히 12:4)라고 하였습니다.

우리는 고난을 부끄러워하지 말고 인내해야 한다

베드로전서 4장 16절을 보면 "마일 그리스도인으로 고난을 받으면 부끄러워하지 말고 도리어 그 이름으로 하나님께 영광을 돌리라"라고 하였습니다. 베드로전서 3장 17절에도 "선을 행함으로 고난 받는 것이 하나님의 뜻일진대 악을 행함으로 고난 받는 것보다 나으니라"라고 하였습니다. 죄 때문에 온 고난이 아니라면 그것을 부끄러워할 이유가 없습니다. 오히려 이 고난은 우리를 연단하므로 인생을 더욱 살찌게 하는 고난이기 때문입니다.

욥기 5장 7절에는 "사람은 고생을 위하여 났으니 불꽃이 위로 날아가는 것 같으니라"라고 합니다. 히브리서 5장 8절에는 "그가 아들이시면서도 받으신 고난으로 순종함을 배워서"라고 하였습니다. 역사상 위대한 인물 중에 많은 사람이 고난을 딛고 일어나서 위대한 인물이 된 경우가 많습니다.

여기에 어느 위인의 이력서가 있습니다. 그는 1831년에 주 하원의원에 출마했다가 낙선하였습니다. 1832년에는 사업에 손을 댔다가 실패했습니다. 1834년에 다행이 주 하원의원에 당선되었습니다. 1835년에 사랑하던 애인이 죽었으니다. 1836년에 신경쇠약으로 쓰러졌습니다. 1838년에는 주 하원의장에 입후보했다가 낙선했습니다. 1840년에는 선거인단에 출마했다가 낙선했습니다. 1843년에는 연방 상원의원에 출마했다가 낙선하였고 1846년에도 다행이 연방 하원의원에 당선되었습니다. 1848년에 연방 하원의원에 또 낙선을 하였고 1856년에는 부통령에 출마했다가 낙선했습니다. 1858년에 연방 상원의원에 출마했다가 또 낙선하였으며 1860년도에는 당당히 미국의 16대 대통령으로 당선되었습니다. 이 불굴의 용사가 누구인지 아십니까? 바로 아브라함 링컨입니다.

노예해방을 시켰기에 사람들은 그를 존경합니다. 그러나 그가 존경받아야 하는 이유는 그것뿐만 아니라 엄청난 실패에도 좌절하지 않고 계속하여 도전해서 마침내 큰일을 이룬 인내와 끈기에 있다고 봅니다. 아브라함 링컨은 반복되는 실패를 두려워하지 않았고 고난을 부끄러워하지 않았습니다.

믿음의 영웅들 역시 고난을 당한 사람들이었습니다. 그러나 그 고난을 부끄러워하지 않았고, 그것을 극복하고 믿음의 승리자들이 되었습니다. 우리 역시 우리 앞에 놓인 고난을 부끄러워하지 않기를 소망합니다. 당당히 고난과 맞서 싸워서 승리하시는 작은 믿음의 영웅이 됩시다.

고난은 하나님이 사랑하시는 증거이다

유대인들은 지금도 유월절이 되면 온 가족이 함께 광야로 나갑니다. 그곳에서 스스로 고난에 참여하여 자신들의 선조들이 어떤 고난을 통해서 여기에까지 이르렀는지에 대해서 말해 주곤 합니다. 하나님께서 사랑하시는 자들에게 사랑도 주시지만 그들을 단련하기 위하여 고난도 함께 주신다는 사실을 잊어서는 안 됩니다. 하나님으로부터 오는 고난은 우리를 사랑하신다는 증거이기도 합니다.

히브리서 12장 5-8절을 보시면 "또 아들들에게 권하는 것 같이 너희에게 권면하신 말씀을 잊었도다 일렀으되 내 아들아 주의 징계하심을 경하게 여기지 말며 그에게 꾸지람을 받을 때에 낙심하지 말라 주께서 그 사랑하시는 자를 징계하시고 그의 받아들이시는 아들마다 채찍질하심이라 하였으니 너희가 참음은 징계를 받기 위함이라 하나님이 아들과 같이 너희를 대우하시나니 어찌 아버지가 징계하지 않는 아들이 있으리오 징계는 다 받는 것이거늘 너희에게 없으면 사생자요 친아들이 아니니라"라고 하였습니다. 성경에는 하나님이 우리를 사랑하시기 때문에, 또 아들로 생각하시기 때문에 우리에게 고난을 주신다고 하였습니다.

바울에게도 육체의 가시가 있었습니다. 바울의 가시도 하나님이 사랑하시는 증거라고 합니다. 고린도후서 12장 7-10절을 보면 "여러 계시를 받은 것이 지극히 크므로 너무 자만하지 않게 하시려고 내 육체에 가시 곧 사탄의 사자를 주셨으니 이는 나를 쳐서 너무 자만하지 않게 하려 하심이라 이것이 내게서 떠나가게 하기 위하여 내가 세 번 주께 간구하였더니 나에게 이르시기를 내 은혜가 네게 족하도다 이는 내 능력이 약한 데서 온전하여짐이라 하신지라 그러므로 도리어 크게 기뻐함으로 나의 여러 약한 것들에 대하여 자랑하리니 이는 그리스도의 능력이 내게 머물게 하려 함이라 그러므로 내가 그리스도를 위하여 약한 것들과 능욕과 궁핍과 박해와 곤고를 기뻐하노니 이는 내가 약한 그 때에 곧 강함이라"라고 하였습니다.

바울의 가시를 어떤 성경학자들은 다메섹에서 만난 눈병이라고 말합니다. 바울은 하나님께 이것이 떠나기 위해서 세 번이나 기도하였으나 오히려 그것 때문에 겸손히 기도하며 그것 때문에 하나님을 더욱 의지하게 되었기에 "내 은혜가 네게 족하도다"는 하나님의 음성을 듣게 된 것입니다.

이 세상에서는 고난을 통하여 영광을 얻는 경우가 많이 있습니다. 세상에서 가장 향기로운 향료는 꽃이나 열매에서 뽑아 낸 것이 아니라 병든 고래의 몸에서 기름을 뽑아낸 것이라고 합니다. 병든 소의 몸에서 우황이 만들어져 해열, 진정, 강심제로 쓰이게 되었습니다. 건강한 소의 몸에서 나온 것이 아닙니다. 프랭클린 루즈벨트는 소아마비로 다리를 절었는데도 미국 사상 처음으로 네 번이나 대통령을 지냈습니다.

음악가 슈베르트는 가난하여 피아노 한 대도 없이 레스토랑에서 웨이터 생활을 하며 지낸 적이 있습니다. 그러나 고난의 삶 속에서 "아베 마리아"와 같은 곡을 남겼습니다. 밀턴은 실명한 뒤에 『실낙원』을 썼고, 베토벤은 귀머거리가 된 뒤에 9번 교향곡 "합창"을 썼습니다. 불구자 와트는 증기 기관차를 발명했습니다. 고난과 역경과 풍파가 때로는 위대한 인물을 만들어 냅니다.

고난의 상징인 욥은 "내가 가는 길을 그가 아시나니 그가 나를 단련하신 후에는 내가 순금같이 되어나오리라"(욥 23:10)라고 하였습니다. 그러므로 고난을 당할 때는 인내해야 합니다. 로마서 8장 17절을 보면 "자녀이면 또한 상속자 곧 하나님의 상속자요 그리스도와 함께 한 상속자니 우리가 그와 함께 영광을 받기 위하여 고난도 함께 받아야 할 것이니라"라고 하셨고, 로마서 8장 18절에는 "생각하건대 현재의 고난은 장차 우리에게 나타날 영광과 비교할 수 없도다"라고 말씀하셨습니다.

고린도후서 1장 5절에는 "그리스도의 고난이 우리에게 넘친 것 같이 우리가 받는 위로도 그리스도로 말미암아 넘치는도다"라고 하였습니다. 골로새서 1장 24절에는 바울은 오히려 "나는 이제 너희를 위하여 받는 괴로움을 기뻐하고 그리스도의 남은 고난을 그의 몸된 교회를 위하여 내 육체에 채우노라"고 고백하고 있습니다. 베드로전서 3장 14절에서는 "그러나 의를 위하여 고난을 받으면 복 있는 자니"라고 기록하고 있습니다.

고난이 주는 선물

고난이 때때로 우리를 유익하게 만들어 줍니다. 우리는 고난 때문에 깨닫게 되고 새로운 삶을 살아가게 되기도 합니다. 고난이 우리의 인생에 유익을 주기도 합니다. 물론 고난을 당하는 그 당시에는 즐겁지 않습니다. 그러나 연단 받고 나면 유익이 됩니다.

히브리서 12장 9-11절을 보면 "또 우리 육신의 아버지가 우리를 징계하여도 공경하였거든 하물며 모든 영의 아버지께 더욱 복종하며 살려 하지 않겠느냐 그들은 잠시 자기의 뜻대로 우리를 징계하였거니와 오직 하나님은 우리의 유익을 위하여 그의 거룩하심에 참여하게 하시느니라. 무릇 징계가 당시에는 즐거워 보이지 않고 슬퍼 보이나 후에 그로 말미암아 연단 받은 자들은 의와 평강의 열매를 맺느니라"라고 하셨습니다.

시편 119편 67절에는 "고난 당하기 전에는 내가 그릇 행하였더니 이제는 주의 말씀을 지키나이다"라고 기록하였으며, 시편 119편 71절에는 "고난 당한 것이 내게 유익이라 이로 말미암아 내가 주의 율례들을 배우게 되었나이다"라고 하였습니다. 이사야 48장 10절에는 "보라 내가 너를 연단하였으나 은처럼 하지 아니하고 너를 고난의 풀무불에서 택하였노라"라고 하셨습니다.

따라서 고난 당할 때에 우리는 기도해야 합니다. 히브리서 12장 12-13절을 보면 "그러므로 피곤한 손과 연약한 무릎을 일으켜 세우고 너희 발을 위하여 곧은 길을 만들어 저는 다리로 하여금 어그러지지 않고 고침을 받게 하라"라고 하셨습니다. 이 말씀은 기도하라는 뜻입니다. 야고보 5장 13절에도 "너희 중에 고난 당하는 자가 있느냐 그는 기도할 것이요 즐거워하는 자가 있느냐 그는 찬송할지니라"라고 하였습니다.

베드로전서 4장 19절에는 "그러므로 하나님의 뜻대로 고난을 받는 자들은 또

한 선을 행하는 가운데에 그 영혼을 미쁘신 창조주께 의탁할지어다"라고 하셨으며, 히브리서 2장 18절에는 "그가 시험을 받아 고난을 당하셨은즉 시험 받는 자들을 능히 도우실 수 있느니라"라고 약속하고 있습니다.

똑같은 두 개의 병이 있습니다. 색깔이나 무늬 모양이 똑같아도 흙으로 만든 그릇은 윤기가 나지 않습니다. 그러나 불에 들어가 구워진 도자기는 윤기가 납니다. 불에 들어가기 전에는 윤기가 없습니다. 불에 들어가야 윤기가 생깁니다. 인생의 윤기는 시련과 고난을 딛고 일어났을 때에 생깁니다.

독수리가 새끼를 훈련시키는 것을 보면 높은 공중에서 떨어뜨려 놓고 땅에 닿으려는 순간에 낚아채 올라간다고 합니다. 이것을 반복하여 새 중의 왕으로 만들어 갑니다. 하나님이 우리에게도 연단과 시련을 통하여 새 힘과 능력을 주십니다. 고난을 당할 때 하나님이 우리를 연단하셔서 더욱 크게 쓰시려는 하나님의 계획인 줄 믿고 주 안에서 믿음으로 승리해야 합니다.

조국의 고난을 온 몸으로 짊어진 함석헌 옹의 시입니다. 이 시는 인생의 깊은 관조를 통해서 고난이 주는 선물을 우리에게 소개해 주고 있습니다(함석헌 『뜻으로 본 한국역사』 중에서).

고난의 선물

고난은 죄를 씻어 준다.
고난은 인생을 씻어 깨끗하게 한다.
고난은 인생을 깊게 만든다.
이마 위에 깊은 주름살이 갈 때
마음속에 깊은 지혜가 생기고,
살을 뚫는 상처가 깊을 때
영혼에서 솟아오르는 향기가 높다.
평면적 세속적 인생관을 가진 사람은

고난의 잔을 마셔 보지 못했기 때문이다.

고난은 인생을 위대하게 만든다.

고난을 견디어 냄으로써 생명은 한 단계씩 진화한다.

핍박을 받음으로써 오히려 상대방을 포용하는 관대함이 생기고

궁지와 형벌을 참음으로써 자유와 고귀함을 얻을 수 있다.

개인에게나 민족에게나 위대한 성격은 고난의 선물이다.

9장 믿음의 숲 속을 거닐다 - 평화와 거룩

히브리서 12장 14-17절

성도의 가장 중요한 사명은 전도하는 일입니다. 전도에서 가장 중요한 일은 예수 그리스도를 전하는 일입니다. 신앙의 선배들은 전도할 때에 네 가지를 강조하였습니다.

첫째, 예수 그리스도는 우리를 죄에서 거듭나게 하시고 중생하게 하시는 분이십니다. 둘째, 예수 그리스도는 우리를 계속해서 성결하게 하시는 분이십니다. 셋째, 예수 그리스도는 우리를 영혼만 건지시는 것이 아니라 육체도 악한 질병에서 건져 치료해 주시는 분이십니다. 마지막으로 예수 그리스도는 영원한 나라로 데려가시기 위하여 재림의 주로 오시는 분이십니다. 이것을 '전도표제'라고도 하며 또는 '사중복음'(四重福音)이라고도 합니다. 이 네 가지 중에 특히 성결을 강조하는 교회가 바로 성결교회입니다. 성도의 생활은 거룩하고 성결하게 살아야 합니다.

성도는 화평과 거룩을 따라야 합니다. 히브리서 12장 14절을 보면 "모든 사람과 더불어 화평함과 거룩함을 따르라 이것이 없이는 아무도 주를 보지 못하리라"고 하였습니다. 성도의 생활은 화평과 거룩을 추구하는 삶입니다.

히브리서 12장 15-16절에는 '두려워하라'는 말이 반복해서 나옵니다. "너희는 하나님의 은혜에 이르지 못하는 자가 없도록 하고 또 쓴 뿌리가 나서 괴롭게 하여 많은 사람이 이로 말미암아 더럽게 되지 않게 하며 음행하는 자와 혹 한 그릇 음식을 위하여 장자의 명분을 판 에서와 같이 망령된 자가 없도록 살피라"라고 했습니다.

본문에서는 세 가지를 두려워하라고 했습니다. 첫째는 은혜에 이르지 못하는 자가 있을까 두려워하라고 했습니다. 두 번째는 쓴 뿌리가 날까 두려워하라고 했습니다. 그리고 마지막으로 에서 같은 자가 될까 두려워하라는 것입니다. 이 말은 거룩을 따르라는 말입니다.

성도는 거룩(성결)해야 한다

이희승 씨가 편집한 국어사전에는 '성결' 은 '거룩하고 깨끗함' 이라고 했습니다. 웹스터(Webster) 사전에는 '도덕적으로 영적으로 완전한 상태이며 죄 없는 상태' 라고 했습니다.

구약시대에는 성결이란 단어를 '분리된 것' 을 성결(카도쉬)이라고 하였습니다. 따라서 분리되어 구별된 상태를 '거룩' 이라고 했습니다. 거룩이라는 말은 "세상과 분리되어서 하나님과 관계된 사람이나 짐승이나 건물 또는 장소" 등을 나타낼 때 쓰는 말입니다. 예를 들어 출애굽기 3장 5절에 "하나님이 이르시되 이리로 가까이 오지 말라 네가 선 곳은 거룩한 땅이니 네 발에서 신을 벗으라" 라고 하셨습니다. 모세가 선 곳은 거룩한 곳이란 말은 다른 장소와는 구별되었다는 뜻입니다. 이를 '거룩한 장소' 라고 부릅니다.

안식일을 '거룩한 날' 이라고 하였습니다. 출애굽기 20장 8-10절에 "안식일을 기억하여 거룩히 지키라 엿새 동안은 힘써 네 모든 일을 행할 것이나 일곱째 날은 네 하나님 여호와의 안식일인즉 너나 네 아들이나 네 딸이나 네 남종이나 네 여종이나 네 가축이나 네 문안에 머무는 객이라도 아무 일도 하지 말라" 라고 하였습니다.

안식일은 구별된 날이기에 '거룩한 날' 이라고 했습니다. 또 제사장들이 입던 옷을 '거룩한 옷' 이라고 했습니다. 출애굽기 28장 2절에 "거룩한 옷을 지어"라고 말씀하셨고 또 출애굽기 30장 25절에는 관유를(기름) '거룩하다' 고 하였습니다.

그러다가 기원전 8세기에 실제적으로 변화를 나타내기 시작했다. 요엘 2장 13절에 "너희는 옷을 찢지 말고 마음을 찢고 너희 하나님 여호와께로 돌아올지어다"라고 말씀하셨습니다. 이것은 장소나 날, 구별된 어떤 물체보다도 마음이 거룩하게 구별되어 하나님과 관계를 맺는 것을 거룩이라고 하였습니다. 이는 실제적으로 마음의 변화를 말하는 상태를 나타내는 것입니다.

신약시대에 와서는 성결을 '하기오스' 라고 불렀는데 사람에만 해당되는 말로만 쓰이기 시작했습니다. 하나님의 백성을 거룩하다고 했습니다. 죄를 짓지 않아서가 아니라 구별되었기 때문에 '거룩한 백성' 이라고 합니다. 또 실제적 변화로 쓰이게 되었는데 로마서 6장 22절에서는 "그러나 이제는 너희가 죄로부터 해방되고 하나님께 종이 되어 거룩함에 이르는 열매를 맺었으니 그 마지막은 영생이라"고 하였습니다.

마태복음 5장 48절에는 "아버지의 온전하심과 같이 너희도 온전하라"라고 하셨으며, 베드로전서 1장 16절에는 "내가 거룩하니 너희도 거룩할지어다"라고 말씀합니다. 신약에서는 하나님께 속한 백성을 거룩한 종이라고 불렀습니다.

거룩은 세 가지 의미가 있습니다. 광의의 의미로 가까이 가지 못할 빛 즉 하나님의 도덕성을 나타내고 있습니다. 성별의 뜻으로 절대적인 구별을 나타냅니다. 정결의 뜻으로 죄와 악을 일체 짓지 않는 것을 의미합니다. 그러므로 거룩은 성별과 정결을 나타내는 말입니다.

우리가 거룩해야 하는 이유

첫째로 하나님의 명령이기 때문입니다. 베드로전서 1장 15절을 보면 "오직 너희를 부르신 거룩한 이처럼 너희도 모든 행실에 거룩한 자가 되라"고 하셨습니다. 하나님이 거룩하라고 하셨기에 우리는 거룩해야 합니다.

둘째로 하나님의 약속이기 때문입니다. 레위기 20장 8절에 "너희는 내 규례를 지켜 행하라 나는 너희를 거룩하게 하는 여호와이니라"고 약속하셨습니다. 하나님은 우리에게 거룩하라고 명령하십니다. 하나님께서 우리를 거룩하게 해 주시겠다고 말씀하시기 때문입니다.

셋째로 천국 백성의 자격이기 때문입니다. 마태복음 5장 8절에 "마음이 청결한 자는 복이 있나니 그들이 하나님을 볼 것임이요"라고 하셨습니다. 성도는 옛 모습을 가지고서는 천국에 합당하지 않습니다.

넷째로 성결한 삶의 원동력이기 때문입니다. 히브리서 12장 14절을 보면 "모든 사람과 더불어 화평함과 거룩함을 따르라 이것이 없이는 아무도 주를 보지 못하리라"고 하였습니다. 우리가 하나님과 동행하는 삶을 살기 위한 가장 좋은 방법은 우리가 거룩해지는 것입니다. 성결교인은 거룩한 삶에 대한 선명한 기준을 가지고 살아가야 합니다. 그것이 바로 성결한 삶, 거룩한 삶입니다.

우리가 거룩하게 살지 않으면 우리 내면에 쓴 뿌리가 돋아납니다. 정원을 가꾸어 보시면 잔디도 심고 꽃도 심었는데 심지도 않은 잡초가 돋아난 것을 보게 됩니다. 잡초를 다 뽑아 주고 일주일쯤 지나 비가 오면 풀이 또 돋아나 있습니다. 왜 잡초가 돋아납니까? 잡초의 잔뿌리가 남아 있기 때문입니다.

요한 웨슬리는 이것을 옛 본성이라고 했고, 히브리서 기자는 쓴 뿌리라고 했습니다. 사람들의 마음속에는 옛 본성이 그대로 남아 있다가 온도와 습도와 여건이 갖추어지면 또 다시 돋아나는 법입니다. 옛 본성을 완전히 제거하여 이것을 해결해야 합니다.

옛날에 제가 어렸을 때 강아지를 키웠던 적이 있습니다. 지금처럼 애완용인 비싼 개를 키우지 못하고 보통 개를 키웠습니다. 귀가 바짝 올라간 개가 좋다고 해서 귀를 세우려고 꼬리들을 많이 잘랐습니다. 수컷의 꼬리를 자르고 암컷의 꼬리를 자르면 새끼가 꼬리 없는 것이 나와야 할 텐데 꼬리가 긴 것이 태어납니다. 옛 본성이 남아 있다가 나온 것입니다. 우리의 마음에도 옛 성품이 남아 있다가 또 다시 돋아나는 것입니다. 거듭난 아버지와 거듭난 어머니 사이에 태어난 어린아이라도 원죄를 지니고 태어나며 옛 성품을 그대로 가지고 나오는 것입니다.

소극적인 성결은 죄를 안 짓는 것입니다. 그러나 적극적인 성결은 죄를 정복하고 승리하며 사는 것입니다. 요한 웨슬리는 "당신이 오늘 죄 안 지은 만큼 성결해졌습니다. 그러나 한 걸음 더 나가 하나님의 성품을 닮고 성령으로 충만하여 죄를 정복하고 살아야 합니다"라고 말했습니다. 그러므로 하나님의 온전하심과 같이 온전히 거듭나고 온전히 변화를 받아 새 사람이 되어 거룩해야겠습니다.

많은 사람들이 성결에 대하여 오해를 하고 있습니다. 성경은 하늘에 계신 아버지의 온전하심과 같이 너희도 온전(거룩)하라고 하였습니다. 그러나 이것은 거룩하고 성결해졌다고 천사가 되는 것은 아닙니다. 여전히 인간입니다. 죄를 못 짓는 완전이 아니라 안 짓는 완전입니다. 여전히 유혹이 있고 시험이 있는 거룩의 완전입니다. 유혹도 안 받는 완전이 아닙니다. 유혹이 있어도 이겨 나가는 완전입니다. 무의지적인 죄에서 벗어나는 완전이 아니라 무지, 실수, 편견이 있을 수 있습니다. 인간의 본능이 사라지는 완전이 아니라 식욕, 성욕과 같은 인간의 욕망은 여전히 있지만 죄를 짓지 않는 완전입니다.

예수님도 "여인을 보고 음욕을 품으면 죄"라고 했습니다. 성결한 사람도 여인을 봅니다. 예쁜 여자를 보는 것이 죄가 아닙니다. 음욕을 품을 때 죄가 됩니다. 성욕, 식욕 본능이 그대로 있지만 성결의 은총으로 순수하고 성실하게 사는 것이 성결한 생활입니다. 물질에 대한 욕망도 기본적인 욕망입니다. 돈을 버는 것이 죄가 아니라 물질의 노예가 되는 것이 죄입니다.

성결의 은혜를 받아도 화를 얼마든지 냅니다. 예수님도 성전을 청결하게 하시며 죄에 대하여 의분을 내시고 노끈으로 채찍을 만들어 그들을 내어 쫓으셨습니다. 죄를 보고 의분을 가져야 합니다. 성결의 은혜를 받는다고 만사형통이 되어 고통이나 시험이 사라지는 것이 아닙니다. 성결하게 살아도 병이 나고, 아이가 대학에 떨어지고, 시험이 오는 중에도 하나님의 은혜를 깨닫고 감사하며 은혜 속에서 살아가는 것이 성결한 삶입니다.

성결에 대하여 결론적으로 말한다면 보통 그리스도인의 신앙생활을 말합니다. 데살로니가전서 5장 16-18절에 "항상 기뻐하라 쉬지 말고 기도하라 범사에 감사하라 이것이 그리스도 예수 안에서 너희를 향하신 하나님의 뜻이니라"고 하신 것처럼 살아가는 생활입니다. 이것은 특별한 사람만 받는 은혜가 아니고 보통 사람들이 다 받는 은혜입니다.

성령세례는 특별한 사람만 받는 것이 아니라 성경적 크리스천이 받는 것입니다. 사실은 중생이 더 힘이 듭니다. 마귀의 자녀가 하나님의 자녀가 되는 것이므로 힘이 들지만 성령 충만은 쉬운 것입니다. 성결은 곧 성령으로 충만할 때에만 가능합니다.

성도는 어떻게 성결해져야 할까?

말씀으로 성결해져야 한다

에베소서 5장 26-27절에 "이는 곧 물로 씻어 말씀으로 깨끗하게 하사 거룩하게 하시고 자기 앞에 영광스러운 교회로 세우사 티나 주름 잡힌 것이나 이런 것들이 없이 거룩하고 흠이 없게 하려 하심이라"라고 하였습니다.

말씀이 우리를 거룩하게 합니다. 매주일 교회에 나와서 말씀을 들어야 합니다. 우리가 듣는 말씀이 우리를 거룩하게 하기 때문입니다. 집에서도 말씀을 묵상해야 합니다. 또한 성경공부도 해야 합니다. 말씀을 가까이할 때 우리는 성결한 삶을 살 수 있습니다.

성령으로 성결해져야 한다

마태복음 3장 11절에 "나는 너희로 회개하게 하기 위하여 물로 세례를 베풀거니와 내 뒤에 오시는 이는 나보다 능력이 많으시니 나는 그의 신을 들기도 감당하지 못하겠노라 그는 성령과 불로 너희에게 세례를 베푸실 것"이라고 했습니다.

요한복음 3장 5-6절에는 "예수께서 대답하시되 진실로 진실로 네게 이르노니 사람이 물과 성령으로 나지 아니하면 하나님 나라에 들어갈 수 없느니라 육으로 난 것은 육이요 영으로 난 것은 영이니 내가 네게 거듭나야 하겠다 하는 말을 놀랍게 여기지 말라"라고 기록되어져 있습니다. 성령만이 우리를 변화시키십니다. 성령이 우리에게 임하면 우리의 더러움이 모두 다 타버릴 것입니다. 성령은 우리를 변화시켜서 거룩한 삶을 살 수 있도록 도우십니다.

예수 보혈의 피로 성결해져야 한다

히브리서 9장 12-14절에 "염소와 송아지의 피로 하지 아니하고 오직 자기의 피로 영원한 속죄를 이루사 단번에 성소에 들어가셨느니라 염소와 황소의 피와 및 암송아지의 재를 부정한 자에게 뿌려 그 육체를 정결하게 하여 거룩하게 하거든 하물며 영원하신 성령으로 말미암아 흠 없는 자기를 하나님께 드린 그리스도의 피가 어찌 너희 양심을 죽은 행실에서 깨끗하게 하고 살아 계신 하나님을 섬기게하지 못하겠느냐'라고 하였습니다.

짐승의 피로도 육체가 성결해질 수 있는데, 하나님의 아들이신 그리스도의 피는 어떻겠습니까? 그리스도의 보혈을 통해서 우리는 하나님 품으로 나아갈 수 있고, 성결한 삶을 살 수 있게 됩니다.

기도할 때 성결함을 받을 수 있다

성령은 오순절 날에 임하셨고 모두가 다 성령 충만함을 받았습니다. 어떻게 성령 충만을 받았습니까? 오순절 날에 제자들이 모두 한곳에 모여 기도하기에 전혀 힘쓸 때입니다.

누가복음 11장 11-13절에 "너희 중에 아버지 된 자로서 누가 아들이 생선을 달라 하는데 생선 대신에 뱀을 주며 알을 달라 하는데 전갈을 주겠느냐 너희가 악할지라도 좋은 것을 자식에게 줄 줄 알거든 하물며 너희 하늘 아버지께서 구하는 자에게 성령을 주시지 않겠느냐'라고 하셨습니다. 기도하면 하나님이 성령을 선물로 주십니다. 기도할 때 성령을 받고 승리의 생활을 하게 되고 죄를 이기며 살아가게 됩니다. 성령은 죄를 회개하게 합니다. 성령은 승리의 생활을 하게 만듭니다.

제4부

믿음의 기적
그 현장에 머물러 서서

1장 잔칫집의 현장 - 변화

요한복음 2장 1-11절

과학이 발달하면서 사람들은 기적의 필요성을 별로 느끼지 못하면서 살아갑니다. 과거에는 질병이나 어려운 환경이 오게 되면 치료하는데 많은 어려움을 겪게 되고, 일찍 단명하기도 했습니다. 그러나 오늘날에는 과학과 의술의 발달로 인해서 생명이 많이 연장된 것만은 분명합니다. 과거에는 무지개나 황혼의 아름다움을 보고 있노라면 그곳은 마치 신의 섭리처럼 여겨져서 경외감을 가지기도 했습니다. 그러나 오늘날에는 빛의 굴절로 설명하고 과학적인 설명으로 인해서 더 이상 아름다움에 대한 경외감이 없어진 것도 사실입니다.

그러나 우리들의 인생 여정 속에는 과학으로도, 의술로도, 돈으로도, 그리고 내가 가지고 있는 환경으로도 해결할 수 없는 문제 앞에 놓이게 될 때가 있습니다. 즉, 기적이 필요할 때가 있습니다. 우리에게는 여전히 믿음의 기적이 필요한 시대에 살아가고 있습니다. 뿐만 아니라 우리들의 실존 속에서 하나님의 간섭하심과 역사하심을 간절히 매달리는 기도가 필요할 때입니다.

강준민 목사는 그의 저서 『기적을 창조하시는 예수님의 은혜』를 통해서 우리가 왜 기적과 믿음이 필요한지를 설명해 주고 있습니다. 그는 우리들의 인생길이 막힐 때가 있다고 말합니다. 풀리지 않을 때가 있습니다. 우리가 가는 인생길이 항상 평탄하지는 않습니다. 우리가 때로 믿었던 길도 막힐 수가 있습니다. 고속도로는 막히지 않도록 만든 길입니다. 신호등이 없고, 스톱 사인이 없습니다. 그런데도 고속도로가 막힐 때가 있습니다. 우리가 그렇게 믿었던 직장에서 해고를 당할 수도 있습니다. 우리가 그렇게 믿었던 사람들에게서 버림을 받을 수도 있습니다. 우리가 그렇게 믿었던 자녀들이 우리를 슬프게 할 수도 있습니다.

우리 인생길에서 모든 길이 막히고 풀리지 않을 때는 어떻게 해야 합니까? 그때는 깊이 생각하며 기도해야 합니다. 깊이 생각할 때 우리는 하나님의 안목으로 문제를 보게 됩니다. 육신의 안목이 아닌 영의 안목으로 문제를 보게 됩니다. 문제에 대한 하나님의 뜻을 발견하게 됩니다. 문제 저편에 있는 하나님의 섭리를 발견하게 됩니다. 막히고 풀리지 않는 일이 우리가 볼 때는 어려운 일이고 나쁜 일 같지만 하나님의 시각에서는 다를 수도 있습니다. 때문에 분별해야 합니다. 분별하려면 하나님 앞에서 깊이 생각해 보아야 합니다. 기도하면서 깊이 생각해야 합니다.

우리는 다양한 상황과 환경에 놓여 있고, 바로 그 현장의 자리에서 하나님의 눈과 마음을 가지게 될 때 기도하게 됩니다. 그 순간에 전능하신 하나님이 저 피안의 세계에서 우리를 내려다보고 계신 것이 아니라 우리들의 아픔과 눈물 속에 이미 와 계심을 고백하게 됩니다. 그리고 그곳에서 우리는 믿음이 부르는 기적을 체험할 수 있게 됩니다.

요한복음을 우리는 제4복음서라고 부르기도 합니다. 요한은 믿음의 역사가 나타나는 기적의 현장을 우리에게 소개해 주고 있습니다. 요한복음에는 예수님께서 행하신 일곱 가지 기적이 있습니다. 그 기적들은 다음과 같습니다. 갈릴리 가나의 혼인 잔치 집에서 물로 포도주를 만드신 기적(요 2:1-11), 왕의 신하의 아들의 병을 고친 기적(요 4:46-54), 베데스다 연못가의 38년 된 병자를 고친 기적(요 5:1-9), 보리떡 다섯 개와 물고기 두 마리로 오천 명이 먹고도 열두 광주리가 남은 기적(요 6:1-15), 나면서 소경된 사람이 실로암 못에 가서 씻어 보게 된 기적(요 9:1-12), 죽었던 나사로가 나흘 만에 살아난 기적(요 11:1-44), 그리고 오른편에 그물을 던져 큰 고기를 백 쉰 세 마리 잡은 기적(요 21:1-11)입니다.

가나 혼인 잔치의 기적 사건은 우리가 믿고 있는 예수님이 어떠한 분이신지를 고백하게 만듭니다. 그분은 우리들을 구원할 메시아임을 선포하고 있습니다. 우리는 삶의 현장 속으로 기적을 가지고 들어오시는 주님을 만나야 합니다. 그렇다면 우리가 주님이 베푸시는 믿음의 현장, 기적을 경험하기 위해서는 어떤 결단을 해야 할까요?

문제를 주님께 온전히 맡겨라

믿음의 현장, 기적의 현장 속으로 우리가 들어가기를 원한다면 첫 번째로 결단해야 할 일은 바로 우리가 가지고 있는 모든 문제를 주님께 온전히 맡겨야 한다는 것입니다. 우리들의 문제를 주님께 맡기지 않으면 아무런 기적도 역사도 나타나지 않습니다. 나의 문제를 담당하실 예수님이 어떤 분이신지를 알고, 고백할 때 온전히 맡길 수 있습니다.

갈릴리 가나에 혼인잔치가 있었습니다. 이 혼인잔치 자리에 예수의 어머니 마리아가 청함을 받았고 예수와 그 제자들도 청함을 받았습니다. 결혼하는 집은 아마도 예수님의 일가친척 집안인 것 같습니다. 일가친척이 함께 모여 즐거운 담화를 나누며 음식을 함께 나누는 잔치는 참 즐거운 자리임에 분명합니다. 어느 신학자는 이 본문을 주석하면서 "기독교는 잔칫집 같고 불교는 초상집 같고 유교는 제삿집 같다"라고 하였습니다.

잔칫집은 모두가 모였기에 즐겁고, 함께 대화를 나누며 음식을 나눌 수 있기에 즐거운 것입니다. 특별히 신랑이 있고 신부가 있을 때에는 즐거움이 더하여 집니다. 잔칫집은 즐거운 장소임이 분명합니다. 우리 그리스도인들은 잔칫집 같이 즐거운 생활을 해야 하겠습니다.

단테의 『신곡』을 보면 단테가 지옥을 구경하게 되었을 때 지옥을 가보니 모두가 걱정하고 우거지상(象)을 하고 있었습니다. 단테가 천사에게 물어 보았습니다. "저 사람들은 세상에서 무슨 죄를 지어서 이곳에 왔습니까?"라고 물었더니 천사가 대답하기를 "기뻐하지 못하고 걱정하면서 산 죄 때문에 지옥에 왔다"라고 했습니다. 그리스도인이 기뻐하지 못하고 살아가는 것은 죄입니다. 성경은 항상 기뻐하라고 말씀하십니다(살전 5:16).

그런데 이렇게 즐거운 갈릴리 가나 혼인 잔칫집에 문제가 생겼습니다. 걱정이 생겼습니다. 기쁨이 사라지게 되었고 근심이 생기게 되었습니다. 그것은 바로 포도주가 모자랐기 때문입니다. 성경은 "포도주가 떨어진지라"(요 2:3)라고 증거하고 있습니다. 우리의 인생의 삶에도 건강이 모자라면 근심이 생깁니다. 물질이 모자라면 근심이 생깁니다. 인생살이에 있어서 꼭 있어야 할 것들이 모자라면 근심과 걱정과 염려가 생겨나는 것입니다. 인생에 있어서 문제가 생겼을 때에 우리는 어떻게 해야 할까요?

기적의 첫 출발은 문제를 예수님께 가지고 나오는 데서부터 시작됩니다. 근심과 걱정과 문제가 생겼을 때에 우리는 우리의 문제를 가지고 예수님께 나아와야 합니다. 요한복음 2장 3절을 보면 "예수의 어머니가 예수에게 이르되 저들에게 포도주가 없다 하니"라고 기록하고 있습니다.

우리의 인생에 있어서 문제가 생기면 주님께 이 문제를 가지고 나가 의논할수 있어야 합니다. 예수님의 어머니 마리아가 문제를 가지고 예수께 나와 고백한 것처럼 문제를 주님께 맡기시기를 바랍니다. 시편 37편 5절에는 "네 길을여호와께 맡기라 그를 의지하면 그가 이루시고"라고 하셨고, 시편 55편 22절에는 "네 짐을 여호와께 맡기라 그가 너를 붙드시고 의인의 요동함을 영원히 허락하지 아니하시리로다"라고 하였습니다. 우리의 사업문제, 부부의 문제, 자녀교육의 문제, 인생의 모든 문제를 주님께 가지고 나가 의논하므로 해결 받아야 합니다.

우리의 문제를 가지고 주님께 나가는 것은 결단과 용기가 필요합니다. 마음속으로만 인식하거나 믿어서는 안 됩니다. 우리들의 믿음의 결단, 행위가 필요합니다. 그분의 임재 앞으로 나아가서 나의 모든 문제를 정직하게 이야기해야 합니다. 하나님 앞에서는 가면을 벗어야 합니다. 그분은 나의 벌거벗은 것에 대해서 전혀 개의치 아니하십니다. 나를 위해서 십자가에서 죽음으로 순종하신 그 주님 앞에 나오시기를 바랍니다.

순종할 때 기적이 일어난다

믿음의 현장과 기적의 현장 속으로 들어가 우리도 그 역사의 현장에 동참하기 위해서는 순종해야 합니다. 믿음의 기적을 경험하기 위해서는 순종하는 자세를 가져야 합니다. 기적을 좋아하고, 열매를 좋아한다면 순종이라는 과정을 경험해야 합니다. 그리스도인이 하나님께 할 수 있는 최고의 믿음의 고백은 순종입니다.

우리가 순종의 자리로 내려갈 때 걸림돌이 있습니다. 바로 우리들이 가지고 있는 열심입니다. 더글라스 웹스터는 『낮아짐』이라는 책을 통하여 순종의 자세를 설명해 주고 있습니다. 우리는 하나님을 위해 무엇인가 하기를 갈망합니다. 그러나 열심 그 자체만으로는 충분하지 않습니다. 우리는 복음 사역을 감당하면서도 하나님의 뜻을 따르기보다 우리의 능력과 의지를 앞세우려 합니다. 요즘 교회들은 성장을 목표로 5년, 10년 계획을 수립하고 온갖 교회 성장 프로그램을 운용하고 있습니다.

그렇다면 과연 우리 주님이 이런 것들에 감동하실까요? 열심을 내는 교인들은 바쁜 일정으로 빠듯하게 들어찬 생활 계획표에 따라 분주히 뛰어다니고 있습니다. 그렇다면 이것이 진정한 신앙생활의 표상일까요? 또한 주님이 속공(速攻)을 원하시는지 아니면 전면 강압 수비를 원하시는지 질문하지도 않은 채, 스포츠의 작전 기법과 사업계의 경영 기교들을 하나님 나라 사역에 도입해서 쓰고 있습니다. 하지만 아무리 조심스럽게 말한다 해도, 우리가 지금 주님이 보여주신 귀감으로부터 많이 빗나가 있다고 말하지 않을 수 없습니다. 하나님을 위해 무엇인가 대단한 일을 해야 한다는 강박관념에 짓눌려, 예수님이 일하셨던 방식들을 망각하고 있는 것 같습니다.

당신의 능력으로 무엇을 하려고 노심초사하지 마십시오. 그 대신, 평강의 왕께 모든 것을 맡기고 따라야 합니다. 예수님의 행동의 중심에는 언제나 놀랄 만큼의 고요함이 자리하고 있었습니다. 그것은 예수님이 스스로 낮아지심으로, 하나님께 온전히 맡김으로, 하나님께 항복함으로 그분의 권능을 명백하게 나타내시고 있었기 때문입니다. 만일 여러분들이 그리스도 안에서 성장하기 원한다면, 하나님의 뜻을 알기 원한다면, 예수님의 모습을 본보기로 삼고 따라야 할 것입니다.

주님은 우리에게 열심을 요청하기도 하지만 무엇보다 '순종'을 요청하고 계십니다. 순종은 주님이 말씀하실 때까지 잠잠히 기다는 것입니다. 그리고 그것이 나의 환경이 맞지 않고, 이성의 논리에 맞지 않는다고 하더라도 따르는 것이 진정한 순종입니다. 이러한 순종은 기적의 드라마를 만들어 나아가게 합니다.

예수님의 어머니 마리아는 포도주가 떨어졌다는 소식을 듣고서 예수님께 알렸습니다. 그러나 예수님은 아직 내 때가 이르지 아니하였다고 대답합니다. 그럼에도 마리아는 하인들에게 이렇게 부탁을 합니다. "너희에게 무슨 말씀을 하시든지 그대로 하라"(요 2:5)라는 것입니다. 마리아는 종들에게 주님의 말씀에 그대로 순종하라고 지시합니다. 그런데 바로 마리아의 지시대로 예수님의 말씀대로 순종할 때에 기적이 나타났습니다.

예수님은 하인들에게 항아리에 물을 채우라고 하셨습니다. 유대인의 관례를 따라 두세 통 드는 돌 항아리 여섯 개가 그곳에 놓여 있었습니다. 이스라엘 성지순례를 가면 필수 코스 중에 하나가 '갈릴리 가나 혼인 잔칫집'입니다. 여섯 개의 항아리 중에 다섯 개는 로마나 강대국에 빼앗기고 한 개만이 지금까지 남아 있습니다. 두세 통이 드는 항아리이므로 여섯 개에 다 채우려면 열여덟 통의 물을 길어야 했습니다.

그러나 하인들은 한마디의 질문을 하거나 불평을 하지 않았습니다. 예수님이 다시 하인들에게 "이제는 떠서 연회장에게 갖다 주라"(요 2:8)라고 지시하셨습니다. 하인들은 불평하지 않고 물을 입구까지 채웠고, 연회장에 가져다주었습니다. 이렇듯 하인들이 예수님이 원하시는 대로 순종하였더니 물이 변하여 포도주가 되었습니다.

성경의 모든 기적은 순종할 때에 나타났습니다. 나아만 장군의 나병도 엘리사의 말대로 순종하여 요단 강에 내려가 일곱 번 목욕할 때에 기적을 경험하였습니다(왕하 5장). 나면서 시각 장애인이 된 사람은 실로암에 가서 씻으라는 주님의 말씀에 순종하였더니 눈을 뜨게 되었습니다(요 8장). 오른편에 그물을 던지라는 주님의 말씀에 베드로가 순종했을 때 큰 고기가 153마리나 잡히는 기적이 일어났습니다(요 21장). 기적은 순종에서 시작됩니다.

물이 변하여 포도주가 되었습니다. 물은 무색(無色), 무취(無臭), 무미(無味)입니다. 그러나 포도주는 색깔이 있고, 향기가 있고, 맛이 있습니다. 성경은 "우리는 구원 받는 자들에게나 망하는 자들에게나 하나님 앞에서 그리스도의 향기니 이 사람에게는 사망으로부터 사망에 이르는 냄새요 저 사람에게는 생명으로부터 생명에 이르는 냄새라 누가 이 일을 감당하리요"(고후 2:15-16)라고 증거하고 있습니다. 우리는 향기를 내야 합니다. 또 주님은 말씀하시기를, "너희는 세상의 소금이니 소금이 만일 그 맛을 잃으면 무엇으로 짜게 하리요 후에는 아무 쓸 데 없어 다만 밖에 버려져 사람에게 밟힐 뿐이니라"(마 5:13)라고 하였습니다. 우리는 소금의 맛을 내야 합니다.

기독교는 변화의 종교입니다. 선천의 깡패 김익두가 변화하여 부흥회를 인도하는 목사님이 되었고, 평양의 이기풍이 변화하여 제주도에 최초의 국내 선교사가 되었습니다. 예수님을 만난 사람들은 모두가 변화를 받았습니다. 믿음 없던 자가 변하여 믿음의 사람이 되었습니다. 기도 하지 못하던 자가 변화를 받아서 어려운 일을 만났을 때 무릎 꿇는 사람이 되었습니다. 걱정하던 사람이 변화하여 확신의 사람이 되었습니다. 우리도 바뀌어야 합니다. 생각이 바뀌고 행동이 변화하고 말이 변화되어야 합니다. 이것이 우리가 우리의 문제를 순종하는 마음으로 주님 앞에 나아갈 때 일어나는 은총입니다.

내 손에서 떠날 때 기적이 시작된다

주님이 베푸신 기적을 경험하기 위해서는 있는 자리에서 떠나 주님께서 원하시는 곳으로 옮겨가야 합니다. 마리아가 예수님께 문제를 해결해 주실 것을 요청했더니 예수님은 "여자여 나와 무슨 상관이 있나이까 내 때가 아직 이르지 아니하였나이다"(요 2:4)라고 대답하십니다. 그럼에도 불구하고 무슨 말씀을 하시던지 그대로 하라는 마리아의 충고대로 하인들은 그대로 순종을 하여 연회장에게 갖다 주었고 바로 그때 기적이 일어났습니다.

하인들의 손에 있을 때에는 물이었지만 연회장에게 내려놓았을 때 포도주가 되었습니다. 우리의 손에 붙잡고 있을 때에는 여전히 물입니다. 우리가 잡은 것을 놓아야 할 때가 많이 있습니다. 우리는 우리들의 문제를 꼭 잡고서 문제를 해결해 달라고 말하기도 합니다. 그런데 주님은 잡고 있는 문제를 먼저 놓으라고 요청하고 있습니다. 비워지는 순간에 채워지는 놀라운 경험을 하게 됩니다.

미국과 캐나다 국경 언저리에 버팔로 시(市)가 있고, 그 근처의 나이아가라 폭포에서 있었던 일입니다. 독수리 한 마리가 하늘을 맴돌다가 강물에 떠내려가는 양 한 마리를 발견했습니다. 독수리는 쏜살같이 내려와서 양의 옆구리를 날카로운 발톱으로 공격하였습니다. 그리고 눈을 파먹고 살을 뜯어 먹기 시작하였습니다. 양은 점점 폭포 쪽으로 떠내려갔습니다. 독수리도 함께 떠내려갔지만 "나는 하늘로 날 수 있으니까" 하고 계속 먹이를 붙잡고 놓지 않았습니다.

이제는 목포의 끝가지 왔습니다. 그제야 독수리는 하늘로 날려고 시도를 하였지만 발톱이 양의 몸속에 너무 깊이 박혀 있어서 양과 함께 폭포 아래로 떨어져 죽고 말았습니다. 우리도 너무 세상 것들을 붙잡고 있어서 손해를 당할 때가 있습니다. 놓을 것을 놓으며 버릴 것을 버릴 줄 알아야 합니다.

기적은 주님의 때에 일어난다

예수님께서는 본문의 상황에서 "내 때가 아직 이르지 아니하였나이다"(요 2:4)라고 하셨습니다. 요한복음을 읽으면 전체 21장 중에 11장까지는 아직 "내 때"가 이르지 않았다고 하십니다. 그러나 12장부터는 내 때가 이르렀다고 하십니다. 예수님께서는 요한복음 7장 6절에서 "내 때는 아직 이르지 아니하였거니와 너희 때는 늘 준비되어 있느니라"라고 하시면서 때가 이르지 않았다고 말씀하셨습니다.

요한복음 7장 30절에는 "그들이 예수를 잡고자 하나 손을 대는 자가 없으니 이는 그의 때가 아직 이르지 아니하였음이러라"라고 말씀하셨습니다. 요한복음 8장 20절에는 "이 말씀은 성전에서 가르치실 때에 헌금함 앞에서 하셨으나 잡는 사람이 없으니 이는 그의 때가 아직 이르지 아니하였음이러라"라고 하셨습니다.

그러나 요한복음 12장부터는 달라집니다. 요한복음 12장 23절에는 "예수께서 대답하여 이르시되 인자가 영광을 얻을 때가 왔도다"라고 하십니다. 또 요한복음 17장 1절에는 "예수께서 이 말씀을 하시고 눈을 들어 하늘을 우러러 이르시되 아버지여 때가 이르렀사오니 아들을 영화롭게 하사 아들로 아버지를 영화롭게 하게 하옵소서"라고 하십니다.

기적은 내가 원하는 때에 나타나는 것이 아니고 주님이 원하시는 때에 나타납니다. 요한복음 2장 11절에 "예수께서 이 첫 표적을 갈릴리 가나에서 행하여 그의 영광을 나타내시매 제자들이 그를 믿으니라"라고 하였습니다. 주님이 필요하신 때에 기적이 나타났고 모든 사람이 그를 믿으며 하나님께 영광을 돌리게 되었습니다. 주님의 때를 기다리며 인내하는 성도가 되어야 합니다.

갈릴리 가나의 혼인 잔칫집은 이제 모두가 기뻐하는 기쁨이 다시 찾아 왔습니다. 연회장이 신랑을 불러 "말하되 사람마다 먼저 좋은 포도주를 내고 취한 후에 낮은 것을 내거늘 그대는 지금까지 좋은 포도주를 두었도다(요 2:10)"라고 칭찬을 하며 잔칫집은 기쁨으로 다시 충만하게 되었습니다. 기적이 어떻게 일어났는지 연회장 사람들은 몰랐지만 물을 떠온 하인들은 알았습니다(요 2:9). 그들은 수고를 하였고 순종으로 동참하였으므로 기적의 이유를 알 수 있었습니다. 우리도 수고에 동참하며 순종에 동참하므로 기적에 동참하는 주인공들이 되시기를 바랍니다.

2장 길 위의 현장 - 아버지의 마음

요한복음 4장 46-54절

우리 시대의 빛과 소금은 가정 안에서 잉태되고 자라납니다. 그래서 가정은 우리 시대의 소망입니다. 더글라스 맥아더가 쓴 '아버지의 기도'를 읽어 보십시오. 이 기도는 믿음의 가정이 왜 우리 시대의 소망인지를 잘 보여 줍니다.

> 내게 이런 자녀를 주소서.
> 약할 때에 자기를 돌아볼 줄 아는 여유와
> 두려울 때에 자신을 잃지 않는 담대함을 가지고,
> 정직한 패배에 부끄러워하지 않고 태연하며
> 승리에 겸손하고 온유한 자녀를 주소서.
> 주님을 알고 자신을 아는 것이 지식의 기초임을 알게 하소서.
> 자기 자신에게 집착하지 말게 하시고
> 겸허한 마음을 갖게 하사 참된 지혜는 열린 마음에 있으며,
> 참된 힘은 온유함에 있음을 명심하게 하소서.
> 그리하여 나, 아버지는 어느 날 내 인생을 헛되이 살지 않았노라고
> 고백할 수 있도록 도우소서.

믿음의 가정은 이런 기도를 주님 앞에 올립니다. 세상을 밝힐 믿음의 역군을 키워 냅니다. 자자손손 예수님만을 주님으로 인정하며 하나님의 축복을 받습니다. 영원한 하나님 나라에 들어가기까지 가족 구성원 모두는 예수님의 편지가 되어 세상을 변화시킵니다.

이것이 자녀를 향한 부모의 마음입니다. 이러한 심정으로 낳은 아들이 두려울 정도의 고뇌에 찬 인생에 놓여 있다면, 내일을 향해 절망의 언덕 위에 놓여 있다면 부모는 과연 어떤 선택적인 삶을 살아야 할까요? 내가 믿고 있는 하나님을 향해서 뭐라고 기도해야 할까요?

본문에서 슬픔의 눈으로 가득 찬 아버지의 모습을 볼 수 있습니다. 세상의 권력과 명예와 부를 마음껏 누렸음에도 불구하고 그의 심령 속에는 해결되지 않는 갈증으로 가득 차 있습니다. 맥아더 장군처럼 자녀를 위한 기도를 드렸지만 알 수 없는 고통의 질곡으로 더 빠져 들어가고 있었습니다. 그러나 허무함만이 그의 곁을 지키고 있었습니다. 자녀가 죽어가고 있는 모습을 지켜볼 수밖에 없는 부모의 심정은 어떠할까요? 그것이 바로 우리가 읽은 아버지의 모습입니다.

예수님의 생애와 관련이 있는 지역(地域)은 세 군데가 있습니다. 첫째는 탄생과 연관이 있는 베들레헴이며, 둘째는 성장과 연관이 있는 나사렛이고, 셋째는 사역(Ministery)과 연관이 있는 갈릴리 지역입니다. 예수께서 기적을 예루살렘이나 베들레헴, 혹은 나사렛에서 행하지 않고 갈릴리 지역에서 행하신 이유는 갈릴리 지역 사람들이 예수님을 호의적으로 받아들였기 때문입니다.

마태복음 13장 57절에서는 "예수께서 그들에게 말씀하시되 선지자가 자기 고향과 자기 집 외에서는 존경을 받지 않음이 없느니라"라고 하셨고, 누가복음 4장 24절에는 "또 이르시되 내가 진실로 너희에게 이르노니 선지자가 고향에서는 환영을 받는 자가 없느니라"라고 하셨습니다. 예수님이 고향 나사렛이나 예루살렘으로 가시지 않고 갈릴리로 가신 것은 예수님을 더 호의적으로 영접했기 때문이고 바로 그 곳에서 기적을 베푸셨습니다. 우리도 주님을 영접할 때 기적의 주인공이 될 수 있습니다.

아버지는 아들의 죽음의 그림자를 가슴에 담고 주님 곁으로 달려왔습니다. 그리고 주님과의 만남을 통해서 놀라운 소식을 접하게 됩니다. 죽음의 그림자가 걷히고 생명의 축복이 임하게 되었던 것입니다. 아들을 향한 아버지의 사랑은 주님을 향한 뜨거운 믿음을 갖게 만들었던 것입니다. 희망을 잃고 죽어가던 아들을 위해서 아버지는 하나님을 향한 뜨거운 열망에 사로잡히기 시작했습니다. 그리고 그 믿음의 끝에는 기적이라는 열매가 그에게 다가오게 되었던 것입니다.

그렇다면 어떻게 하면 아들을 향한 아버지의 믿음을 가질 수 있을까요? 그리고 기적을 경험할 수 있었던 것은 무엇 때문일까요?

자신의 문제를 바라보았기 때문이다

길 위의 현장에서 경험한 기적과 가나 혼인 잔칫집에서의 기적과 다른 점은 무엇일까요? 물이 포도주로 변화되는 기적은 본인들의 자발적인 필요성을 인식하지 못하였음에도 기적이 일어났다는 것입니다. 그러나 신하의 아들이 고침을 받는 기적은 신하 자신의 문제가 정확히 무엇인지를 아는 데서부터 출발하고 있다는 점입니다. 세상의 그 어떤 것으로 고침을 받지 못하고 죽음의 그림자 속에서 신음하고 있는 아들의 모습을 지켜볼 수밖에 없는 데서부터 출발하고 있습니다. 자신의 힘으로는 도저히 해결할 수 없다는 것을 알고 도움을 받아야 할 필요성을 아는 데서부터 기적은 시작이 되는 것입니다.

요한복음 4장 46절을 보시면 "예수께서 다시 갈릴리 가나에 이르시니 전에 물로 포도주를 만드신 곳이라 왕의 신하가 있어 그의 아들이 가버나움에서 병들었더니"라고 기록되어 있습니다. 문제의 시작은 가족 중에 병이 들었다는 데 있습니다. 사랑하는 아들이 병들었습니다. 얼마나 걱정거리입니까? 가족 중 한 사람이 병들면 모든 식구가 걱정을 합니다. 온 가족이 염려하고 근심합니다. 왕의 신하는 문제의 심각성을 인식하고 아들의 병이 고침을 받기 위한 한 가닥 희망을 품고서 갈릴리 가나에 있는 예수님을 찾아갔던 것입니다. 우리 인생들은 누구나 다 무거운 짐을 지고 살기 마련입니다.

한 번 생각해 보십시오. 왕의 신하이면서 한 아들의 아버지인 이 사람은 지금 자신이 아무것도 할 수 없다는 것 때문에 절망에 빠져 있습니다. 그리고 바람처럼 떠돌던 예수님의 소문을 따라서 지금 가나에까지 물어물어 찾아왔습니다. 무엇엔가 쫓기는 듯한 모습으로, 눈에는 슬픔으로 인해서 금방이라도 눈물이 소리 없이 흘러내릴 것만 같은 아버지의 모습이 보이십니까? 지금 아들의 생명의 불꽃이 꺼져가는 모습을 뒤로 한 채 예수님을 찾아 나선 것입니다. 이 아버지의 마음이 믿음을 만들어 내었고, 이 믿음은 기적을 불러오고 있는 중이었습니다. 우리 가족 중에도 누가 병들면 모두가 함께 염려하고 걱정하고 고민합니다. 우리들도 우리들의 모든 염려와 근심을 주님께 가지고 나와야 할 것입니다.

주님을 향한 믿음 때문이다

아버지는 예수님을 찾아 여행을 떠났습니다. 아들이 병이 들었을 때 그는 자신의 지위와 막대한 부를 통해서 좋은 의사와 약들을 동원했습니다. 그러나 별로 좋아지지 않았습니다. 오히려 병은 점점 더 깊어만 갔습니다. 그리고 아버지는 자신이 할 수 있는 모든 것을 동원하였습니다. 그래도 문제는 여전히 해결되지 않았습니다. 이제는 병이 깊어서 언제 죽을지도 모르는 아들의 모습을 지켜보아야만 했습니다. 먹지도 못하고, 뼈만 앙상한 아들, 간신히 숨을 몰아쉬면서 모든 것을 체념한 아들의 눈을 보고 있으면 아버지는 미처 버릴 것만 같았습니다.

아버지는 소문으로만 떠돌던 예수님을 만나기로 작정하였습니다. 그리고 그를 찾아서 고향을 떠나 가나에까지 오게 되었습니다. 오면서 아들의 모습이 눈에 선합니다. 언제 죽을지 모르는 긴박한 상황에서 떠나왔기 때문에 지금 자신이 예수님을 찾으러 떠난 순간에 죽었을런지도 모른다는 생각이 그를 괴롭혔습니다. 그리고 자신이 찾아가고 있는 예수님이 과연 고칠 수 있을까 하는 의구심도 완전히 떨쳐 버릴 수가 없었습니다.

아버지는 드디어 예수님을 만나게 되었습니다. 겉모습은 약간 남루한 옷을 입었지만 그의 눈은 깊은 호수와 같았습니다. 나의 모든 문제를 다 담고도 남을 수 있는 깊이 있는 눈이었습니다. 그 눈은 마치 내가 너의 문제를 안다, 너의 아픔과 말할 수 없는 슬픔을 안다고 말씀하시는 것 같았습니다. 아버지는 예수님을 만나자 약간의 의구심이 확신으로 바뀌었습니다. 그리고 주님을 향한 믿음이 견고해지기 시작하였습니다. 드디어 자신의 문제를 예수님에게 이야기하기 시작하였습니다.

기적이 언제 시작이 되었습니까? 신하의 위대한 믿음에서부터 출발합니다. 요한복음 4장 47절을 보면 "그가 예수께서 유대로부터 갈릴리에 오셨다는 것을 듣고 가서 청하되 내려오셔서서 내 아들의 병을 고쳐 주소서"라고 요청하였습니다. 신하의 아들은 가버나움의 자택에서 병들어 누워 있습니다. 예수님은 갈릴리 가나에 계십니다. 갈릴리 가나에서부터 가버나움까지는 34km 떨어진 거리입니다. 가나는 언덕 위에 있는 도시이므로 현대 문명의 자동차로도 삼십 분 이상 걸리는 거리인데 그 당시에는 열 시간 이상을 걸어가야 하는 먼 거리였습니다.

이렇게 찾아온 아버지에게 예수님은 "가라 네 아들이 살았다"는 응답을 아버지에게 해 주었습니다. 그리고 아버지는 예수님의 하신 말씀을 "믿고 갔다"고 하였습니다. 먼 거리의 아들이 고침 받은 줄 믿고 갔다는 것입니다. 비록 보이지 않고 확인할 수 없다고 하더라도 그 말씀을 믿는 것은 매우 중요합니다. 믿음은 눈에 보이지 않아도 눈에 보이는 것처럼 믿고 확신하는 것입니다.

아버지의 믿음이 드디어 눈에 보이는 결과로 다가왔습니다. "내려가는 길에서 그 종들이 오다가 만나서 아이가 살아 있다 하거늘 그 낫기 시작한 때를 물은즉 어제 일곱 시에 열기가 떨어졌나이다 하는지라 그의 아버지가 예수께서 네 아들이 살아 있다 말씀하신 그 때인 줄 알고 자기와 그 온 집안이 다 믿으니라 이것은 예수께서 유대에서 갈릴리로 오신 후에 행하신 두 번째 표적이니라"(요 4:51-54)라고 말씀하고 있습니다.

믿음이란 말씀을 믿는 것입니다. 또한 말씀의 권능이 시간을 초월하고 공간을 초월하여 역사(役事)하심을 믿는 것입니다. 예수님을 믿으십니까? 그러면 그 분의 말씀의 능력을 믿어야 합니다. 공간을 초월하여 가나에서 주님이 말씀하실 때에 34km 떨어진 가버나움에 나타난 그 기적을 믿어야 합니다. 이천년 전에 하신 주님의 말씀이 시간을 초월하여 지금 이 시대에 우리에게 나타나 역사하실 것을 믿어야 합니다.

만일 주님의 말씀이 시공간(時空間)을 초월하지 못한다면 우리는 예수를 믿을 필요가 없습니다. 말씀의 능력이 시공간을 초월하여 역사하심을 믿은 신하의 믿음은 마태복음 8장에 나오는 백부장의 믿음과 마태복음 15장에 나오는 수로보니게 여인의 믿음에 비교할 수 있습니다.

마태복음 8장 8-10절의 백부장의 믿음을 보면 그의 종이 병들었을 때에 예수님을 찾아와 고쳐달라고 간청을 하였습니다. 예수님이 함께 그의 집으로 가자고 하실 때에 "백부장이 대답하여 이르되 주여 내 집에 들어오심을 나는 감당하지 못하겠사오니 다만 말씀으로만 하옵소서 그러면 내 하인이 낫겠사오나이다 나도 남의 수하에 있는 사람이요 내 아래에도 군사가 있으니 이더러 가라 하면 가고 저더러 오라 하면 오고 내 종더러 이것을 하라 하면 하나이다 예수께서 들으시고 놀랍게 여겨 따르는 자들에게 이르시되 내가 진실로 너희에게 이르노니 이스라엘 중 아무에게서도 이만한 믿음을 보지 못하였노라"라고 믿음이 크다고 칭찬하였습니다.

또 한 번은 예수께서 두로와 시돈 지방에 가셨을 때 가나안 여자 하나가 딸이 흉악한 귀신 들렸으니 고쳐달라고 간청하였습니다. 예수님은 한 말씀도 대답지 아니하시다가 "나는 이스라엘 집의 잃어버린 양 외에는 다른 데로 보내심을 받지 아니하였노라"(마 15:24)라고 하시며 거절하였습니다. 또 "자녀의 떡을 취하여 개들에게 던짐이 마땅하지 아니하다"라고 거절하셨지만 여자는 "주여 옳소이다마는 개들도 제 주인의 상에서 떨어지는 부스러기를 먹나이다"(마 15:27)라고 하며 고쳐달라고 히였습니다.

예수께서 대답하여 가라사대 "여자야 네 믿음이 크도다 네 소원대로 되리라"(마 15:28)라고 하시며 고쳐 주셨습니다. 믿음이 시공간을 초월하여 역사하신 사건들입니다. 이방인 가운데서 남자 중에는 백부장의 믿음이 크다고 하였고 여자 중에는 수로보니게 여인의 믿음이 크다고 칭찬하였습니다. 위대한 믿음이 위대한 기적을 만들어 낸 것입니다.

가장 큰 기적은 우리가 구원받은 기적이다

믿음이란 쉬우면서도 어려운 것입니다. 감정이 고조되면 믿어지다가도 감정이 약해지면 믿음이 없어지는 것 같은 신자들을 많이 보게 됩니다. 그럼에도 불구하고 믿음에 의한 구원이란 우리의 감정에 기반을 두지 않고 하나님의 말씀에 기반을 두기에 없어지지 않는 것입니다. 그리고 무엇보다 가장 큰 기적 중의 기적은 내가 구원을 받았다는 사실입니다.

요한복음 4장 48절을 보면 "예수께서 이르시되 너희는 표적과 기사를 보지 못하면 도무지 믿지 아니하리라"라고 책망하셨습니다. 기적이 때로는 복음 전도의 유용한 수단이기도 합니다. 요한복음 4장 51-53절을 보면, 신하가 "내려가는 길에서 그 종들이 오다가 만나서 아이가 살아 있다 하거늘 그 낫기 시작한 때를 물은즉 어제 일곱 시에 열기가 떨어졌나이다 하는지라 아버지가 예수께서 네 아들이 살아 있다 말씀하신 그 때인 줄 알고 자기와 그 온 집안이 다 믿으니라"라고 하였습니다. 기적은 왕의 신하의 모든 집이 다 믿는 기회가 되었습니다. 그러나 표적과 기사가 아니면 도무지 믿지 않는 것은 잘못된 신앙입니다.

다리 아픈 것이 낫는 것은 큰 기적입니다. 팔이 아프다가 나은 것은 큰 기적입니다. 그러나 그것보다도 더 큰 기적은 우리가 구원을 받은 것입니다. 구원의 기적은 최고의 기적입니다. 예수는 인간의 생명을 구원하는 생명의 주(主)이심과 동시에 기적을 주시는 권능의 주(主)이십니다.

예수님이 70명을 따로 세우시고 둘씩 짝을 지어 파송하셨습니다. 그들이 복음을 전하러 갔다가 돌아와 보고를 하였습니다. "칠십 인이 기뻐하며 돌아와 이르되 주여 주의 이름이면 귀신들도 우리에게 항복하더이다 예수께서 이르시되 사탄이 하늘로부터 번개 같이 떨어지는 것을 내가 보았노라 내가 너희에게 뱀과 전갈을 밟으며 원수의 모든 능력을 제어할 권능을 주었으니 너희를 해할 자가 결코 없으리라 그러나 귀신들이 너희에게 항복하는 것으로 기뻐하지 말고 너희 이름이 하늘에 기록된 것으로 기뻐하라 하시니라"(눅 10:17-20).

우리의 이름이 하늘에 기록된 것이 구원의 기쁨입니다. 구원의 기쁨이 가장 큰 기쁨입니다. 이것보다 더 큰 기쁨이나 더 큰 기적이 있을 수 없습니다. 기적 중에 최고의 기적은 구원의 기적입니다.

요한복음 6장에 나오는 벳세다 광야의 기적은 보리떡 다섯 개와 물고기 두 마리로 5천 명이 먹고도 12광주리가 남았습니다. 놀라운 기적이었습니다. 그러나 그때 보리떡을 얻어먹고, 물고기를 얻어먹은 기적을 체험한 사람들은 다 주님을 버리고 떠나갔습니다. 주님은 모두가 다 자기를 버리고 떠남을 아시고 사랑하는 제자 베드로에게 이렇게 말씀하십니다. 요한복음 6장 66-68절을 보면 "그 때부터 그의 제자 중에서 많은 사람이 떠나가고 다시 그와 함께 다니지 아니 하더라 예수께서 열 두 제자에게 이르시되 너희도 가려느냐 시몬 베드로가 대답하되 주여 영생의 말씀이 주께 있사오니 우리가 누구에게로 가오리이까"라고 기록하고 있습니다.

표적과 기사가 아니면 도무지 믿지 않는 신앙은 잘못된 신앙입니다. 우리는 구원의 놀라운 기적을 이미 체험한 성도이므로 구원받았음을 감사하며 주님께 영광을 돌리며 살아갑시다.

기적을 보고 나서 믿는 것과 기적을 창출하는 믿음은 분명히 다릅니다. 세상의 많은 사람들은 기적과 표적을 보고서 믿으려고 합니다. 그러나 진정한 신자는 보지 않고서도 믿는 것입니다. 한 아들의 아버지의 믿음은 우리에게 진정한 믿음이 무엇인지를 보여 주고 있습니다. 기적을 만드는 믿음은 무엇인지를 소개해 주고 있습니다. 아버지의 마음을 갖는 것은 믿음으로 가는 길이며, 기적의 현장으로 안내하는 이정표가 될 것입니다. 아들을 향한 아버지의 마음은 긍휼한 마음일 것입니다.

반대로 우리가 하늘 아버지의 마음을 아는 것은 믿음을 넘어서 이상과 비전으로 나아가는 삶의 이정표가 될 것입니다. 아들을 향한 아버지의 마음을 통해서 하늘 아버지의 마음을 알 수가 있습니다. 그리고 그 연결고리에는 믿음이 있습니다. 다음은 아버지의 마음을 잘 표현한 가스펠송입니다. 이 노래처럼 아버지의 마음이 우리의 마음이 되어야 하겠습니다.

하나님 아버지의 마음

아버지 당신의 마음이 있는 곳에
나의 마음이 있기를 원해요
아버지 당신의 눈물이 고인 곳에
나의 눈물이 고이길 원해요
아버지 당신이 바라보는 영혼에게
나의 두 눈이 향하길 원해요
아버지 당신이 울고 있는 어두운 땅에
나의 두 발이 향하길 원해요
나의 마음이 아버지의 마음 알아
내 모든 뜻 아버지의 뜻이 될 수 있기를
나의 온 몸이 아버지의 마음 알아
내 모든 삶 당신의 삶 되기를 ....

3장 베데스다의 현장 - 굴욕의 인생을 넘어

요한복음 5장 1-9절

어느 성도님의 가정에 심방 갔을 때의 일입니다. 거실에 빨간 벽돌로 인공연못을 만들어 놓은 것을 보았습니다. 새 집을 잘 지었는데 거실에 벽돌을 쌓고 세 겹의 비닐로 둘러서 연못을 만들었는데 값비싼 수족관보다 훨씬 더 운치가 있었습니다. 그 연못 안에는 물이 움직이도록 전동기로 만든 물레방아가 돌아가는 것을 보았습니다. 만일 그것을 움직여 주지 않으면 물이 고여서 썩을 뿐 아니라 물고기들은 산소가 부족하여 죽는다는 것입니다.

예루살렘 성전 앞에는 베데스다란 못이 있었습니다. 이 연못은 이상하게도 인공으로 돌려주지 않는데도 가끔씩 저절로 움직였습니다. 예루살렘 성전을 칠 년간 건축하고 자기의 궁궐을 삼십 년을 걸려서 건축한 솔로몬은 예루살렘 성벽을 쌓고 더 아름답게 하기 위하여 연못을 만들었습니다. 위치는 성전 후문을 나서면 연못이 있는데 이것이 베데스다란 못입니다.

은혜의 집이라는 이름을 가진 그 앞에 전혀 은혜스럽지 못한 무리들이 즐비하게 누워 있다고 생각해 봅시다. 그나마 수족을 움직일 수 있는 사람이라면 다행이지만, 그것조차도 힘든 사람에게는 늘 버거운 인생만이 그를 짓누르고 있을 뿐입니다. 여기에 38년 된 병자가 우리들의 시선에 들어옵니다. 그의 눈동자는 두려움과 비굴함으로 가득하고, 몸은 거동을 못하는지 거적에 말려서 방치되어 있습니다. 이제는 가족조차도 자신에게 연민을 거둔지 이미 오래임을 알 수 있습니다. 절망을 넘어서 이제는 굴욕적인 삶만이 그를 지배하고 있는 것 같아 보였습니다.

전체적인 풍경은 은혜 대신에 절망이 자리한 듯 음울한 분위기 속에 굴욕적 인생들을 담보하고 있는 것 같습니다. 전혀 이름값을 하지 못하는 베데스다 연못에 예수님께서 오셨습니다. 많은 병자들이 있었지만 주님의 시선은 오직 한 사람에게만 머물러 있었습니다. 그리고 조용하면서도 단호하게 38년 된 병자를 향해서 나갔습니다. 그리고 굴욕적인 인생을 살 수밖에 없었던 그의 인생 속으로 거절할 수 없는 은혜가 들어오게 된 것입니다.

38년 된 병자처럼 아무런 희망도 없이 그저 굴욕적이고 비굴하게 자신의 생애를 연장할 수밖에 없었던 그 자리에서 믿음의 자리, 은총의 자리, 기적의 자리로 어떻게 하면 옮겨질 수 있을까요?

교회는 은혜의 집이 되어야 한다

베데스다, 즉 은혜의 집이라는 것을 회복할 때 굴욕적인 인생을 넘어 은혜의 자리로 옮겨질 수 있습니다. 교회는 은혜의 집이 되어야 합니다. 교회를 통해서 주님을 만나게 되고, 주님과의 만남을 통해서 기적이 있는 믿음의 자리로 갈 수 있습니다. 굴욕적이며, 비굴한 우리들의 영적인 모습이 독수리처럼 폭풍우를 뚫고서 비상할 수 있는 믿음의 자리, 기적의 자리로 교회를 통해서 나갈 수 있게 됩니다. 이러한 역사의 현장에 우리가 함께 동참할 수 있어야 합니다.

예루살렘 성전에는 사자문, 미문, 욥바문, 수문, 샘문, 어문 그리고 양문 등의 문이 있었습니다. 구약시대 제사 때에 제물로 쓰이는 양을 통과시키는 양문 앞에 베데스다 못이 있었습니다. 성경에서 '벧' 이란 말은 집을 의미합니다. 또

'데스다' 란 말은 '은혜(grace)' 란 뜻입니다.

창세기 28장 18-22절을 보면 야곱이 광야에서 잠자다가 "아침에 일찍이 일어나 베개로 삼았던 돌을 가져다가 기둥으로 세우고 그 위에 기름을 붓고 그곳 이름을 벧엘이라 하였더라 이 성의 옛 이름은 루스더라 야곱이 서원하여 이르되 하나님이 나와 함께 계셔서 내가 가는 이 길에서 나를 지키시고 먹을 떡과 입을 옷을 주시어 내가 평안히 아버지 집으로 돌아가게 하시오면 여호와께서 나의 하나님이 되실 것이요 내가 기둥으로 세운 이 돌이 하나님의 집이 될 것이요 하나님께서 내게 주신 모든 것에서 십분 일을 내가 반드시 하나님께 드리겠나이다"라고 서원 하였는데 그곳이 '하나님의 집' 이란 뜻의 이름인 '벧엘' 입니다.

마태복음 2장의 예수님이 탄생하신 장소인 베들레헴은 '떡집' 이란 뜻입니다. 예수님이 자주 찾으셨던 나사로와 마르다와 마리아의 삼남매가 살았던 '베다니' 촌은 '사랑의 집' (요 11:1)이란 뜻이 있으며, 역대상 2장 45절에 나오는 '벧술' 은 반석의 집 즉 '요새' 란 뜻입니다. 요한복음 1장 44절에 나오는 '벧세다' 는 '어부들의 집' 이란 뜻으로 베드로와 안드레가 살고 있는 동네였습니다.

요한복음 5장 2-4절을 보면 "예루살렘에 있는 양문 곁에 히브리말로 베데스다라 하는 못이 있는데 거기 행각 다섯이 있고 그 안에 많은 병자, 맹인, 다리 저는 사람, 혈기 마른 사람들이 누워 물의 움직임을 기다리니 이는 천사가 가끔 못에 내려와 물을 움직이게 하는데 움직인 후에 먼저 들어가는 자는 어떤 병에 걸렸든지 낫게 됨이러라"라고 하였습니다.

베데스다 연못은 '은혜의 집' 으로 교회를 말합니다. 교회는 은혜로 이끌어 가는 주님의 몸입니다. 교회가 은혜가 떨어지고 나면 사회보다도 더 무서운 곳이 되어 버립니다. 교회는 성령이 역사하는 곳이 되어야 하며 은혜가 충만한 장소가 되어야 합니다. 그러나 베데스다 연못의 이름은 은혜의 집이었으나 실제로는 은혜가 없는 곳이었습니다. 사랑이 식어진 곳이었습니다. 각종 병든 자들이 찾아와서 물이 움직이기만을 기다리며 경쟁과 증오와 미움만 가득한 곳이었습니다.

살아 움직이는 교회가 되어야 한다

주님은 베데스다 연못을 가실 때 무엇을 가지고 가셨을까요? 그것은 바로 긍휼함과 사랑과 은혜입니다. 38년 된 병자가 그 많던 인생의 낙오를 뒤로 한 채 새로운 세계로 발걸음을 옮길 수 있었던 것은 찾아오시는 주님이 있었기에 가능했습니다.

오늘도 주님은 우리의 삶의 현장 속으로 찾아오십니다. 38년 된 병자에게 찾아가셨던 그 발걸음으로 오늘 나의 삶의 자리에 찾아오십니다. 그 결과로 인해서 우리는 구원의 자리, 믿음의 자리에서 새로운 인생의 의미를 찾으면서 살 수 있게 된 것입니다.

하나님은 교회를 통하여 주님의 마음을 가지고 어둠이 있는 곳에, 아픔과 질병이 있는 곳에, 상실감에 사로잡혀서 좌절한 삶의 현장에 찾아가기를 원하고 있습니다. 주님이 거저 받았으니 거저 주라고 말씀하고 있습니다. 조건이나 환경이 아닌 굴욕적일 수밖에 없는 인생들에게 거절할 수 없는 주님의 은총을 가지고 찾아가라고 하십니다. 이럴 때 온 세상은 기적의 현장으로 바뀌어지게 될 것입니다.

다시 베데스다 현장으로 가 보겠습니다. 물이 움직이니까 사람들이 모여 들었습니다. 요한복음 5장 3절에 "그 안에 많은 병자, 맹인, 다리 저는 사람, 혈기 마른 사람들이 누워 물의 움직임을 기다리니"라고 하였습니다.

베데스다 연못에 대한 다음과 같은 전설이 있습니다.

아담과 하와가 에덴동산에서 살다가 선악과를 따 먹고 난 후에 에덴동산에서 쫓겨나게 됩니다. 그 후 가인과 아벨을 낳았고, 가인이 동생 아벨을 쳐 죽였습니다. 하나님은 아벨 대신에 셋을 주셨습니다. 그리하여 아담과 하와, 가인과 셋 이렇게 한 가족이 행복하게 살았습니다.

아담은 늘 에덴동산 이야기를 자녀들에게 들려주었습니다. 에덴동산에는 생명나무가 있는데 그 나무 잎사귀는 병을 치료하며 죽은 자도 살리는 나무라고 이야기해 주었습니다. 아담이 병들어 죽게 되었습니다. 아들은 어떤 약이든지 다 구하고 싶었습니다. 셋은 생명나무의 이야기가 생각이 나서 에덴동산에 달려가서 생명나무 잎사귀 하나를 따 가지고 오려고 갔으나 천사들이 막고 있었습니다.

창세기 3장 24절을 보면 "이같이 하나님이 그 사람을 쫓아내시고 에덴동산 동쪽에 그룹들과 두루 도는 불칼을 두어 생명나무의 길을 지키게 하시니라"라고 하신 것처럼 들어갈 수가 없었습니다. 셋이 천사에게 애원을 하였더니 천사가 잎사귀 하나를 따 주었습니다. 집에 와서 보니 아담이 죽은 후였습니다. 아담을 땅에 묻고 난 후 그 생명나무 잎사귀를 땅에 던져 버렸는데 이상하게도 무덤 곁에서 큰 나무로 자라났습니다.

세월이 흘러 솔로몬 시대가 되었습니다. 솔로몬이 성전과 궁궐을 건축한 후 베데스다 연못을 만들게 되었는데 연못에 다리를 놓기 위하여 큰 나무를 구하다 보니 이 나무가 발견되었고 이 나무로 다리를 놓았답니다. 하루는 시바 여왕이 지혜를 배우러 왔다가 솔로몬과 함께 연못을 거닐게 되었는데 "이 다리는 사람을 죽이는 나무로 되었으니 잘라 없애버리라"고 건의를 하여 그때 잘라서 연못에 집어 던졌는데 그 때부터 물이 끓어오르기 시작했다는 것입니다.

세월이 흘러 예수님 시대가 되었고 로마병정들이 예수를 십자가에 못 박으려고 큰 통나무를 찾는데 연못 안에 큰 나무가 있어서 제사장들이 이 나무를 끄집어내서 십자가를 만들었다고 합니다. 그리하여 시바여왕의 말처럼 '사람을 죽이는 나무'가 되었고, 또한 창세기 2장 9절처럼 '사람을 구원하는 생명나무'가 되었다고 합니다.

여기서 교회부흥의 비결을 배우게 됩니다. 베데스다 연못은 물이 움직였기 때문에 사람들이 모여 왔습니다. 교회는 언제 성장합니까? 움직이는 교회가 성장합니다. 말씀이 살아서 움직이는 교회는 사람들이 모여 옵니다. 교회는 신앙이 살아서 움직여야 합니다. 교회는 사랑이 끓어오르고 움직여야 합니다. 남선교회나 여전도회가 지역사회를 향해서 봉사하고 세계선교를 향해 움직이며 구역들이 기도하며 하나님께 헌신하며 살아 움직일 때에 사람들이 교회로 모여 오는 것입니다.

교회는 영적으로 병든 자들이 찾는 곳이다

주님이 38년 된 병자에게 찾아가셨습니다. 우리도 역시 찾아가야 합니다. 이것이 흩어지는 교회의 표지라면 이제는 모이는 교회의 표지를 가져야 합니다. 칼빈은 교회를 어머니로서의 교회로 강조합니다. 어머니의 품은 넓습니다. 어머니의 가슴속에는 모든 것이 용서가 이루어지고, 격려가 있는 곳입니다. 그리고 어머니의 품속에서 하나님의 자녀로서 새로운 삶을 시작할 수 있게 됩니다. 이것이 우리가 몸담고 있는 교회 공동체의 모습입니다.

역사의 현장으로 다시 한 번 가 봅시다. 각종 병든 자가 찾아 왔습니다. 요한복음 5장 3절에는 "그 안에 많은 병자, 맹인, 다리 저는 사람, 혈기 마른 사람들" 등 각종 병든 자들이 찾아왔습니다. 베데스다는 영적으로 교회를 의미합니다. 교회는 영적으로 병든 자가 찾아오는 곳입니다. 목욕탕에는 누가 갑니까? 때 있는 사람들이 찾아갑니다. 마찬가지로 교회는 영적으로 병든 사람들이 찾아오는 곳입니다.

육체의 병도 중요하지만 마음에 병든 것, 영혼에 병든 것이 더욱 문제입니다. 5절 말씀을 보면 "거기 서른여덟 해 된 병자가 있더라"고 했습니다. 그는 영혼이 찌들고 마음이 병든 자입니다. 7절에 "내가 가는 동안에 다른 사람이 먼저 내려가나이다"라고 남을 탓하고, 다른 사람 때문에 내 병을 못 고쳤다는 미움과 증오와 원망으로 가득 차 있었습니다. 그는 마음과 영혼이 병든 사람이었습니다.

역대 대통령들을 보면 비자금 사건이 많습니다. 비자금 사건은 마음의 병 때문에 벌어진 일입니다. 대통령의 임기가 지나면 매월 상당한 월급을 받게 됩니다. 그리고 경호원들의 월급도 정부에서 나옵니다. 집이나 물건을 사면 취득세도 면제해 줍니다. 그리고 품위 유지비도 줍니다. 이렇게 받는 돈이 일 년에 삼억 정도가 된답니다. 그러면 남은 평생 살 수 있지 않습니까? 오천 억 다 쓰지도 못하고 죽을 것을 왜 모았는지 모르겠습니다. 마음이 병들었기 때문입니다.

베데스다도 이름은 '은혜의 집'이었지만 그 내용은 미움과 질투가 가득한 장소였습니다. 마음에 병든 자들이 베데스다 연못과 같은 주님의 성전에 나와서 고침을 받아야 합니다.

예수님은 병든 자들에게 소망이 되신다

38년 된 병자가 새로운 삶으로 살아갈 수 있었던 것은 궁극적으로 예수님을 만났기 때문입니다. 예수님은 물이 움직일 때에 자기 힘으로 연못에 들어갈 수 있다는 사람들을 제쳐 놓았습니다. 그리고 자기 힘으로는 못에 들어갈 수 없는 삼십팔 년 된 병자에게 찾아가셨습니다. 내 힘으로는 아무것도 할 수 없는 자가 하나님 앞에서 은혜를 입게 되는 것입니다. 고린도후서 1장 9절에는 "자기를 의지하지 말고 오직 죽은 자를 다시 살리시는 하나님만 의지하게 하심이라"고 하셨습니다.

하나님 앞에서는 아무것도 할 수 없는 낮은 자가 되어야 합니다. 마태복음 23장 12절에는 "누구든지 자기를 높이는 자는 낮아지고 누구든지 자기를 낮추는 자는 높아지리라"라고 하였습니다. 예수님의 관심은 삼십팔 년 된 병자에게 있었습니다. 요한복음 5장 8절에 "예수께서 이르시되 일어나 네 자리를 들고 걸어가라"라고 하시며 말씀의 능력으로 그를 고치셨습니다. 하나님의 말씀은 병을 고치는 능력이 있습니다.

예수님은 '인류 최후의 희망'이십니다. 삼십팔 년 된 병자는 병원이란 병원은 다 찾아가 보았을 것입니다. 그리고 약이란 약은 다 써 보았을 것입니다. 그러나 소용이 없었습니다. 이제 마지막으로 희망을 걸고 찾아온 장소가 '베데스다 연못'이었습니다. 그러나 이 마지막 희망도 내가 내려가는 동안 먼저 내려가는 다른 사람들 때문에 여지없이 꺾이고 말았습니다.

아무런 희망이 없는 그에게 예수님은 "그 누운 것을 보시고 병이 벌써 오래된 줄 아시고 이르시되 네가 낫고자 하느냐"(요 5:6)라고 하시면서 희망을 주셨습니다. 이 병자는 마지막의 희망인 예수님을 의지했습니다. 그리고 기적을 체험하게 되었습니다. 예수님은 인류 최후의 희망이십니다.

세계적으로 유명한 왓츠의 그림 가운데 '소망'이란 제목의 그림이 있습니다. 그 그림을 보면 한 여인이 지구를 깔고 앉아 있습니다. 그리고 지구 안에는 많은 사람들이 그려져 있는데 모두 이 여인을 향해 등을 돌리고 있습니다. 이 여인은 모든 사람들로부터 따돌림을 받은 여인입니다. 그녀는 눈에 붕대가 감겨져 있습니다. 아무런 소망이 없다는 것을 의미합니다. 이 여인의 손에는 하프가 들려져 있는데 47개의 줄 가운데 46개가 끊어져 있었습니다. 모든 소망이 다 사라져 버렸다는 것입니다.

그리고 이 가운데 한 개의 줄이 남아 있습니다. 이것이 '소망'이란 제목의 그림입니다. 모든 희망이 다 사라져 버렸어도, 아무런 희망이 보이지 않는다고 할지라도 우리는 인류의 마지막 최후의 소망되시는 예수님을 붙잡고 의지하는 자가 되어야 할 것입니다. 삼십팔 년 된 병자에게 예수님은 최후의 희망이 되신 것처럼 주님은 우리의 최후의 소망이십니다.

믿음의 역사의 현장을 찾아가 보면 그들의 인생은 순탄한 인생이 없었음을 알게 됩니다. 그들의 인생은 굴욕적일 때가 많았고, 새로운 희망을 품기에는 너무나 열악한 환경의 지배 속에서 살고 있었습니다. 그러나 38년 된 병자에게 찾아오시는 주님을 만남으로 인해서 변화가 일어나고 굴욕적인 삶에서 새로운 가능성의 삶으로 변화되어졌던 것처럼, 역사 속의 믿음의 사람들 역시 예수님을 만남으로 하나님 나라의 새로운 가치를 가슴에 품고 살아갈 수 있었습니다. 주님은 우리를 믿음의 현장, 기적의 현장으로 초대하고 계십니다. 믿음의 기적, 그 현장에 서서 주님의 새로운 세계를 향해서 믿음의 발걸음을 옮겨야겠습니다.

4장 광야의 현장 - 작은 나눔

요한복음 6장 1-15절

예수님의 사역 중에 오병이어의 사건은 그리스도인들에게 두고두고 회자되어지고 있는 믿음의 사건이 되었습니다. 광야의 한 모퉁이에서 일어난 기적은 어린아이의 작은 나눔으로부터 시작되었습니다. 다음은 오병이어에 대한 가스펠송입니다.

예수님 작지만 저의 것을 주님께 드릴게요
오병이어 한 소년이 드렸던 보리떡 다섯 개
오병이어 한 소년이 드렸던 물고기 두 마리
거기에는 완전한 나눔이 거기에는 참된 기쁨이
나누는 사람에는 자기 것 찢는 희생과 아픔 있지만
그곳엔 평안과 기쁨이 있어 그곳엔 감격과 확신이 있어

세상에 가치로 매길 수 없는 놀라운 힘이 있어요
우리의 것을 드려요 우리의 오병이어 드려요
작지만 소중한 우리들의 오병이어 드려요
예수님 저의 작은 거지만 기쁘게 받아주셔서 감사해요
거기에는 완전한 나눔이 거기에는 참된 기쁨이
나누는 사람에는 자기 것 찢는 희생과 아픔 있지만
그곳엔 평안과 기쁨이 있어 그곳엔 감격과 확신이 있어

이 찬양은 한 소년이 드렸던 작은 나눔을 노래하고 있습니다. 그리고 그 나눔은 곧 그리스도께서 십자가에서 육체가 찢기는 아픔을 통해서 자신을 나누는 것을 말하고 있습니다. 어린아이의 작은 나눔은 보잘것없는 것이 아니었습니다. 어린아이에게는 그것이 가지고 있는 전부였으니까요. 그 작은 나눔은 예수님의 큰 나눔과 연결되어 있습니다. 그리고 그 나눔을 통해서 평안과 기쁨과 감격과 확신이 있음을 노래하고 있습니다.

어린아이가 광야에 나오기까지는 많은 결단이 요구되었을 것입니다. 그리고 자신의 것을 나누기까지도 많은 고뇌가 있었을 것입니다. 그럼에도 불구하고 주님을 향한 열정과 믿음이 있었기에 큰 기적을 경험할 수 있었을 것입니다. 생각해 보십시오. 다른 사람들은 기적의 조각을 먹었을 것입니다. 그리고 그것으로 잊혀지겠지요. 그러나 이 어린아이는 자신의 작은 나눔으로 오병이어의 거대한 기적을 창출할 수 있게 된 사실 하나만으로도 큰 영광이 되었을 것입니다.

하나님은 우리를 광야로 초대하고 있습니다. 아니 어쩌면 우리는 크고 작은 광야를 경험하고 있을 것입니다. 나의 힘으로 되지 않음을 통해서 하나님의 도우심을 겸허하게 받아들일 수밖에 없는 광야의 삶, 눈물과 아픔이 고스란히 드러나서 신음 소리가 나지만 하나님을 향해서 얼굴을 들 수 있는 광야와 같은 그곳에 이미 우리들은 와 있습니다. 그리고 이곳에서 작은 나눔을 통해서 오병이어와 같은 기적을 경험하는 현장으로 초대하고 있습니다. 이제 믿음의 현장으로 들어가서 귀한 기적의 역사의 한 페이지를 작성합시다.

요한복음 6장은 유난히 떡에 대한 이야기가 반복적으로 많이 나와 있습니다. 6장 7절에 '이백 데나리온의 떡'이 기록되어 있습니다. 9절에는 "여기 한 아이가 있어 보리떡 다섯 개와 물고기 두 마리를 가지고"라고 기록하였고, 11절에는 "예수께서 떡을 가져 축사하신 후에 앉아 있는 자들에게 나눠 주시고 물고기도 그렇게 그들의 원대로 주시니라"라고 하였습니다.

6장 13절에는 "보리떡 다섯 개로 먹고 남은 조각이 열두 바구니에 찼더라"고 하였습니다. 26절에는 "예수께서 대답하여 이르시되 내가 진실로 진실로 너희에게 이르노니 너희가 나를 찾는 것은 표적을 본 까닭이 아니요 떡을 먹고 배부른 까닭이로다"라고 하셨고, 32절에는 "내 아버지께서 너희에게 하늘로부터 참 떡"을 말씀하고 있습니다. 33절에는 "하나님의 떡은 하늘에서 내려 세상에 생명을 주는 것이니라"라고 하였고, 34절에는 "그들이 이르되 주여 이 떡을 항상 우리에게 주소서" 또 35절에는 "예수께서 이르시되 나는 생명의 떡이니 내게 오는 자는 결코 주리지 아니할 터이요 나를 믿는 자는 영원히 목마르지 아니하리라"라고 하셨으며, 48절에는 "내가 곧 생명의 떡이니라"라고 하였습니다. 50절에는 "이는 하늘에서 내려오는 떡이니 사람으로 하여금 먹고 죽지 아니하게 하는 것이니라"라고 증거합니다. 이렇게 요한복음 6장은 '보리떡 다섯 개의 이야기,' '하늘의 떡,' '영원한 떡' 등의 이야기가 많이 나옵니다. 그래서 '떡장'이라고 부릅니다.

예수님의 사역을 한마디로 요약한다면 마태복음 9장 35절 말씀으로 요약할 수 있습니다. "예수께서 모든 도시와 마을에 두루 다니사 그들의 회당에서 가르치시며 천국 복음을 전파하시며 모든 병과 모든 약한 것을 고치시니라"고 하셨는데 가르치시며, 전파하시며 고치시는 사역이었습니다. 즉, Teaching, Preaching과 Healing의 사역이었습니다.

갈릴리 해변의 벳새다 들판에서도 예수님께서 천국 복음을 전파하시고, 하나님의 말씀을 가르치고, 병을 고쳐 주실 때에 많은 사람들이 몰려왔습니다. 요한복음 6장 5절에 큰 무리가 예수님께 나왔다고 하였습니다. 그러나 문제는 큰 무리를 먹일 수 있는 양식이 없었습니다. 바로 이 순간에 우리가 살펴보았던 어린아이의 작은 나눔이 기적을 갖게 만들었습니다.

그렇다면 우리의 삶 속에서도 오병이어와 같은 기적을 경험하기 위해서는 우리는 어떤 결단을 해야 합니까? 광야와 같은 인생 속에서 하늘의 은총이 내려오는 기적을 경험하며, 살아계신 하나님께 헌신된 일생을 드리기 위해서는 어떻게 해야 할까요?

긍정적인 눈으로 세상을 보라

오병이어의 기적은 먼 데 있지 않습니다. 광야와 같은 삶 속에서 오병이어와 같은 믿음의 사건을 경험하기 위해서는 첫째로 긍정적인 태도를 가져야 합니다. 사람은 많았지만 먹을 것이 없었습니다. 5절에 "예수께서 눈을 들어 큰 무리가 자기에게로 오는 것을 보시고 빌립에게 이르시되 우리가 어디서 떡을 사서 이 사람들로 먹게 하겠느냐"라고 하셨습니다. 먹을 것이 없었습니다. 양식이 없는 것이 문제였습니다.

현대의 문제도 참된 양식이 없는 것이 문제입니다. 아모스 선지자는 말세의 기근을 이렇게 말하고 있습니다. "주 여호와의 말씀이니라 보라 날이 이를지라 내가 기근을 땅에 보내리니 양식이 없어 주림이 아니며 물이 없어 갈함이 아니요 여호와의 말씀을 듣지 못한 기갈이라 사람이 이 바다에서 저 바다까지, 북쪽에서 동쪽까지 비틀거리며 여호와의 말씀을 구하려고 돌아다녀도 얻지 못하리니 그 날에 아름다운 처녀와 젊은 남자가 다 갈하여 쓰러지리라"(암 8:11-13)라고 했습니다. 이 시대는 영적인 양식이 없는 것이 문제입니다.

또 하나의 문제는 날이 어두워 가는 것이 문제였습니다. 같은 오병이어의 사건인 마태복음 14장 15절을 보면 "저녁이 되매 제자들이 나아와 이르되 이곳은 빈 들이요 때도 이미 저물었으니"라고 기록하고 있습니다. 즉 날이 저물었다는 것입니다. 빌리 그래함 목사님은 이 시대를 '12시 5분 전'이라고 했습니다. 인류의 종말이 오기 5분 전이라는 말입니다. 인류의 타락과 도덕의 붕괴 그리고 전쟁과 핵무기의 위험이 이 시대의 종말을 예고하고 있는 것 같습니다. 문제의 들판에서 주님은 오병이어로 기적을 일으키시고 문제를 해결해 주셨습니다.

기적은 안드레의 신앙을 통하여 나타났습니다. 여기 대조적인 두 인물이 있습니다. 빌립과 안드레입니다. 빌립은 계산에 빠르고 똑똑한 사람이었고 안드레는 셈은 느리지만 믿음을 가진 사람이었습니다. 빌립은 부정적인 사람이었고 안드레는 긍정적인 사람이었습니다.

먼저 빌립을 생각해 봅시다. 빌립은 '이백 데나리온의 돈'이 필요하다고 계산하였습니다. "예수께서 눈을 들어 큰 무리가 자기에게로 오는 것을 보시고 빌립에게 이르시되 우리가 어디서 떡을 사서 이 사람들을 먹이겠느냐 하시니 이렇게 말씀하심은 친히 어떻게 하실 것을 아시고 빌립을 시험하고자 하심이라 빌립이 대답하되 각 사람으로 조금씩 받게 할지라도 이백 데나리온의 떡이 부족하리이다"(요 6:5-7)라고 대답을 합니다. 돈부터 계산하는 사람입니다. 같은 사건을 다루는 성경인데 마태복음에는 돈이 있다고 할지라도 날이 이미 저물었기에 불가능하다고 대답합니다.

또 다른 이유는 그곳이 '빈 들'이기 때문이라고 합니다. 유대 광야의 빈 들은 풀 한 포기, 나무 한 그루 없는 광야입니다. 돈이 있어도 떡을 살 떡집이 없는 곳입니다. 오늘의 교회 안에도 빌립과 같은 사람이 있습니다. 이런 사람은 '안 된다는 사람'입니다. '돈이 없으니 안 됩니다.', '여건이 안 맞으니 안 됩니다.', '시간이 없으니 안 됩니다.' 이런 사람은 계산적이고 이해 타산적인 사람입니다. 그는 안 된다는 생각으로 가득 차 있습니다.

그러나 안드레는 한 어린아이의 보리떡 다섯 개와 물고기 두 마리를 가지고 와서 이렇게 말합니다. "제자 중 하나 곧 시몬 베드로의 형제 안드레가 예수께 여짜오되 여기 한 아이가 있어 보리떡 다섯 개와 물고기 두 마리를 가지고 있나이다 그러나 그것이 이 많은 사람에게 얼마나 되겠사옵나이까"(요 5:8-9).

안드레는 긍정적인 사람입니다. 빌립은 안 된다는 부정적인 전제에서 출발한 반면 안드레는 무엇이든지 방법을 찾아보는 긍정적인 전제에서 질문하고 있는 것입니다. 안드레의 말을 직역하면 "여기 보리떡 다섯 개와 물고기 두 마리가 있습니다. 이것 가지고는 얼마의 도움이 되겠습니까?"라는 뜻입니다. 우리는 빌립처럼 안 된다는 부정적인 사람이 되지 말고 안드레 같이 된다는 긍정적인 사람이 되어야 합니다.

안드레의 이러한 결정은 쉽지 않았을 것입니다. 어린아이의 나눔이 기적을 일으키는 이유가 바로 여기에 있습니다. 자기도 먹기에 부족한 것을 가지고 나온 순수한 어린아이의 믿음과 마음을 안드레는 알았을 것입니다. 어쩌면 안드레도 이것 가지고는 부족하다는 사실을 누구보다도 잘 알았을 것입니다. 그러나 그것을 주님께로 가져오는 것이 중요합니다. 그것이 믿음입니다. 이러한 믿음은 역사를 변화시키고 빈 들에 기적을 만들어 나아가는 것입니다.

포수 두 사람이 산으로 토끼 사냥을 나갔습니다. 한 사람은 토끼를 많이 잡아 가지고 왔습니다. 그러나 또 다른 한 사람은 한 마리도 못 잡고 돌아왔습니다. 못 잡은 사람에게 물었더니 이유를 이렇게 대답합니다. 첫째, 토끼는 뒷다리가 길어서 언덕을 올라갈 때에 너무 잘 달려 못 잡았다는 것입니다. 둘째, 토끼는 귀가 커서 가만히 접근하려고 하면 멀리서도 벌써 발자국 소리를 듣고 도망하므로 못 잡았다는 것입니다. 이 사람은 안 된다는 이유만 찾았던 것입니다.

그러나 토끼를 잡은 포수에게 어떻게 잡았느냐고 그 이유를 물었더니 그도 두 가지로 대답을 했습니다. 첫째, 토끼는 뒷다리가 길어서 내리막길에 약하므로 내리 몰아 잡았습니다. 둘째, 토끼는 귀가 큽니다. 그래서 뒤쫓아 가서 귀를 잡았다고 대답하였습니다. 꼭 같은 이유인데 한 사람은 그것 때문에 안 된다고 하였고, 또 다른 한 사람은 그 이유 때문에 된다는 것입니다. 부정적인 사람은 부정적인 이유만을 찾아냅니다. 그러나 긍정적인 사람은 되는 방법을 찾아 연구합니다.

항상 기도로 시작하라

인생의 광야 속에서 하늘의 기적을 맛보기 위해서는 둘째로 하늘의 창고를 여는 기도를 해야 합니다. 어떻게 보리떡 다섯 개로 오천 명이 먹고도 열두 광주리가 남았을까요? 기적의 비결은 예수께서 보리떡 다섯 개를 가지시고 축사하셨습니다. 축사란 축복기도입니다. "예수께서 떡을 가져 축사하신 후에 앉아 있는 자들에게 나눠 주시고 물고기도 그렇게 저들의 원대로 주시니라"(요 6:11)라고 기록되어 있습니다.

예수님께서 어린 아이가 바친 보리떡 다섯 개와 물고기 두 마리를 놓고 기도하셨습니다. 기도할 때에 기적이 일어났고 오천 명이 먹을 수 있는 놀라운 일이 생겼습니다. 기도는 기적을 일으킬 수 있는 믿음의 권능입니다.

예수님이 변화 산에 올라 가셨을 때의 일입니다. 귀신 들린 아이를 데리고 온 아버지가 제자들에게 고쳐 달라고 하였지만 제자들은 고치지 못했습니다. 그러나 예수께서 귀신을 쫓아내실 때에 아이의 병은 나았습니다.

마가복음 9장 19-27절을 보면 "대답하여 이르시되 믿음이 없는 세대여 내가 얼마나 너희와 함께 있으며 얼마나 너희에게 참으리요 그를 내게로 데려오라 하시매 이에 데리고 오니 귀신이 예수를 보고 곧 그 아이로 심히 경련을 일으키게 하는지라 그가 땅에 엎드러져 구르며 거품을 흘리더라 예수께서 그 아버지에게 물으시되 언제부터 이렇게 되었느냐 하시니 이르되 어릴 때부터니이다 귀신이 그를 죽이려고 불과 물에 자주 던졌나이다 그러나 무엇을 하실 수 있거든 우리를 불쌍히 여기사 도와주옵소서 예수께서 이르시되 할 수 있거든 이 무슨 말이냐 믿는 자에게는 능히 하지 못할 일이 없느니라 하시니 곧 그 아이의 아버지가 소리를 질러 이르되 내가 믿나이다 나의 믿음 없는 것을 도와주소서 하더라 예수께서 무리가 달려와 모이는 것을 보시고 그 더러운 귀신을 꾸짖어 이르시되 말 못하고 못 듣는 귀신아 내가 네게 명하노니 그 아이에게서 나오고 다시 들어가지 말라 하시매 귀신이 소리 지르며 아이로 심히 경련을 일으키게 하고 나가니 그 아이가 죽은 것 같이 되어 많은 사람이 말하기를 죽었다 하나 예수께서 그 손을 잡아 일으키시니 이에 일어서니라"라고 기록하고 있습니다.

제자들은 이상하여 "우리는 왜 못 고쳤습니까?"하고 질문을 했더니 예수께서는 대답하시기를 "기도 외에 다른 것으로는 이런 종류가 나갈 수 없느니라"(막9:28-29)라고 말씀하셨습니다. 기도는 기적을 가져오게 합니다.

누가복음 18장 1절에는 "항상 기도하고 낙망하지 말라"라고 하셨습니다. 데살로니가전서 5장 17절에는 "쉬지 말고 기도하라"라고 하셨습니다. 빌립보서 4장 6-7절에는 "아무것도 염려하지 말고 다만 모든 일에 기도와 간구로, 너희 구할 것을 감사함으로 하나님께 아뢰라 그리하면 모든 지각에 뛰어난 하나님의 평강이 그리스도 예수 안에서 너희 마음과 생각을 지키시리라"라고 약속하였습니다. 야고보서 1장 5절에는 "너희 중에 누구든지 지혜가 부족하거든 모든 사람에게 후히 주시고 꾸짖지 아니하시는 하나님께 구하라 그리하면 주시리라"라고 권고합니다. 기도 없는 기적은 있을 수 없습니다.

심방 갔을 때의 일입니다. 가정예배를 인도하는데 심방대원들을 대접한다고 차를 준비하기 위해서 물을 끓이고 있었습니다. 예배 중에 찬송을 부르는데 물이 끓으니까 도중에 달려갑니다. 또 설교 중에 부엌에 갔다가 옵니다. 기분이 안 좋았지만 예배인도를 하였습니다. 그러나 정작 놀란 것은 기도한 후였습니다. 주기도로 예배를 끝내니 깜짝 놀랍게도 과일이 깎아져 있고 커피가 끓여져 잔에 놓여 있었습니다(기도시간에 가만히 갖다 놓은 것입니다). 이것은 기도로 기적이 일어난 것입니까? 그날 심방에서 가장 중요한 것은 함께 예배드리는 것이라고 가르치고 돌아왔습니다.

연말이 되면 어느 교회나 사무총회라는 것을 합니다. 지난 1년간 사업과 재정의 경과보고를 하고 하나님께서 어떻게 인도하셨는가를 감사하는 일입니다. 그리고 내년에는 하나님께서 우리 교회를 통해서 어떻게 인도하실 것인가를 보고하는 시간입니다. 그 일을 감당하기 위해서 예산안도 작성하고, 새로운 일꾼도 선정하기도 합니다.

그런데 직분을 받지 못했다고 해서 서운한 감정을 가지기도 하고, 상처를 받기도 합니다. 심지어는 교회를 옮기는 경우도 있습니다. 정말 중요한 것은 어떤 것입니까? 기도함으로 하나님께서 나를 통하여 하나님 나라를 이루도록 하는 것입니다. 그러므로 기도를 더 많이 해야 할 때입니다. 기도하는 자를 일꾼으로 선정해야 하기 때문입니다.

사도행전 6장 3절에는 "성령과 지혜가 충만하여 칭찬 받는 사람"이 일꾼으로 뽑혔습니다. 성경이 말하는 집사의 자격은 디모데전서 3장 8-10절에서는 "이와 같이 집사들도 정중하고 일구이언을 하지 아니하고 술에 인 박히지 아니하고 더러운 이를 탐하지 아니하고 깨끗한 양심에 믿음의 비밀을 가진 자라야 할지니 이에 이 사람들을 먼저 시험하여 보고 그 후에 책망할 것이 없으면 집사의 직분을 맡게 할 것이요"라고 하였습니다.

디모데전서 3장 11-13절에는 "여자들도 이와 같이 정숙하고 모함하지 아니하며 절제하며 모든 일에 충성된 자라야 할지니라 집사들은 한 아내의 남편이 되어 자녀와 자기 집을 잘 다스리는 자일지니 집사의 직분을 잘한 자들은 아름다운 지위와 그리스도 예수 안에 있는 믿음에 큰 담력을 얻느니라"라고 하였습니다. 교단 헌법에는 십일조 하는 자, 주일 성수 하는 자, 세례 받은 자라고 규정하고 있지만 더욱 중요한 것은 기도하는 자입니다. 왜냐하면 기도 없이는 아무것도 될 수 없기 때문입니다.

기도는 하나님과의 사귐입니다. 깊은 영적인 대화입니다. 기도는 하나님께서 시작하시고 인도하시며 보다 더 깊은 영적인 대화를 나누는 것입니다. 내가 하나님의 영을 받고 주님을 향한 열정과 믿음을 가지고 기도를 시작한다면 하나님은 나의 기도를 인도하실 것입니다. 그리고 기적의 현장으로 우리를 안내할 것입니다.

거룩한 낭비를 하라

하나님은 우리를 광야의 현장으로 초대하고 계십니다. 그곳에서 우리가 믿음의 기적을 경험하기를 원하십니다. 우리가 하나님이 베푸시는 기적의 현장으로 초대되어 경험하기 위해서는 거룩한 낭비를 해야 합니다. 내가 가지고 있는 것을 나누는 것입니다. 예수님의 발 앞에 엎드리어 향유를 뿌리고 눈물로 주님의 발을 씻은 여인은 거룩한 낭비를 통하여 주님으로부터 칭찬을 듣고 영원토록 이야기되도록 하셨습니다. 우리가 어떤 것을 가지고 있든지 그것을 나눔으로 인해서 거룩한 기적의 현장으로 갈 수 있습니다.

뿐만 아니라 예수님은 풍족히 먹고 난 후에 남은 것을 버리시지 않았습니다. 요한복음 6장 12-13절을 보면 "예수께서 제자들에게 이르시되 남은 조각을 거두고 버리는 것이 없게 하라 하시므로 이에 거두니 보리떡 다섯 개로 먹고 남은 조각이 열두 바구니에 찼더라"라고 하였습니다. 우리나라에서 음식을 먹고 남은 쓰레기가 1년에 8조원이나 된다고 합니다. 그리스도인은 근검절약해야 합니다. 절약은 생활화되어야 합니다.

그러면 우리는 언제 절약해야 합니까? 풍족할 때 해야 합니다. 월급으로 살아가는 사람은 특히 월급 받은 날 절약해야 합니다. 월급 받고 외식한다고 십만 원, 옷 산다고 십만 원, 아이들 용돈 주고 나면 다음 달 월급날이 가까이 오면 만 원 가지고 아껴야 할 때가 있습니다. 월급날 절약했더라면 삼십만 원은 절약할 수 있었을 텐데 없을 때 절약하니 만 원밖에 절약하지 못한 것입니다

인생길이 때로는 광야와 같다는 생각이 드십니까? 광야는 어떤 곳입니까? 홀로 스스로 헤쳐 나갈 수 있는 곳이 아닙니다. 광야는 누군가의 도움을 받아야 하는 곳입니다. 광야는 하나님 나라로 나아가는 과정입니다. 그러므로 광야는 하나님의 도우심을 구하면서 옛 습관들을 벗어 버리는 곳입니다.

광야는 애굽에서의 옛 자아의 모습들, 세속적인 모습들을 벗는 곳입니다. 그래서 새로운 가치관인 하나님 나라의 옷을 입어야 하는 곳입니다. 광야는 고통과 아픔을 통해서 나를 둘러싸고 있는 더러운 것들, 세속적인 것들을 벗기고 정화의 과정을 경험하는 곳입니다.

그래서 광야에는 두 개의 얼굴을 볼 수 있는 곳이 되었습니다. 하나는 고통의 얼굴을 바라보는 것입니다. 때때로 우리는 자신의 아픔과 슬픔과 좌절만 바라보면서 하나님을 원망만 합니다. 그래서 고통의 얼굴을 보게 됩니다. 또 다른 하나의 얼굴은 섭리의 얼굴을 보는 것입니다. 비록 나는 지금 힘들고 어렵다고 하더라도 하나님께서 나를 도우실 것을 믿으며, 섭리하시는 하나님의 얼굴을 바라보는 것입니다. 어느 얼굴을 바라보시겠습니까?

광야는 먹을 것이 없는 곳입니다. 목마름이 있는 곳입니다. 그리고 보이지 않는 적들로부터의 위험이 있는 곳입니다. 이것이 우리들의 인생길에 놓여 있습니다. 그러나 우리가 주님을 바라보고 광야에 나왔다면, 그분에게 나의 작은 문제를 드린다면 섭리하시는 주님의 얼굴을 볼 수 있을 것입니다. 내가 가지고 있는 작은 나눔이 있다면 빈들의 향연이 있을 것입니다. 축복과 기적이 있는 곳이

될 것입니다. 하나님은 우리를 이곳으로 초대하고 계십니다.

5장 실로암의 현장 - 빛으로의 여행

요한복음 9장 1-12절

미국의 뉴욕재활병원과 한국의 실로암 안과 병원의 벽에 붙어 있는 어느 환자의 글을 소개하고자 합니다.

큰 일을 이루기 위해 힘을 주십사 하나님께 기도했더니

겸손을 배우라고 연약함을 주셨습니다.

많은 일을 하려고 건강을 구했더니

보다 가치 있는 일을 하라고 병을 주셨습니다.

행복해지고 싶어 부유함을 구했더니

지혜로워지라고 가난을 주셨습니다.

세상 사람들의 칭찬을 받고자 성공을 구했더니

뽐내지 말라고 실패를 주셨습니다.

풍요로운 삶을 누릴 수 있도록 모든 것을 달라고 기도했더니

모든 것 누릴 수 있는 삶, 그 자체를 선물로 주셨습니다.

구한 것 하나도 주어지지 않은 줄 알았는데

내 소원을 모두 들어주셨습니다.

하나님의 뜻을 따르지 못한 삶이었지만

미처 표현 못한 기도까지 모두 들어주셨습니다.

나는 가장 많은 축복을 받은 사람입니다.

감사는 받는 것으로부터 시작되지 않습니다. 현재의 은혜를 깨닫는 것이 감사의 출발점입니다. 그리고 감사는 진정한 기적 중의 기적입니다. 본문을 보면 날 때부터 소경(원래는 시각 장애인이지만 편의상 소경이라는 말을 씀)되었던 사람의 모습이 우리의 눈에 들어옵니다.

자녀를 사랑한다는 것은 동서양을 막론하고 동일한 감정입니다. "부모가 죽으면 땅에 묻지만 자식이 죽으면 가슴에 묻는다"라는 말이 있습니다. 그만큼 자녀를 아끼고 사랑하는 것이 지극하다는 말입니다. 그래서 자녀를 위해서 할 수 있는 만큼의 기도는 다 합니다. 그러나 하나님은 나의 기도를 멀리하시는 것 같습니다. 그러나 위의 기도문에서도 알 수 있듯이 하나님은 나의 기도를 결코 외면하지 않습니다. 내가 구하지 않은 것까지 들어주시는 주님이십니다.

주님은 그러한 사랑을 가지고 눈 먼 사람에게 다가오셨습니다. 그리고 더 이상 새로운 비전과 인생을 설계할 수 없는 그에게 새로운 희망을 주시고자 하셨습니다. 좌절해서 앉아 있는 사람, 날 때부터 소경되었던 그 사람에게 새로운 도전을 주셨습니다. 그것은 실로암으로의 여행이었습니다. 그 여행은 홀로 된 여행이었고, 미지를 향해서 나가는 여행이었습니다. 실로암의 현장은 빛으로의 여행이었습니다. 그 여행은 믿음을 동반한 여행이었습니다. 그리고 기적이라는 작은 선물을 받게 되었습니다.

하나님은 지금도 우리에게 실로암의 현장을 보여 주고 계십니다. 실로암으로 빛을 찾아서 떠나는 성도의 모습을 만나게 하십니다. 육신의 눈뜸을 통해서 그동안 보지 못했던 새로운 세계, 하나님 나라를 바라보라고 말씀하고 계십니다. 탐욕과 욕심으로 인해서 멀었던 우리들의 눈을 새로운 세계를 향해서 바라보라는 요청 앞에 우리는 서 있습니다. 그 요청을 받아들이면 우리는 낯선 세계, 빛으로의 여행을 가게 될 것입니다.

그렇다면 우리가 이러한 주님의 부르심에 응답받기 위해서 무엇을 결단해야 할까요? 우리는 하나님의 더 깊은 은혜의 세계를 여행하기 위해서 무엇을 알아야 할까요?

우리 모두는 하나님의 영광을 위해서 창조되었다

이 세상에 쓸모없는 인생, 불필요한 인생은 없습니다. 이 땅에 생명으로 태어난 것은 그것이 상황과 환경이 어떠하든지 간에 하나님의 계획 아래에서 가장 소중하고 아름답게 지음을 받았다는 것입니다. 그것은 우리가 하나님의 영광을 위해서 창조되었음을 말해 주고 있습니다.

릭 워렌 목사님은 『목적이 이끄는 삶』을 통해서 우리가 왜 이 세상에 존재해야 하는지를 설명해 주고 있습니다. 우리는 이 땅에 우연한 존재로 태어난 사람들이 아닙니다. 우리가 태어날 때에는 연약하고 슬프고, 받아들이기 힘든 모습으로 태어날 수 있습니다.

그러나 그것이 곧 하나님으로부터의 버림받음을 의미하는 것은 아닙니다. 우리는 이 땅에 사명자로 태어났습니다. 나만을 통해서 이 땅에 하나님의 꿈과 목적이 이루어지도록 나를 지으셨습니다. 주님은 날 때부터 소경되었던 자에게 이러한 사랑과 마음을 가지고 다가오셨던 것입니다.

요한복음 9장 1절에 "예수께서 길을 가실 때에 날 때부터 맹인된 사람"을 만났다고 했습니다. 이 사람은 나면서부터 맹인이 되었으니 한 번도 이 세상을 보지 못했을 것이고 자기를 낳아 주신 부모의 얼굴조차도 보지 못했을 것입니다.

유대인들은 병이 들면 질병에 대해 네 가지의 견해로 해석을 한다고 합니다. 첫째 원인을 죄로 보고 있습니다. 예를 들어 알코올을 너무 많이 마시면 간에서 해독작용을 해야 하므로 간이 나빠지게 됩니다. 술을 안 마셨더라면 간이 건강할 텐데 술을 마시니 간이 상하고 병이 왔습니다. 이것은 내가 죄를 범함으로 병이 온 것입니다. 그래도 계속 술을 마시면 위장에 고장이 생깁니다. 위장이 얇아지고 위장병이 옵니다. 그리고도 계속 술을 마시면 몸의 한쪽이 마비됩니다.

둘째 원인은 실수로 보고 있습니다. 예를 들어 밤에 이불을 덮고 자면 다음날 건강하게 일어날 텐데 이불을 걷어차고 자면 감기에 걸리게 됩니다. 이것은 내 실수로 인해서 병이 오게 된 것입니다.

셋째 원인은 부모의 죄 때문입니다. 예를 들면 부모가 죄를 지으면 성병(性病)과 같은 나쁜 병이 오고 이때에 자녀를 출산하면 기형아(畸形兒)와 같은 선천적인 질병을 지니고 태어나는 아이들이 있게 됩니다.

넷째 원인은 하나님의 영광 때문입니다. 나면서 소경된 사람을 예수님께로 데려왔을 때에 "예수께서 대답하시되 이 사람이나 그 부모의 죄로 인한 것이 아니라 그에게서 하나님이 하시는 일을 나타내고자 하심이니라"(요 9:3)고 하셨습니다. 이 사람이 나면서부터 맹인이 된 것은 하나님의 영광을 위한 것이었습니다. 요한복음 11장 4절에도 나사로가 병들었을 때에 "예수께서 들으시고 이르시되 이 병은 죽을 병이 아니라 하나님의 영광을 위함이요 하나님의 아들이 이로 말미암아 영광을 받게 하려 함이라 하시더라"라고 기록하고 있습니다.

사람들은 나면서부터 맹인된 사람을 놓고 "누구의 죄 때문에 소경이 되었는가" 라고 변론하고 있었습니다. "제자들이 물어 이르되 랍비여 이 사람이 맹인으로 난 것이 누구의 죄로 인함이니이까 자기니이까 그 부모니이까"(요 9:2)라고 질문을 합니다. 우리는 병들었을 때 죄 때문에 병들었으면 하나님께 회개해야 합니다. 실수로 생긴 병은 하나님의 능력을 바라며 치료하여 고쳐야 합니다.

어떤 책에는 병이 들었을 때 'ABC 기도법'으로 기도하라고 했습니다. A는 Ask, 즉 구해야 합니다. 마태복음 7장 7절에는 "구하라 그리하면 너희에게 주실 것이요 찾으라 그리하면 찾아낼 것이요 문을 두드리라 그리하면 너희에게 열릴 것이나"라고 하셨습니다. B는 Believe, 즉 믿음의 기도를 드리라는 것입니다. C는 Contend, 즉 받은 것으로 주장하라는 것입니다.

예수님도 요한복음 11장 41절에 "예수께서 눈을 들어 우러러 보시고 이르시되 아버지여 내 말을 들으신 것을 감사하나이다"라고 먼저 응답을 믿고 감사기도부터 하셨습니다. 마가복음 11장 24절에는 "그러므로 내가 너희에게 말하노니 무엇이든지 기도하고 구하는 것은 받은 줄로 믿으라 그리하면 너희에게 그대로 되리라"라고 하셨습니다. 우리가 믿음으로 구하면 하나님은 어떤 병이든지 다 고치시고 나를 통하여 영광 받으십니다.

헬렌 켈러의 유명한 자서전인 『마이 스토리(My Story)』라는 책을 보면 자주 반복되는 특별한 문장이 있습니다.

"나는 기뻤습니다. 그리고 행복했습니다."

듣지 못하고 말하지 못하고 보지 못하는 3중의 고통을 겪고 있었던 이 여인이 고백한 기쁨의 비밀은 무엇일까요? 한 전기 작가는 헬렌이 설리번 선생의 도움으로 마음의 눈을 뜨기 시작한 후부터 행복한 여인이 되었다고 기록합니다. 헬렌과 설리번 선생이 색깔에 대해 대화를 나누는 대목이 그 예가 될 수 있을 것입니다. 헬렌이 먼저 질문을 합니다.

"선생님, 갈색이 어떤 색깔이에요?"

"헬렌의 머리 색깔과 같단다."

"제 머리 색깔이 아름다운가요?"

"헬렌의 마음처럼 아름답고 곱단다."

상상력과 마음의 눈으로 주변의 세계를 따뜻하게 감지하는 학습을 통해서 헬렌 켈러는 모든 것을 받아들이고 아름답게 느끼는 기쁨의 삶을 살기 시작한 것입니다.

헬렌 켈러는 자서전에서 "내가 만약 사흘을 눈을 떠서 볼 수 있다면"이라는 아주 감동적인 글을 남겼습니다.

"내가 사흘만 눈을 떠서 볼 수 있다면, 첫째 날에는 내 인생에서 참된 사랑을 일깨워 준 고마운 사람들을 먼저 만나서 그들의 얼굴을 정말 오래오래 지켜보고 싶다. 그 다음은 천진난만한 아기들을 보고 싶고, 그리고 나에게 더없이 신실한 친구였던 개 라이오네스의 모습을 보고 싶다. 저녁 무렵에는 숲 속을 거닐고 싶다.

둘째 날에는 아침에 일어나는 대로 동트는 광경을 바라본 다음 박물관과 미술관을 방문하고 싶다. 그 곳에서 인류 역사에서 가장 아름다운 발레리나의 춤을 보고 싶다.

그리고 셋째 날에는 아침에 일어나는 대로 동트는 새벽의 여명을 한 번 더 지켜보련다. 그 다음에 거리로 나가 사람들의 걷는 모습, 일하는 모습을 보고 싶다. 행복한 사람들의 표정도 보고 싶고, 또 고통스러운 아픔의 표정도 보고 싶다. 그 후에 나는 내가 좋아하는 뉴욕 시내를 구경할 것이다. 가난한 슬럼가도 가보고 싶고 또한 아름다운 공원도 내 눈으로 직접 보고 싶다. 셋째 날 저녁에 내가 마지막으로 하고 싶은 일은 극장에 가서 희극을 관람하면서 한없이 웃는 것이다. 그리고 그 웃음과 기쁨을 오래도록 간직하고 싶다."

그녀의 마지막 소원이 매우 특별한 느낌을 갖게 만듭니다. 그럼에도 불구하고 헬렌켈러는 다음과 같이 고백하고 있습니다. "그러나 나는 하나님께 눈을 뜨게 해 달라고 기도하지 않겠다. 앞을 보지 못하는 이대로 있다가 저 천국에 가서 제일 먼저 눈을 뜨는 순간 예수님의 얼굴을 가장 먼저 보고 싶기 때문이다"라고 간증했습니다. 그래서 그녀는 눈을 멀게 하신 것을 감사한다고 하였습니다.

예수님은 나면서 맹인이 된 자가 자기의 죄나 부모의 죄 때문이라고 대답하시지 않고 다음과 같이 말씀하셨습니다. "하나님이 하시고자 하는 일을 나타내려 하심이라." 그렇습니다. 나를 통하여 하나님의 영광이 나타나게 된다면 그것보다 더 영광스런 일이 어디 있습니까? 목회하는 나를 통하여 하나님의 영광이 나타나게 된다면, 또 교사인 나를 통하여, 찬양대인 나를 통하여, 성도인 나를 통하여 하나님의 영광이 나타나게 된다면 이보다 더 큰 영광이 어디에 있겠습니까? 우리 모두 하나님의 영광을 위해 쓰임 받아야 합니다.

예수님은 세상의 빛이시다

때로는 본다는 것이 제약이 될 수 있습니다. 보이는 현상만으로 모든 것을 판단하려고 하는 우를 범하기도 합니다. 그리고 본다는 것은 나의 사고와 사상, 내가 무엇을 가지고 있느냐에 따라서 보기도 하고 보지 못하기도 합니다. 많은 성도들이 성지 순례를 가서 실망하는 경우를 보게 됩니다. 뭔가 잔뜩 기대하고 갔는데, 예수님이 말씀하신 그 장소에 가면 뭔가 있을 것 같은 기대감으로 가지만 실상은 아무 것도 없고, 그저 어디서나 볼 수 있는 풍경과 집들밖에 없었습니다. 그러기에 많이 실망하게 됩니다.

우리나라에서 사고를 전환시킨 책이 하나 있습니다. 유홍준 교수가 쓴 『나의 문화유산 답사기』입니다. 이 책의 장점은 우리나라의 문화유산들을 볼 때 보이는 현상만 보게 하는 것이 아니라 보이지 않는 부분까지 보도록 인도합니다. 그래서 조상들의 숨결을 느끼게 하고, 그곳에서 문화를 창출했던 사람들의 역사를 볼 수 있게 만듭니다. 이것이 제대로 보는 것입니다.

예수님은 자신을 빛으로 소개하고 있습니다. 이 빛은 단순히 보이는 세계만 보도록 하는 것이 아닙니다. 눈에 안 보이지만 그 너머를 볼 수 있도록 우리를 인도하고 계십니다. 날 때부터 소경으로 태어난 사람을 보게 하지만 더 나아가서 눈에 보이지 않는 영적인 하나님 나라를 보게 합니다.

예수님은 자기의 죄나 부모의 죄 때문에 병이 왔다고 하시지 않고 그 대신에 "때가 아직 낮이매 나를 보내신 이의 일을 우리가 하여야 하리라 밤이 오리니 그 때는 아무도 일할 수 없느니라 내가 세상에 있는 동안에는 세상의 빛이로라"(요 9:4-5)라고 말씀하셨습니다. 예수님은 세상에 빛으로 오신 것을 증거하고 있습니다.

바닷가에서 가장 중요한 것은 등대입니다. 등대의 사명은 빛을 비추어서 배들로 안전하게 항해 할 수 있도록 도와주는 것입니다.

어느 바닷가에서 있었던 일입니다. 폭풍우와 비바람이 몰아치던 밤에 전기가 나갔습니다. 등대지기는 등대에 불이 꺼진 것을 알고 기름 등불을 켜려고 안간힘을 다 했습니다. 그러나 매우 힘이 들었습니다. 바람이 세차게 불어와 성냥불이 자꾸 꺼졌습니다. 또 등대에 기름 등불을 켜면 비바람이 불어와 자꾸 꺼 버렸습니다. 그러니 등대지기는 또 다시 불을 켰습니다. 바람이 불어와 또 불을 꺼 버렸습니다. 등대지기는 밤새워 가며 비바람과 폭풍우와 싸우면서 등대의 불을 끄지 않기 위해 수고하였습니다.

그날 밤 바다에는 표류하던 한 척의 배가 있었습니다. 이 배는 등대 불을 보고 항구로 뱃머리를 돌렸습니다. 또 다시 등대의 불이 꺼졌습니다. 그러면 배는 또 표류했습니다. 또 다시 불이 켜졌습니다. 그러면 불빛을 향해 다가갔습니다. 이렇게 긴 시간의 사투를 벌린 끝에 날이 밝았습니다. 바람이 멈추고 비도 그쳤습니다. 놀라운 기적이 일어났습니다. 아침 부둣가에서는 아들을 잃고 실의에 빠져 있던 한 늙은 어머니가 아들을 만나 기쁨의 포옹을 하고 있었던 것입니다. 불빛이 이러한 위대한 일을 이루어낸 것입니다.

예수님은 빛이십니다. 요한복음 1장 4-5절에 "그 안에 생명이 있었으니 이 생명은 사람들의 빛이라"라고 하였습니다. 요한복음 3장 19절에는 "그 정죄는 이것이니 곧 빛이 세상에 왔으되 사람들이 자기 행위가 악하므로 빛보다 어둠을 더 사랑한 것이니라"라고 하였습니다. 요한복음 8장 12절에는 "예수께서 또 말씀하여 이르시되 나는 세상의 빛이니 나를 따르는 자는 어둠에 다니지 아니하고 생명의 빛을 얻으리라"라고 말씀하셨습니다.

예수님은 사랑의 빛으로 오셨습니다. 예수님은 생명의 빛으로 오셨습니다. 그리고 희생의 빛으로 오셨습니다. 예수님은 소경의 눈을 고쳐 주셔서 흑암 가운데 살고 있던 그를 새 생명의 광명한 빛 가운데로 인도하여 주셨습니다.

믿음의 역사가 기적을 만들어 낸다

복음서에 보면 특이한 부분이 하나 있습니다. 병자들을 고치시면서 예수님께서 거의 공통적으로 하시는 말씀이 "네 믿음이 너를 구원하였다"는 것입니다. 믿음이라는 것은 밖(하나님)에서 내 안으로 들어오게 됩니다. 즉 우리가 주님을 만남과 동시에 믿음을 우리에게 이미 주셨습니다. 그리고 주님은 우리 안에 있는 믿음을 터치해 주십니다. 그리고 그 믿음의 결과로 기적이 일어나게 됩니다.

예수님은 소경에게 다가오셨습니다. 그리고 주님은 소경이 당했을 법한 모든 것을 이해하셨습니다. 땅에 침을 뱉어서 그것을 짓이겨서 눈에 바르셨습니다. 그리고 실로암 못에 가서 씻으라고 말하셨습니다. 이때부터는 소경의 믿음이 요청되는 것입니다. 소경은 주님의 말씀에 믿음으로 응답하고 순종합니다. 그리고 소경이 가지고 있는 믿음의 역사가 기적을 만들어 나아가게 됩니다.

요한복음 9장 6-7절에 "이 말씀을 하시고 땅에 침을 뱉어 진흙을 이겨 그의 눈에 바르시고 이르시되 실로암 못에 가서 씻으라 하시니 (실로암은 번역하면 보냄을 받았다는 뜻이라) 이에 가서 씻고 밝은 눈으로 왔더라"라고 하였습니다. 침은 고대 사회에서는 눈에 특효약이라고 믿었습니다. 그리고 진흙을 이겨 눈에 발라 주시면서 실로암 못에 가서 씻으면 낫게 된다고 하셨습니다.

실로암 연못은 예루살렘 성전 동쪽 '더로페온 계곡' 입구에 있는 못으로 본래는 이사야 8장 6절을 보면 '천천히 흐르는 실로암 물', '흐르는 계곡의 물'이었습니다. 그리고 히스기야가 이 물들을 예루살렘 성 안으로 끌어들여 연못으로 만들었습니다(왕하 20:20). 예수님은 소경에게 거기 가서 씻으라고 하셨습니다. 요한복음의 기적은 모두다 '말씀으로 그 자리에서' 고쳐 주셨습니다. 그러나 소경에게는 "실로암에 가서 씻으라"고 하신 것은 그의 믿음을 시험하기 위함이었습니다. 건강한 사람도 그 계곡에 내려가기가 힘이 드는데 앞을 못 보는 사람이 계곡까지 찾아 간다는 것은 매우 힘든 일이며 이것은 믿음이 아니면 도저히 불가능한 일입니다.

킴 윌스라는 여류 성악가가 있습니다. 그녀는 빌리 그래함(Billy Graham) 목사님을 따라다니며 찬양하는 성악가입니다. 그녀의 노래는 영감 있는 찬양이었습니다. 그녀는 본래 한국 사람으로 한국 전쟁 때 두 눈을 잃고 시각 장애자가 되었습니다. 한 미군 병사가 본국으로 돌아갈 때 데려다가 신앙으로 키우며 공부를 시켰습니다. 킴 윌스는 고등학교를 마치고 인디아나(Indiana) 주립대학을 졸업을 한 뒤 오스트리아에 유학을 가서 훌륭한 성악가가 되었습니다. 그녀가 무대에 올라가 찬양을 부를 때면 많은 사람들이 그녀의 영감의 찬양에 은혜를 받았습니다. 노래가 끝나면 그녀는 이렇게 간증을 하곤 했습니다.

"나의 친절한 인도자는 백 미터 전방에 무엇이 있는지 나에게 안내해 주지는 않습니다. 다만 내 발 바로 앞에 계단이나 돌멩이의 장애물이 있는 것만 말해 줍니다. 나는 안내자의 말을 따라 한 걸음 한 걸음 발걸음을 옮기다 보면 무대까지 오게 되고 노래를 부를 수 있게 됩니다. 여러분 십 년, 이십 년 뒤에 우리에게 일어날 일들을 우리는 알지 못합니다. 다만 친절한 안내자되시는 예수님의 인도하심을 따라 한 걸음 한 걸음 발걸음을 옮기다 보면 저 영원한 하나님 나라에 도달하게 될 것입니다."

그렇습니다. 앞을 보지 못하던 이 사람이 실로암을 향해 한 걸음 한 걸음 믿음으로 갈 때 그에게 기적이 나타난 것입니다. 우리도 믿음의 발걸음을 옮깁시다.

그는 눈을 뜨고 난후 이렇게 간증을 했습니다. 요한복음 9장 10-11절을 보면 "그들이 묻되 그러면 네 눈이 어떻게 떠졌느냐 대답하되 예수라 하는 그 사람이 진흙을 이겨 내 눈에 바르고 나더러 실로암에 가서 씻으라 하기에 가서 씻었더니 보게 되었노라"라고 대답을 하였습니다.

공교롭게도 이 소경이 고침을 받은 날은 안식일이었습니다. 예수님과 적대적인 관계에 있던 사람들이 안식일에 기적을 행하였기 때문에 예수님을 죄인이라고 몰아붙였습니다. 그리고 기적을 경험한 사람에게 예수님에 대해서 물었습니다. 그러자 선지자라고 대답합니다.(요 9:17) 예수님을 선지자로 하나님의 아들로 바로 보았습니다.

화 난 유대인들과 바리새인들은 "맹인이었던 사람을 두 번째 불러 이르되 너는 하나님께 영광을 돌리라 우리는 이 사람이 죄인인줄 아노라 대답하되 그가 죄인인지 내가 알지 못하나 한 가지 아는 것은 내가 맹인으로 있다가 지금 보는 그것이니이다"(요 9:24-25)라고 대답하였습니다. 그의 신앙고백은 다음과 같습니다.

요한복음 9장 35-38절에 "예수께서 그들이 그 사람을 쫓아냈다 하는 말을 들으셨더니 그를 만나사 이르시되 네가 인자를 믿느냐 대답하여 이르되 주여 그가 누구시오니이까 내가 믿고자 하나이다 예수께서 이르시되 네가 그를 보았거니와 지금 너와 말하는 자가 그이니라 이르되 주여 내가 믿나이다 하고 절하는지라"라고 하였습니다. 유대 종교의 지도자들은 조상의 전통과 자신의 편견에 집착한 나머지 메시아를 거부했지만 이 사람은 소경의 눈으로도 메시아를 보았습니다. 우리도 영안을 밝혀 구세주 주님을 볼 수 있어야 합니다.

유대인들은 눈으로 보았지만 메시아를 알지 못했습니다. 이들은 눈 뜬 소경이었습니다. 그러나 소경되었던 사람은 예수님을 만남으로 인해서 육신의 눈을 떴을 뿐만 아니라 영적인 눈까지 떠지는 놀라운 기적을 경험하였습니다.

지금 무엇을 보고 있습니까? 여전히 눈에 보이는 것에만 집착하고 있지는 않은지요? 세속적인 권세와 물질과 명예만을 추구하고 있지는 않습니까? 그렇다면 우리는 눈뜬 소경으로 살아갈 것입니다. 그러나 진정으로 예수님을 만나게 된다면 우리는 눈에 보이는 현상 너머를 보게 될 것입니다. 이것이 실로암 현장을 통한 빛으로의 여행입니다.

다음은 잘 알려진 가스펠송입니다. 우리의 영적인 여행의 모습을 잘 보여 주는 것 같습니다. 실로암을 찾아 나선 소경은 그 길이 험하고 위험한 길이었음에도 불구하고 끝까지 포기하지 않았습니다. 넘어지면서 무릎이 깨지고, 뒹굴기를 수십 번 했을 것입니다. 그러나 빛을 찾는 여행을 끝까지 멈추지 않았습니다. 우리도 살다 보면 영적인 여정 속에서 좌절과 어려움이 올 것입니다. 그러나 우리가 포기하지 않고 주님이 인도하시는 대로 간다면 주님께서 우리를 위해서 예비해 놓으신 실로암을 찾을 것입니다.

어두운 밤에 캄캄한 밤에 새벽을 찾아 떠난다
종이 울리고 닭이 울어도 내 눈에는 오직 밤이었소
우리가 처음 만난 그때는 차가운 새벽이었소
주님 맘속에 여명 있음을 나는 느낄 수가 있었소

오 주여 당신께 감사하리라 실로암 내게 주심을
나에게 영원한 사랑 속에서 떠나지 않게 하소서
오 주여 당신께 감사하리라 실로암 내게 주심을
나에게 영원한 사랑 속에서 떠나지 않게 하소서

6장 베다니의 현장 - 생명의 창조

요한복음 11장 1-16절

하와이 정부 청사 앞에는 괴상한 얼굴을 가진 사람의 동상이 있습니다. 어째서 그런 동상을 그 앞에 세웠는지 얼른 알 길이 없습니다. 그런데 그 동상 아래 이런 글이 새겨져 있습니다.

> "이 사람은 친구를 위해서 목숨을 버린 우리의 좋은 친구였다. 우리에게 이보다 더 귀한 친구가 있을까."

그 분이 바로 하와이의 다른 섬 몰로카이의 성자 다미안 신부의 동상입니다. 그는 벨기에 부호의 아들로 태어났습니다. 그는 예수님 말씀처럼 모든 재산을 다 정리해서 가난한 사람들에게 나누어 주었습니다. 그리고 예수의 삶을 몸소 실천하기 위해서 몰로카이라는 섬으로 달려갔습니다. 왜냐하면 그곳은 당시 나병 환자들을 수용하고 있는 절망의 섬이었기 때문입니다. 그 당시만 해도 나병은 무서운 불치의 병이었고, 전염성이 있다고 믿어 격리 수용이 불가피했습니다.

다미안은 한평생 나병 환자들의 친구가 되어서 살기로 결심하고 그 곳에서 그들을 섬기고 복음을 전파했습니다. 그런데 이 문둥병자들은 선뜻 다미안의 마음을 받아들이지 않습니다. 오히려 건강한 사람의 사치라고 비웃었습니다.

"우리처럼 문둥병자가 되어 봐라. 신이 어디 있고, 믿음이 무엇이고, 희망이 어디 있느냐?"라고 사람들이 비웃어도 다미안은 하나님께 이렇게 기도했습니다. "주님, 주님은 저를 위해서 그 귀하신 몸을 십자가에 내어 주셨지요. 하물며 이 미천한 종이리이까?" 그리고 그는 문둥병자의 피를 뽑아서 자기 몸에 수혈했습니다. 그리고 자기도 문둥병자가 되었습니다.

그제서야 이 나병 환자들은 다미안을 향해서 마음의 문을 열었습니다. 나병 환자들은 그의 섬김과 전도를 잘 받아들였습니다. 이 때문에 그 절망과 죽음의 섬 몰로카이가 희망과 생명이 넘치는 지상낙원이 되지 않았습니까?

다미안을 평가할 때 "친구를 위하여 목숨을 버린 좋은 친구"라고 하였습니다. 어떻게 해서 이것이 가능했을까요? 바로 주님을 만나고 섬겼기 때문에 그렇게 되었습니다. 주님은 우리를 위해서 기꺼이 자신을 십자가에서 내놓으셨기에 우리가 구원을 얻을 수 있게 된 것입니다. 구원과 생명으로 회복되기 위해서는 그를 위해서 아픔과 대가를 지불해야 합니다.

주님은 우리를 생명이 회복되는 베다니의 현장으로 초대하고 있습니다. 나사로의 죽음을 안타까워하시며, 눈물을 흘리시는 주님의 모습 속에서 인류를 향한 사랑을 느낄 수 있습니다. 하나의 생명이 태어나기 위해서는 해산하는 고통을 감내해야 합니다. 엄마의 자궁 속에서 탯줄로 모든 영향분과 생명과 사랑을 공급받게 됩니다. 그러나 생명으로 온전하게 태어나기 위해서는 생명줄이었던 탯줄을 잘라야 합니다. 탯줄을 자르지 않고서는 태어날 수가 없습니다. 탯줄을 자름은 아기에게는 죽음을 선고하는 것입니다. 그러나 그것이 사는 길입니다.

우리도 영적으로 태어나기 위해서는 거듭나야 합니다. 육적인 것이 죽지 않으면 영적인 태어남이 없습니다. 바울은 옛 자아가 죽고 새로운 자아가 태어나는 것을 설명하고 있습니다.

그러나 우리에게 보여 주고 있는 나사로의 살리심은 주님이 우리를 향한 사랑이 얼마나 크신지를 보여 주는 사건입니다. 우리의 눈물과 연약함을 대신 짊어지시는 모습으로 보여 주고자 하는 것입니다. 아울러 예수님은 바로 메시아시며 인류를 구원할 하나님이심을 선포하고 있는 것입니다. 나사로의 기적은 영원한 생명에 대한 사모함을 보여 주기 위한 사건입니다.

예루살렘에서 약 5km 떨어진 곳에 베다니라는 마을이 있었습니다. 예수님이 평소에 자주 찾으셨던 두 곳이 있었습니다. 한 곳은 감람 산의 겟세마네 골짜기이며 또 한 곳은 베다니 마을입니다. 겟세마네는 예수님께서 자주 찾아가셔서 기도하시던 곳입니다. 이곳은 감람나무(올리브)가 많아서 그 열매로 기름을 짜던 곳이었는데 예수님은 이곳에서 기름 짜는 듯한 기도를 하셨습니다. 힘쓰고, 애쓰고, 간절히 땀방울이 핏방울이 되기까지 기도하셨습니다. 지금도 예수님이 기도하시던 편편한 바위가 보존되어 있습니다.

또 한 곳인 베다니 마을에는 마르다와 마리아 그리고 나사로가 살던 집이 있었습니다. 이곳은 예수님이 자주 찾아가 쉬시던 장소입니다. 피곤하실 때 잠도 주무시고, 배가 고프실 때 마르다가 해 주는 음식을 먹던 장소입니다. 이들은 부모가 일찍 돌아가시고 3남매만 살았는데 마리아는 향유를 주께 붓고 머리털로 발을 씻기던 자요, 병든 나사로는 그녀의 오라비로 가장(家長)격이었습니다. 그런데 나사로가 병들었습니다. 사람들을 보내어 "사랑하는 사람이 병들었나이다" 하고 예수님께 기별을 하였습니다. 소경의 눈을 뜨게 하셨고, 삼십 팔 년 된 사람의 병도 고치신 예수님이 오시면 고치실 수 있을 줄 믿고 소식을 전했습니다. 그러나 이 병은 점점 악화되어 결국 죽게 되었습니다.

나사로를 살리신 과정을 추적해 보면 병든 자를 향하신 주님의 긍휼하심을 느낄 수 있습니다. 그리고 사랑하던 사람들을 아끼시며 그들을 위해서 목숨까지도 기꺼이 드리고자 하는 마음이 담겨져 있었습니다. 나사로의 사건을 통해서 나를 사랑하는 주님의 마음을 알고, 그 사랑 앞에 생명으로 인도함을 받을 수 있는 역사가 나타나기를 바랍니다.

사랑하는 자가 병들었을 때

나사로는 예수님이 사랑하는 자였는데 왜 병이 들었을까요? 요한복음 11장 3절을 보면 "이에 그 누이들이 예수께 사람을 보내어 이르되 주여 보시옵소서 사랑하시는 자가 병들었나이다"라고 기록되어 있습니다. 우리는 간혹 주님께 질문을 합니다. "주님, 우리가 주님을 사랑하고 주님이 주신 사명대로 살기를 원하는데 우리에게 어려움과 고통이 오는 이유는 무엇입니까? 우리가 질병으로 인해서 고통받아야 하는 이유는 무엇입니까?"

병이나 고통도 하나님이 사랑하시기 때문에 오는 경우가 있습니다. 히브리서 12장 6절에는 "주께서 그 사랑하시는 자를 징계하시고 그가 받아들이시는 아들마다 채찍질하심이라"라고 말씀하고 있습니다. 이 세상에 살면서 진리를 깨달을 수 있는 것이 있습니다. 고난은 그 어느 누구도 빗겨가지 않습니다. 하나님을 믿지 않는 사람이건, 신실한 믿음의 소유자이건 고난은 누구에게나 찾아옵니다. 더 중요한 것은 이러한 고난을 우리가 어떤 의미를 부여하고 그것을 대처 하느냐 입니다. 여기에서 그리스도인의 진가가 나타나는 것입니다.

요한복음 11장 4절에는 "예수께서 들으시고 이르시되 이 병은 죽을병이 아니라 하나님의 영광을 위함이요 하나님의 아들이 이로 말미암아 영광을 받게 하려 함이라"고 하셨습니다. 나사로가 병이 든 이유는 이것을 통하여 하나님께서 영광을 받으시기 위해서라고 말씀하고 있습니다. 병이 단순한 고난이 아니라 하나님이 사랑하시기 때문에 이것을 통하여 더 영광 받으시려고 고통을 주시는 경우가 있습니다. 그래서 예수님께서는 "나사로가 병들었다 함을 들으시고 그 계시던 곳에 이틀을 더 유하시고"(요 11:6) 베다니로 가셨습니다. 그리하여 결국 나사로는 죽고 말았습니다.

그리고 11장 7절을 보면 예수님은 제자들에게 "유대로 다시 가자"고 하셨습니다. 나사로를 살리기 위하여 유대로 가자는 것입니다. 이때에 제자들은 반대하였습니다. "랍비여 방금도 유대인들이 돌로 치려 하였는데 또 그리로 가시려하나이까"(요 11:8)라고 하였습니다. 유대인들이 예수님을 돌로 쳐 죽이려 하였지만 예수님은 나사로를 살리기 위해서 다시 가자고 하셨습니다.

그리고 제자들에게 이렇게 교훈하셨습니다. "예수께서 대답하시되 낮이 열두 시간이 아니냐 사람이 낮에 다니면 이 세상의 빛을 보므로 실족하지 아니하고 밤에 다니면 빛이 그 사람 안에 없는 고로 실족하느니라"(요 11:9-10)라고 하셨습니다. 그리스도인들은 낮과 같이 행하여야 합니다.

로마서 13장 12장 13절에는 "밤이 깊고 낮이 가까웠으니 그러므로 우리가 어둠의 일을 벗고 빛의 갑옷을 입자 낮에와 같이 단정히 행하고 방탕하거나 술 취하지 말며 음란하거나 호색하지 말며 다투거나 시기하지 말자"라고 하였습니다. 밤에 술 취할 수 있습니다. 밤에 방탕할 수 있습니다. 어둠에 있을 때에 타락하게 됩니다. 성경은 빛 가운데 거하라고 했습니다. 요한복음 11장 11절에 "이 말씀을 하신 후에 또 이르시되 우리 친구 나사로가 잠들었도다 그러나 내가 깨우러 가노라"라고 하였습니다.

성경은 죽었다는 표현을 쓰지 않습니다. 다만 잠들었다고 말합니다. 죽은 사람과 자는 사람은 완전히 다릅니다. 죽은 사람은 말을 못합니다. 생각도 못합니다. 행동도 없습니다. 죽은 사람은 다시 일어나지 못합니다. 그러나 자는 사람은 언젠가는 다시 일어날 수 있습니다. 자는 사람은 언젠가 다시 활동을 합니다. 다시 말할 수 있습니다.

고린도전서 15장 51-52절에 "보라 내가 너희에게 비밀을 말하노니 우리가 다

잠 잘 것이 아니요 마지막 나팔에 순식간에 홀연히 다 변화되리니 나팔 소리가 나매 죽은 자들이 썩지 아니할 것으로 다시 살아 나고 우리도 변화되리라"라고 기록하고 있습니다. 또 데살로니가전서 4장 16-18절에는 "주께서 호령과 천사장의 소리와 하나님의 나팔 소리로 친히 하늘로부터 강림하시리니 그리스도 안에서 죽은 자들이 먼저 일어나고 그 후에 우리 살아 남은 자들도 그들과 함께 구름 속으로 끌어 올려 공중에서 주를 영접하게 하시리니 그리하여 우리가 항상 주와 함께 있으리라 그러므로 이러한 말로 서로 위로하라"라고 하였습니다.

제자들은 예수님을 향하여 "잠들었으면 낫겠나이다"라고 대답합니다. 예수님은 그의 죽음을 가리켜 말씀하신 것이나 저희는 잠들어 쉬는 것을 가리켜 말씀하심인 줄 생각하였습니다. 요한복음 11장 14-15절에 "이에 예수께서 밝히 이르시되 나사로가 죽었느니라 내가 거기 있지 아니한 것을 너희를 위하여 기뻐하노니 이는 너희로 믿게 하려 함이라 그러나 그에게로 가자"라고 말씀하셨습니다.

디두모라 하는 도마가 다른 제자들에게 말합니다. "우리도 주와 함께 죽으러 가자." 조금 전만 해도 핍박하여 돌로 치려하였던 곳을 예수님은 나사로 한 사람을 살리기 위해 제자들과 함께 유대 땅 베다니로 가셨습니다. 예수를 따르는 사람들은 죽기를 각오해야 합니다. 예수님은 나사로의 집에 도착하고 나사로의 죽음을 보고 눈물을 흘리셨습니다(요 11:35).

예수님은 처음부터 기적을 행하시지 않으셨습니다. 그런데 사랑하는 사람이 병이 들었습니다. 그는 하나님의 영광을 위하여 기적이 일어날 것을 말씀하셨습니다. 여기에는 제자들로 하여금 믿음을 더욱 굳건히 하려는 의도가 숨겨져 있기도 합니다. 그러나 정말 중요한 것은 그 과정 속에서 주님은 나사로를 잃을 수밖에 없었던 마리아와 마르다의 슬픔에 참여하고 있다는 사실입니다.

주님은 우리에게 믿음의 기적을 베풀기 이전에 우리들이 당하는 아픔과 고난과 눈물을 함께 흘리시기 원하십니다. 그분이 우리에게 오신 것은 우리들의 문제를 해결하기 위해서가 아니라(물론 이것은 가능한 일입니다) 우리들의 문제 속으로, 우리들의 아픔과 눈물 속으로 들어오셔서 우리와 함께 눈물을 흘리기 위해서입니다. 이 사랑이 있기에 기적과 믿음의 역사가 있게 되는 것입니다.

주님은 베다니의 현장 속에서 우리에게 이것을 보여 주시기를 원하고 계십니다. 죽음의 무서운 슬픔을 우리가 홀로 짊어지는 것이 아니라 그분이 나와 함께 짊어지고 있음을 보여 주고 계십니다. 그리고 우리가 온전히 그분에게 의존하고 믿게 될 때 생명의 회복을 가져오는 기적을 경험할 수 있게 하십니다. 이것이 주님의 은총입니다. 이러한 은총 아래 우리가 함께 참여해야 합니다.

아는 것과 믿는 것은 차이가 있다

우리는 아는 만큼 믿게 되어 있습니다. 역사의 현장에 갈 때에도 아는 만큼 역사의 숨결을 느낄 수 있고 경험할 수 있습니다. 그러나 아는 것이 곧 믿음의 사건으로 연결되는 것은 아닙니다. 베다니의 현장, 나사로의 사건을 통해서 주님은 우리에게 아는 것과 믿음의 차이점에 대해서 말씀하고 있습니다. 물론 여기에서 아는 것은 피상성이 강하다는 의미를 가지고 있습니다. 이것은 마르다의 신앙의 모습을 통해서 더욱 뚜렷하게 확인할 수 있게 됩니다.

마르다의 신앙에서 우리는 귀한 교훈을 생각해야 합니다. 그리고 마르다가 가지고 있는 신앙의 형태를 분명히 이해해야 합니다. 마리아는 집에 있었지만 마르다는 예수님이 오신다는 말을 듣고 곧 나가 영접하면서 이렇게 고백합니다. "주께서 여기 계셨더라면 내 오라버니가 죽지 아니 하였겠나이다"(요 11:21)라고 주님을 원망하듯이 고백합니다. 그리고 또 말하기를 "그러나 나는 이제라도 주께서 무엇이든지 하나님께 구하시는 것을 하나님이 주실 줄을 아나이다"(요 11:22)라고 말합니다.

마르다의 신앙에서 알 수 있는 것은 '아는 것'은 신앙의 기초는 될 수 있어도 이것이 곧 신앙이 아니라는 사실입니다. 신앙은 아는 것이 아니라 믿는 것입니다.

예수님은 "이르시되 네 오라비가 다시 살아 나리라"(요 11:23)라고 말씀하셨습니다. 그러나 마르다는 주님의 말씀을 듣고도 "마지막 날 부활 때에는 다시 살아날 줄을 내가 아나이다"(요 11:24)라고 말합니다. 마르다는 또 '안다'는 표현을 사용합니다. 그러자 "예수께서 이르시되 나는 부활이요 생명이니 나를 믿는 자는 죽어도 살겠고 무릇 살아서 나를 믿는 자는 영원히 죽지 아니하리니 이것을 네가 믿느냐"(요 11:25-26)라고 믿음에 대해 말씀하셨습니다.

신앙은 아는 것이 아니고 믿는 것입니다. 마르다는 그제야 주님의 뜻을 깨닫고 '믿는다'고 고백합니다. "주여 그러하외다 주는 그리스도시요 세상에 오시는 하나님의 아들이신 줄 내가 믿나이다"(요 11:27)라고 하였습니다. 예수님은 마르다에게 다시 한 번 더 말씀하십니다. "내 말이 네가 믿으면 하나님의 영광을 보리라 하지 아니 하였느냐"(요 11:40)라고 하셨습니다. 그렇습니다. 믿으면 영광이 나타납니다. 믿으면 기적이 나타납니다. 믿으면 나사로가 살아납니다. 믿으면 놀라운 일이 생깁니다. 참된 믿음을 가져야 합니다.

마르다가 믿음을 가졌을 때 예수님은 나사로의 무덤으로 내려가셨습니다. 성경은 계속해서 "돌을 옮겨 놓으니 예수께서 눈을 들어 우러러 보시고 이르시되 아버지여 내 말을 들으신 것을 감사하나이다 항상 내 말을 들으시는 줄을 내가 알았나이다 그러나 이 말씀 하옵는 것은 둘러선 무리를 위함이니 곧 아버지께서 나를 보내신 것을 그들로 믿게 하려 함이니이다 이 말씀을 하시고 큰 소리로 나사로야 나오라 부르시니 죽은 자가 수족을 베로 동인 채로 나오는데 그 얼굴은 수건에 싸였더라 예수께서 이르시되 풀어 놓아 다니게 하라 하시니라 마리아에게 와서 예수께서 하신 일을 본 많은 유대인이 그를 믿었으나 그 중에 어떤 자는 바리새인들에게 가서 예수께서 하신 일을 알리니라"(요 11:41-46)라고 기록하고 있습니다.

이스라엘의 역사를 보면, 애굽을 떠난 백성들이 광야 사십 년 생활을 마치고 가나안 땅에 도착하였습니다. 열두 명의 정탐꾼을 뽑아서 정탐하게 하였습니다. 이때에 열 명의 정탐꾼들은 돌아와서 불신앙의 보고를 합니다. 민수기 13장 31-33절을 보면 "그와 함께 올라갔던 사람들은 이르되 우리는 능히 올라가서 그 백성을 치지 못하리라 그들은 우리보다 강하니라 하고 이스라엘 자손 앞에서 그 정탐한 땅을 악평하여 이르되 우리가 두루 다니며 정탐한 땅은 그 거주민을 삼키는 땅이요 거기서 본 모든 백성은 신장이 장대한 자들이며 거기서 또 네피림 후손인 아낙 자손의 거민들을 보았나니 우리는 스스로 보기에도 메뚜기 같으니 그들의 보기에도 그와 같았을 것이니라"라고 말합니다. 저는 이것을 '메뚜기 콤플렉스'라고 부릅니다. 왜 안 된다고 생각하십니까? 왜 안 된다고 말하십니까? 이제는 안 된다고 하지 말고 믿음을 갖고 된다고 말합시다.

여호수아와 갈렙 두 사람의 보고는 달랐습니다. 민수기 14장 9절을 보면 "오직 여호와를 거역하지는 말라 또 그 땅 백성을 두려워하지 말라 그들은 우리 먹이라 그들의 보호자는 그들에게서 떠났고 여호와는 우리와 함께 하시느니라 그들을 두려워하지 말라"라고 하였습니다. 하나님은 믿음을 가지고 전진하는 자에게 함께 해 주십니다.

주님을 힘써 알아야 합니다. 성경을 알아야 하고 배워야 합니다. 하나님은 아는 만큼 믿을 수 있게 되어 있기 때문입니다. 그러나 이 말을 뒤집으면 하나님을 모르면 믿지를 못하게 됩니다. 마르다는 주님과의 교제를 통해서 주님을 알았습니다. 그리고 머리로도 충분히 이해하는 정도가 되었습니다. 그러나 그것이 곧 믿음으로 받아들이기까지는 시간이 좀 더 지나야 했습니다.

우리는 아는 것에서부터 믿음의 사건으로 옮겨 가야 합니다. 머리만 커지는 성도가 아니라 가슴이 뜨거워지는 믿음의 사람이 되어야 합니다.

나사로 때문에 많은 사람이 예수를 믿게 되었다

주님은 나사로의 사건을 통해서 제자들의 믿음을 더욱 견고하게 하고자 하셨습니다. 뿐만 아니라 베다니의 사건을 통해서 믿음은 죽음에서 생명으로 옮겨짐에 대해서 이야기하고 있습니다. 한 발 더 나아가서 예수님을 믿음으로 말미암아 우리는 영원한 세계, 천국에 갈 수 있게 됨을 보여 주고 있습니다.

나사로가 살아난 후 며칠 뒤에 그곳에는 잔치가 벌어졌습니다. 기쁨의 주인공이 되는 가정에서 예수님을 위한 잔치가 벌어졌고 마르다는 주님을 위하여 음식을 만들었습니다. 이때에 많은 유대인들이 죽었다가 다시 살아난 나사로를 보기 위해서 왔다가 나사로 때문에 예수를 믿게 되었습니다. 죽었던 나사로가 살아나니까 많은 사람들이 예수를 믿게 되었다는 것입니다. 요한복음 12장 11절을 보면 "나사로 때문에 많은 유대인이 가서 예수를 믿음이러라"라고 하였습니다.

나 하나가 살아나면 많은 사람이 예수를 믿게 됩니다. 나 때문에 예수 믿게 되는 사람이 많아지고, 나 때문에 하나님께 돌아오는 사람이 많아지도록 우리 자신이 참 믿음을 가진 사람이 되어야 합니다.

알라스카는 원래 러시아 땅이었습니다. 그러나 720만 달러를 받고 미국에 팔았습니다. 평당으로 계산하면 2센트의 값밖에 되지 않았습니다. 현실만 바라본 소련 사람들은 헐값에 팔았지만 믿음을 가진 미국 사람들은 그곳에서 수많은 자원을 캐내고 있습니다. 믿음을 가진 사람이 있으면 다른 사람에게도 유익하게 됩니다.

　나사로는 자신이 살고 싶다고 해서 살아난 것이 아닙니다. 그것은 전적으로 주님의 긍휼하심에 따른 결과였습니다. 그리고 나사로의 사건을 통해서 베다니의 현장으로 우리를 초대하고 있습니다. 베다니의 현장, 나사로의 집과 무덤에서 우리에게 주님은 말씀하십니다. "나는 너희의 아픔에 함께 동참하여, 너희가 흘리고 있는 눈물 속에 있노라. 너희는 나를 알기를 원한다. 머리로만이 아니라 믿음으로 알기를 원한다. 그리고 너희를 통해서 더 많은 사람들이 구원의 축복을 받기를 원한다"라고 말씀하십니다. 이제 우리도 주님을 닮아가면서 다른 사람들의 고난을 나의 것으로 받아들이고 그들의 눈물을 닦아 줄 수 있는 하나님의 손수건이 됩시다.

7장 디베랴 바다의 현장 - 비전을 향한 그물

요한복음 21장 1-11절

목회자들은 한 가지 강렬한 소망을 가지고 있습니다. 그것은 설교를 잘하는 것입니다. 잘한다는 것의 정확한 의미는 잘 모르겠지만 어쨌든 잘하고픈 것이 목사의 심정입니다. 이것이 목회자의 큰 비전 중의 하나가 아닌가 생각이 듭니다. 한 가지 재미있는 유머를 보도록 하겠습니다.

어떤 전도사님이 결혼을 하게 되었습니다. 신혼 방에 들어서서 짐을 정리하다가 사모님의 가방에서 조그마한 통을 발견하게 되었습니다. 궁금해서 사모님께 물었습니다.

"이게 뭐요?"

그러자 사모님은 말했습니다.

"다른 것은 몰라도 이것만은 절대로 열어 보시면 안 돼요. 알았죠?"

사모님이 워낙 완강하게 막아서 열어 보지 못한 채 20년이라는 세월이 지났습니다. 20년 간 목회를 하면서 어느 날 이사를 하게 되었습니다. 이삿짐을 정리하다가 20년 전의 그 통을 우연히 발견하고는 20년이나 지났기 때문에 통을 봐도 괜찮겠다고 생각을 하여 열어 보았습니다. 그런데 놀랍게도 그 통 안에는 현금 200만 원과 계란 세 개가 있었습니다. 너무나 궁금해서 사모님에게 물어 보았습니다.

"도대체 이게 뭐요?"

사모님은 하는 수 없어서 사실대로 말했습니다.

"좋아요. 그것은 제가 결혼해서 당신이 교회에서 설교할 때마다 제가 졸음이 오면 계란 한 개씩 모았어요."

그러자 목사님은 기분이 매우 좋았습니다.

"그래? 내가 졸음이 오는 설교를 20년 동안 세 번밖에 안 했단 말이지. 그런데 그 돈은 뭐지?"

그러자 사모님은 머뭇거리며 대답을 하였습니다.

"계란 판 돈이에요."

이 뒤의 모습은 말 안 해도 알 것입니다. 이 유머는 재미있기는 한데 목사에게는 약간은 슬프면서도 가슴 시린 유머가 아닌가 생각이 듭니다. 설교자는 자신이 강단에서 설교를 잘했는지 죽을 썼는지 누구보다도 잘 압니다. 그런데 죽을 쓰는 날에 집에 들어가면 어김없이 확인사살이 들어옵니다. 사모의 날카로운 설교 비평은 괴로움을 더하지요.

그러나 진정한 비전은 실패를 딛고 일어설 수 있는 용기입니다. 존 맥스웰은 비전의 사람과 몽상가의 차이를 잘 설명해 주고 있습니다. 비전이 있는 사람과 몽사가 사이에는 큰 차이점이 있습니다. 비전이 있는 사람은 말은 적으며 행동은 많이 합니다. 몽상가는 말은 많으나 행동은 적습니다. 비전이 있는 사람은 자기 내면의 확신에서 힘을 얻습니다. 그러나 몽상가는 외부 환경에서 힘을 얻으려고 합니다. 비전이 있는 사람은 문제가 생겨도 계속 전진합니다. 그러나 몽상가는 가는 길이 힘들면 그만두게 됩니다.

비전이 있는 사람은 실패해도 다시 시작합니다. 그러나 몽상가는 실패하면 원인을 타인이나 환경에 돌리고 모든 것을 포기하고 맙니다. 당신은 지금 어디에 서 있습니까? 비전이 있는 사람입니까? 아니면 몽상가입니까? 주님의 부르심 앞에서 비전이 있는 사람이 되어야 합니다.

주님은 철저하게 실패하고 낙심한 베드로에게 다시금 비전을 심어 주고 계십니다. 주님은 베드로를 몽사가로 양육하지 않았습니다. 예수님은 베드로를 비전이 있는 사람, 꿈이 있는 사람, 하나님의 목적대로 이끌림을 받는 사람으로 양육하셨던 것입니다. 지금 당장 실패하고, 모든 것이 무너지는 것처럼 보여진다고 할지라도 하나님이 주신 비전은 무너질 수 없음을 말해 주고 계신 것입니다. 그래서 디베랴 바다의 현장으로 베드로를 찾아 가신 것입니다.

사람들이 고향을 찾는 이유에는 두 가지 경우가 있습니다. 첫째는 타지에서 성공하여 고향을 찾아가는 경우입니다. 성공한 것을 자랑하기 위하여 마치 개선장군처럼 고향을 찾아갑니다. 또 하나의 경우는 완전히 실패했을 경우입니다. 갈 곳이 없는 사람은 고향을 찾아갑니다. 고향은 일가친척이나 거절할 수 없는 친구가 있기 때문에 의지하게 됩니다. 예수님이 십자가에 달려 돌아가신 후에 3년간 예수님을 따라 다녔던 제자들은 낙심하고 실망하여 그들의 고향인 갈릴리 바다로 내려갔습니다.

베드로는 그의 고향인 갈릴리 바다 곧 디베랴 바다로 내려갔습니다. 요한복음 21장 3절에서 시몬 베드로의 모습을 실패자의 모습, 비전을 상실한 자의 모습으로 말해 주고 있습니다. "나는 물고기 잡으러 가노라"고 기록되어 있는데 이것은 실패자의 모습입니다. 인생살이의 낙오자의 모습입니다. 실패자로 과거에 그가 잡았던 그물을 다시 잡고 고기잡이로 생계를 유지하기 위하여 마지막 방법으로 그의 고향인 디베랴 바다로 내려갔던 것입니다.

베드로는 3년 동안 따라 다녔던 예수님이 로마 병정들에게 붙들려 십자가에서 돌아가시자 희망을 잃고 낙심하였습니다. 좌절하였습니다. 앞날은 막연해졌고 생계도 걱정이며 희망도 끊어졌습니다. 예수님과 함께라면 모든 것을 할수 있다고 생각했었습니다. 그러나 그분이 처참하게 돌아가시자 모든 것이 끝

장났다는 생각이 들었습니다. 그리고 베드로는 지울 수 없는 아픔을 가슴에 간직해야 했습니다. 사랑하는 예수님을 세 번이나 부인한 자신의 처참한 모습을 어떻게 잊을 수가 있으며, 가슴 속에서 없어질 수 있겠습니까?

베드로는 할 수 없이 과거에 잡았던 그물을 다시 잡기 위해서 디베랴 바다로 내려갔습니다. 이것은 먹고 살기 위해서이기도 하지만 비전을 상실한 사람의 모습이기도 합니다. 이때에 다른 제자들도 함께 가겠다고 따라 나섰습니다. 이날에 일곱 명의 제자들이 디베랴 바다로 함께 갔습니다. "디두모라 하는 도마와 갈릴리 가나 사람 나다나엘과 세베대의 아들들과 또 다른 제자 둘이 함께 있더니 시몬 베드로가 나는 물고기 잡으러 가노라 하니 그들이 우리도 함께 가겠다"(요 21:2-3)라고 하였습니다. 그러나 여기에 문제가 생겼습니다.

주님은 베드로와 또 다른 제자들을 위해서 디베랴 바다로 레슨을 떠나십니다. 그들의 실패를 통한 레슨은 잃어버렸던 꿈을 다시 찾게 하기 위해서였습니다. 그래서 그들로 하여금 다시금 하나님 나라를 위해서 일어설 것을 요청하고 있는 것입니다. 당신은 지금 어디에 계십니까? 비전의 자리에 있습니까? 아니면 여러 가지 상황과 환경으로 인해서 비전을 잃고, 꿈을 접고 영적으로 낙향하여 디베랴의 어둔 밤 가운데 있으십니까? 그렇다고 하더라도 주님께서 베드로를 찾아오셨듯 우리를 찾아오십니다.

다시 주님을 만나야 합니다. 그래서 비전을 찾고, 삶의 가치를 회복해야 합니다. 나의 인생의 디베랴 바다로 찾아오신 주님을 만남으로 믿음의 사람이 되어야 합니다. 나만의 디베랴 바다에서 주님을 만나면 주님은 나만을 위한 레슨을 펼치시고 그곳에서 나만을 위한 비전을 불어 넣어 주실 것입니다. 그렇다면 이러한 주님은 나에게 주실 비전을 위해서 어떠한 레슨을 준비하고 계셨을까요?

주님은 빈 그물을 준비하셨다

예수님은 베드로를 위해서 특별 레슨을 준비하시는데 그것은 물고기를 한 마리도 잡히지 않게 하시는 것이었습니다. 주님은 베드로의 그물을 빈 그물이 되게 하셨습니다. 실패로 인해서 비전에서 멀리 떠나 있는 그들에게 또 다른 선택은 아무런 소용이 없음을 보여 주고 싶으신 것입니다. 요한복음 21장 3절을 보면 "나가서 배에 올랐으나 그 날밤에 아무것도 잡지 못하였다"고 하였습니다.

밤새도록 노력을 하였는데 얻은 것이 없었습니다. 문제는 최선을 다하여 노력했는데도 결과가 없을 때 실망하게 되며 낙심하게 됩니다. 사람들이 언제 실망합니까? 언제 좌절합니까? 왜 낙심합니까? "배에 올랐으나 이 밤에 아무것도 잡지 못하였더니"라는 상황을 맞이할 때 실망합니다. 많은 수고를 하였는데 노력에 비해 결과가 없을 때 실망하며 좌절합니다. 공부하는 학생이 밤새도록 공부하였는데 시험 결과가 나쁠 때입니다. 사업가가 힘껏 노력했는데 이익이 없고 손해를 보았을 때입니다.

아무것도 잡지 못한 그날 새벽에 주님은 제자들을 찾아오셔서 위로의 말씀을 주셨습니다. "얘들아 너희에게 고기가 있느냐?"라고 물으셨습니다. 이 말씀은 피곤하고 지친 영혼을 향한 주님의 위로 말씀입니다. 주님은 실패자에게 위로가 되십니다. 낙심한 자에게 용기가 되는 것입니다. 좌절한 자에게는 소망이 되십니다. 기독교는 용서와 위로의 종교입니다.

요한복음 8장에 간음한 여인을 향해서 세상 모든 사람들은 정죄하고 비판하여도 주님은 "여자여 너를 정죄한 자들이 어디 갔느냐? 나도 너를 정죄하지 아니하노니 가서 다시는 죄를 범하지 말라"고 하시며 용서하고 위로해 주셨습니다. 사랑하는 사람을 잃은 아픔을 경험하기도 합니다. 가족 중에 질병으로 병원에 입원하고 계신 가정도 있을 것입니다. 질병과 역경을 당해 고난 중에 나왔을

지라도 주님께서 위로와 용기를 주시는 음성을 듣고 힘과 담대함을 가져야 합니다.

주님은 새로운 은혜를 준비하셨다

주님은 실망한 베드로와 제자들에게 디베랴 바다라는 현장을 통하여 다시금 비전을 회복할 수 있도록 첫 번째로 준비하신 것은 실패하라는 빈 그물을 준비하셨습니다. 그리고 두 번째로 준비하는 것은 새로운 은혜를 준비하셨습니다. 새로운 은혜를 경험함으로 인해서 그들이 느낄 수 있었던 것은 많은 물고기가 잡힌 것이 아니라 여전히 주님은 우리를 사랑하시고, 포기하지 않으신다는 것입니다. 이것을 깨달을 때 비전을 향해 다시금 발걸음을 옮겨 놓을 수 있게 될 것입니다.

예수님은 베드로에게 "그물을 배 오른편에 던지라 그리하면 잡으리라"(요 21:6)라고 말씀하셨습니다. 사실 베드로는 갈릴리 바다에서 잔뼈가 굵은 사람입니다. 어디로 가면 고기가 많고 잘 잡히는지 잘 아는 전문가입니다. 그리고 오른 편은 조금 전에도 그물을 던져 보았던 곳입니다. 그럼에도 불구하고 낯선 사람이 나타나서 오른편에 던지라는 것입니다. 성경적으로 오른편은 깊은 의미가 있습니다.

첫째로, 마태복음 25장 31-46절을 보면 신앙의 자리를 의미합니다. 주님이 세상 끝 날에 재림하셔서 모든 백성들을 그 앞에 다 모으고 양과 염소를 구별하듯이 양을 오른편에, 염소는 왼편에 구별하신다고 하였습니다.

그리고 오른편에 있는 사람들을 향해 "인자가 자기 영광으로 모든 천사와 함께 올 때에 자기 영광의 보좌에 앉으리니 모든 민족을 그 앞에 모으고 각각 구분하기를 목자가 양과 염소를 구분하는 것 같이 하여 양은 그 오른편에 염소는 왼편에 두리라 그 때에 임금이 그 오른편에 있는 자들에게 이르시되 내 아버지께 복 받을 자들이여 나아와 창세로부터 너희를 위하여 예비된 나라를 상속받으라 내가 주릴 때에 너희가 먹을 것을 주었고 목마를 때에 마시게 하였고 나그네 되었을 때에 영접하였고 헐벗었을 때에 옷을 입혔고 병들었을 때에 돌보았고 옥에 갇혔을 때에 와서 보았느니라 이에 의인들이 대답하여 이르되 주여 우리가 어느 때에 주께서 주리신 것을 보고 음식을 대접하였으며 목마르신 것을 보고 마시게 하였나이까? 어느 때에 나그네 되신 것을 보고 영접하였으며 헐벗으신 것을 보고 옷 입혔나이까 어느 때에 병드신 것이나 옥에 갇히신 것을 보고 가서 뵈었나이까 하리니 임금이 대답하여 이르시되 내가 진실로 너희에게 이르노니 너희가 여기 내 형제 중에 지극히 작은 자 하나에게 한 것이 곧 내게 한 것이니라"(마 25:31-40)라고 하셨습니다.

반대로 왼편에 있는 사람들에게는 마태복음 25장 41-46절에 "저주를 받은 자들아 나를 떠나 마귀와 그 사자들을 위하여 예비된 영원한 불에 들어가라 내가 주릴 때에 너희가 먹을 것을 주지 아니하였고 목마를 때에 마시게 하지 아니하였고 나그네 되었을 때에 영접하지 아니하였고 헐벗었을 때에 옷 입히지 아니하였고 병들었을 때와 옥에 갇혔을 때에 돌보지 아니하였느니라 하시니 그들도 대답하여 이르되 주여 우리가 어느 때에 주께서 주리신 것이나 목마르신 것이나 나그네 되신 것이나 헐벗으신 것이나 병드신 것이나 옥에 갇히신 것을 보고 공양하지 아니하더이까 이에 임금이 대답하여 이르시되 내가 진실로 너희에게 이르노니 이 지극히 작은 자 하나에게 하지 아니한 것이 곧 내게 하지 아니한 것이니라 하시리니 그들은 영벌에, 의인들은 영생에 들어가리라"라고 하셨습니다.

오른편은 믿음의 자리를 의미합니다. 예수님이 돌아가시고 물고기를 잡으러 세상으로 내려간 베드로에게 믿음의 자리로 다시 돌아가라고 권면하신 말씀입니다.

둘째로, 출애굽기 29장 20-21절을 보면 제사장을 세울 때 오른쪽 귓부리와 오른쪽 엄지손가락, 그리고 오른쪽 엄지발가락에 양의 피를 발랐습니다. "너는 그 숫양을 잡고 그것의 피를 가져다가 아론의 오른쪽 귓부리와 그의 아들들의 오른쪽 귓부리에 바르고 그 오른손 엄지와 오른발 엄지에 바르고 그 피를 제단 주위에 뿌리고 제단 위의 피와 관유를 가져다가 아론과 그의 옷과 그의 아들들과 그의 아들들의 옷에 뿌리라 그와 그의 옷과 그의 아들들과 그의 아들들의 옷이 거룩하리라"고 기록하였습니다. 믿음에 굳게 선 사람을 제사장으로 삼으라는 말씀입니다.

셋째로 전도서 10장 2절을 보면 오른편쪽의 지혜자를 의미합니다. 지혜의 근본은 여호와를 아는 것입니다. "지혜자의 마음은 오른쪽에 있고, 우매자의 마음은 왼쪽에 있느니라"라고 말씀하였습니다.

이처럼 성경에서는 오른편에 매우 중요한 의미를 두고 있습니다. 실망한 베드로, 비전을 상실한 베드로를 향해서 주님은 빈 그물이 되게 하시고, 이제는 그 빈 그물을 오른편에 던지라고 말씀하셨습니다. 그곳에서 베드로는 주님의 새로운 은혜를 끌어 올릴 것이며, 비전이 가득한 그물을 올릴 것입니다.

주님은 신앙의 원리를 준비하셨다

주님은 제자들이 디베랴 바다에서 그들의 인생이 끝나는 것을 원치 않으셨습니다. 그들이 새롭게 시작하기를 원하시고 계십니다. 그들에게 있어서 예루살렘은 공포의 도시이며, 슬픔의 도시이고, 절망의 도시였습니다. 그러나 디베랴는 어떻습니까? 디베랴는 그들의 고향이긴 하지만 그곳 역시 그들에게는 절망의 자리였습니다. 아무런 희망도 없는 삭막한 광야와 같은 장소였습니다.

바로 그러한 장소에서 주님은 제자들을 향해서 새로운 그물을 준비하셨습니다. 그 빈 그물은 베드로가 가지고 있는 것이었습니다. 그리고 베드로에게 오른편에 그물을 던지라고 말씀하셨습니다. 그때 많은 물고기가 잡혔지만 실제적으로 그들이 주님이 펼치신 그물에 잡힌 것입니다. 그리고 영적 좌절감이 있는 그곳에서 새로운 영적인 원리를 통하여 새롭게 일어서는 자리로 만드셨습니다. 성도들이 힘들고 어렵고, 실패한 그 자리에 주님이 찾아오시면, 그래서 그물을 던지시면 새롭게 시작하는 땅이 될 것입니다.

교회에서 전교인 체육대회를 하게 되었습니다. 교인들에게 나누어 줄 기념 볼펜을 주문하기 위해서 가까운 공장을 찾아갔습니다. 수위실에 볼펜을 주문하기 위하여 왔다고 했더니 안내를 해 주었습니다. 응접실에서 주문을 마치고 차를 한 잔 나누는 동안에 간증을 듣게 되었고 저는 큰 은혜를 받았습니다.

공장 개업을 앞두고 교회에서 철야 기도를 하게 되었답니다. 새벽쯤에 요한복음 21장 11절이란 음성이 들렸습니다. 처음에는 새벽 기도 시간이 되어 목사님이 성경 본문을 낭독하시는 말씀인 줄 알았습니다. 그러나 아무도 없었습니다. 음성만 계속해서 세 번 들렸습니다. 성경을 펴서보니 "가득히 찬 큰 물고기가 백쉰세 마리라 이같이 많으나 그물이 찢어지지 아니하였더라"고 기록되어 있었습니다. 이것이 기도의 응답인줄 알고 "모나미 153"이라고 이름을 짓게 되었답니다. 처음에는 몇 명 안 되는 직원들과 함께 일을 시작했는데 지금은 많은 직원을 데리고 있는 공장이 되어 153의 축복을 받았다는 것이었습니다.

여기서 한 가지 신앙의 원리를 얻게 됩니다. 이것은 영적인 원리입니다. "오른편에 던지라"라는 것은 주님의 말씀입니다. "그리하면"이란 말은 "순종하면"이란 말입니다. 그럴 때 "얻으리라"는 영적인 축복이 온다는 하나님의 약속입니다. 이것이 신앙의 영적 원리입니다. 영적인 공식은 다음과 같습니다.

당신은 말씀에 얼마나 순종하는 삶을 살고 있습니까? 말씀대로 살려고 얼마나 노력합니까? 말씀을 의지하려고 얼마나 노력하고 있습니까? 말씀에 순종하는 자가 되어야 합니다.

주님은 순종하는 베드로에게 새로운 사명을 주셨습니다. 예수님은 베드로에게 "요한의 아들 시몬아, 네가 나를 사랑하느냐?"라고 세 번이나 질문하셨습니다. 그리고 "내 양을 먹이라"라고 부탁하셨습니다. "내 양을 먹이라"는 말씀은 사명을 다시 한 번 확인시키신 것입니다. 잃어버렸던 비전을 다시 찾아 주신 것입니다. 주님을 사랑하는 방법은 주님의 어린 양을 먹이는 일입니다. 먼저 주님과 나의 초점이 일치되어야 합니다. 그리고 자기를 부인해야 합니다. 마지막은 하나님의 영광을 위해서 일해야 합니다. 베드로는 다시 사명을 받은 후에는 십자가에서 거꾸로 순교하기까지 사명을 감당하는 일을 회피하지 않고 잘 감당하였습니다.

오늘 우리에게 주신 사명은 무엇입니까? 사명을 잘 발견합시다. 처음에 사명을 받았을 때는 못한다고 회피도 하고, 도망도 치고, 베드로와 같이 주님을 버리기도 하였지만 이제 다시 사명을 확인한 후에는 죽도록 충성하며 사명에 생명을 걸 수 있는 성도가 되어야 합니다.

주님의 사명을 받은 자들은 내 양을 먹이는 일을 감당해야 합니다. 양을 먹이는 일은 무엇입니까? 영혼을 사랑하고 생명을 사랑하는 일입니다. 영혼을 위해 일하는 것이 주님을 사랑하는 일입니다. 육을 위해 일하지 말고 주님을 위해 일합시다. 영혼 구원을 위해 일합시다. 전도하여 영혼을 구원하며 새신자를 돌아보고 영혼을 양육하며 저들의 영적인 삶을 위해 기도합시다. 그리고 자기를 부인하며 살아갑시다. 하나님의 영광이 이루어지기까지 충성합시다.

주님은 디베랴의 바다에서 그물을 지금도 내리시고 계십니다. 그리고 우리에게 이제는 옛 것인 세속을 위해서, 탐욕과 욕망을 위해서 그물을 내리지 말고, 비전을 향해서 그물을 내리라고 말씀하고 계십니다. 이 초청 앞에 우리가 함께 동참하는 은혜를 누려야 합니다.

어부의 기도

주님, 저로 하여금 죽는 날까지
물고기를 잡을 수 있게 하시고,
마지막 날이 찾아와
당신이 던진 그물에 내가 걸렸을 때
바라옵건대 쓸모없는 물고기라 여겨
내던져짐을 당하지 않게 하소서.

17세기, 작자 미상

제5부

믿음의
열매들

· · · · ·

1장 가난한 자의 복

마태복음 5장 1-12절

우리나라 개신교 역사상 최초의 신앙고백서를 낸 사람은 이수정(李樹庭)이라는 사람입니다. 이수정은 1883년 5월 25일에 일본의 대표적인 기독교 잡지 《칠일잡보》에 신앙고백서를 7백여 자의 한자로 기록하였습니다. 이수정은 '조선의 마게도냐인'(Macedonian of Korea)이라는 별명을 얻기도 하였습니다. 이수정이 이러한 별명을 얻게 된 이유는 바로 예수님이 산상설교를 통하여 말씀하신 '팔복' 때문이었습니다.

1882년에 대원군을 중심으로 한 수구세력과 명성황후를 중심으로 한 신진세력간의 다툼으로 임오군란이 일어나게 되었습니다. 이 때 이수정은 명성황후의 목숨을 지키는 데 공헌한 양반이라 하여 고종의 후의를 입고 일본 유학에 오르게 되었습니다.

처음에는 농학과 법률을 통하여 조선을 개화하고자 하는 꿈을 가지고 있었습니다. 그래서 당시 일본의 농학자였던 츠다센을 만났습니다. 츠다센을 만나기 위해서 그의 집을 방문하게 되었습니다. 거실에 한자로 되어 있는 '팔복(八福)'을 보게 되었고, 그곳에 시선이 머물게 되었습니다. 츠다센은 호기심 많은 조선인에게 팔복이 담겨진 한문 성경을 선물로 주었습니다.

숙소에 돌아온 이수정은 한문 성경에 몰두하다가 그만 잠이 들었습니다. 그리고 꿈을 꾸게 되었는데 낯선 사람 둘이 책을 한 보따리씩 안고 그에게 다가왔습니다.

"그게 무엇이요?"

"당신 나라 조선에 가장 귀한 책이오."

"무슨 책이오?"

"성경이오."

이수정은 이후에 성경을 더욱 탐독하게 되었고, 예수님을 믿기로 작정하고 세례를 받았습니다. 처음에는 농업과 법률을 통하여 조선을 깨우치려 했던 이수정은 이제는 성경을 통하여 조선을 건지고자 하였습니다. 그리고 이수정은 자신이 꿈을 꾸었던 대로 성경을 번역하여, 성경을 가득 안고 조선으로 돌아오게 되었습니다. 이수정을 처음으로 믿음으로 끌어들이게 된 것이 바로 '팔복' 입니다. 그리고 이 팔복으로 인하여 이수정은 그의 인생이 바뀌게 되었습니다. 예수님의 말씀이신 팔복으로 말미암아 우리의 인생도 바뀌어지는 역사가 나타나기를 소망합니다.

산상설교는 기독교 사상의 정수라고 불리워집니다. 예수님이 산에서 설교하셨다고 하여 '산상설교(山上說敎)' 혹은 '산상수훈(山上垂訓)' 이라고 합니다. 다른 성경들은 예수님에 관한 말씀이며 예수님의 이야기를 기록하고 있지만, 마태복음 5-7장은 예수님이 직접 전하신 말씀을 그대로 기록하고 있기 때문에 예수님의 사상과 교훈을 연구하려면 산상수훈을 읽어야 합니다. 사실 산상수훈은 비그리스도인들에게도 많은 영향을 주었고, 종교개혁의 원천이 되기도 하였으며, 영성적인 신앙 공동체를 이루는 정신적인 역할을 하기도 하였습니다.

산상수훈은 신자이든 비신자이든 많이 읽고 애송되어져 왔습니다. 그 대표적인 인물로 인도의 마하트마 간디 수상을 들 수 있습니다. 간디 수상은 크리스천이 아니었음에도 산상수훈을 읽고 암송하여 평소에 그의 정치 생활에 활용하였다고 합니다. 그의 '무저항주의'나 '단식투쟁'은 산상설교에서 나왔다고 합니다. 산상설교를 크리스천이 아닌 사람들도 많이 읽는데 신자들이 잘 모른다고 하면 부끄러운 일입니다.

산상설교의 제일 첫 부분에는 팔복이라는 말씀이 나오게 됩니다. "예수께서 무리를 보시고 산에 올라가 앉으시니 제자들이 나아온지라 입을 열어 가르쳐 이르시되 심령이 가난한 자는 복이 있나니 천국이 그들의 것임이요. 애통하는 자는 복이 있나니 그들이 위로를 받을 것임이요. 온유한 자는 복이 있나니 그들이 땅을 기업으로 받을 것임이요"(마 5:1-5).

세계 어느 나라 어느 민족이건 다 복을 받는 것을 좋아합니다. 특히 우리나라는 복 받기를 더 좋아하는 것 같습니다. 새해가 되면 영어의 인사는 "Happy new year"이라고 인사를 하는데 한국 사람들은 "새해 복 많이 받으세요"라고 합니다. 복을 얼마나 좋아하는지 복(福)자를 많이 새겨 놓았습니다. 창살에도, 기둥에도, 밥을 먹는 숟가락에도 복(福)자를 새겨 놓고, 베개에도 수놓고, 고무신에도 복(福)자를 새겨 놓았습니다. 복(福)자를 많이 새겨 놓는다고 복을 많이 받는다고 하면 온통 집안에 써 놓겠지만 그렇게 되지는 않습니다. 예수님은 산상수훈에서 복이란 무엇이고 복은 어떤 사람이 받는 것이며, 또 어떻게 받는가에 대한 해답을 주셨습니다.

그렇다면 예수님을 나의 구세주와 주님으로 믿고 고백하고 있는 그리스도인들은 어떤 복을 받아야 합니까? 예수님을 믿고 따르는 자들에게 있어서 복이란 어떤 의미가 있을까요? 팔복은 그것에 대한 좋은 답을 제시해 주고 있습니다.

먼저 생각해야 할 복은 심령이 가난한 자가 누리게 될 복입니다. 예수님이 팔복을 말씀하시면서 제일 먼저 언급하신 것이 심령이 가난한 자가 복이 있을 것이라고 하셨습니다.

성지순례를 가서 갈릴리 서북편 4km정도에 가버나움 근처에 가면 팔복 산이 있습니다. 그곳에 올라가 보면 갈릴리 바다가 한눈에 보이고 그 위에 팔복교회가 지어져 있습니다. 팔복교회는 기둥이 여덟 개로 되어있는 팔각정인데 한 면마다 한 가지씩의 복을 기록해 두었습니다. 그 예배당에 들어가면 여덟 가지의 복 가운데 서 있는 듯한 느낌을 받을 수 있습니다.

이 여덟 가지 복을 다 받으면 얼마나 큰 축복입니까? 어떤 사람이 복이 있다고 하였습니까? 심령이 가난한 자, 애통하는 자, 온유한 자, 의에 주리고 목마른 자, 긍휼히 여기는 자, 마음이 청결한 자, 화평하게 하는 자, 그리고 의를 위하여 핍박을 받는 자라고 했습니다.

어떤 성경학자는 팔복을 야곱의 사닥다리에 비교했습니다. 한 계단 한 계단씩 올라가다 보면 하나님 나라의 완전한 복에 들어간다고도 말하였고, 또 어떤 성경학자는 음악의 8음계에 비교하는 사람들도 있습니다. 8음이 어우러져야 완전한 화음을 이루듯이 여덟 가지 복을 다 받아야 완전한 조화(하모니)된 생활이 될 수 있기 때문입니다.

마태복음 5장 3절을 보면 "심령(마음)이 가난한 자는 복이 있나니 천국이 그들의 것"이라고 하였습니다. 사람들은 재물을 가진 자가 복이 있고 자녀를 가진 자가 복이 있다고 합니다. 그러나 예수님은 가난한 사람이 복이 있다고 하였습니다. 헬라어 원본에 보면 '가난'을 '푸토코스'라는 단어를 쓰고 있습니다. '아무것도 없는 가난'한 상태, 이것이 푸토코스입니다. 복(福)이라는 단어는 '막카리오스'입니다. 이것은 '영적인 즐거움', '신성한 즐거움'을 내포하는 말입니다. 이 말은 죽음을 초월한 영원한 즐거움을 말합니다.

마음이 가난해야 복이 있다고 하였습니다. 현대인들은 가진 것이 너무 많습니다. 오늘날 사회적인 모든 문제들이 왜 일어나는 것입니까? 가진 것이 너무 많아서 일어납니다. 돈을 잡으려는 욕망으로, 권세를 잡으려는 욕망으로, 명예를 잡으려는 욕망으로 가득 차 있어서 하나님의 축복을 받을 수 있는 빈 그릇이 준비되어 있지 않기 때문입니다. 하나님 나라의 축복은 마음이 가난한 자가 차지할 수 있다고 하였습니다.

동양에서는 5복을 말하고 있는데 부(富), 귀(貴), 수(壽), 강령(康寧), 고종명(考終命)이라는 것입니다. 즉 재산이 많고 귀하게 살며 장수하고 건강하고 죽을 때 잘 죽는 것이 복이라고 했습니다. 물론 이런 것들이 복이라고 볼 수도 있지만 조금 깊이 생각해 보면 이런 것들은 복이 될 수도 있고 복이 되지 못할 수도 있습니다. 가령 오래 사는 것이 복이라고 하지만 오래 산다고 반드시 복이 되는 것은 아닙니다.

옛말에 수즉다욕(壽則多辱)이라고 오래 살면 욕되는 일을 많이 보게 된다는 말이 있습니다. 부(富)해지는 것이 복일 수도 있지만 한편으로 복이 되지 못하는 경우도 있습니다. 재물 때문에 오히려 허영과 부패함에 빠지게 되어 복이 오히려 화가 되는 경우도 있기 때문입니다. 귀하게 된다고 반드시 복이 되는 것은 아닙니다. 히틀러나 무솔리니 같은 사람은 큰 권세를 가졌습니다만 그들의 일생이 권세 때문에 오히려 화를 당하기도 하였습니다. 이러한 것들은 복(福)일 수도 있지만 저주일 수도 있습니다.

여기서는 그 첫 단계로 첫 음계가 되는 심령이 가난한 자의 복에 대해 생각해 봅니다. 심령이 가난한 자의 복은 모든 복 가운데 첫 단계의 복이 됩니다. 심령이 가난해야 남을 긍휼히 여길 수 있습니다. 심령이 가난해야 마음이 맑아질 수 있습니다. 심령이 가난해야 화평하게도 할 수 있습니다. 심령이 가난한 것은 다른 모든 것의 첫 단계입니다.

그렇다면 심령이 가난한 사람은 어떤 사람을 말하고 있는 것입니까? 심령이 가난한 자들은 누구일까요? 예수님은 비유를 통해서 마음이 가난한 자에 대해서 이야기해 주고 있습니다.

성전에 기도하러 올라 간 바리새인과 세리에 대한 비유입니다. 예수님은 마음이 가난한 자들의 모습을 이 이유를 통해서 분명하게 보여 주고 있습니다. 누가복음 18장 10-14절을 보면 "두 사람이 기도하러 성전에 올라가니 하나는 바리새인이요 하나는 세리라 바리새인은 서서 따로 기도하여 이르되 하나님이여 나는 다른 사람들 곧 토색, 불의, 간음을 하는 자들과 같지 아니하고 이 세리와도 같지 아니함을 감사하나이다 나는 이레에 두 번씩 금식하고 또 소득의 십일조를 드리나이다 하고 세리는 멀리 서서 감히 눈을 들어 하늘을 쳐다보지도 못하고 다만 가슴을 치며 이르되 하나님이여 불쌍히 여기소서 나는 죄인이로소이다 하였느니라 내가 너희에게 이르노니 이에 저 바리새인이 아니고 이 사람이 의롭다 하심을 받고 그의 집으로 내려갔느니라."

바리새인은 마음이 부자였습니다. 바리새인은 스스로를 불의한 일도 없고, 토색한 일도 없고, 세리와 같은 일을 한 일이 없고, 율법에서 가르치는 대로 다 했다고 말하고 있습니다. 이처럼 그는 마음이 부자였습니다. 자연히 마음 가운데 자만이 가득 차게 되었고, 교만이 가득 찼으며, 독선으로 가득 차게 되었습니다.

그러나 세리는 성전에 들어왔지만 감히 가까이도 나오지 못하고 멀리서 오직 가슴을 치며 "오! 하나님 나를 불쌍히 여겨 주시옵소서. 나는 죄인이로소이다"라고 부르짖어 기도했습니다. 세리는 스스로 자기가 죄인인 줄 알았습니다. 토색한 사실도 알았습니다. 세리는 죄인인 줄 깨달았습니다. 자기가 하나님 앞에 얼마나 큰 죄인인가 하는 것을 깨달았습니다. 그래서 감히 얼굴도 들지 못하고 오직 가슴을 두드리며 "하나님 나를 불쌍히 여겨 주세요. 나는 죄인입니다"라고 죄를 고백하였습니다.

세리는 죄인이었지만 심령이 가난했습니다. 심령이 겸손했습니다. 하나님께서는 마음이 교만한 자의 기도를 물리치시고 마음이 가난한 자, 겸손한 자의 기도를 들어 주셔서 그 심령을 부끄럽게 하셨습니다.

마음이 가난한 자는 심령이 겸손(謙遜)한 자를 의미(意味)합니다. 마음이 부요한 자는 교만(驕慢)한 자를 의미합니다. 누구든지 교만의 죄를 짓지 않기가 어렵습니다. 사람은 제 잘난 멋에 산다는 말이 있습니다. 나나 너나 할 것 없이 모두 교만한 마음이 우리 마음 가운데 있습니다.

어떻게 하면 '교만한 마음'을 다 없애고 하나님과 사람 앞에 '겸손한 사람'이 될 수가 있을까요? 여러 가지로 생각할 수 있겠지만 간단히 두 가지로 말할 수 있습니다.

첫째로 우리가 겸손한 마음을 갖기 위해서 기독교인의 근본 인생관인 청지기의 개념을 철저히 깨달아야 합니다. 하나님께서 우리에게 주신 것을 우리는 잠시 맡아 사용하는 것 뿐인데 왜 내 것이라고 할 수 있습니까? 왜 내 것인줄 알고 가졌다고 교만하고 자랑합니까?

우리가 가진 모든 것은 원래 하나님의 영광을 위하여 사용하라고 주신 것입니다. 물질도 나를 통해서 선하게 사용하라고 맡겨 주신 것입니다. 그러므로 가졌을 때에는 어깨가 무거워지고 허리가 더 숙여지고 겸손해져야 합니다. 하나님 앞에서 우리는 거지입니다. 왜 겸손해야 합니까? 내게는 아무것도 없으니까 겸손해야 합니다.

헬라의 어떤 임금이 있었는데 그는 누구를 만나든지 먼저 인사를 하였습니다. 신하들은 임금이 체통이 없다고 흉을 보았습니다. 하루는 임금이 신하들을 불러 모아 네 개의 짐 꾸러미를 주면서 거리에 나가 팔아 오라고 하였습니다. 개머리와 소머리, 말머리와 사람의 머리였습니다. 개머리도 팔고 소머리도 팔고 말머리도 팔았지만 사람의 머리만은 팔지 못했습니다. 사람머리를 가지고 돌아온 신하들에게 임금은 호통을 치며 일깨워 주었습니다. "개머리보다 소머리보다 말머리보다 못한 것이 사람머리인데 먼저 머리를 숙인다고 잘못인가?"

라고 신하들의 교만을 일깨워 주었습니다. 교만을 버리고 겸손해집시다.

둘째로 겸손한 마음을 갖기 위해서 나는 죄인이라는 생각을 가지고 살아야 합니다. 마음에 더러운 것이 있으니까 겸손해야 합니다. 성경은 "마음에서 나오는 것은 악한 생각과 살인과 간음과 음란과 도둑질과 거짓 증거와 비방"(마 15:19)이라고 하였습니다.

저는 이런 생각을 해 보았습니다. 사람마다 이마에 작은 모니터가 있어서 마음의 생각이 그대로 보인다면 어떻게 될까 하고 생각해 보았습니다. 아마도 부끄러워서 집에서 나오지도 못할 사람이 많다고 생각됩니다. 우리의 마음에 더러운 죄가 있기 때문입니다. 사람의 속에는 더러운 죄악이 있습니다. 중생하지 못한 사람의 마음은 더러운 것과 악한 것과 미련한 것밖에 없습니다.

그러므로 거듭나면 자신이 어떠한 죄인이었나를 고백하며 겸손하게 됩니다. 우리들은 세리의 심정을 가지고 살아야 합니다. 사도 바울은 자신의 마음을 스스로 살피고 나는 죄인이라고 고백했습니다. "미쁘다 모든 사람이 받을 만한 이 말이여 그리스도 예수께서 죄인을 구원하시려고 세상에 임하셨다 하였도다 죄인 중에 내가 괴수니라"(딤전 1:15)라고 고백하였습니다.

최근 영성 훈련에 많은 관심이 새로이 일어나고 있습니다. 영성 훈련 중에 기도의 훈련과 말씀의 훈련이 있습니다. 기도 훈련 중에 "관상기도"라는 것이 있습니다. 숨을 깊이 내쉬면서 마음의 복잡한 생각들을 버립니다. 그리고 조용히 명상합니다. 마음과 정신을 모으고 하나님이 주신 은혜들을 생각합니다. 건강, 가정, 자녀, 신앙, 영혼, 생명 등을 생각합니다. 이때 심령이 풍성해지는 것을 느끼게 됩니다. 세상 생각들이 사라질 때 하나님의 은혜로 가득 채워질 수가 있습니다. 죄인으로 겸손한 마음을 가질 때 천국은 저희 것이 됩니다.

2장 애통하는 자의 복

마태복음 5장 4절

정성준이 쓴 『나는 왜 그런 배우자를 선택(選擇)했을까』라는 책을 보면 눈물에 대한 내용이 나옵니다. 그는 눈물에 대해서 연구한 결과를 이렇게 말하고 있습니다. 양파를 썰 때 생리작용에 의해 나오는 눈물과 달리 감정이 작용해서 흘리는 눈물 속에는 체내에 있던 독소들이 다량으로 검출된다고 합니다. 즉, 사랑하는 사람의 죽음을 접할 때 흘리는 눈물은 심신의 충격으로 인해 발생하는 유해독소들을 배출하는 작용을 하는 셈입니다.

눈물은 몸과 마음을 치유합니다. 인생에서 소중한 것을 잃어버렸을 때 눈물을 흘리고 애통하는 시간을 가짐으로써, 우리는 과거를 과거로 떠나보내고 미래를 향해 새로운 출발을 가다듬을 수 있는 여력을 가질 수 있습니다.

정성준은 그의 글에서 눈물을 흘릴 수 있다는 것은 어찌 보면 행복의 필수조건 중에 하나가 아닌가 생각이 듭니다. 눈물을 흘리고 슬픔의 상태를 맞이하는 것 자체는 힘들고 괴롭습니다. 그러나 그러한 과정을 통해서 내 안에 쌓여져 있던 더 많은 슬픔과 아픔들 그리고 상처들을 눈물을 통해서 밖으로 배출할 수 있게 되는 것입니다. 그래서 예수님이 애통하는 자는 복이 있다고 하신 말씀이 우리들이 살아가는 이 시대에 새로운 등불처럼 밝혀 주는 진리가 되는 것입니다.

예수님이 가르쳐 주신 산상수훈 중에 제일 먼저 나오는 것이 팔복입니다. 그리고 팔복 중에 두 번째로 나오는 복이 애통하는 자에 대한 복입니다. "애통하는 자는 복이 있나니 그들이 위로를 받을 것임이요"(마 5:4)라고 하였습니다. 인간은 지(知), 정(情), 의(意)를 가진 존재입니다. 지적으로 깨달아 알며, 감정적으로 희비애락을 느끼며, 기쁠 때는 웃고, 슬플 때는 눈물을 흘리며, 의지적으로 결단하며 사는 것이 인간의 기본적인 구조입니다. 이것이 사람의 특성입니다.

예수님은 눈물을 흘리는 자가 복이 있다고 말씀하셨습니다. 세상적으로는 슬픔을 인해서 눈물을 흘리는 것이 복이 될 수 없을 것입니다. 그러나 예수님은 애통하는 자가 복이 있다고 하셨습니다. 그렇다면 사람은 왜 울어야 합니까? 그리고 언제 울어야 합니까? 인간은 슬퍼서 울고, 기뻐서 울고, 좋아서 울고, 억울하고 분통해서 웁니다. 그러나 단순히 울어서 복이 있다면 초상집이 제일 복을 많이 받았을 것입니다. 무조건 운다고 복이 있는 것은 아닙니다.

눈물을 흘리게 하는 이야기 중에 이런 이야기가 있습니다. 어느 시골의 산골 동네에서 아들을 서울에 있는 학교로 보낸 어머니가 계셨습니다. 농사를 지어 학비와 용돈을 서울로 보내는 일은 매우 힘든 일이었지만 아들의 학업을 위해 힘껏 돈을 보냈습니다. 서울에 있는 아들에게서 편지가 왔습니다. 그러나 어머니는 글을 읽지 못하시는지라 지나가는 양복을 잘 입고 넥타이를 맨 신사에게 편지를 좀 읽어 달라고 했습니다.

신사는 편지를 펼쳐 들더니 바로 보고 또 반대로 들여다보더니 훌쩍거리며 눈물을 흘리는 것이었습니다. 신사가 울기 시작하자 어머니는 아들에게 슬픈 사연이 있는 줄 알고 따라서 울었습니다. 이때 지나가는 스님 한 사람이 있었는데 무슨 사연인줄 모르지만 신사가 울고 어머니도 울기에 따라서 울었습니다. 이유도 모르고 한참 울다보니 이유나 알고 싶어서 물었습니다.

어머니가 "신사 어른 왜 웁니까? 이유나 알고 웁시다. 내 아들이 병이라도 났습니까? 아니면 교통사고라도 당했습니까?" 무엇이라고 편지에 쓰여 있기에 우느냐고 물었더니, 신사가 대답하기를 "내 신세가 한(限)스러워서 운다"는 것이었습니다. 내 어머니가 공부하라고 할 때 공부하지 않아서 비록 신사복을 입었지만 글자를 읽지 못하여 이제 와서 후회스러워 운다고 했습니다.

신사가 어머니를 보고 왜 우느냐고 물었습니다. 어머니는 "자기 아들에게 슬픈 일이 혹시 일어난 줄 알고 울었다"는 것이었습니다. 이번에는 지나가던 스님에게 당신은 왜 울었냐고 물었더니 스님이 대답하길 "나는 이 모퉁이가 우는 모퉁이인줄 알고 울었다"고 대답하더랍니다.

우리가 애통하고 울 때에 '무엇' 때문에 울어야 하는지 그 이유가 분명해야 합니다. 그리고 '언제' 울어야 하는지 울어야 하는 시간을 알아야 합니다. 사람에게는 고귀한 세 가지 액체가 있습니다. 첫째는 '피'입니다. 피는 생명을 상징합니다. 둘째는 '땀'입니다. 땀은 신성한 노동을 상징합니다. 이마에 땀을 흘리며 살 때에 인생은 행복해집니다. 셋째는 '눈물'입니다. 눈물은 인간만이 가지고 있는 고귀한 액체로 슬픔과 고통을 표현해 줍니다.

예수님은 애통하는 자 즉, 우는 자가 복이 있다고 하였습니다. 그렇다면 오늘을 사는 그리스도인들이 산상수훈을 통하여 애통하며 복 있는 자가 되어야 하는데, 우리는 언제 울어야 하며, 어떻게 울어야 하고, 무엇 때문에 우는지를 생각해 봐야 합니다.

죄를 생각하며 눈물을 흘려야 한다

애통하는 자가 누리는 복을 받기 위해서 우리는 우리의 죄를 생각하며 눈물을 흘려야 합니다. 눈물을 흘리며 울 수 있다는 것은 복입니다. 일단 감정이 살아 있다는 것을 보여 주는 예입니다. 죽은 사람은 기뻐하거나 슬퍼할 수가 없습니다. 그리고 하나님께서 은혜를 부어 주실 때 우리는 그 은혜로 인해서 가슴을 치며 회개하는 눈물을 흘리기도 하고, 구원의 감격을 통해서 기쁨의 눈물을 흘리기도 합니다.

"애통하는 자"가 복이 있다는 것은 내 안에 발견한 죄로 인하여 애통하며 울고 있는 뜻이 담겨져 있습니다. 이럴 때 흘리는 눈물을 "회개의 눈물"이라고 부릅니다. 예수님이 베다니에 나병(leprosy)에 걸린 시몬의 집에 초대를 받아 갔을 때의 일입니다. 예수님이 나병에 걸린 시몬의 집에서 식사하실 때에 그 동네에서 죄인이라고 소문이 난 여자 하나가 들어왔습니다. 그 여자는 매우 값진 향유를 가지고 와서 옥합을 깨뜨리며 예수님의 발에 붓고 눈물을 흘리며 자기의 머리털로 예수님의 발을 씻겼습니다.

예수님께서 여자를 돌아보시며 시몬에게 이르시되 "이 여자를 보느냐 내가 네 집에 들어올 때 너는 내게 발 씻을 물도 주지 아니하였으되 이 여자는 눈물로 내 발을 적시고 그 머리털로 닦았으며 너는 내게 입 맞추지 아니하였으되 그는 내가 들어올 때로부터 내 발에 입 맞추기를 그치지 아니하였으며 너는 내 머리에 감람유도 붓지 아니하였으되 그는 향유를 내 발에 부었느니라 이러므로 내가 네게 말하노니 그의 많은 죄가 사하여졌도다 이는 저의 사랑함이 많음이라 사함을 받은 일이 적은 자는 적게 사랑하느니라 이에 여자에게 이르시되 네 죄 사함을 얻었느니라 하시니 함께 앉아 있는 자들이 속으로 말하되 이가 누구이기에 죄도 사하는가 하더라 예수께서 여자에게 이르시되 네 믿음이 너를 구원하였으니 평안히 가라"(눅 7:44-50)라고 말씀하셨습니다.

예수님은 그 여인의 죄를 사하여 주셨습니다. 애통의 눈물은 그녀의 많은 죄를 사하였습니다. 애통하며 눈물을 흘릴 때 구원의 길이 열렸습니다. 영국의 위대한 설교가 스펄전 목사님은 "하나님 나라는 눈물로 가는 나라이며 눈물 없이는 갈 수 없는 나라"라고 하였습니다. 애통하고 우는 것이 죄사함을 받는 길이며 하나님 나라로 가는 길입니다.

기독교의 첫 단계는 중생의 단계입니다. 자기의 죄를 생각하고 슬퍼하며 눈물을 흘리며 철저히 회개하는 것이 신앙의 처음 단계입니다. 그러므로 팔복 중에 첫째로 마음이 가난해지고 나면, 둘째로 자기의 죄가 슬퍼지고 애통하며 눈물을 흘리게 되는 것입니다.

이사야 6장을 보면 이사야는 웃시야 왕이 죽던 해에 성전에서 하나님과의 만남을 경험하게 됩니다. 하나님의 모습을 보고 나서 "화로다 나여 망하게 되었도다"하며 애통하며 통곡하여 눈물을 흘리게 됩니다. 그때에 스랍 하나가 화저로 "그것을 내 입에 대며 이르되 보라 이것이 네 입에 닿았으니 네 악이 제하여졌고 네 죄가 사하여졌느니라"(사 6:7)라고 하였습니다. 애통하여 눈물을 흘리므로 이사야는 죄 사함을 받았습니다.

교회의 부흥은 회개할 때 일어납니다. 교회가 부흥되길 원하십니까? 회개의 눈물을 흘리시기 바랍니다. 가정이 부흥되길 원합니까? 애통하는 마음으로 회개의 눈물을 흘리시기 바랍니다. 18세기에 영국의 옥스퍼드 대학에서 회개의 운동이 일어났습니다. 요한 웨슬리와 찰스 웨슬리 형제가 회개하며 눈물 흘리기 시작했습니다. 회개의 복음을 전하자 한 집 건너 술집이고, 한 집 건너 극장이던 18세기의 영국 사회가 변화하기 시작하였습니다.

방탕한 죄로 얼룩진 영국인의 죄들을 대학생들이 눈물로 회개할 때에 영국 사회가 변화를 받을 수 있었습니다. 오늘날 우리나라의 젊은이들은 방황하고 거리마다 술 취하여 비틀거리고, 유흥가 주변에서 흥청거리는 모습을 쉽게 볼 수 있습니다. 이러할 때 그리스도인들은 민족의 죄를 생각하며 눈물 흘리면서 우는 자들이 되어야 합니다. 그렇게 할 때 젊은이들이 하나님께로 돌아올 것입니다. 우리들의 눈물로 인해서 민족이 회개하며 주님 품으로 돌아올 것이며, 치유의 역사가 일어날 것입니다. 열방을 가슴에 품고 변화를 위해서 눈물 흘리며 주님께 기도해야 합니다. 그 시작은 나의 가슴을 치며 우는 데서부터 시작됩니다.

다윗은 우리아의 아내인 밧세바를 빼앗고 간음죄와 살인죄를 저질렀습니다. 그 후에 나단 선지자의 책망을 듣게 됩니다. 그리고 눈물로 하나님 앞에 돌아오게 됩니다. "여호와여 주의 분노로 나를 책망하지 마옵시며 주의 진노로 나를 징계하지 마옵소서 여호와여 내가 수척하였사오니 내게 은혜를 베푸소서 여호와여 나의 뼈가 떨리오니 나를 고치소서 나의 영혼도 심히 떨리나이다 여호와여 어느 때까지니이까 여호와여 돌아와 나의 영혼을 건지시며 주의 사랑으로 나를 구원하소서 사망 중에서는 주를 기억하는 일이 없사오니 스올에서 주께 감사할 자 누구리이까 내가 탄식함으로 피곤하여 밤마다 눈물로 내 침상을 띄우며 내 요를 적시나이다"(시 6:1-6)라고 다윗이 눈물로 회개할 때 이스라엘 역사 중에 가장 위대한 인물로 손꼽히는 임금이 되었습니다.

베드로는 예수님을 그렇게 사랑하고 따랐지만 로마 병정들이 예수님을 붙잡아 갈 때 환경에 약해졌고 "너도 갈릴리 사람이 아니냐"라고 할 때에 그는 세 번씩이나 예수님을 부인했습니다. 그러나 베드로는 닭 우는 소리를 듣고 예수님의 말씀이 생각나서 달려 나가 심히 통곡하고 눈물을 흘렸습니다(마 26:75). 베드로의 눈물은 그를 돌아서게 만들었고, 결국에 가서는 회개하여 새로운 전환점을 맞이하였습니다. 베드로는 새롭게 변화를 받아 오순절에 성령이 충만한 사도 베드로가 되었습니다. 하나님이 우리를 위해 주의 종을 닭소리로 세우셨습니다.

그러므로 성경은 "여호와는 마음이 상한 자를 가까이 하시고 충심으로 통회하는 자를 구원하시는도다"(시 34:18)라고 하였으며, "하나님께서 구하시는 제사는 상한 심령이라 하나님이여 상하고 통회하는 마음을 주께서 멸시하지 아니하시리이다"(시 51:17)라고 하였습니다. 호세아 선지자는 "거기서 비로소 그의 포도원을 그에게 주고 아골 골짜기로 소망의 문을 삼아 주리니 그가 거기서 응대하기를 어렸을 때와 애굽 땅에서 올라오던 날과 같이 하리라"(호 2:15)라고 하였습니다.

미국의 윌슨 천문대에 200인치 망원렌즈가 있습니다. 이 망원렌즈는 우리가 보지 못하는 천체의 세계를 많이 볼 수 있다고 합니다. 사람의 눈으로 보이지 않는 것도 망원렌즈로는 보이게 됩니다. 하나님 나라는 눈물의 렌즈를 통하여 볼 수 있도록 만드셨습니다.

고난당하는 자와 함께 눈물을 흘려야 합니다

애통하는 자가 누리는 복을 받기 위해서는 고난당하는 자와 함께 슬퍼하며 눈물을 흘리는 자가 되어야 합니다. 산상수훈은 그리스도인들이 누구와 울어야 하는지를 말해 주고 있습니다. 더불어 운다는 것은 운명을 더불어 짊어진다는 의미가 그 안에 담겨져 있습니다. 바울은 "즐거워하는 자들과 함께 즐거워하고 우는 자들로 함께 울라"(롬 12:15)라고 하였습니다. 이것은 그리스도인들이 약자를 향해서 흘리는 눈물입니다.

성도는 병든 자와 고난당한 자, 그리고 어려움에 있는 자들을 위해서 울어야 합니다. 그리스도인의 눈물에는 사명이 있습니다. 너무 기뻐도 울고, 너무 슬퍼도 울게 됩니다. 특별히 성도들은 고난당한 이웃을 보고 함께 울어 주는 자가 되어야 합니다. "지혜자의 마음은 초상집에 있으되 우매한 자의 마음은 혼인집에 있느니라"(전 7:4)라고 하였습니다.

예수님은 나사로가 죽은 것을 보시고 눈물을 흘리셨습니다. "예수께서 그가 우는 것과 또 함께 온 유대인들이 우는 것을 보시고 심령에 비통히 여기시고 불쌍히 여기사 이르시되 그를 어디 두었느냐 이르되 주여 와서 보옵소서 하니 예수께서 눈물을 흘리시더라"(요 11:33-35). 마르다와 마리아가 울자 예수님도 함께 눈물을 흘리셨습니다. 주님은 슬픈 자와 함께 눈물을 흘리심으로 슬픔을 같이 하셨습니다.

예전에 텔레비전 프로그램 중에 '이산가족 찾기'란 프로그램이 있었습니다. 40년 만에 헤어졌던 이산가족들이 만나 눈물을 흘리는 모습을 보고 함께 울지 않은 사람이 없었습니다. 남의 애통을 보고 같이 애통해 할 줄 아는 눈물이었습니다. 저는 그 프로그램을 보고 아직은 한국이 소망이 있다는 것을 느꼈습니다.

바울은 로마 교인들에게 "우는 자와 함께 울라"라고 권고했습니다. 우리들은 자녀를 잃은 부모들의 울음소리를 들을 줄 알아야 합니다. 남의 아픔을 끌어안고 눈물을 흘리며 울 수 있는 그리스도인이 되어야 합니다. 부모를 잃은 고아들의 우는 소리를 들을 줄 알아야 합니다. 남편을 잃은 아내들의 우는 소리를 들을 줄 알아야 합니다. 아내를 잃고 우는 남편의 눈물을 볼 줄 알아야 합니다. 직장을 잃은 실업자의 우는 소리를 들어야 합니다. 순진한 여인이 악당을 만나 일생을 그르쳐서 우는 소리를 듣고 우리는 함께 애통해야 합니다. 남의 아픔을 보고 함께 애통하는 자가 사회에 많아져야 사회가 변화될 수 있습니다.

천로역정을 기록한 청교도 지도자 존 번연이 젊은 시절에 군대 생활을 하던 중, 어느 날 저녁에 중요한 곳에서 보초를 서게 되었습니다. 그런데 볼일이 있어서 자기 친구에게 잠깐만 그곳을 지켜 달라고 부탁을 하고 볼일을 보고서 돌아온 사이에 자기 대신에 그 자리에서 보초를 섰던 친구가 적군으로부터 저격을 당해서 죽었습니다. 그 친구가 자기의 생명을 대신해서 죽었던 것입니다. 그는 크게 통곡하며 애통해하며 울었습니다. 번연은 통곡하고 울면서 눈물을 흘리게 되었는데 그 눈물을 통해서 인생의 깊은 뜻을 더욱 탐구하게 되었습니다. 그 후에 그는 깊은 신앙인이 되어 「천로역정」을 쓰게 되었던 것입니다.

우리들 중에도 사랑하는 남편을 먼저 보내고, 사랑하는 자녀를 먼저 보내고 울며 '애통함'을 통해서 인생의 심오한 깊이를 깨닫는 사람들이 있습니다. 성 프랜시스는 부잣집에서 호화롭게 자랐습니다. 그러나 한번은 중병에 걸려 죽음 직전까지 가게 되었습니다. 그는 죽음에 직면하여 인생문제를 다시 한 번 생각하게 되었고, 살아 계신 하나님을 찾게 되었습니다. 간곡히 눈물을 흘리며 기도하므로 그리스도에게 온전히 헌신하게 되었다고 합니다. 눈물은 새로운 세계를 바라보게 해 줍니다.

자녀들을 위해 눈물을 흘려라

애통하는 자가 누리는 복을 받기 위해서는 자녀들을 위해 눈물을 흘려야 합니다. 애통하는 것은 새로운 인생의 전환점을 맞이하게 합니다. 내 안에 발견한 죄 때문에 가슴을 치며 눈물을 흘려야 합니다. 고통당하는 이웃과 함께 더불어 울어야 합니다. 그리고 우리는 우리의 자녀들을 위해서 눈물을 흘려야 합니다.

예수님께서 십자가를 지시기 위해 골고다로 올라가실 때에 예수님의 뒤에는 여인들이 뒤따르며 예수님을 위해 눈물 흘리고 있었습니다. 예수께서 돌아보시며 그들을 향하여 말씀하시기를 "예루살렘의 딸들아 나를 위하여 울지 말고 너희와 너희 자녀를 위하여 울라"(눅 23:28)라고 하셨습니다.

우리는 자식들을 위해 울어야 합니다. 남편을 위해 울어야 합니다. 가족을 위해 울어야 합니다. 그들이 진정으로 거듭나도록 하나님께 애통하며 기도해야 합니다. 예수님은 자기 민족이 멸망할 것을 보시고 예루살렘을 향해 우셨습니다. 애통하며 남의 고통에 참여함으로 그리스도인이 되고 하나님의 일꾼이 되어야 합니다.

애통하는 자는 위로의 축복를 받을 수 있습니다. '위로'라는 단어는 영어로 'Comfort'라고 하는데 본래 라틴어의 '힘을 준다'는 뜻입니다. 애통하는 자에게는 하나님이 힘을 주시겠다고 하셨습니다. "여호와의 은혜의 해와 우리 하나님의 보복의 날을 선포하여 모든 슬픈 자를 위로하되 무릇 시온에서 슬퍼하는 자에게 화관을 주어 그 재를 대신하며 기쁨의 기름으로 그 슬픔을 대신하며 찬송의 옷으로 그 근심을 대신하시고 그들이 의의 나무 곧 여호와께서 심으신 그 영광을 나타낼 자라 일컬음을 받게 하려 하심이라"(사 61:2-3)라고 하셨습니다. 즉 애통하는 자는 희락의 기쁨으로, 화관으로, 찬송의 옷으로 입혀 주시겠다는 약속입니다.

우리가 이 다음에 들어갈 하나님 나라도 위로받는 곳입니다. "이는 보좌 가운데에 계신 어린 양이 그들의 목자가 되사 생명수 샘으로 인도하시고 하나님께서 그들의 눈에서 모든 눈물을 씻어 주실 것임이라"(계 7:17)라고 하셨고, "모든 눈물을 그 눈에서 닦아 주시니 다시는 사망이 없고 애통하는 것이나 곡하는 것이나 아픈 것이 다시 있지 아니하리니 처음 것들이 다 지나갔음이러라"(계 21:4)라고 기록하였습니다.

천국은 애통한 자들이 들어가서 위로를 받고 새 힘을 얻는 장소입니다. 우리는 애통하여 하나님이 주시는 힘을 받는 성도가 되어야 합니다.

3장 온유한 자의 복

마태복음 5장 5절

현대 사회를 무한 경쟁의 시대로 규정하고 있습니다. 마치 정글과도 같아서 약육강식의 세계가 고스란히 세계를 지배하고 있는 것처럼 보여집니다. 오천 년을 지나온 우리들의 역사 속에서도 힘이 없을 때 침략을 경험하게 되었고, 그 결과로 인해서 수많은 상처와 아픔을 간직하면서 살아오게 되었습니다. 힘 있는 사람이 세상에서 대접을 받고 인정받는 가치관이 자연스럽게 자리를 잡게 되었습니다. 그러나 예수님은 반대로 말씀하고 계십니다. 이 땅에는 힘 있는 사람이 복이 있는 것이 아니라 온유한 사람이 진정한 복을 누린다고 말씀하십니다.

예수님은 온유한 자에게 복이 있다고 말씀하셨습니다. 그리고 온유한 자가 땅을 기업으로 받을 것이라고 말씀하고 계십니다. 온유한 삶을 살아가는 것은 예수님의 성품을 닮아가는 것입니다.

그렇다면 온유한 자가 땅의 기업을 받기 위해서는 어떤 과정을 겪어야 합니까? 온유한 자로 살아가는 모습은 어떤 모습이어야 할까요?

먼저 세상에서 져야 한다

온유한 자가 땅을 기업으로 받기 위해서 첫 번째로 겪어야 하는 과정은 세상에서 지는 과정을 겪어야 합니다. 온유한 자는 세상과의 싸움에서 이기는 모습으로 나타나지 않습니다. 이것은 마치 지는 모습으로 보여집니다. 사나운 사람과 온유한 사람이 함께 생활하면 언제나 사나운 사람들이 온유한 사람을 이기면서 사는 것 같습니다.

온유한 자는 세상에서 지면서 살고 있습니다. 친구끼리도 사나운 사람이 이기고 온유한 사람이 지게 마련입니다. 부부가 함께 살면서도 사나운 사람이 이기고 온유한 사람은 언제나 지면서 양보하면서 살아가기 마련입니다. 사람은 누구나 이기고 싶어 합니다. 지면 화가 납니다. 지는 것을 싫어합니다. 그러나 예수님은 지면서 살라고 하셨습니다. 그리고 지고 사는 것을 본보여 주셨습니다. 예수님의 생애를 한마디로 말해 주는 것이 십자가 사건입니다.

예수님은 언제나 이기지 아니하시고 지면서 사셨습니다. 예수님은 삼위일체의 하나님으로 천지를 창조하시고 바다와 풍랑을 잔잔하게 하실 수 있는 능력의 주님이십니다. 주님은 먹을 것이 없는 광야에서 오병이어의 기적을 일으키셨고, 병든 자들의 질병을 그의 능력으로 물리쳐 주셨고, 소경의 눈을 고쳐 주셨습니다. 그럼에도 마지막 십자가에서 힘없이 로마병정들에게 붙잡혀 멸시와 조롱을 당하시면서 죽으셨습니다.

예수님은 언제나 지면서 사셨습니다. 그러면서도 그 분은 우리를 향해서 "수고하고 무거운 짐 진 자들아 다 내게로 오라 내가 너희를 쉬게 하리라 나는 마음이 온유하고 겸손하니 나의 멍에를 메고 내게 배우라 그리하면 너희 마음이 쉼을 얻으리니 이는 내 멍에는 쉽고 내 짐은 가벼움이라"(마 11:28-30)라고 말씀하셨습니다.

이사야 선지자도 메시아의 예언을 통해서 "상한 갈대를 꺾지 아니하며 꺼져 가는 등불을 끄지 아니하고"(사 42:3)라고 하였습니다. 이는 예수님을 우리에게 '온유하신 메시아의 모습'으로 소개하고 있습니다. 이사야는 계속해서 "그는 목자같이 양 떼를 먹이시며 어린 양을 그 팔로 모아 품에 안으시며 젖먹이는 암컷들을 온순히 인도하시리라"(사 40:11)라고 하였습니다.

"내가 붙드는 나의 종, 내 마음에 기뻐하는 자 곧 내가 택한 사람을 보라 내가 나의 영을 그에게 주었은즉 그가 이방에 정의를 베풀리라 그는 외치지 아니하며 목소리를 높이지 아니하며 그 소리를 거리에 들리게하지 아니하며 상한 갈대를 꺾지 아니하며 꺼져가는 등불을 끄지 아니하고 진실로 정의를 시행할 것이며 그는 쇠하지 아니하며 낙담하지 아니하고 세상에 정의를 세우기에 이르리니 섬들이 그 교훈을 앙망하리라"(사 42:1-4)라고 말하고 있습니다.

이사야 선지자는 고난받는 종의 노래를 통해서도 온유하신 메시아를 우리에게 소개해 주고 있습니다. "그는 실로 우리의 질고를 지고 우리의 슬픔을 당하였거늘 우리는 생각하기를 그는 징벌을 받아 하나님께 맞으며 고난을 당한다 하였노라 그가 찔림은 우리의 허물 때문이요 그가 상함은 우리의 죄악 때문이라 그가 징계를 받음으로 우리는 평화를 누리고 그가 채찍에 맞으므로 우리는 나음을 받았도다 우리는 다 양 같아서 그릇 행하여 각기 제 길로 갔거늘 여호와께서는 우리 모두의 죄악을 그에게 담당시키셨도다 그가 곤욕을 당하여 괴로울 때에도 그의 입을 열지 아니하였음이여 마치 도수장으로 끌려 가는 어린 양과 털 깎는 자 앞에서 잠잠한 양 같이 그의 입을 열지 아니하였도다"(사 53:4-7)라고 말하고 있습니다.

성경에서 예수님을 가장 많이 닮은 사람을 찾는다면 아마도 요셉이라고 말할 수 있을 것입니다. 예수님에게 열두 제자가 있었듯이 요셉도 열두 형제가 있었고 예수님이 은 삼십에 팔렸듯이 요셉도 은 이십에 팔렸으며, 예수님이 사랑하는 제자에게 배신당했듯이 요셉도 형들이 팔아버렸습니다. 요셉도 예수님처럼 언제나 지면서 살았습니다. 그는 억울하게 누명까지 쓰면서 감옥에 갇히게 되었습니다. 그는 이렇게 지면서 살았지만 하나님은 요셉을 애굽의 국무총리로 높여 주셨습니다.

우리는 이 세상에서 날마다 지는 것처럼 살아가게 됩니다. 특히 예수님을 닮아가고자 할 때, 온유한 삶을 살고자 할 때 우리는 희생할 것이 많이 있습니다. 눈물과 좌절을 경험하기도 합니다. 그러나 하나님은 예수님을 높이시고, 요셉을 높이셨던 것처럼 우리를 높이실 것입니다. 조금만 더 인내하면서 하나님의 은총 가운데 살아가야 합니다.

지는 것처럼 보이지만 결국은 승리한다

온유한 자가 복을 누리는 두 번째 과정은 세상에 지는 것처럼 보이지만 결국은 승리하는 것입니다. 지는 것처럼 보이지만 지는 것이 아니라 승리하는 것입니다. 이것은 온유한 자만이 알 수 있는 비밀입니다.

온유한 자는 우유부단한 자와는 분명히 다릅니다. 뭔가를 결정할 때 마음이 좋아서 결정하지 못하고 뒤로 미루는 것이 온유한 자가 아닙니다. 온유한 자는 길들여지지 않은 야생마가 길들여진 좋은 말로 바뀌어진 상태를 말하는 것입니다. 그렇기 때문에 온유한 자의 마음속에는 열정과 주님을 향한 열망이 담겨져 있는 것입니다. 그렇기 때문에 온유한 자들은 세상에서 자신의 힘과 지혜로 하지 않고 인내하고 참으면서 주님을 닮아가는 모습으로 싸우는 자들입니다.

토끼와 호랑이가 함께 살 때 사나운 호랑이는 온순한 토끼를 계속적으로 잡아먹습니다. 따라서 토끼는 지는 것처럼 보였습니다. 호랑이가 토끼를 잡아먹으니까 토끼는 점점 멸종되어 갑니다. 그러나 토끼는 온유하기에 사람들이 데려다가 키우며 또 번식률이 강하여 자꾸 많아져서 그 숫자가 비교 되지 않을 정도로 많아지게 되었습니다. 그러나 사나운 호랑이는 겨우 동물원에 가야 구경할 정도로 적어지고 있습니다.

이솝의 우화 중에 사나운 바람과 태양의 대결 이야기가 있습니다. 따뜻한 태양이 온 세상을 비취고 있을 때 사나운 바람이 찾아와서 자기가 이 세상에서 가장 강하다고 자랑합니다. 그리고 지나가는 나그네의 옷을 벗기기 시합을 하자고 했습니다. 바람은 나그네의 옷을 벗기기 위해 세차게 바람을 일으켰습니다. 그러나 나그네는 더욱 옷을 붙잡았습니다. 태양은 온유한 햇볕으로 따뜻하게 빛을 비췄습니다. 나그네는 더위를 더 이상 참지 못하고 땀을 흘리며 옷을 벗었습니다. 온유한 태양이 이겼습니다. 온유한 자(者)가 승리한다는 교훈을 보여준 것입니다.

사람의 입에는 두 가지 비교되는 것이 함께 있는 곳이 있습니다. 치아와 혀입니다. 어느 것이 더 강하고 어느 것이 더 부드러울까요? 치아는 강하고, 혀는 부드럽습니다. 음식을 먹다 보면 이로 혀를 깨물어서 혀는 수없이 많이 상처를 받습니다. 그러나 치아는 50~60년 정도 사용하면 썩고 부러지고 못쓰게 되지만, 혀는 늘 이에게 씹혀 상처와 고통을 당하면서도 죽을 때까지 사용이 가능합니다.

우리들 주위에도 사나운 사람은 주변에 사람이 자꾸 떠나가도 온유한 사람, 어진 사람은 사람을 많이 얻게 되고 친구를 많이 얻게 됩니다. 이것이 하나님의 법칙입니다.

요한 웨슬리는 온유한 사람이었습니다. 그러나 요한 웨슬리의 아내는 세계적으로 유명한 악처였습니다. 그가 말을 타고 복음을 전하고 한 달 혹은 두어 달 만에 집에 돌아오게 됩니다. 웨슬리의 아내는 어떤 때에는 추운 겨울에 물을 뿌리기도 하고 머리를 잡고 흔들어 머리카락이 한줌씩 뽑히기도 하였지만 웨슬리는 참기만 하였다고 합니다.

장로교 창시자 칼빈도 온유한 사람이었습니다. 그가 이탈리아에서 스트라스부르그로 공부하러 갔을 때 친구인 윌리엄 파렐이 함께 종교개혁운동을 하자고 제안을 했습니다. 칼빈이 공부를 포기하고 개혁운동을 하자 그 도시의 주민들이 "당신 같은 사람은 이 도시에 필요 없으니 이 도시를 떠나가라"고 하였습니다. 칼빈은 조용히 그 도시를 떠났습니다. 얼마 후 그 도시에서 다시 와서 일해 달라는 요청을 받자 온유한 칼빈은 다시 가서 그 도시를 위해서 일을 해 주었습니다. 온유한 자가 최후에 승리합니다.

나폴레옹은 전 세계를 지배하려다가 실패하여 세인트 헬레나 섬으로 유배를 당하여 죽어가면서 "나사렛 예수여! 나는 무력으로 세계를 제패하려다가 실패하였거니와 그대는 사랑으로 전 세계를 정복하였노라!"라고 고백하였답니다. 1620년에 미국의 신대륙에 도착한 120명의 청도교도들의 사랑이 지금도 세계를 점령하고 있습니다.

땅을 기업으로 차지하게 된다

온유한 자는 자신의 뜻대로 살아가는 것이 아니라 하나님의 뜻에 따라서 살아가려고 하는 사람입니다. 온유한 자는 긍휼한 마음을 가지고 있기에 이웃을 향해 열려진 가슴과 시선이 있습니다. 세상에 지는 것처럼 보이지만 궁극적으로는 승리하는 자들입니다. 성경은 이런 자들을 향하여 "오직 온유한 자들은 땅을 차지하며 풍성한 화평으로 즐거워하리로다"(시37:11)라고 하였습니다.

모세는 온유한 사람이었습니다. "이 사람 모세는 온유함이 지면의 모든 사람보다 더하더라"(민 12:3)라고 하였습니다. 지상에서 가장 온유했던 모세였지만 그는 두 번이나 혈기를 부렸던 적이 있었습니다.

"모세가 그의 손을 들어 그의 지팡이로 반석을 두 번 치니 물이 많이 솟아나오므로 회중과 그들의 짐승이 마시니라 여호와께서 모세와 아론에게 이르시되 너희가 나를 믿지 아니하고 이스라엘 자손의 목전에서 내 거룩함을 나타내지 아니한 고로 너희는 이 회중을 내가 그들에게 준 땅으로 인도하여 들이지 못하리라 하시니라 이스라엘 자손이 여호와와 다투었으므로 이를 므리바 물이라 하니라 여호와께서 그들 중에서 그 거룩함을 나타내셨더라"(민 20:11-13)라고 기록하고 있습니다. 혈기 부린 모세는 가나안 땅에 들어가지 못하리라는 예언을 받았습니다.

또 한 번은 모세가 "진에 가까이 이르러 송아지와 그 춤추는 것을 보고 크게 노하여 손에서 그 판들을 산 아래로 던져 깨뜨리니라 모세가 그들이 만든 송아지를 가져다가 불살라 부수어 가루를 만들어 물에 뿌려 이스라엘 자손에게 마시게 하니라"(출 32:19-20)라고 말합니다. 모세가 백성들에게 혈기를 부렸습니다. 그날에 모세의 혈기로 삼천 명이 죽었습니다. 그 결과를 보면 모세는 가나안 땅을 바라는 보면서 그 땅에 들어가지는 못하는 하나님의 심판을 받았습니다(신 34:1-8). 온유한 자는 땅을 기업으로 받지만 혈기 부리는 사람과 신경질이 많은 사람은 땅을 기업으로 받지 못합니다.

성경은 우리들에게 온유하라고 교훈하고 있습니다. 사무엘하 22장 36절에는 "주께서 또 주의 구원의 방패를 내게 주시며 주의 온유함이 나를 크게 하셨나이다"라고 권고하십니다. 예수님은 오늘도 우리들에게 말씀하십니다. "나는 마음이 온유하고 겸손하니 나의 멍에를 메고 내게 배우라 그러하면 너희 마음이 쉼을 얻으리니"(마 11:29)라고 하십니다.

바울은 고린도전서 4장 21절에 "너희가 무엇을 원하느냐 내가 매를 가지고 너희에게 나아가랴 사랑과 온유한 마음으로 나아가랴"라고 말씀하시면서 온유를 권고하셨습니다. 바울은 사랑의 특징을 고린도전서 13장 4절에서 "사랑은 오래 참고 사랑은 온유하며 시기하지 아니하며 사랑은 자랑하지 아니하며 교만하지 아니하며"라고 했습니다.

우리가 어떻게 온유할 수 있습니까? 성령을 받으면 온유하게 됩니다. 갈라디아서 5장 22-23절에 성령의 아홉 가지 열매는 사랑과 희락과 화평과 오래 참음과 자비와 양선과 충성과 온유와 절제니 이같은 것을 금지할 법이 없느니라"고 하였습니다. 성령을 받으면 온유해질 수 있습니다.

에베소서 4장 2절에도 "모든 겸손과 온유로 하고 오래 참음으로 사랑 가운데서 서로 용납하고"라고 권고하셨고, 골로새서 3장 12절에도 "그러므로 너희는 하나님이 택하사 거룩하고 사랑받는 자처럼 긍휼과 자비와 겸손과 온유와 오래 참음을 옷 입고"라고 말씀하셨습니다. 바울은 사랑하는 디모데에게 권면하기를 "오직 너 하나님의 사람아 이것들을 피하고 의와 경건과 믿음과 사랑과 인내와 온유를 따르며"(딤전 6:11)라고 말씀하고 있습니다.

디모데후서 2장 24절에도 "주의 종은 마땅히 다투지 아니하고 모든 사람에 대하여 온유하며 가르치기를 잘하며"라고 하셨고 또 주의 일을 하다가 훈계할 자들은 디모데후서 2장 25절에 "거역하는 자를 온유함으로 훈계할지니 혹 하나님이 그들에게 회개함을 주사 진리를 알게 하실까 하며"라고 했습니다.

디도서 3장 2절에는 "아무도 비방하지 말며 다투지 말며 관용하며 범사에 온유함을 모든 사람에게 나타낼 것을 기억하게 하라"라고 하였고, 야고보서 1장 21절에는 "그러므로 모든 더러운 것과 넘치는 악을 내버리고 너희 영혼을 능히 구원할 바 마음에 심어진 말씀을 온유함으로 받으라"라고 했으며, 야고보서 3장 13절에는 "너희 중에 지혜와 총명이 있는 자가 누구냐 그는 선행으로 말미암아 지혜의 온유함으로 그 행함을 보일지니라"라고 권면했습니다.

또 베드로전서 3장 4절에는 "오직 마음에 숨은 사람을 온유하고 안정한 심령의 썩지 아니할 것으로 하라 이는 하나님 앞에 값진 것이니라"라고 하였습니

다. 우리는 주님을 본받아 온유한 자가 되어서 이 땅을 기업으로 받고 차지할
수 있어야 하겠습니다.

4장 의(義)에 주린 자의 복

마태복음 5장 6절

'오 주여 이제는 이 곳에' 라는 노래가 있습니다. 이 노래는 민주화를 위해서 노력할 때 교회에서 많이 불렀던 노래 중의 하나였습니다. 우리나라가 한창 민주화를 위해서 헌신하고 노력할 때 기독교에서도 하나님의 의를 가지고 민주화 운동에 나섰던 적이 있습니다. 물론 지금도 하나님의 의에 대한 사상은 여전히 존재합니다. 그러나 우리가 본격적으로 '의' 에 대해서 논할 때에는 산상설교 중에 있는 팔복을 짚고 넘어가야 합니다. 산상설교의 팔복 중에 네 번째 복으로 '의에 주리고 목마른 자' 는 복(福)이 있다고 하였습니다. 그리고 이러한 사람은 배가 부를 것이라고 주님은 말씀하십니다.

예수님이 말씀하신 산상수훈의 복은 체계적인 말씀입니다. 첫 번째부터 세 번째까지는 마음의 상태를 나타내는 복입니다. 첫째는 심령이 가난한 자가 복이 있다고 했습니다. 이것은 깨끗한 마음의 상태입니다. 둘째는 애통하는 자는 복이 있다고 하였는데 이것은 자기를 비판하며 눈물 흘리는 마음의 상태입니다. 셋째는 온유한 자가 복이 있다고 하였는데 이것은 '온유한' 마음의 상태입니다. 이상의 세 가지는 마음의 복과 관련되어 있습니다.

그러나 네 번째의 복(福)은 '나' 로부터 한걸음 더 나아가서 '이웃을 향해' 방향을 돌립니다. "의에 주리고 목마른 자는 복이 있다"는 말은 마음의 상태가 아니라 이웃을 향한 '의로운 행위'를 말하고 있는 것입니다.

그렇다면 나로부터 이웃을 향해 열려진 마음으로 복을 받아 누리기 위해서 우리가 가져야 할 의에 주린 자의 모습은 어떤 것이어야 할까요? 주님이 말씀하시는 의에 대한 생각은 무엇이며, 그러한 의에 굶주리고 목말라하는 것은 무슨 의미가 있을까요? 그리고 의에 주리고 목마른 자가 누려야 할 하늘의 복은 어떤 것이 있을까요?

의(義)는 가장 강한 힘이다

먼저 주님이 말씀하시는 '의'라는 것이 무엇을 말하고 있는지를 알아야 합니다. 많은 사람들이 의에 대해서 떠오르는 생각들은 경직되고, 심판과 두려움의 생각들일 것입니다. 그러나 산상수훈에서 말하는 의가 어떤 것인지를 제대로 이해하게 될 때 이웃을 향한 헌신과 사랑을 가지게 될 것입니다. 우리가 먼저 생각할 것은 의(義)란 무엇인가 하는 문제입니다. 의(義)의 개념이 문제입니다. 어떤 사람이 의로운 사람입니까?

의에는 두 가지 의미가 담겨져 있습니다.

첫 번째 의미로는 한문에서 말하는 옳은 '의'(義) 즉 '옳은 것', '올바른 것', '거짓되지 않고 진실한 것'을 의(義)라고 합니다. 물론 이것도 '의' 입니다. 우리들은 하나님께 대하여 올바른 생활을 해야 합니다. 또 이웃에 대하여도 올바른 생활을 해야 합니다.

사회를 향해서도 올바른 생활을 해야 합니다. 진실하면 용기가 있고 담대하지만 진실하지 못하면 비굴하게 되고 맙니다. 진실한 말은 언제나 힘이 있고 말소리가 분명하지만 의롭지 못한 말을 할 때에는 수식어가 많아지고 자연스럽지 못한 것을 보게 됩니다. 페스탈로치는 "매끈매끈하게 다듬은 돌은 예쁘다.

그러나 매끈매끈하게 다듬은 말은 무섭다"라고 하였습니다. 가장 강한 힘은 의의 힘입니다.

저에게는 이런 부끄러운 경험이 있습니다. 시골에서 목회를 하면서 오토바이를 처음 탈 때였습니다. 오토바이는 원동기 면허를 내야 탈 수 있었습니다. 그래서 시험을 치고 합격했습니다. 시험을 합격하고 면허증은 일주일 뒤에 찾게 되어 있었는데, 그 일주일 사이에 급한 일로 시내에 갈 일이 생겼습니다. 그래서 오토바이를 타고 시내 길로 나가다가 교통순경을 만났습니다. 겁이 났습니다. 그래서 논둑길로 멀리 돌아서 갔습니다. 한참 가다가 보니 교통순경이 또 있는 것입니다. 또 돌아서 갔습니다.

시내까지 30리 길인데 교통순경이 왜 그렇게 많은지 빙빙 돌아서 갔는데 40-50리를 간 것 같았습니다. 평생 그날만큼 교통순경을 많이 만난 날은 처음이었습니다. 그 후 일주일 만에 면허증을 찾았습니다. 면허증을 소지하고 있으니 교통순경 앞으로 지나가도 겁이 나지 않았습니다. 지금은 차를 운전해도 교통순경은 잘 보이지 않습니다. 잠언 28장 1절에 "악인은 쫓아오는 자가 없어도 도망하나 의인은 사자같이 담대하니라"라고 말씀하였습니다.

기독교 진리 중에 정직은 힘이며, 능력입니다. 당장은 손해를 보게 되기도 하고, 인정을 받지 못하는 경우도 생기게 됩니다. 그러나 어느 곳에서나 어느 환경에서나 정직하게 될 때 그리스도인들의 진정한 힘이 나오게 됩니다. 정직한 성도는 담대함을 가지게 됩니다. 그것은 곧 하나님의 의에 길로 들어서는 중요한 덕목이기도 합니다.

어느 목사님의 젊은 시절 이야기입니다. 군대를 제대하고 예비군 훈련을 받아야 하는데 교회 일로 바빠서 훈련에 못 나갔습니다. 소집이 세 번이나 나오고 단속 기간이 되었습니다. 이제 심방을 가려고 길거리를 지나가다가도 경찰을 보면 겁이 나서 도망을 다녔답니다. 그러다가 결국 겨울에 제일 추울 때 보충교

육을 두 배나 받았답니다. 훈련을 받고나니 비로소 떳떳해졌다면서 죄 짓고는 못 살겠더라는 것입니다.

의롭다는 것이 얼마나 중요한지 모릅니다. 의로우면 지금 당장 죽어도 담대할 수 있지만, 불의는 사람을 유치하고 비겁하고 비굴하게 만들어 버립니다. 불의하다 보면 그것을 감추려고 또 다른 거짓말을 해야 하고 또 그것을 정당화(正當化)하기 위해서 또 다른 위선을 만들어야 하니 얼마나 머리가 복잡해지겠습니까?

그러나 의로운 사람은 창의력이 생기고 용기가 있고 지혜가 생깁니다. 따라서 성경은 우리에게 의(義)로워야 한다고 말씀하고 있습니다. 마태복음 5장 20절에는 "내가 너희에게 이르노니 너희 의가 서기관과 바리새인보다 더 낫지 못하면 결코 천국에 들어가지 못하리라"라고 말씀하셨고, 로마서 2장 13절에는 "하나님 앞에서는 율법을 듣는 자가 의인이 아니요 오직 율법을 행하는 자라야 의롭다 하심을 얻으리니"라고 하였습니다.

소돔과 고모라는 의로운 사람 10명이 없어서 멸망을 당하였습니다. 우리나라에 삼풍백화점이 무너지는 사건이 있었습니다. 많은 사람들은 "삼풍백화점의 붕괴 원인은 설계나 시공 잘못보다는 이 세대의 부정과 부패가 주원인이다"라고 말하는데 공감이 가는 이야기입니다. 의로운 사람이 없어서 백화점이 무너졌고 많은 사상자가 발생한 것입니다.

이 시대에도 영적으로 의로운 사람이 있다면 절망과 좌절로 인해서 무너지는 것을 막아설 수 있을 것입니다.

하나님은 사랑하는 성도들이 그러한 삶을 살기를 원하고 계십니다. 이 하나님의 부르심에 응답하는 우리가 되어야 합니다.

성경이 말하는 또 하나의 의는 하나님이 주시는 의(義)입니다. 신약성경을 한 마디로 '은혜'라고 표현한다면, 구약성경은 '의(義)'라고 할 수 있습니다. 의는 율법의 기초요, 하나님의 뜻이요, 인간을 향한 하나님의 계시입니다. 하나님께서 인간에게 제시하는 복된 길이 의입니다. 그러나 이러한 '의'는 하나님으로부터 받는 의여야 합니다.

하나님은 의로운 분이시지만 우리 인간은 죄인된 존재입니다. 로마서 3장 10절에 "의인은 없나니 하나도 없다"라고 하였습니다. 여기에 문제가 있습니다. 죄인인 인간이 구원을 받기 위해서는 하나님의 의(義)가 필요했습니다.

이것은 누가복음 15장에 나오는 탕자의 이야기로 해석할 수 있습니다. 부잣집의 둘째 아들이 아버지의 재산 절반을 가지고 나가서 방탕하다가 돌아왔을 때 탕자는 아버지에게 이렇게 말합니다. "아버지, 나를 품꾼의 하나로 보소서" 하며 품꾼으로 불러달라고 했습니다. 그러나 아버지는 아들에게 가락지를 끼우고 옷을 입히고 소를 잡아 잔치를 했습니다.

그리고 아버지는 여전히 '아들'이라고 불렀습니다. 이렇게 생각해 봅시다. 탕자가 몇 년간 머슴으로 일하면 아들의 자격을 얻을 수 있겠습니까? 한 5년이나 10년쯤 살다가 아들의 자격을 얻게 되었다고 한다면 웃기는 일입니다. 이것은 쓸 때 없는 교만입니다. 아버지가 아들이라고 부르시는 것은 탕자나 죄인마저도 의롭다고 인정해 주시는 칭의(稱義) 때문입니다. 이것이 하나님이 주시는 의입니다. 우리들 모두 죄인이지만 의로우신 하나님이 우리를 의롭다고 인정해 주신 것입니다.

하나님에 대한 개념 가운데 하나가 의로우신 하나님입니다. 하나님은 사랑의 하나님이시며 자비의 하나님이시지만 동시에 의로우신 하나님이십니다. 기독교 외에 의(義)를 내세우는 종교가 없습니다. 불교에서는 자비를 말하고, 유교에서는 인(仁)을 근본으로 하고 있지만 역시 의의 개념은 없습니다. 의가 없는 화목은 야합이요 결탁입니다. 성경 전체가 의로우신 하나님을 말하고 있습니다.

기독교의 구원은 단순히 병을 낫게 하고 눌린 자를 해방시키고 가난한 자를 부하게 하고 죽을 사람을 살리는 것이 아닙니다. 하나님의 의가 나타나는 것이 구원입니다. 구부러져 가리워진 상태가 죄입니다. 구부러진 것이 바로 되는 것입니다. 의로운 자를 구원하시고 악인을 심판 하시는 것이 하나님의 의입니다. 하나님의 구원은 심판을 항상 포함하고 계십니다.

하나님은 죄인에게는 심판으로 오셨고 의인에게는 구원과 생명으로 오셨습니다. 이것이 기독교의 진정한 의(義)입니다. 우리가 온전히 하나님을 의지하면 하나님은 우리를 의롭다고 인정해 주십니다. 이러한 하나님의 의에 동참하시기를 바랍니다.

의에 주린 목마름

굶주린 사람이 가장 먼저 무엇을 찾습니까? 빵을 찾게 됩니다. 목마르면 가장 먼저 무엇을 찾습니까? 물을 찾게 됩니다. 굶주린 사람에게 다른 것은 필요하지 않습니다. 명예도, 권력도, 지식도, 사랑도, 물질도, 우정도, 옷도 중요하지 않습니다. 오직 빵과 물이 중요할 뿐입니다. 이것이 얼마나 강렬한가, 또 얼마나 계속 되는가 하는 것이 선하고 악한 사람을 갈라놓게 만듭니다. 굶주린 사람이 빵을 찾듯, 목마른 사람이 물을 찾듯, 우리들은 의를 계속적으로 추구하고 갈망하며 살아가야 합니다.

악하기로 유명했던 네로도 사형 집행에 대한 첫 번째 지시를 할 때에는 "내가 차라리 글을 안 배웠더라면 좋았을 것을!" 하고 탄식했다고 합니다. 탄식한다고 해서 의로운 마음이 오래 지속되지는 않습니다. 네로는 자신에게 악이 지배하도록 내버려 두었고 심지어는 로마에 불을 지르고 시를 쓸 정도로 악한 사람이 되고 말았습니다.

히틀러도 때때로 "나는 정치가에서 물러나 고향에서 한가히 그림이나 그리고 살았으면 좋겠다"고 하였습니다. 악하여 인류를 공포에 몰아넣은 사람도 의에 대한 욕망이 있었습니다. 그러나 의로운 생각과 감정들은 오래 지속되지 못하는 것이 문제입니다.

'주리고 목마른 사람'은 적극적인 행동을 하게 됩니다. 의식주라는 말은 가장 먼저 입고, 그 다음에 먹고, 그 후에 집이라는 것입니다. 이것은 유교에서 나온 말인데 "양반은 얼어 죽어도 곁불은 안 쬔다"는 체면을 중요시하는 사상에서 나온 말입니다. 그러나 한국전쟁처럼 절박한 상황을 만나면 입는 것이 우선입니까? 먹는 것이 우선입니까? 말할 것도 없이 먹는 것이 우선입니다.

먹는 것이 절박한 이유는 한꺼번에 많이 먹을 수 없기 때문입니다. 한 번 먹고 일 년쯤 살 수 있으면 좋을텐데 계속적으로 먹어야 살 수 있습니다. 저는 가끔 "약 한 알 먹고 일 년쯤 살 수 있는 알약이 없을까?"하고 생각을 합니다. 먹어야 하니 밥해야 하고 설거지를 해야 하고 화장실 가야 하고 번거로운 일이 많습니다. 그러나 계속 먹지 않을 수는 없습니다.

의도 마찬가지입니다. 한 번 의롭게 살았다고 해서 끝나는 게 아닙니다. 계속적으로 의롭게 살아야 합니다. 끝까지 의로워야 합니다. 오늘도 먹어야 하듯이 오늘도 의로워야 합니다. 내일도 먹어야 하듯이 내일도 의로워야 합니다. 그 다음날도 먹어야 하듯이 의로워야 합니다. 물도 마찬가지입니다. 한 번 마시고 영원히 안 마셔도 되는 것이 아니기에 계속해서 마셔야 합니다. 우리도 계속해서 의로워야 합니다.

그렇다면 우리는 무엇을 먹고 무엇을 마셔야 합니까? 시편 42편 1절에 "하나님이여 사슴이 시냇물을 찾기에 갈급함 같이 내 영혼이 주를 찾기에 갈급하니이다"라고 하였습니다. 요한복음 6장 35절에는 "예수께서 이르시되 나는 생명의 떡이니 내게 오는 자는 결코 주리지 아니할 터이요 나를 믿는 자는 영원히 목마르지 아니하리라"고 하였습니다. 목마른 사람이 물을 보면 다른 것을 다 제쳐두고 우선적으로 마실 것을 찾는 것처럼 성경은 의(義)를 그렇게 생각하면 복이 있다고 하였습니다.

사람이 하나님 앞에서 의로울 수는 없습니다. 다만 이런 사모하는 마음과 갈구하는 마음을 계속적으로 가지면 하나님께서 복되다고 인정하십니다. 다윗이 성전을 짓지는 못했으나 성전을 지을 마음을 간절히 가졌더니 하나님은 그 간절한 마음을 보시고 축복하셨습니다.

그러나 의는 거저 이루어지는 것이 아닙니다. 의를 이루기 위해서 지불되는 희생과 대가가 있음을 알아야 합니다. 진실하기 위해 당장 치러야 할 고통들이 많이 있습니다.

사업을 하시는 어떤 분으로부터 "목사님 나는 어릴 때부터 예수를 믿어 손해 많이 당했습니다"라는 이야기를 들었습니다. 진실하게 살다 보면 손해를 보는 것처럼 여겨질 때가 있습니다. 하나님을 보십시오. 하나님은 당신의 의를 이루기 위해서 그 아들을 십자가에 내놓으셨습니다.

그런데 인간은 모두 자기가 손해 보기를 꺼려합니다. 그러면 의롭지 못합니다. 의로우신 예수님이 죄인을 구하시려고 십자가라는 엄청난 희생을 치르셨습니다. 로마서 3장 22절에는 "곧 예수 그리스도를 믿음으로 말미암아 모든 믿는 자에게 미치는 하나님의 의니 차별이 없느니라"라고 하였습니다. 로마서 3장 26절에는 "곧 이 때에 자기의 의로우심을 나타내사 자기도 의로우시며 또한 예수 믿는 자를 의롭다 하려 하심이라"라고 말씀하셨습니다.

우리가 추구해야 할 것은 너무나 많습니다. 그러나 우리를 구원하시는 하나님의 의를 구하는 자가 참으로 복된 자입니다. 하나님의 의에 대해서 늘 목말라 하고 갈망하는 사람은 하나님의 의로 충만하게 채워지게 될 것입니다.

세상의 헛된 것들로 우리의 내면을 채우기보다는 예수님이 우리를 위해서 십자가에서 죽으심으로 완성한 하나님의 의를 구해야 합니다. 그래서 의에 대해서 목마르고 갈망하는 우리가 되어야 합니다.

의로운 자가 복을 받는다

굶주린 사람에게 필요한 것을 채워 주면 행복해집니다. 하나님의 의에 대해서 목말라하고 갈망하고 굶주린 자에게 하나님께서는 어떻게 채워 주십니까? "의에 굶주린 자는 배부름을 얻게 될 것"이라고 하였습니다. 주리고 목마른 사람이 배부름을 얻으면 만족한 상태가 됩니다.

의에 목마르고 주린 자에게 하나님은 배부름의 복으로 채워 주십니다. 이러한 채움의 복에는 세 가지의 의미가 담겨져 있습니다.

채움은 구원의 복을 받는 것이다

마태복음 13장 43절에 "그 때에 의인들은 자기 아버지 나라에서 해와 같이 빛나리라 귀 있는 자는 들으라"라고 하셨습니다. 구원받아 하나님 나라에서 영원한 만족을 누릴 사람이 '의인'이라고 했습니다. 마태복음 13장 49절에도 "세상 끝에도 이러하리라 천사들이 와서 의인 중에서 악인을 갈라 낸다"고 하였습니다. 마태복음 25장 46절에 "그들은 영벌에, 의인들은 영생에 들어가리라"라고 합니다. 거기서 의의 배부름을 얻을 수 있습니다.

바울은 빌립보서 3장 9절에서 "내가 가진 의는 율법에서 난 것이 아니요 오직 그리스도를 믿음으로 말미암은 것이니 곧 믿음으로 하나님께로부터 난 의(義)라"라고 고백하였습니다. 의에 갈급한 사람만이 구원받을 수 있습니다. 로마서 1장 17절에는 "복음에는 하나님의 의가 나타나서 믿음으로 믿음에 이르게 하나니 기록된 바 오직 의인은 믿음으로 말미암아 살리라 함과 같으니라"라고 말씀하셨습니다. 이처럼 의에 주리고 목마른 사람에게는 구원의 복으로 채움을 갖게 하십니다.

채움은 성령 충만한 상태의 복을 받는 것이다

배부르면 만족하게 되는데 성령 충만하면 만족한 상태로 들어가게 됩니다. 요한복음 6장 35절에는 "예수께서 이르시되 나는 생명의 떡이니 내게 오는 자는 결코 주리지 아니할 터이요 나를 믿는 자는 영원히 목마르지 아니하리라"라고 하셨습니다. 요한복음 7장 37-39절에는 "명절 끝날 곧 큰 날에 예수께서 서서 외쳐 이르시되 누구든지 목마르거든 내게로 와서 마시라 나를 믿는 자는 성경에 이름과 같이 그 배에서 생수의 강이 흘러나오리라 하시니 이는 그를 믿는 자들이 받을 성령을 가리켜 말씀하신 것이라"라고 하셨습니다. 성령 충만하여 만족한 상태와 같은 것입니다.

그러므로 마태복음 6장 33절에 "너희는 먼저 그의 나라와 그의 의를 구하라 그리하면 이 모든 것을 너희에게 더하시리라"라고 기록되어 있습니다. 의에 주린 사람에게 하나님은 성령으로 채워 주십니다. 이것을 성령 충만한 아름다운 삶이라고 말합니다. 우리는 의에 주린 자가 되어서 성령 충만한 아름다운 삶을 살아가야 합니다.

채움은 기도응답의 복을 받는 데 있다

야고보서 5장 16절에 "의인의 간구는 역사하는 힘이 큼이니라"라고 말씀하시면서 엘리야를 소개하고 있습니다. "엘리야는 우리와 성정이 같은 사람이로되 그가 비가 오지 않기를 간절히 기도한즉 삼 년 육 개월 동안 땅에 비가오지 아니하고 다시 기도하니 하늘이 비를 주고 땅이 열매를 맺었느니라"(약 5:17-18)라고 하였습니다. 의로운 자는 기도의 응답을 받는다고 하였습니다. 우리는 의에 주리고 목마른 자가 되어서 배부름의 만족한 축복을 받고 살아가는 성도가 되어야 하겠습니다.

5장 긍휼히 여기는 자의 복

마태복음 5장 7절

하나님의 긍휼은 예수 그리스도의 십자가에서 최고로 표현되었습니다. 십자가를 통해서 인간을 향한 하나님의 애정과 관심과 눈물겨운 사랑을 읽을 수 있습니다. 긍휼히 여기시는 그리스도의 모습을 통해서 우리는 긍휼을 배워가게 됩니다. 단지 불쌍히 여김을 넘어선 그 어떤 것, 사람들이 느끼는 고통을 함께 참여하시기 위해서 다가오시는 그 무엇일 것입니다.

내가 흘리고 있는 그 눈물 속에서 주님의 눈물을 발견하는 것이 그리스도의 긍휼입니다. 소리 내어 울지 못할 때에도 내 마음속에서 나와 함께 기꺼이 울어주시는 분이 바로 긍휼이 많으신 그리스도이십니다. 그리스도의 긍휼이 있기에 오늘 내가 그리스도인으로서 살아갈 수 있는 이유가 됩니다. 그런데 주님은 우리를 향해서 "긍휼히 여기는 자가 복이 있다"라고 말씀하십니다.

팔복에는 점진적인 발전의 모습을 발견하게 됩니다. 처음 세 가지 복은 나의 내면의 상태, 마음의 상태를 반영한 것이라면, 네 번째는 나로부터 이웃을 향하도록 만듭니다. 그리고 다섯 번째 복인 긍휼히 여기는 복은 이웃을 향해서 어떤 상태를 가져야 할 지를 말해 주고 있습니다. 이웃을 향한 복이라 할지라도 단순히 의만을 고집한다면 정죄하는 수준으로 전락할 위험을 가지게 됩니다. 그러나 긍휼한 마음을 가진다면 이웃의 아픔을 나의 아픔으로 여기면서 주님의 마음을 함께 공유하고 나눔을 갖게 될 것입니다. 주님은 긍휼히 여기는 자에게 복이 있다고 말씀하십니다.

그렇다면 그리스도의 긍휼을 경험한 그리스도인들은 긍휼을 어떻게 베풀어야 합니까? 주님이 말씀하시는 긍휼에는 어떤 의미들이 담겨져 있으며, 그 긍휼함을 통해서 우리가 추구해야 하는 것은 어떤 것이 있을까요? 긍휼히 여기는 자가 받아 누리게 될 복은 무엇일까요?

그리스도의 긍휼을 경험하라

그리스도인들이 긍휼함을 알아 가기 위해서는 긍휼히 여김을 알아야 합니다. 그것은 바로 그리스도의 긍휼을 경험하는 것입니다. 그리스도의 긍휼함을 경험한 그리스도인들은 이웃을 긍휼히 여길 수 있습니다.

성경에 하나님 나라에 들어가는 두 가지 절대조건이 있습니다. 첫째는 "이르시되 진실로 너희에게 이르노니 너희가 돌이켜 어린 아이들과 같이 되지 아니하면 결단코 천국에 들어가지 못하리라"(마 18:3)라고 하시면서 어린 아이같이 겸손해야 천국에 들어갈 수 있다고 하였습니다.

둘째는 "긍휼을 행하지 아니하는 자에게는 긍휼 없는 심판이 있으리라 긍휼은 심판을 이기고 자랑하느니라"(약 2:13)라고 하였습니다. 긍휼이 없으면 천국에 들어갈 수 없다는 것입니다. 이 두 가지는 하나님 나라에 들어가는 절대적인 조건입니다. 그러므로 우리들은 긍휼을 베풀며 살아야 합니다.

에베소서 4장 32절에도 "서로 친절하게 하며 불쌍히 여기며 서로 용서하기를 하나님이 그리스도 안에서 너희를 용서하심과 같이 하라"라고 말씀하셨습니다. 하나님은 공의의 하나님이지만 동시에 긍휼의 하나님도 되십니다.

시편 103편 8절에 "여호와는 긍휼이 많으시고 은혜로우시며 노하기를 더디

하시고 인자하심이 풍부하시도다"라고 하셨고, 시편 103편 17절에는 "여호와의 인자하심은 자기를 경외하는 자에게 영원부터 영원까지 이르며 그의 의는 자손의 자손에게 이르리니"라고 하나님의 긍휼을 소개하고 있습니다.

시편 108편 4절에는 "주의 인자하심이 하늘보다 높으시며 주의 진실은 궁창에까지 이르나이다"라고 말씀하셨고, 예레미야애가 3장 22절에는 "여호와의 인자와 긍휼이 무궁하시므로 우리가 진멸되지 아니함이니이다"라고 말씀하셨습니다. 긍휼하신 하나님이 우리들을 향하여 "긍휼히 여기는 자가 복이 있다"라고 말씀하십니다.

긍휼의 의미를 바로 알라

기독교는 긍휼의 종교입니다. 타종교에도 이와 비슷한 말이 있습니다. 불교의 '자비'나 유교의 '불인인지심'(不忍人之心)이라는 말입니다. 이 말은 다른 사람을 단순히 불쌍히 여기는 것입니다. 그러나 성경의 긍휼은 헬라어로 '엘레몬'이라고 하는데 라틴어로는 '케세드'라고 합니다. 이 말은 단순히 감정의 표현이 아닌 이해하고 행동하는 말입니다.

사랑에는 세 가지 종류가 있습니다. 첫째로, 낮은 사람이 높은 사람을 대하는 사랑이 있습니다. 이것은 위하는 사랑입니다. 부모님을 위하는 사랑, 하나님을 경외하는 사랑입니다. 둘째로, 동등한 사랑을 '휠리아'라고 하는데 이것을 친애(親愛)라고 부릅니다. 셋째로, 나보다 못한 사람을 사랑하는 것을 긍휼이라고 합니다. 부모가 자식을 사랑할 때 잘못을 해도 사랑할 수밖에 없는 사랑입니다. 실수를 해도 내 자식인데 어떻게 합니까? 긍휼을 가지고 사랑해야 합니다. 이것을 긍휼(mercy)이라고 합니다.

긍휼은 자비, 인자, 인애, 민망 등 불쌍히 여기는 마음입니다. 긍휼의 반대되는 말은 무자비, 잔인, 포학, 냉정, 무시 등의 말이 될 것입니다. 그러나 이런 긍휼은 일반적인 긍휼의 개념입니다. 기독교의 긍휼은 한걸음 더 나아가 먼저 그 입장을 이해하고 나서 긍휼히 여기는 동참하는 긍휼입니다. 영어의 Identification with him 즉 내가 그와 같은 처지에 있으면서 함께 체험하는 긍휼입니다. 단순한 동정(sympathy)과 다른 '함께 체험하여 공감하는 긍휼' 입니다.

성 프란시스코는 부잣집의 아들이었습니다. 하루는 말을 타고 지나가는데 불쌍한 거지가 긍휼을 베풀어 달라고 간구했습니다. 그는 지나가다 멈추고 외투를 벗어서 거지에게 입혀 주었습니다. 그러면서 정작 자신은 추위에 떨게 되었습니다. 긍휼은 따뜻한 외투를 입고 있으면서 헐벗은 사람을 단순하게 불쌍히 여기기만 하는 것이 아니고 그의 입장에 동등하게 서서 같은 저치가 되어 보며 동참하는 것이 긍휼입니다.

프란시스코는 거지가 계속해서 추우니 끌어 안아달라고 요청하자 냄새나는 그를 사랑으로 안아 주었습니다. 그때 진정으로 불쌍한 이웃의 아픔을 알게 되었고 그 후 그는 일평생 가난한 자를 위해 봉사하며 살게 되었답니다.

긍휼은 용서하는 마음입니다. 기독교의 긍휼은 용서를 내포해야 합니다. 상대의 입장을 이해하고 동참하고 나면 용서 못 할 것이 무엇이 있겠습니까? 먼 위치에 있으면 비판하게 됩니다. 그러나 같은 위치에 있으면 용서할 수 있습니다. 영국의 빅토리아 여왕이 20세에 즉위하자 어려운 문제에 부딪치게 되었습니다. 그것은 탈영한 군인을 총살하는데 마지막 서명하는 일이었습니다. 한 생명의 생사를 결정하는 결정권이 자기에게 있다는 것을 생각하니 고민이 되었습니다.

그래서 주변에 있는 사람들에게 무슨 할 말이 없느냐고 물었습니다. 이때 한 사람이 "그는 비록 죽을 죄를 지었지만 참 좋은 사람이었습니다"라고 한 마디의 말을 했습니다. 여왕은 내심 누군가가 그 군인을 긍휼히 여겨 주기를 바라던 차에 이 한 마디 말로 용기를 내서 그를 살려 주었습니다.

우리가 자녀를 책망할 때에도 '항상'이라는 말을 빼라는 것입니다. "너는 왜 항상 그 모양이냐?"라고 책망하게 되면 용서 못하게 된다는 것입니다. 실수 한 사건 하나만 인정하고 긍휼히 여기는 마음으로 용서하시기를 바랍니다. 그러면 자녀도 긍휼함을 배울 수 있게 됩니다.

하나님은 아들 예수 그리스도를 이 땅에 보내심으로 말씀이 육신을 입고 이 땅에 오셔서 하나님의 긍휼이 어떠한 것인지를 몸으로 보여 주셨습니다. 예수님은 이 땅에 오셔서 목자 없는 양 같은 유리하고 고생하는 자를 민망히 여기시고 병든 자와 약한 자들을 고쳐 주셨고, 슬픈 자를 위로하시고 주린 자를 먹이셨습니다. 저는 자의 다리를 고쳐 주셨고, 손 마른 자의 손을 고쳐 주셨습니다. 소경의 눈을 뜨게 하셨고 나병환자의 몸을 깨끗하게 해 주셨습니다.

모두가 죄인이라고 외면하는 삭개오의 집에 들어가셔서 친히 쉬면서 대화해 주셨고, 세리와 죄인을 가까이 하셨습니다. 다른 사람들의 질시를 받으면서도 자신의 머리털로 주님의 발을 씻기던 여인의 죄를 용서해 주셨고, 심지어 간음하고 현장에서 잡힌 여인까지 용서해 주신 분이 예수님이십니다. 긍휼의 최고의 극치는 예수님께서 십자가에 자기를 못 박는 원수들까지 아버지께 용서해 달라고 기도하신 예수 그리스도의 긍휼입니다.

잠언 3장 3절에 "인자와 진리로 네게서 떠나지 말게 하고 그것을 네 목에 매며 네 마음판에 새기라"라고 말씀하고 있습니다. 여기서 인자는 긍휼을 말합니다. 미가서 6장 6-8절에 "내가 무엇을 가지고 여호와 앞에 나아가며 높으신 하나님께 경배할까 내가 번제물 일 년 된 송아지를 가지고 그 앞에 나아갈까 여호와께서 천천의 숫양이나 만만의 강물 같은 기름을 기뻐하실까 내 허물을 위하여 내 맏아들을, 내 영혼의 죄로 말미암아 내 몸의 열매를 드릴까 사람아 주께서 선한 것이 무엇임을 네게 보이셨나니 여호와께서 네게 구하시는 것이 오직 정의를 행하며 인자를 사랑하며 겸손하게 네 하나님과 함께 행하는 것이 아니냐'라고 말씀하고 있습니다. 주님은 친히 누가복음 6장 36절에 "너희 아버지의 자비로우심같이 너희도 자비로운 자가 되라"라고 하셨습니다.

긍휼을 베푸는 자가 되라

그리스도인은 예수님을 닮아가면서 그분의 긍휼을 배워야 합니다. 그렇다면 긍휼을 베푸는 자가 되기 위해서 우리는 어떻게 해야 할까요?

자비의 눈이 있어야 한다

아프리카 대륙은 흑인들의 대륙입니다. 17세기부터 백인들이 여행을 많이 하면서부터 아프리카는 황금의 땅으로 소개가 되었습니다. 진주나 다이아몬드 그리고 금을 얻으려고 아프리카에 많이 찾아가게 되었습니다. 그런데 황금을 구하기 위해 가 보니 얼굴이 검고 머리가 곱슬거리는 흑인을 처음으로 보게 된 것입니다. 백인들의 눈에는 흑인들이 사람으로 보이지 않고 짐승처럼 보여서 이들을 데려가 노예로 팔았습니다.

그 다음에는 강제로 잡아다가 배에 태워 노예시장에 팔았습니다. 백인들은 잔인한 눈, 멸시의 눈으로 아프리카 흑인들을 노예로 부렸습니다. 그러나 아프리카 대륙에 복음을 가지고 들어간 리빙스턴이나 선교사들은 이들이 얼마나 불쌍한가를 보았습니다. 자비의 눈을 가지고 무지와 질병과 가난에 시달리는 그들을 긍휼히 여기며 바라보았습니다. 그래서 병원을 세워 병을 치료해 주고, 학교를 지어 글을 가르치고, 교회를 세워 복음을 전해 줌으로 영혼을 구원받게 해 주었습니다.

자비의 귀가 있어야 한다

누가복음 10장을 보면 예루살렘에서 여리고로 내려가는 사람이 길에서 강도를 만났습니다. 강도 만난 사람이 살려 달라고 소리쳤지만 제사장은 귀를 막고 지나가 버리고 레위 사람도 그냥 지나가 버렸습니다. 그러나 사마리아 사람은 살려 달라는 소리를 자비의 귀로 듣고 달려가 "가까이 가서 기름과 포도주를 그 상처에 붓고 싸매고 자기 짐승에 태워 주막으로 데리고 가서 돌보아 주니라 그 이튿날 데나리온 둘을 내어 주며 이르되 이 사람을 돌보아 주라 비용이 더 들면 내가 돌아올 때에 갚으리라 하였으니"(눅 10:34-36)라고 했습니다. 자비의 귀가 있었기에 긍휼을 베풀 수가 있었습니다.

육순이순(六旬耳順)이라고 "육십이 되니까 귀가 순해졌다"는 말이 있습니다. 고통당한 자의 아픔을 들을 줄 알아야 합니다. 남의 아픔을 들을 때에 자비나 긍휼을 베풀 수 있습니다. 고통의 소리를 들을 줄 아는 귀를 가집시다.

긍휼의 입이 있어야 한다

칼로서만 사람을 상하게 하는 것이 아닙니다. 혀로 많은 사람을 상하게도 하고 상처를 주기도 합니다. 그래서 전도서 10장 12절에는 "지혜자의 입의 말들은 은혜로우나 우매자의 입술들은 자기를 삼키나니"라고 하셨고, 이사야 50장 4절에는 "주 여호와께서 학자들의 혀를 내게 주사 나로 곤고한 자를 말로 어떻게 도와줄 줄을 알게 하시고 아침마다 깨우치시되 나의 귀를 깨우치사 학자들 같이 알아듣게 하시도다"라고 했습니다. 골로새서 4장 6절에는 "너희 말을 항상 은혜 가운데서 소금으로 맛을 냄과 같이 하라"라고 하셨습니다.

긍휼의 손과 발을 가져야 한다

예수님은 나병이 더럽지만 직접 만지시고 고쳐 주셨습니다. 주님의 손은 자비의 손입니다. 주님의 손은 십자가에 못 박힌 손입니다. 모든 사람의 죄를 용서해 주신 손입니다. 우리들도 남을 도와주는 자비의 손을 가져야 합니다.

베드로는 고넬료의 집에서 "하나님이 나사렛 예수에게 성령과 능력을 기름 붓듯 하셨으매 저가 두루 다니시며 선한 일을 행하시고 마귀에게 눌린 모든 사람을 고치셨으니 이는 하나님이 함께 하셨음이라"(행 10:38)라고 설교했습니다.

나이팅게일은 고향을 떠나 크리미아 전쟁터까지 찾아가 부상당한 자들을 치료해 주었고, 링컨은 흑인을 해방시키기 위해 남북전쟁터까지 위험을 무릅쓰고 갔습니다.

선교사들이 왜 아프리카 땅까지, 아시아의 미개한 나라에까지 가겠습니까? 왜 공산권 중국에 가서 고생을 하겠습니까? 복음으로 그리스도의 긍휼을 베풀기 위해서입니다.

긍휼히 여기는 자는 복을 받는다

타인을 향해서 긍휼히 여기는 마음을 가지고 대하게 될 때 그리스도인들은 어떤 복을 받을 수 있을까요? 분명한 사실은 주님께서 우리를 긍휼히 여기신 것처럼 우리도 긍휼히 여겨야 한다는 것입니다. 그리고 그 결과로 우리에게 복을 주십니다. 이것이 주님의 마음입니다. 주님은 우리의 긍휼을 통해서 우리가 복을 누리면서 살기를 원하고 계십니다. 그러면 긍휼히 여기는 자들이 받게 될 복은 어떤 것들이 있을까요?

내적인 복을 받는다

잠언 11장 17절에는 "인자한 자는 자기의 영혼을 이롭게 하고 잔인한 자는 자기의 몸을 해롭게 하느니라"라고 하였습니다. 남을 긍휼히 여기면 내 마음이 편해집니다. 악하게 하면 자기 영혼이 손해를 보게 됩니다. 악을 행하면 잠을 자지 못합니다. 신경쇠약에 걸립니다. 반면 긍휼을 베풀면 자기의 영혼이 유익하게 됩니다. 잠언 14장 21절에는 "이웃을 업신여기는 자는 죄를 범하는 자요 빈곤한 자를 불쌍히 여기는 자는 복이 있는 자니라"라고 했습니다. 긍휼을 베풀면 내적인 복을 받게 됩니다.

긍휼로 돌아오는 복을 받는다

아브라함 링컨은 대통령 선거 때에 고전을 했습니다. 경쟁자였던 스테이튼이 선거 막판에 인신공격과 비방을 했기 때문입니다. 스테이튼은 링컨의 얼굴 생김새와 초등학교 중퇴인 학력을 꼬집어 링컨을 비방했습니다. 선거에서 승리한 링컨은 스테이튼을 매장시킬 수도 있었지만 오히려 긍휼을 베풀어 국방부 장관에 임명을 하였습니다.

그 후 남북전쟁이 일어났을 때 목숨을 걸고 용감히 싸워 전세를 역전시키는데 가장 큰 공헌을 한 사람이 스테이튼이었다고 합니다. 긍휼을 베풀면 생각지도 못할 때에 자기가 되돌려 받게 되기도 합니다.

하나님께서 긍휼히 여겨 주시는 복을 받는다

주님은 긍휼히 여기는 자가 긍휼히 여김을 받으리라고 말씀하셨습니다. 마태복음 25장 33-46절을 보면, 예수님이 이 땅에 재림하시면서 양은 그 오른편에, 염소는 왼편에 두십니다. 그리고 마태복음 25장 34-40절에 "그 때에 임금이 그 오른편에 있는 자들에게 이르시되 내 아버지께 복 받을 자들이여 나아와 창세로부터 너희를 위하여 예비된 나라를 상속받으라 내가 주릴 때에 너희가 먹을 것을 주었고 목마를 때에 마시게 하였고 나그네 되었을 때에 영접하였고 헐벗었을 때에 옷을 입혔고 병들었을 때에 돌보았고 옥에 갇혔을 때에 와서 보았느니라 이에 의인들이 대답하여 이르되 주여 우리가 어느 때에 주께서 주리신 것을 보고 음식을 대접하였으며 목마르신 것을 보고 마시게 하였나이까 어느 때에 나그네 되신 것을 보고 영접하였으며 헐벗으신 것을 보고 옷 입혔나이까 어느 때에 병드신 것이나 옥에 갇히신 것을 보고 가서 뵈었나이까 하리니 임금이 대답하여 이르시되 내가 진실로 너희에게 이르노니 너희가 여기 내 형제 중에 지극히 작은 자 하나에게 한 것이 곧 내게 한 것이니라"라고 하였습니다. 긍휼을 베풀었기에 하나님이 그들에게 긍휼로 갚아 주셨습니다.

마태복음 25장 41-46절에서는 "왼편에 있는 자들에게 이르시되 저주를 받은 자들아 나를 떠나 마귀와 그 사자들을 위하여 예비된 영원한 불에 들어가라"라고 심판을 말씀하셨습니다. 그들은 지극히 작은 자들에게 긍휼을 베풀지 않았기에 '긍휼 없는 심판'을 받게 된 것입니다. 주님은 말씀하십니다. "긍휼히 여기는 자는 복이 있나니 저희가 긍휼히 여김을 받을 것임이요."

6장 마음이 청결한 자의 복

마태복음 5장 8절

모든 일이 내가 마음먹은 대로 된다면 얼마나 행복할까요? 사람들은 행복하기를 바랍니다. 그리고 행복을 위해서라면 아낌없이 투자하기도 합니다. 그럼에도 불구하고 사람들은 별로 행복해 보이지 않습니다. 이 질문 속에는 인간은 마음먹은 대로 살 수 없다는 결론을 엿볼 수 있습니다. 왜 그럴까요? 사람의 마음은 "만물보다 거짓되고 심히 부패한 것"(렘 17:9)이기 때문입니다. 마음이 만물보다 거짓되고 심히 부패하게 된 것은 그 속에 하나님이 없기 때문입니다(롬 1:18-23 참조).

그래서 사람들의 마음에 하나님이 없기 때문에 공허하게 되고, 그 공허를 채우기 위해서 우상을 만들어 마음속에 간직하게 된 것입니다. 이 악순환의 고리를 끊지 않으면 사람은 행복해질 수 없습니다.

그래서 예수님은 마음이 청결한 자는 복이 있을 것이라고 말씀하셨습니다. 그 마음속에 있는 더러운 것들, 우상의 근본 요소들을 벗어버리게 될 때 복이 임하게 됩니다. 우상은 본디 인간의 욕망에 의해서 만들어진 것입니다. 욕망에 사로잡히게 되면 결코 마음이 맑아지거나 청결해질 수 없게 됩니다. 우리는 마음을 청결하게 하여 하나님을 볼 수 있어야 합니다.

마음이 청결한 자가 복이 있고, 그 결과로 인해서 하나님을 볼 것이라고 주님은 말씀하십니다. 그렇다면 하나님을 볼 수 있는 최고의 행복을 누리기 위해서 우리는 어떻게 청결해져야 할까요? 마음이 청결해진다는 것은 어떤 말입니까? 그리고 마음이 청결해지기 위해서는 우리는 어떻게 해야 하나요?

사람들은 누구나 다 깨끗한 것을 좋아한다

청결, 즉 깨끗함은 하나님뿐만 아니라 사람들도 좋아한다는 것을 알 수 있습니다. 사실 더러운 것을 좋아하는 것보다 깨끗한 것을 좋아하는 것은 당연한 것입니다. 그러나 그 당연함이 때로는 매우 어렵다는 사실을 우리에게 보여 줍니다.

최근에 사람들은 환경문제에 관심이 많습니다. 환경이 청결해지고 깨끗해지기를 원합니다. 그리고 맑은 공기를 좋아합니다. 산소가 많이 있는 공기, 즉 오존(O_3)을 원합니다. 아침 일찍이 일어나 등산도 하고 조깅도 하고 산림욕을 하는 것은 맑은 공기를 마시기 위해서입니다. 물도 맑고 깨끗한 물 즉, 용전산소가 많은 물을 마시기 위해서 산에 올라가 약수를 긷고 생수를 배달해 먹기도 합니다. 본 교회의 실촌 수양관에 물을 긷기 위해서 가시는 분들도 여러 번 보았습니다. 세계의 3대 장수 마을은 러시아의 코카사스 지방과 남미의 비루가 밤바와 히말라야 산맥 아래 훈자마을이라고 합니다. 이 마을의 공통점이 깨끗한 물, 좋은 물을 마시기 때문이랍니다.

물 뿐만 아니라 옷도 깨끗한 것을 좋아합니다. 집에서 세탁을 하기도 하고 세탁소에 맡기는 이유도 깨끗한 옷이 보기에도 좋고 건강에도 좋기 때문입니다. 모두 깨끗한 집과 깨끗한 뜰과 깨끗한 방, 그리고 깨끗한 거리를 좋아합니다. 청결은 건강에도 관계가 있습니다. 깨끗이 해야 병에도 걸리지 않습니다. 청결은 문명의 척도이기도 합니다. 문명인일수록 깨끗이 살고 야만인일수록 더럽게 살아갑니다.

이집트에 가 보니 수도 카이로 시내 한복판에 무덤의 도시가 있었는데 자동차로 15분 정도를 달려도 무덤밖에 보이지 않았습니다. 폐허 같은 집에 관을 가져다 묻어서 거리 전체가 지저분했습니다. 그러나 이스라엘 국경을 넘어서니 거리가 깨끗했습니다. 작게는 의복이나 주택에서 크게는 도시 시설에까지 깨끗한 상태였습니다. 어느 민족이 얼마나 깨끗이 사느냐가 그 민족의 문화의 척도를 나타내 줍니다.

현대과학은 우리의 외부생활을 깨끗이 하는데 공헌한 것이 사실입니다. 상수도가 생기고 하수도 처리가 생겨나고 여러 가지 소독 약품과 소독 기계가 발명되어 보다 더 깨끗한 생활에 도움이 되었습니다. 그러나 외부적으로 깨끗한 생활을 하는 것도 중요하지만 우리의 내부가 더욱 깨끗해야 합니다. 우리의 마음이 깨끗해야 합니다.

그리스도인들은 마음이 깨끗해야 한다

사람들은 깨끗한 것에 대해 선호합니다. 특히 유대인들은 깨끗한 것을 좋아했습니다. 외부생활을 깨끗하게 하기 위해서 여러 가지 정결하게 하는 규례를 만들기도 했습니다. 이것이 레위기의 '정결법' 입니다. 유대인들은 음식 중에 깨끗한 음식만 먹었습니다.

짐승 중에서도 깨끗한 짐승과 부정한 짐승으로 구별하였습니다. 레위기 11장 1-8절을 보면 "여호와께서 모세와 아론에게 말씀하여 이르시되 이스라엘 자손에게 말하여 이르라 육지의 모든 짐승 중 너희가 먹을 만한 생물은 이러하니 모든 짐승 중 굽이 갈라져 쪽발이 되고 새김질하는 것은 너희가 먹되 새김질하는 것이나 굽이 갈라진 짐승 중에도 너희가 먹지 못할 것은 이러하니 낙타는 새김질은 하되 굽이 갈라지지 아니하였으므로 너희에게 부정하고 사반도 새김질은 하되 굽이 갈라지지 아니하였으므로 너희에게 부정하고 토끼도 새김질은 하되 굽이 갈라지지 아니하였으므로 너희에게 부정하고 돼지는 굽이 갈라져 쪽발이로되 새김질을 못하므로 너희에게 부정하니 너희는 이 고기를 먹지 말고 그 주검도 만지지 말라 이것들은 너희에게 부정하니라"라고 말씀하였습니다.

물고기 가운데도 먹을 수 있는 깨끗한 물고기가 있는가 하면 먹지 못하는 부정한 물고기도 있었습니다. "물에 있는 모든 것 중에서 너희가 먹을 만한 것은 이것이니 강과 바다와 다른 물에 있는 모든 것 중에서 지느러미와 비늘 있는 것은 너희가 먹되 물에서 움직이는 모든 것과 물에서 사는 모든 것 곧 강과 바다에 있는 것으로서 지느러미와 비늘 없는 모든 것은 너희에게 가증한 것이라 이들은 너희에게 가증한 것이니 너희는 그 고기를 먹지 말고 그 주검을 가증히 여기라 수중 생물에 지느러미와 비늘 없는 것은 너희에게 혐오할 것이니라"(레 11:9-12)라고 하셨습니다.

전염병이나 나병 걸린 사람 가까이 갔을 때엔 옷도 깨끗이 빨아야 되며 밖에 나갔다가 돌아오면 손을 반드시 씻어야 깨끗하게 되는 정결법이 있었습니다. 발도 꼭 씻어야 하며 심지어 그릇들을 깨끗이 씻어야만 했습니다. 짐승의 사체를 만져도 부정하다고 생각했습니다. 정결법에 따라 정결하게 해야 했습니다.

"너희가 먹을 만한 짐승이 죽은 때에 그 주검을 만지는 자는 저녁까지 부정할 것이며 그것을 먹는 자는 그 옷을 빨 것이요 저녁까지 부정할 것이며 그 주검을 옮기는 자도 그 옷을 빨 것이요 저녁까지 부정하리라… 나는 여호와 너희의 하나님이라 내가 거룩하니 너희도 몸을 구별하여 거룩하게 하고 땅에 기는 길짐승으로 말미암아 스스로 더럽히지 말라 나는 너희의 하나님이 되려고 너희를 애굽 땅에서 인도하여 낸 여호와라 내가 거룩하니 너희도 거룩할지어다"(레 11:39-45)라고 하셨습니다.

이와 같은 전통이 예수님 시대까지 계속되었습니다. 마태복음 15장을 보면 예수님이 제자들과 함께 식사를 초대받은 자리에서 예수님의 제자들이 손을 씻지 않고 음식을 먹었을 때에 바리새인들과 서기관들은 예수님께 "당신의 제자들은 장로들의 유전을 왜 지키지 않느냐"라고 비난을 하였습니다. 손을 씻지 않고 음식을 먹으니 부정하다는 것입니다.

이때에 예수님은 외부적인 청결도 중요하지만 속이 깨끗해야 할 것을 말씀하셨습니다. 예수님은 "입으로 들어가는 모든 것은 배로 들어가서 뒤로 내버려지는 줄 알지 못하느냐 입에서 나오는 것들은 마음에서 나오나니 이것이야 말로 사람을 더럽게 하느니라 마음에서 나오는 것은 악한 생각과 살인과 간음과 음란과 도둑질과 거짓 증언과 비방이니 이런 것들이 사람을 더럽게 하는 것이요 씻지 않은 손으로 먹는 것은 사람을 더럽게 하지 못하느니라"(마 15:17-20)라고 책망하셨습니다.

유대인들은 꼭 손을 씻고 음식을 먹고 그릇을 닦아낸 다음에야 음식을 담습니다. 손을 씻을 물이 없을 때는 떡을 한 조각 먼저 뜯어서 손을 씻었습니다. 손씻은 떡을 대문 밖에 던졌을 때 개와 나사로가 먼저 먹으려고 쟁탈전을 벌인 것이 성경에 기록되어 있습니다(눅 16:21).

예수님 당시의 사람들은 외부생활을 깨끗하게 하기 위하여 힘을 썼지만 자기의 마음속을 깨끗이 하는 데는 등한히 여겼습니다. 예수님은 이들을 회칠한 무덤 같다고 책망했습니다. 예수님은 외식하는 자들을 향하여 "화 있을진저 외식하는 서기관들과 바리새인들이여 회칠한 무덤 같으니 겉으로는 아름답게 보이나 그 안에는 죽은 사람의 뼈와 모든 더러운 것이 가득하도다"(마 23:27)라고 하셨습니다. 유대인들은 무덤에 회칠을 하는 풍습이 있습니다. 밖은 회칠했으니 깨끗해 보이겠지만 속에는 더럽고 냄새나는 송장이 그대로 있어서 더럽고 부정했습니다.

어떤 면에서 생각해 보면 20세기의 현대문명은 회칠한 무덤문명과 다름이 없습니다. 사람들의 겉은 날마다 깨끗하려고 치장을 합니다. 그러나 속은 날마다 부패해집니다. 얼굴은 세수도 하고 화장도 하고 치장을 하기 때문에 깨끗해 보입니다. 옷도 세련되며 깨끗하게 입어서 아름답게 보일지 모르지만 속은 썩은 송장처럼 더러운 사람들이 많이 있습니다.

예레미야는 "만물보다 거짓되고 심히 부패한 것은 마음이라 누가 능히 이를 알리요"(렘 17:9)라고 한탄을 했습니다. 예레미야는 예루살렘을 향해서 너희 속을 깨끗이 하라고 하였습니다. "예루살렘아 네 마음의 악을 씻어 버리라 그리하면 구원을 얻으리라 네 악한 생각이 네 속에 얼마나 오래 머물겠느냐 내가 너의 간음과 사악한 소리와 들의 작은 산 위에서 네가 행한 음란과 음행과 가증한 것을 보았노라 화 있을진저 예루살렘이여 네가 얼마나 오랜 후에야 정결하게 되겠느냐"(렘 4:14, 27)라고 책망하였습니다.

야고보 선생도 "하나님을 가까이하라 그리하면 너희를 가까이 하시리라 죄인들아 손을 깨끗이 하라 두 마음을 품은 자들아 마음을 성결하게 하라"(약 4:8)라고 권면하고 있습니다. 우리들의 마음이 깨끗해야 합니다. 시편 기자는 "여호와여 주의 장막에 머무를 자 누구오며 주의 성산에 사는 자 누구오니이까 정직하게 행하며 공의를 실천하며 그의 마음에 진실을 말하며 그의 혀로 아니하고 그의 이웃에게 악을 행하지 아니하며 그의 이웃을 비방하지 아니하며"(시 15:1-3)라고 하였습니다.

유대인들과 현대인들의 공통점은 겉은 화려하고 깨끗해 보이지만 마음과 내면은 거짓과 탐욕과 더러움으로 가득 차는 것입니다. 예수님은 겉이 깨끗한 것이 아니라 마음이 깨끗해야 한다고 말씀하십니다. 이것이 그리스도인들의 특징입니다. 내면의 상태가 깨끗하게 될 때 우리는 하나님을 볼 수 있게 되는 것입니다.

예배가 아무리 화려하고 웅장하다고 해서 하나님을 보는 것이 아닙니다. 마음이 깨끗한 사람들이 모여서 찬양하고 예배를 드릴 때 그 곳에 하나님의 임재를 경험하게 되며, 하나님을 볼 것입니다.

마음의 청결을 유지하는 법

마음이 청결해지고 내면의 상태가 깨끗해야 합니다. 그렇다면 청결이 무엇인지를 알아야 합니다. 헬라어로 '청결'이라는 단어는 '카타로스'라는 단어로서 '불순물이 섞이지 않은 깨끗한 포도주나 우유'를 의미했습니다. 불결한 것은 무엇입니까? 불순물이 섞인 것입니다. 먼지가 섞인 것은 불결한 공기입니다. 남해 앞바다에 더러운 벙커 C유 기름이 흘러가자 오염된 바다가 되었습니다.

마찬가지로 인간의 마음에 불순물들인 음욕, 탐심, 시기, 교만, 미움, 혈기, 거짓 등이 들어오게 되면 오염된 마음이 되는 것입니다. 썩기 전에 씻어야 합니다. 예수님은 씻어야 할 것에 대하여 다음과 같이 교훈해 주셨습니다. 예수님이 제자들의 발을 씻겨 주실 때에 베드로가 말하기를 "내 발을 절대로 씻기지 못하십니다"라고 거절을 하였습니다. 그러자 예수께서 대답하시되 "내가 너를 씻기지 아니하면 네가 나와 상관이 없느니라"라고 말씀하셨습니다.

마음속에 있는 불순물들은 씻어야 합니다. 어떻게 씻을 수가 있을까요? 예레미야는 "내가 너를 순전한 참 종자 곧 귀한 포도나무로 심었거늘 내게 대하여 이방 포도나무의 악한 가지가 됨은 어찌 됨이냐 주 여호와의 말씀이니라 네가 잿물로 스스로 씻으며 네가 많은 비누를 쓸지라도 네 죄악이 내 앞에 그대로 있으리니"(렘 2:21-22)라고 말합니다. 마음의 오염은 비누로도 잿물로도 현대판 강력세제로도 안됩니다.

그렇다면 어떻게 해야 하면 우리 마음속에 있는 더러운 것, 탐욕스러운 것들을 씻을 수 있을까요? 어떻게 하면 우리의 마음이 깨끗해지고 청결해질 수 있을까요?

예수님의 피로써 청결해지고 깨끗해질 수 있다

사도 베드로는 "너희가 알거니와 너희 조상이 물려준 헛된 행실에서 대속함을 받은 것은 은이나 금 같이 없어질 것으로 된 것이 아니요 오직 흠 없고 점 없는 어린 양 같은 그리스도의 보배로운 피로 된 것"(벧전 1:18-19)이라고 말하고 있습니다. 그리스도의 보혈로서만 씻을 수 있다는 말입니다. 찬송가 252장에도 "나의 죄를 씻기는 예수의 피 밖에 없네"라고 했습니다.

사도 요한은 "그가 빛 가운데 계신 것 같이 우리도 빛 가운데 행하면 우리가 서로 사귐이 있고 그 아들 예수의 피가 우리를 모든 죄에서 깨끗하게 하실 것"(요일 1:7)이라고 말씀하셨습니다. 히브리서 기자는 "염소와 황소의 피와 및 암송아지의 재를 부정한 자에게 뿌려 그 육체를 정결하게 거룩하게 하거든 하물며 영원하신 성령으로 말미암아 흠 없는 자기를 하나님께 드린 그리스도의 피가 어찌 너희 양심을 죽은 행실에서 깨끗하게 하고 살아 계신 하나님을 섬기게 하지 못하겠느냐"(히 9:13-14)라고 하였습니다. 히브리서 기자는 계속해서 "율법을 따라 거의 모든 물건이 피로써 정결하게 되나니 피 흘림이 없은즉 사함이 없느니라"(히 9:22)라고 말하고 있습니다.

우리 내면의 상태, 마음속에 있는 더러움과 탐욕은 화려한 것으로 포장한다고 해서 없어지는 것은 아닙니다. 그것은 단지 예수 그리스도의 보혈을 통해서만 가능합니다. 그래서 우리는 주님의 보혈을 통해서 용서받고, 주님의 보혈을 통해서 아버지의 품으로 걸어갈 수 있게 되는 것입니다. 우리는 함께 이 길을 가야 할 것입니다.

하나님의 말씀으로 깨끗해질 수 있다

우리가 주님의 보혈로 깨끗해질 수 있었던 것처럼 하나님의 말씀으로 또한 깨끗해질 수 있습니다. 베드로는 "너희가 거듭난 것은 썩어질 씨로 된 것이 아니요 썩지 아니할 씨로 된 것이니 살아 있고 항상 있는 하나님의 말씀으로 되었느니라"(벧전 1:23)고 말하고 있습니다.

말씀으로만 씻을 수 있다는 것입니다. 사복음서는 "사람이 물과 성령으로 나지 아니하면 하나님 나라에 들어갈 수 없느니라"(요 3:5)고 말합니다. 물과 성령으로 깨끗이 씻어 중생해야 하나님 나라에 들어갈 수 있다고 하였습니다. 하나님의 말씀만이 우리의 마음의 오염을 씻을 수 있습니다.

미국 사우스다코타 주(州)의 러쉬모어 산에는 역대 대통령들 중에 존경받는 대통령들의 얼굴들이 조각되어 있습니다. 조지 워싱턴, 토마스 제퍼슨, 데오도르 루즈벨트, 그리고 아브라함 링컨의 얼굴이 바위에 조각이 되어 있습니다. 워싱턴의 얼굴 크기만 해도 5층 건물의 높이가 됩니다. 이들의 공통점은 하나님의 말씀을 사랑하여 읽고 마음이 깨끗하게 된 분들이란 것입니다.

씻어야만 하나님을 볼 수가 있습니다. 야곱도 자기의 죄를 씻었을 때에 벧엘에서 이곳이 하나님의 집이라는 것을 깨달았습니다. 청결은 흠도 티도 없는 깨끗한 상태를 말합니다. 말씀으로 씻어 청결한 자가 되어 하나님을 보는 축복을 받아야 합니다.

7장 화평하게 하는 자의 복

마태복음 5장 9절

미국과 소련을 중심으로 한 이데올로기가 무너지자 많은 사람들은 지구촌에 평화가 정착될 것이라고 생각했습니다. 그러나 크고 작은 전쟁들이 더 많이 일어나게 되었습니다. 민족주의의 발흥과 돈을 둘러싼 전쟁 등은 온 인류를 슬픔에 젖게 만들었습니다. 진정한 평화를 바라고 있지만 전쟁만이 가득 찬 세상으로 바뀌어지는 것 같습니다. 이러한 때에 그리스도인들은 그리스도의 평화를 창출하고 전파하며 기도해야 할 것입니다.

산상수훈에 나오는 팔복 중에 일곱 번째 복이 평화에 관계된 복입니다. '화평' 이란 말은 히브리어로는 '샬롬' 이라고 부르고, 헬라어로는 '에이레네' 라고 부릅니다. 영어로는 피스(Peace)란 단어인데 우리말에는 화평, 평화, 평강, 평안, 화목 등 여러 가지로 번역되고 있습니다. 히브리 사람들은 만날 때도 샬롬이라고 인사하고 헤어질 때에도 샬롬이라고 인사를 합니다.

각국의 인사말은 그 나라의 환경상황에서 만들어지는 것입니다. 예를 들면 영국은 날마다 비가 오고 안개 끼는 날이 많으므로 좋은 아침을 기대하며 "Good morning!"이라고 인사합니다. 한국은 과거에 굶는 사람이 많아서 "진지 잡수셨습니까?"라는 인사말이 생겼습니다. 유대인들은 전쟁이 많아 바벨론, 시리아, 앗수르, 애굽 등의 나라들이 끊임 없이 쳐들어와 전쟁이 그치는 날이 없었기에 '샬롬'이라고 인사하며 평화를 기원하게 되었습니다. 이것은 'Peace be with you.'란 뜻입니다.

일반적으로 유대인(Jew) 하면 지독한 사람이라는 인상이 심어져 있는데 이들은 세계 각국에 흩어져 살면서 살아남기 위해서 지독하지 않으면 안 되었던 것 같습니다. 유대인들은 예수님을 로마제국을 물리치고 유대 민족을 힘으로 구원하여 평화를 가져다줄 정치적 메시아로 생각했으나 예수님은 '평강의 왕'으로서의 메시아로 이 땅에 오셨습니다.

영어의 3P라는 말이 있는데 인내(patience), 실천(practice), 평화(peace)입니다. 무슨 일이든지 중단하면 되는 일이 없습니다. 인내가 필요합니다. 또 실천력이 있어야 합니다. 그리고 모든 일을 평화스러운 마음으로 해야 합니다. 운전을 해도 평온한 마음으로 해야만 안전하게 운전할 수 있습니다. 불안한 마음으로 하면 사고가 납니다. 특히 창자 작업은 마음이 평온해야 불량품이 없는 물건을 만들어 낼 수 있습니다. 주부들이 화평한 마음으로 아이를 양육해야 건강하고 튼튼하게 바랄 수 있습니다. 결혼생활도 그렇습니다. 50%의 자기의 고집을 꺾고 살아야 가정이 화평합니다.

모든 일에 화평은 중요합니다. 성경은 화평을 원하는 자가 아니고 화평하게 하는 자가 복이 있다고 하였습니다. 화평하게 하는 자는 에이레네 포이오스인데 '에이레네'는 '평화'이고 '포이오스'는 '행하는 자'입니다. 즉 평화를 만드는 사람(Peace maker)라는 말입니다. 평화를 위해서 능동적으로 행하는 자가 되어야 합니다.

그리스도인들은 화평하게 하는 자들입니다. 그렇다면 성경에서 말하는 화평에는 어떤 종류의 화평이 있을까요? 성경은 하나님과의 화평, 형제들 간의 화평, 그리고 모든 인류와의 화평을 말하고 있습니다. 주님을 닮아가는 그리스도인들이 이러한 화평을 만들어 나아가게 될 때 하나님의 아들이라고 일컬음을 받게 될 것입니다.

하나님과 화평해야 한다

성경은 우리가 하나님과 화평해야 한다고 말합니다. 하나님과 화평하지 않고서는 형제간의 화평도, 인류와의 화평도 이룰 수가 없게 됩니다. 그래서 하나님과의 화평이 중요하면서 시급한 과제입니다.

로마서 5장 1절을 보면 "그러므로 우리가 믿음으로 의롭다 하심을 받았으니 우리 주 예수 그리스도로 말미암아 하나님과 화평을 누리자"라고 기록되어져 있습니다. 이는 하나님과 사람 사이의 화평을 말하는 것입니다. 고린도후서 5장 19절에 "곧 하나님께서 그리스도 안에 계시사 세상을 자기와 화목하게 하시며 그들의 죄를 그들에게 돌리지 아니하시고 화목하게 하는 말씀을 우리에게 부탁하셨느니라"고 기록되어져 있습니다. 이것도 하나님과 우리 사이의 화평을 말하는 것입니다.

원래 하나님이 인간을 창조하셨을 때에 화평한 관계였습니다. 그러나 죄로 말미암아 인간은 하나님과 원수가 되었습니다. 하나님은 원수된 우리를 위하여 독생자 예수 그리스도를 이 땅에 보내셔서 화목제물이 되게 하시고 우리가 믿고 죄 사함을 받으면 하나님과 화평할 수 있는 구원의 길을 열어 주셨습니다.

타락하기 전 인간은 하나님과 영적인 교제를 나누며 살았습니다. 그러나 아담과 하와가 선악과를 따 먹고 난 후에는 하나님이 두려움의 대상이 되신 것입니다. 창세기 3장 8절을 보면 "그들이 그 날 바람이 불 때 동산에 거니시는 여호와 하나님의 소리를 듣고 아담과 그의 아내가 여호와 하나님의 낯을 피하여 동산 나무 사이에 숨은지라"라고 하였습니다.

타락한 인간은 서로 책임을 전가하면서 불화했습니다. 죄는 인간을 불화하게 만듭니다. 죄는 하나님과 인간 사이에 커다란 장벽을 만들게 합니다. 뿐만 아니라 인간과 인간 사이에도 보이지 않는 장벽을 만들어서 화평을 누리지 못하게 합니다.

따라서 그리스도인들은 먼저 하나님과 화평해야 합니다. 마음이 가난해지고 애통하며 죄를 회개하고 하나님과 화평해져야 합니다. 하나님과 화평해진 사람은 마음이 온유해지고 의를 목마른 자가 물을 사모하는 것과 같이 사모하게 됩니다. 다른 사람을 긍휼한 마음으로 보게 되며 그런 사람의 마음은 청결하게 됩니다.

마음에 근심이나 걱정이 없고 양심의 불안이나 정욕이 없게 되므로 안정된 마음, 조용한 마음, 잔잔한 갈릴리 바다 같은 마음을 가지게 됩니다. 성경에는 악한 사람의 마음은 정함도 없고 평화도 없다고 하였습니다.

하나님과 사람 사이의 화평을 위해서 죄를 회개해야 합니다. 모든 불화의 근본은 하나님과 원수가 된 까닭입니다. 모든 불화의 근본은 인간의 마음속에 있는 죄입니다. 마음의 불안도 죄에서 오고, 가정의 불화도 죄에서 옵니다. 사회의 불화도 죄에서 오고, 국가 간의 분쟁도 죄에서 오게 됩니다. 우리가 죄를 회개하고 하나님께 돌아와 하나님과 진정한 화평이 성립될 때 우리의 마음에도 평화가 오고, 가정에도 평화가 오고, 사회와 국가에도 평화가 오는 것입니다.

부활하신 주님이 가장 먼저 우리에게 주신 것이 평강이었습니다. 요한복음 20장 19절에 "가운데 서서 이르시되 너희에게 평강이 있을지어다"라고 하였습니다. 빌립보서 4장 7절에도 "모든 지각에 뛰어난 하나님의 평강이 그리스도 예수 안에서 너희 마음과 생각을 지키시리라"라고 하셨는데 역시 마음의 평안을 가르친 것입니다. 예수님께서 친히 말씀하시기를 "곧 나의 평안을 너희에게 주노라 너희는 마음에 근심도 말고 두려워하지도 말라"라고 우리에게 평강을 약속하셨습니다.

형제들과 화평해야 한다

하나님과 화평을 이룬 사람들은 이제 믿는 형제들끼리의 화평을 만들어 가야 합니다. 예수님께서도 "예물을 제단에 드리려다가 거기서 네 형제에게 원망들을 만한 것이 생각나거든 예물을 제단 앞에 두고 먼저 가서 형제와 화목하고 그후에 예물을 드리라"(마 5:23-24)라고 형제간의 화평을 가르쳐 주었습니다.

시편 133편 1절에 "형제가 연합하여 동거함이 어찌 그리 선하고 아름다운고"라고 하였습니다. 형제간의 화평한 관계는 시편 133편 2-3절에 "머리에 있는 보배로운 기름이 수염 곧 아론의 수염에 흘러서 그 옷깃까지 내림 같고 헬몬의 이슬이 시온의 산들에 내림 같도다"라고 하였습니다.

형제간의 평화를 위해선 싸움을 붙이지 않도록 말을 조심해야 합니다. 잠언 16장 28절에 "패역한 자는 다툼을 일으키고 말쟁이는 친한 벗을 이간하느니라"고 하였습니다. 잠언 18장 6절에는 "미련한 자의 입술은 다툼을 일으키고 그의 입은 매를 자청하느니라"라고 하였습니다. 잠언 22장 10절에는 "거만한 자를 쫓아내면 다툼이 쉬고 싸움과 수욕이 그치느니라"라고 하셨고 잠언 26장 20절에는 "나무가 다하면 불이 꺼지고 말쟁이가 없어지면 다툼이 쉬느니라"라고 했습니다. 잠언 26장 21절에는 "숯불 위에 숯을 더하는 것과 타는 불에 나무를 더하는 것 같이 다툼을 좋아하는 자는 시비를 일으키느니라"라고 하였습니다.

속담에 불붙는 집에는 키질도 안 한다는 말이 있습니다. 어떤 이들은 보통 때는 가만히 있다가 분쟁이 생기면 갑자기 분주해지는 사람들이 있습니다. 분쟁을 가져오지 않도록 노력해야 합니다. 믿는 형제가 서로 분쟁하면 마귀가 좋아합니다.

야고보서 3장 16절에 "시기와 다툼이 있는 곳에는 혼란과 모든 악한 일이 있음이라"라고 하였습니다. 교회 성도들이 계를 하다가 잘 되지 않았는데 이 후로 신자들은 서로 보지도 않고 신앙생활을 하게 되었습니다. 이는 교회 부흥에 전혀 도움이 되지 못합니다. 이렇게 되면 마귀가 좋아하게 되는 것입니다.

아브라함과 롯의 목자들이 서로 다투었습니다. 초장이나 시냇물을 발견하면 서로 양 떼를 먹이려고 다툼이 잦아들기 시작했던 것입니다. 이에 대해서 아브라함은 서로 다투지 않고 평화스럽게 문제를 해결했습니다. 아브라함은 조카 롯을 향하여 세상 사람들이 우리를 보고 있으니 우리가 서로 다투지 말자고 말했습니다. 성도가 싸우면 세상이 비웃게 됩니다. 한국 교회에 신학자도 필요합니다. 목회자도 필요합니다. 평신도도 필요합니다. 그러나 화평하게 하는 자가 무엇보다 필요합니다.

미국 남북전쟁 당시에 포스트실바니아 지역에서 남북이 대치하며 전쟁을 하게 되었습니다. 북군은 노예 해방을 주장하였고, 남군은 목화밭이 많았던 고로 노예해방을 반대하면서 전쟁을 하게 되었습니다. 이들은 산을 사이에 두고 서로 전쟁을 하다가 어느 날 북군 군인이 저녁 노을이 질 때에 성조기 노래를 힘차게 불렀습니다. 이 노래 소리가 남군의 진으로 메아리쳐 들렸습니다. 남군도 지지 않으려고 딕시랜드 노래를 힘껏 불렀습니다.

때 아닌 노래 싸움이 벌어진 것입니다. 북군과 남군은 계속해서 노래를 불렀습니다. 30-40분이 지났을 때 북군이 "홈 스위트 홈"이라는 노래를 부르기 시작하였습니다. 모든 병사들은 두고 온 가족과 집 생각이 나기 시작했습니다. 남군과 북군이 모두 다 한 목소리로 그 노래를 합창하며 함께 불렀습니다.

양쪽의 지휘관들이 한자리에 모여 의논하여 24시간 동안 휴전을 약속하고 집에 있는 가족들에게 편지를 쓰기로 하였습니다. 노래 한 곡이 잠시나마 전쟁을 평화스럽게 하였던 것입니다. 같은 민족이 분쟁하면 다른 나라가 좋아합니다. 하루속히 남북이 화해하고 용서하여 평화통일을 할 수 있도록 기도해야겠습니다.

모든 사람들과 화평해야 한다

하나님과 화평을 이루고 믿는 형제들끼리 화평을 이루었다면 이제는 모든 사람들과도 화평을 이루어야 합니다. 로마서 12장 18절에 "할 수 있거든 너희로서는 모든 사람과 더불어 화목하라"고 하였습니다. 히브리서 12장 14절에는 "모든 사람과 더불어 화평함과 거룩함을 좇으라 이것이 없이는 아무도 주를 보지 못하리라"라고 하였습니다. 에베소서 4장 1-3절에서는 "그러므로 주 안에서 갇힌 내가 너희를 권하노니 너희가 부르심을 받은 일에 합당하게 행하여 모든 겸손과 온유로 하고 오래 참음으로 사랑 가운데서 서로 용납하고 평안의 매는 줄로 성령이 하나 되게 하신 것을 힘써 지키라"라고 하였습니다.

신앙인은 형제간에도 화평해야 하며 나아가서 모든 사람을 대하여도 화평해야 합니다. 주 안에서 온전한 화평을 얻은 성도들이 은혜 가운데서 서로 사랑하며 살아갈 때에 은혜스럽고 영광스러우며 하나님 앞에서나 사람 앞에서 축복을 받을 수 있습니다.

베드로전서 3장 9절에 "악을 악으로, 욕을 욕으로 갚지 말고 도리어 복을 빌라 이를 위하여 너희가 부르심을 받았으니 이는 복을 이어받게 하려 하심이라"라고 하신 것처럼 원수까지 용서할 때에 비로소 복을 유업으로 받을 수 있습니까?

베드로전서 3장 10-11절에는 "그러므로 생명을 사랑하고 좋은 날 보기를 원하는 자는 혀를 금하여 악한 말을 그치며 그 입술로 거짓을 말하지 말고 악에서 떠나 선을 행하고 화평을 구하며 그것을 따르라"라고 하였습니다. 모든 사람과 화평을 위해 노력하는 사람은 원수까지도 사랑합니다. 원수가 주릴 때에 먹이고 목마를 때에 마시우게 합니다. 다른 사람들이 어떻게 말하든지 상관없이 사랑하고 기도하는 것입니다.

그렇다면 화평하게 하는 자들은 어떤 마음을 가져야 할까요?

겸손한 마음을 가져야 한다

화해자의 본을 보여 주신 분이 예수님이십니다. 예수님은 낮은 자리에 오셔서 더 이상 내려갈 데가 없으셨습니다. 낮고 천한 베들레헴에서 탄생하셨으며 죄인이 아니면서도 죄인의 자리인 십자가에까지 내려가셨습니다. 무덤에 내려가셔서 더 이상 내려갈 데가 없는 겸손한 자리에까지 가셔서 화해의 진수를 보여 주신 것입니다. 화평하게 하는 자는 이와 같이 겸손한 마음을 가져야 합니다.

온유한 마음이 있어야 한다

아무리 상대방이 화를 내도 유순하게 대답하면 분노를 가라앉게 됩니다. 자동차는 무쇠덩어리이지만 윤활유가 마찰 부분을 부드럽게 해주면 잘 돌아갑니다. 얇은 종이와 종이 사이에도 부드러운 풀이 있어야 잘 붙습니다. 중간 역할이 얼마나 중요한지를 보여 주는 예라고 할 수 있을 것입니다. 우리들은 윤활유나 풀과 같은 온유한 마음으로 화평하게 하는 자들이 되어야 합니다. 그래서 분쟁이 있는 곳마다 들어가서 중재자 역할을 잘 감당할 수 있어야 합니다.

관용이 있어야 한다

즉 관용을 베풀 수 있는 사람이어야 합니다. 마케도니아의 안티오커스가 전쟁 중에 자기 막사 안에서 일을 보고 있었는데 밖에서 보초를 서고 있던 군인들이 안에 왕이 있는 줄도 모르고 흉을 보았습니다. 듣기가 거북해진 안티오커스가 천막을 들추고서 "듣기가 거북하니 멀리 가서 흉을 보라"고 했다는 일화가 있습니다. 얼마나 참을성이 있고 여유가 있습니까?

관용이란 강자가 베푸는 것입니다. 약자는 관용이 없습니다. 어른과 어린이가 싸우면 어른이 관용을 베풀어야 합니다. 관용의 사람이 되어 화평하게 하는 자가 됩시다.

인내를 가져야 한다

바울은 위대한 사도이지만 성격이 급했습니다. 2차 전도여행 때 마가의 문제로 인해 바나바와 대립하게 되었습니다. 바울은 끝까지 마가를 용납하지 못하였고, 그 결과로 인해서 바나바와 헤어지게 되었습니다. 그러나 바나바는 마가를 용납하고 관용을 베풀었습니다. 그리고 마가를 데리고 선교 여행을 떠났습니다. 그 결과로 마가는 아주 유용한 그리스도의 충성된 일군이 될 수 있었습니다. 분쟁하는 사람은 당을 짓고 수군거리며 교만합니다. 교회의 말썽도 이런 사람들로 인해서 생기게 됩니다.

그렇다면 화평하게 하는 자는 어떤 축복을 받을 수 있습니까? 화평하게 하는 사람들은 하나님의 아들이라고 일컬음을 받을 것이라고 했습니다. 누가 하나님의 아들이라고 일컬음을 받습니까? 평화를 일구어 나아가는 사람입니다. 기꺼이 평화를 위해서 희생을 감수하는 자입니다. 사람에게 손해를 볼 때가 있어도 화평하게 하는 자는 하나님께로부터 아들이라는 일컬음을 받게 될 것이라고 했습니다.

사람과의 화평을 위해 노력하고 기도하고, 더 나아가 하나님과의 사이에도 화평을 위해 노력하는 사람에게 하나님은 "너는 나의 사랑하는 아들이다"라고 인정해 주실 것입니다.

예수님이 요단 강에서 세례를 받으실 때에 기적이 나타났습니다. 하늘 문이 열리고 성령이 비둘기처럼 임하시며 "너는 내 사랑하는 아들이요 나의 기뻐하는 자라"는 소리를 듣게 되었습니다. 이런 말을 들을 때 이보다 더 큰 축복이 어디에 있겠습니까?

어떤 사람들은 말하기를, 21세기는 '평화 운동의 세기'가 될 것이라고 합니다. 역사를 거슬러 올라가면 16-17세기에는 마르틴 루터의 종교개혁을 통하여 의인은 믿음으로 말미암아 산다는 진리를 새롭게 하는 세기였습니다. 18-19세기는 "온 천하에 다니며 만민에게 복음을 전파하라"고 하신 말씀을 따라 선교한 '선교 운동의 세기'였습니다. 지금은 믿는 사람들이 주 안에서 하나 되어 교회들이 서로 연합하고 하나가 되어서 화평한 가운데 복음을 전해야 할 때입니다.

회개하기 전에 어거스틴은 기도하기를 "하나님이여 내 마음을 깨끗하게 하여 주시옵소서. 그러나 당장은 마시옵소서"라고 하였답니다. 하나님과 나 사이가 먼저 화평하게 되면 마음속에서도 화평이 오고 이웃과도 화평하게 됩니다. 화평의 생활을 하는 사람만이 화평의 복음을 전할 수 있습니다.

야고보서 3장 17-18절에 이렇게 권유합니다. "오직 위로부터 난 지혜는 첫째 성결하고 다음에 화평이고 관용하고 양순하며 긍휼과 선한 열매가 가득하고 편견과 거짓이 없나니 화평하게 하는 자들은 화평으로 심어 의의 열매를 거두느니라"라고 하였습니다. 화평은 우연히 만들어지는 것이 아니라 노력하고 수고한 결과로 오는 하나님의 축복입니다. 그리스도인들은 화평을 위해서 기도해야 합니다.

성 프란시스코의 '평화를 위한 기도'는 우리에게 많은 것을 생각하게 합니다.

주여 나를 평화의 도구로 써 주소서.

미움이 있는 곳에 사랑을

상처가 있는 곳에 용서를

분열이 있는 곳에 일치를

의혹이 있는 곳에 믿음을 심게 하소서.

오류가 있는 곳에 진리를

절망이 있는 곳에 희망을

어둠이 있는 곳에 광명을

슬픔이 있는 곳에 기쁨을 심게 하소서.

위로받기 보다는 위로하고

이해받기 보다는 이해하며

사랑받기 보다는 사랑하며

주님을 온전히 믿음으로 영생을 얻기 때문이오니

주여 나를 평화의 도구로 써 주소서.

8장 의를 위해 핍박받는 자의 복

마태복음 5장 10-12절

손봉호 교수는 그의 저서 『고상한 이기주의』라는 책을 통해서 오늘을 살아가는 사람들이 얼마나 개인주의화 되었는지를 말해 주고 있습니다. 남을 위해서 희생하며 살아간다는 것은 어려워 보이지만 누군가는 가야 할 길입니다.

탤런트 김혜자님의 『꽃으로도 때리지 말라』라는 책에서는 지금도 여전히 박애주의를 가지고 하나님의 의를 위해 보이지 않는 곳에서 수고하는 사람들의 이야기를 볼 수 있습니다. 아무도 돌보지 않는 오지에 누군가에게 알려지기 위해서가 아니라 단순히 그리스도의 사랑을 가지고 찾아가는 아름다운 발걸음들이 있습니다. 이렇게 하나님의 거룩한 의를 위해서 힘쓰고 수고하는 사람들이 있기에 오늘도 이 땅에 희망이 가득 차 오르게 될 수 있는 것입니다.

단순한 그리스도의 사랑을 가지고 찾아가더라도 그 앞에는 깊은 심연과 어려움들이 있음을 알게 됩니다. 특히 하나님의 의를 가지고 살아가고자 할 때 원하지 않는 핍박을 받게 되기도 합니다. 그럼에도 불구하고 그리스도인들이 인내하고 더불어 하나님의 의를 위해서 살아갈 수 있는 것은 천국이 그들의 것이기 때문입니다.

하나님의 의에는 사랑이 동반되어 있습니다. 그리스도인은 하나님의 의를 위해서 핍박이 있음에도 불구하고 그 길을 가야만 합니다.

의로운 자는 핍박을 받는다

의로운 자는 세상에서 핍박을 받습니다. 의로운 사람이 핍박받는 것을 의아하게 여길 수 있지만 깊이 생각해 보면 이 말씀은 진리입니다. 의인은 의롭기 때문에 많은 사람들과 다르게 살고 그 다른 점 때문에 핍박과 박해를 받게 되는 것입니다. 흑인들만 사는 아프리카에서는 백인을 처음 보았을 때 사람이 아니고 귀신이라 생각했습니다. 까마귀 나라를 백로가 처음 방문했을 때 새가 아니라는 취급을 받았습니다.

의인이 핍박을 받는 이유는 너무나 흰 까닭입니다. 어두움은 빛을 필요로 합니다. 그러나 막상 빛이 임하면 너무 추한 것들이 드러나기 때문에 필요로 하던 빛마저 싫어하는 것입니다. 예수님은 이 땅에 빛으로 오셨습니다. 요한복음 1장 5절에 "빛이 어둠에 비치되 어둠이 깨닫지 못하더라"고 하였습니다. 요한복음 1장 9-12절에 "참 빛 곧 세상에 와서 각 사람에게 비추는 빛이 있었나니… 자기 땅에 오매 자기 백성이 영접하지 아니하였으나"라고 하였습니다.

의로운 공무원이 있으면 불의한 공무원들은 불안해 합니다. 가만히 있어도 불안합니다. 따라서 의로운 공무원은 불우한 공무원으로부터 핍박과 무서운 오해를 받기도 합니다. 굳이 무슨 말을 하지 않더라도 스스로 책망 받는 듯한 느낌을 가지고 불안하여 떨게 됩니다. 그렇기 때문에 싫어하고 시기하고 미워하고 비난하는 것입니다. 불량한 학생들이 선량한 학생들을 때리는 이유도 마찬가지입니다. 의인은 의인이기에 핍박을 받는 것입니다.

다니엘이 왜 사자 굴에 들어갔습니까? 다니엘의 생활이 너무 결백하고 깨끗하기에 그런 다니엘을 시기하여 핍박한 바사 나라의 대신들의 거친 모함으로 억울하게 누명을 쓰고 들어간 것입니다. 요셉은 왜 감옥에 갇히게 되었습니까? 그의 생활이 너무나 의로운 사람이기에 보디발 장군의 아내의 유혹을 물리치다가 감옥까지 들어가게 되었습니다. 적당히 타협을 했더라면 여자도 얻고 지위도 얻고 돈도 얻을 수 있었겠지만 의로운 요셉은 타협하지 않고 거절하다가 억울하게 옥에 갇히게 되었습니다.

아벨은 왜 죽임을 당했습니까? 창세기에는 그 해답이 없습니다. 그러나 요한일서 3장 12-13절에는 "가인 같이 하지 말라 그는 악한 자에게 속하여 그 아우를 죽였으니 어떤 이유로 죽였느냐? 자기의 행위는 악하고 그의 아우의 행위는 의로움이라. 형제들아 세상이 너희를 미워하여도 이상히 여기지 말라"라고 말씀하셨습니다. 가인이 악한데 비하여 아벨은 의로웠기에 그가 죽임을 당한 것입니다.

예수님은 왜 십자가에 못 박히셨습니까? 그것은 의로웠기 때문이었습니다. 마태복음 27장 54절에 "백부장과 및 함께 예수를 지키던 자들이 지진과 그 일어난 일들을 보고 심히 두려워하여 이르되 이는 진실로 하나님의 아들이었도다"라고 고백하였습니다. 예수님은 의인이었기에 십자가에 못 박혀 죽으셨습니다. 의복과 주택은 변하여도 인간성은 변하지 않습니다.

의로운 사람이 핍박을 받습니다. 감옥에 가면 애국자와 살인강도가 함께 있습니다. 의를 행하는 자는 핍박을 받기 때문입니다. 그 좋은 예가 바울과 오네시모가 함께 감옥 생활을 한 것입니다. 바울은 예수를 전하다가 옥에 갇혔지만 오네시모는 주인집의 돈을 훔쳐 달아나다 잡혀 옥에 갇혔습니다. 의인과 죄인이 함께 감옥 생활을 한 것입니다.

베드로전서 2장 19-21절에는 "부당하게 고난을 받아도 하나님을 생각함으로 슬픔을 참으면 이는 아름다우나 죄가 있어 매를 맞고 참으면 무슨 칭찬이 있으리요. 그러나 선을 행함으로 고난을 받고 참으면 이는 하나님 앞에 아름다우니라 이를 위하여 너희가 부르심을 받았으니 그리스도도 너희를 위하여 고난을 받으사 너희에게 본을 끼쳐 그 자취를 따라오게 하려 하셨느니라"라고 하였습니다.

신앙생활을 바로 하려면 핍박을 각오해야 한다

성경은 세 가지 단어를 우리에게 주의 깊게 소개합니다. 안식일과 안식년과 희년입니다. 안식일은 출애굽기 20장 8-10절에 "안식일을 기억하여 거룩하게 지키라 엿새 동안은 힘써 네 모든 일을 행할 것이나 일곱째 날은 네 하나님 여호와의 안식일인즉 너나 네 아들이나 네 딸이나 네 남종이나 네 여종이나 네 가축이나 네 문 안에 머무는 객이라도 아무 일도 하지 말라"라고 명령하셨습니다.

사람은 엿새 일하고 하루를 쉬어야 건강을 유지할 수 있도록 하나님이 창조하셨습니다. 안식년은 레위기 25장 5절에 "네가 거둔 후에 자라난 것을 거두지 말고 가꾸지 아니한 포도나무가 맺은 열매를 거두지 말라 이는 땅의 안식년임이니라"라고 하시면서 육 년간은 경작한 후에 칠년 째는 쉬도록 만드셨습니다.

희년의 의미는 레위기 25장 8-10절에 "너는 일곱 안식년을 계수할지니 이는 칠 년이 일곱 번인즉 안식년 일곱 번 동안 곧 사십구 년이라 … 오십 년째 해를 거룩하게 하여 그 땅에 있는 모든 주민을 위하여 자유를 공포하라 이 해는 너희에게 희년이니 너희는 각각 자기의 소유지로 돌아가며 각각 자기의 가족에게로 돌아갈지며"라고 하셨습니다. 해방 후 50년의 희년이 되었지만 남북이 분단되어 참된 희년의 자유와 기쁨이 없기에 우리는 조국의 평화통일을 위해 기도해야겠습니다.

해방 전이나 해방 후에나 한국전쟁 때에 북한이 쳐들어 왔을 때에도 의로운 자와 진실한 자와 믿는 자들이 가장 많은 핍박을 받았습니다. 일제 때에 칠 년 간 옥고를 치르고 핍박을 받으신 주남선(朱南善) 목사님이 계셨습니다. 일제 때

신사참배를 거부하여 칠 년간 옥고를 치르신 분입니다. 일본 형사들이 신사참배를 강요하자 주 목사님은 "나는 목사요 하나님만 섬기는 사람이요"라고 거부하셔서 옥고를 치러야만 했습니다.

그 후 해방이 되었습니다. 그 지역 사람들은 해방운동을 한 훌륭한 분이라고 국회의원에 출마(出馬)만 하면 당선될 수 있도록 할 테니 승낙만 해 달라고 하였습니다. 그러나 주 목사님은 "나는 목사요"라고 하면서 복음만 전했습니다. 그 후에 한국전쟁이 일어나고 공산당이 쳐들어 왔습니다. 공산당들은 주 목사님을 체포하여 미국의 선교사들과 내통한 미 제국주의 '앞잡이'라고 비난을 하고 공산당에 협조해 줄 것을 강요하자 "나는 목사요"라고 현실에 타협하지 않고 거부하여 고통을 당하셨습니다. 그는 고향에서 순교를 하였습니다.

올바른 신앙생활을 하려면 핍박받을 각오가 있어야 합니다. 적당히 타협한 사람은 신사참배하면서 어려움을 당하지 않고 적당히 살았습니다. 성결교회는 사중복음 중 재림을 강조하다가 1943년 12월 9일에 일제로부터 강제 해산명령을 받았습니다. 그러나 재림을 강조하지 않고 적당히 한 교회들은 해산당하지 않았습니다. 우리는 이러한 점에 성결교인 됨에 자부심을 가져야겠습니다.

핍박은 더 큰 기쁨이 되기에 기뻐해야 한다

성경은 핍박을 당할 때에 낙심하지 말고 오히려 기뻐하고 즐거워하라고 하였습니다. 왜 기뻐해야 합니까? 하늘의 상이 크기 때문입니다. 본문 12절에는 "기뻐하고 즐거워하라 하늘에서 너희의 상이 큼이라 너희 전에 있던 선지자들도 이같이 박해하였느니라"라고 하였습니다.

마리아 앤더슨이란 성악가가 있습니다. 그녀가 첫 독창회를 가졌을 때에 평론가들은 혹독하게 비평을 하였습니다. 알토의 낮은 목소리가 마치 남자의 목소리 같다고 하였습니다. 앤더슨은 이때 노래를 포기하려고 했습니다. 그러나 이때 그녀의 어머니로부터 "칭찬만 들으려고 하지 말고 비평하는 소리를 잘 귀담아 들으면 너에게 유익해질 것이다"라는 말을 듣고 용기를 내어 꾸준히 노력한 끝에 흑인 영가와 같은 영감 있는 독특한 노래를 부르는 성악가가 되어 더욱 유명해졌습니다.

스데반 집사는 기독교 최초의 순교자가 되었습니다. 그가 돌에 맞았기에 하늘 문이 열리고 인자가 하나님 우편에 서 계신 것을 보게 되었습니다. 사도행전 7장 55-56절을 보면 "스데반이 성령 충만하여 하늘을 우러러 주목하여 하나님의 영광과 및 예수께서 하나님 우편에 서신 것을 보고 말하되 보라 하늘이 열리고 인자가 하나님 우편에 서신 것을 보노라"라고 하였습니다.

엘리야가 아합 왕과 이세벨과 바알 선지자들에게 핍박을 받았기에 갈멜 산에서의 승리는 더 빛나는 승리가 된 것입니다. 로마에 가면 베드로 성당이 있습니다. 12제자들의 대리석 조각품들과 마리아상 조각들이 교회 내에 장식되어 있습니다. 베드로 성당은 베드로가 십자가에 거꾸로 순교한 그 자리 위에 그의 순교를 기념하여 세운 교회입니다. 그의 순교가 더 큰 기쁨을 만들어 낸 것입니다.

로마에서 두 번째로 큰 교회는 바울 성당입니다 이것은 바울이 순교한 그 장소 위에 교회가 세워진 것입니다. 그의 핍박이 위대한 일을 만들어 낸 것입니다. 지금도 바울 성당의 강단 앞에는 바울이 묶였던 쇠사슬이 유리관에 보관되어 있습니다.

소아시아의 일곱 교회를 순방하다 보면 서머나 교회만 남아 있는 것을 보게 됩니다. 에베소, 버가모, 두아디라, 사데, 빌라델비아, 라오디게아 교회들이 다 무너져 남은 돌기둥들만 구경하게 되는데 서머나 교회만은 우뚝 남아 있습니다. 이것은 순교자 폴리갑(Polycarp)이 장작더미 위에서 화형을 당하며 순교한 것을 기념하기 위해 그 위에 교회를 세우고 그의 순교의 신앙을 후손들이 지켜온 덕분입니다.

갤럽조사에 의하면 "정직하게 살면 잘 살기 힘들다"라고 대답을 한 사람들이 73.4%였습니다. 바닷물은 소금이 1.4%밖에 안 되어도 바닷물 전체를 썩지 않게 싱싱하게 유지해 주는데 기독교인이 25%가 되는데도 이 사회는 왜 부패하고 썩는지 모르겠습니다. 우리 그리스도인들이 의를 위해 핍박을 받을 각오를 가지고 살아갑시다. 핍박을 받는 것은 내가 의롭다는 증거입니다.

이런 사람에게는 "천국이 저희 것입니다." 로마서 5장 3-4절에는 "다만 이뿐 아니라 우리가 환난 중에도 즐거워하나니 이는 환난은 인내를, 인내는 연단을, 연단은 소망을 이루는 줄 앎이로다"라고 하였습니다. 요한계시록 2장 10절에는 "너는 장차 받을 고난을 두려워하지 말라 볼지어다 마귀가 장차 너희 가운데에서 몇 사람을 옥에 던져 시험을 받게 하리니 너희가 십 일 동안 환난을 받으리라 네가 죽도록 충성하라 그리하면 내가 생명의 관을 네게 주리라"라고 하였습니다. 마태복음 19장 29-30절에는 "또 내 이름을 위하여 집이나 형제나 자매나 부모나 자식이나 전토를 버린 자마다 여러 배를 받고 또 영생을 상속하리라"라고 약속하셨습니다.

하늘의 상이 큼을 보고 우리는 핍박을 참고 인내로 승리합시다.